Werner Richter

LUDWIG II. KÖNIG VON BAYERN

Kronprinz Ludwig

WERNER RICHTER

LUDWIG II.

KÖNIG VON BAYERN

Mit 26 Abbildungen

Bruckmann

Einband-Vorderseite: König Ludwig II. in bayerischer Generalsuniform
Gemälde von Wilhelm Tauber, 1864
Öl auf Leinwand, 77×57 cm. Herrenchiemsee, Ludwig-II.-Museum
Foto: Bayerische Verwaltung der Staatlichen Schlösser, Gärten und Seen, München

Einband-Rückseite: Thronkabinett in Schloß Linderhof
Foto: Klaus Brantl, München

Gedruckt auf chlorarm gebleichtem Papier

Die Deutsche Bibliothek-CIP-Einheitsaufnahme
Richter, Werner:
Ludwig II. : König von Bayern / Werner Richter. –
12. Aufl. – München : Bruckmann, 1993
ISBN 3-7654-1758-0

12. Auflage 1993

Gesamtherstellung: Bruckmann, München
Druck: Gerber + Bruckmann, München
Printed in Germany
ISBN 3-7654-1758-0

INHALT

STAMMTAFEL

Pfälzisch-bayerische Linie der Wittelsbacher
(männliche Nachkommen)

Maximilian I. Joseph
(1756–1825)
Herzog von Zweibrücken 1795
Kurfürst von Pfalz-Bayern 1799
König von Bayern ab 1806
vermählt 1785 mit Wilhelmine
Auguste von Hessen-Darmstadt
(1765–1796; erste Gemahlin)

Ludwig I.
(1786–1868)
König von Bayern 1825–1848
vermählt 1810 mit Therese von
Sachsen-Hildburghausen (1792–1854)

Karl
(1795–1875)

Maximilian II.
(1811–1864)
König von Bayern
ab 1848
vermählt 1842 mit
Marie von Preußen
(1825–1889)

Otto
(1815–1867);
als Otto I.
1833–1862
König von
Griechenland

Luitpold
(1821–1912)
Prinzregent
ab 1886
vermählt 1844
mit Auguste
von Toscana
(1825–1864)

Adalbert
(1828–1875)

Ludwig II.
(1845–1886)
König von Bayern
ab 1864

Otto
(1848–1916)

Ludwig III.
(1845–1921)
König von Bayern
1913–1918

Leopold
(1846–1930)

Arnulf
(1852–1907)

I

DER THRONWECHSEL

Der Karfreitag des Jahres 1864, der 25. März, war in München rauh und trübe. Große Menschenmengen, dunkel gekleidet, erfüllten flüsternd und wispernd die Gassen, ein unablässig wogendes Hin und Her zwischen den zahllosen Kirchen und Kapellen, durch deren offene Portale die Traueraufbauten der Altäre mit dem spärlichen Kerzengeflimmer der Passionswoche sichtbar wurden. Die Düsternis schien in diesem Jahre schwerer noch als sonst; denn vor zwei Wochen erst war der König des Landes, Maximilian II., ganz unerwartet gestorben und die Erschütterung des plötzlichen Schmerzes um den stillen, nobel bürgerlichen Herrscher vervielfachte die alljährliche des traurigen Feiertags.

Mitten in den dunkelflutenden Massen trieb ein Fremdling einher. Zwei Tage zuvor erst hatte er die Flucht vor seinen Gläubigern, ja, vor der Schuldhaft hier unterbrochen, um ausschlafen zu können. Erkältet überdies und im rauhen, oberbayerischen Wetter mit schmerzhaftem Katarrh kämpfend, fühlte er, ein kleiner, hagerer, ältlicher Mann, sich heute einmal wieder nahezu völlig verbraucht und am Ende überhaupt seiner Bahn, so daß er kurz zuvor in seinem Hotel, dem »Bayerischen Hof«, sich selbst eine Grabschrift gereimt hatte:

»Hier liegt Wagner, der nichts geworden,
Nicht einmal Ritter vom lumpigsten Orden...«

Nun aber trieb der Zufall den absichtslos in den Münchener Gassen Umherschweifenden hart an eine Fassade heran, an ein Schaufenster, und hier plötzlich traf sein unruhevoller Blick auf das ausgestellte Bild eines ganz jungen Mannes in Uniform: ein noch unfertiges, sanft geformtes Gesicht, mit etwas breiten Backenknochen, von dunklen Locken umgeben, doch durch die großen, träumerisch aufgeschlagenen Augen sehr auffällig belebt – das Bild des neuen bayerischen Königs, Ludwig II.

Richard Wagner fühlte sich von dem unvermuteten Anblick aufs seltsamste angerührt von der, wie er selbst später berichtet, »unsäglichen Anmut dieser unbegreiflich seelenvollen Züge«. »Mit der besonderen Rührung« betrachtete er sie, »die uns Schönheit und Jugend in vermuteter, ungemein schwieriger Lebenslage erweckt;... wäre er nicht König«, so sprach er zu sich selbst, »den möchtest du wohl kennenlernen. Nun ist er König; er kann von dir nichts erfahren.«

Aber von den eigenen Nöten allzusehr in Anspruch genommen, vergaß er Bild und Gesicht rasch wieder. Seine Flucht ging weiter, nach Zürich und von hier nach Mariafeld, dem Gut seines Freundes Dr. Wille.

*

Wenige Tage zuvor hatte ganz München den jungen König, dessen Bild allein den umhergetriebenen Schiffbrüchigen so stark ergreifen konnte, von Angesicht gesehen: als er durch die engen, schwarz umhüllten Straßenschluchten dem Sarge seines Vaters folgte, sehr langsamen, ein wenig unsicheren, doch immer wieder gewaltsam gestrafften Schrittes: ein fast überlanger, schmaler Mensch mit dunklem Haar und leise bräunlicher Hautfarbe — neben ihm, einen Kopf kleiner, mit weicherem Gesicht und elastischem Gang sein einziger Bruder Otto. Die Etikettefrage, welchen Platz der Jüngere im Trauerzuge einnehmen sollte, hatte der neue König sehr einfach gelöst: »Wie immer, mir zur Seite.« So ging er Schritt für Schritt, ganz langsam, im überlieferten Pomp eines königlichen Begräbnisses, hinter der düster singenden Geistlichkeit, den Georgirittern und der Hundertgarde der Hartschiere, hinter dem hohen Aufbau des Trauerwagens, den acht Pferde zogen und den, in schwarzen, spitzen Kapuzen, vierundzwanzig Gugelmänner umgaben, eine bürgerliche Bruderschaft, die seit Jahrhunderten das Vorrecht hat, die Wittelsbacher zu Grabe zu tragen — ging er, im Brausen der Vokalmusik, im Donner der Kanonenschüsse, lastend langsamen Schrittes, jung und schön, doch — allen sichtbar auch — verwaist, einsam, ganz auf sich allein angewiesen. Sicherlich, daß rings um ihn tausendfach, geflüstert oder unausgesprochen, das Gebet emporstieg: Gott schütze ihn, und mit ihm — uns...

Auch König Ludwig war, wie alle, vom Tode seines Vaters überrascht worden — völlig und in jeder Beziehung. Denn gerade erst sollte er, nachdem er das humanistische Maturum hinter sich hatte, die Universität Göttingen beziehen, als es schon mit allen theoretischen Studien vorbei sein mußte und die Praxis des Staatslebens unmittelbar an ihn herantrat. Und gerade erst hatte er seine erste Offizierswache am Karlstor hinter sich, als er schon Oberster Kriegsherr wurde. Zu keinerlei höheren Studien war er noch gelangt, zu keinerlei Reisen.

An sich war sein Fall nicht ganz ungewöhnlich; denn auch im benachbarten Österreich hatte ja Kaiser Franz Joseph im gleichen Alter von achtzehn Jahren den Thron bestiegen. Dennoch hatte König Maximilian seinen Ältesten gewiß nicht ohne große Sorgen verlassen. Kurz vor seinem Ende hatte Ludwig lange ganz allein bei ihm gesessen; aber ob der König noch imstande war, ihm etwas wie ein Vermächtnis zu hinterlassen, ist schon nach der Natur seiner Krankheit — er starb an einer Wundrose, die zur Blutvergiftung wurde — zweifelhaft. Nach zuverlässigen Zeugen lag Maximilian, als der Sohn an sein Bett trat, schon im Verscheiden, nach anderen freilich wäre seine Stimme noch so laut und vernehmlich gewesen, daß sie bis ins Nebenzimmer drang; auch nach dem amtlichen Bericht ist er »bei völlig klarem Bewußtsein« gestorben. Dennoch wird man seine Abschiedsworte an Ludwig, »und nun wünsche ich dir, mein Sohn, dereinst ein so ruhiges, glückliches Ende, wie ich es finde«, nicht für verbürgt halten dürfen.

Sachlich gesehen hatte Maximilian auch wirklich keine Veranlassung, sein Ende ruhig und glücklich zu nennen. Sowohl für seine Familie wie für seinen Staat starb er viel zu frühe. Obwohl er den Typ des deutschen Gelehrten mit dem des leise anglisierten Kavaliers vereinigte, war er als Erzieher seiner Söhne nicht vom Schicksal begünstigt. Gerade weil er seine eigene, im Grunde gefühlvolle und erst durch Selbstdisziplin halbwegs zum Stoizismus erzogene Natur kannte, zwang er sich den Söhnen gegenüber zu einer Strenge, die fast unverständlich anmutet, jedoch bewirken sollte, daß das, was er an sich selbst schmerzvoll vermißt hatte, ihnen jedenfalls nicht mehr fehlte. Seiner eigenen Zartheit wegen vermied er die Zärtlichkeit, auf die Kinder ein Anrecht haben. Er soll nie unfreundlich gewesen sein, aber auch nie gelacht haben.

So waren Ludwig und Otto in äußerster Schlichtheit erzogen worden. Sie hatten, bei schmaler Kost, früh aufzustehen und nach einem überhäuften Stundenplan sehr viel zu lernen. Wenn es nötig schien, wurden sie unnachsichtig gestraft. Der Vater selbst zwang sich zu Züchtigungen, die Ludwig fassungslos vor Entsetzen und eben deshalb ohne alle Gegenwehr über sich ergehen ließ. Das wöchentliche Taschengeld der Kinder hatte die Kaufkraft von etwa neunzig heutigen Pfennigen, und bei Besuchen des Hoftheaters durften sie nicht einmal ohne besondere königliche Erlaubnis eine Erfrischung nehmen.

So hatte kein innerer Zusammenhang zwischen König und Kronprinz bestanden. Maximilian hatte sich damit getröstet, daß man mit dem Älterwerden schon zueinanderfinden würde; aber noch in den letzten Monaten seines Lebens hatte er indigniert feststellen müssen, er könne mit dem »jungen Herrn« nicht sprechen, den nichts interessiere, was er anrege — wohingegen der Sohn stets beklagt hat, daß sein Vater ihn immer nur »du haut en bas« behandelt habe.

Auch die Weltferne dieser Prinzenerziehung war offenkundig übertrieben. Von den vielen Gästen, die König Max um sich zu haben pflegte, hat kaum einer die Kinder zu Gesicht bekommen. Altersgenossen von ihnen wurden manchmal an Sonntagen eingeladen; und da man ihnen, dem Nachwuchs bayerischen Adels, einschärfte, die Prinzen als ihresgleichen zu behandeln und darauf Ludwig von einem jungen Grafen Arco eine kraftvolle Ohrfeige empfing, schliefen auch diese Veranstaltungen bald wieder ein, ohne Wettstreit und Ehrgeiz erweckt zu haben.

Endlich war auch das Erziehungspersonal kaum glücklich ausgewählt. Was von den Pädagogen Ludwigs überliefert ist, dem Volksschullehrer Michael Klaß etwa und dem Gymnasialprofessor Steininger, macht den Eindruck von gutwilliger, doch unzweifelhafter Mittelmäßigkeit. Namentlich Steininger hatte in vieljährigem Unterricht erstaunlich geringe Erfolge: von den antiken Sprachen beherrschte Ludwig, als er König wurde, kaum die Anfangsgründe und von den lebenden Fremdsprachen hatte er nur Französisch gelernt. Nicht viel besser stand es um seine militärischen Erzieher, den Generalmajor Basselet de la Rosée etwa, den der spottlustige Hof in »la rosée du soir de la Bavière«, den Abendtau Bayerns, umtaufte, oder um den Major von Wulffen, der Epileptiker war und beim Edelweißpflücken vor den Augen der entsetzten Kinder von einer Felswand abstürzte. De la Rosée soll es gewesen sein, der die an sich schon starken Erlesenheitsgefühle Ludwigs noch geflissentlich steigerte, indem er ihm etwa sagte, er dürfe nur mit Adligen verkehren und einem Bürgerlichen möglichst nicht die Hand reichen. Dennoch bewies dieser Mann in den Tagen des Thronwechsels ein sonderbares Ahnungsvermögen: Als ihm der Legationsrat von Leinfelder auf der Treppe der Residenz sagte, man bekäme jetzt einen Engel auf den Thron, war er zwar zu sehr Vasall, um zu widersprechen, betonte jedoch »mit eigentümlicher Bestimmtheit«, der frühe Tod Maximilians sei das größte Unglück, das Bayern habe treffen können. Wohl nur eine einzige Persönlichkeit von Niveau war in der Umgebung des jungen Prinzen: sein Religionslehrer Döllinger, der gelehrte und feinsinnige Theologe, der geistige Vater des Altkatholizismus.

So aber war der Kronprinz schon als Kind viel auf sich selbst angewiesen, und mit sich allein verträumte er viel von der kargen Freizeit, die der Stundenplan ihm ließ. Während Otto Bleisoldaten vorzog, spielte Ludwig mit den Holzklötzen seiner Baukästen und fand viel Gefallen am Kostümieren und Maskieren, etwa, einen Teppich als Schleppenmantel über den Schultern, als Erzbischof bei der Fronleichnamsprozession. Besonders gern aber betrachtete er Bilder; immer schon war das Auge das Organ, mit dem er vorzugsweise das Leben aufnahm. Freilich besaß er auch ein völlig einzigartiges Bilderbuch, ein Album nämlich, das Moritz von Schwinds Entwürfe für die sieben romantischen Freskenzyklen in Hohenschwangau vereinte. Zum erstenmal also blickte er hier in den Geschichtenkreis um die Nibelungen, Wieland und Biterolf, Dietrich von Bern und Karl den Großen; zum erstenmal erfuhr er etwas von den Erzählungen des Paulus Diaconus aus dem Langobardenreich – von denen ja wiederum schon Verknüpfungen zur bayerischen Frühgeschichte ausgehen – und endlich auch von der Schwanenrittersage, die mit dem dunklen Zauber des bayerischen Schwanengaues und des Schlosses Hohenschwangau so vielfach verwoben ist. Zum ersten Male begegnete ihm damit das Bild des Schwanes, der später sein eigenes bevorzugtes Ornament, ja Symbol werden sollte, das abseitige, verschlossene, ungesellige Tier, das unberührbar, stolz und rätselhaft über schwarzen Wassertiefen gleitet.

Und hier in Hohenschwangau, am Lieblingslandsitz der Familie, an der einsamen Dreiländerecke zwischen Bayern, Schwaben und Tirol, den Maximilian erst aus Trümmern hatte neu erstehen lassen, kann man sich den Knaben gut vorstellen, wie ihm aus den Fresken des stillen Schlosses überlebensgroß die gleichen Figuren entgegentreten, die ihm durch sein Bilderbuch schon vertraut wurden: wie alte Bekannte begegnen sie ihm, unter Helmen und Kronen, in Kettenhemden und wallenden Mänteln, die gepanzerten Hände am kreuzförmigen Schwertgriff, die Bärte lang, die Haltung würdig, die Augen nachdenklich und bedeutsam dem Beschauer zugewendet.

Oder wenn der Hof in München war, so läßt sich denken, daß der Prinz nicht selten einen Blick in den Thronsaal warf, wo die zwölf riesigen vergoldeten Standbilder berühmter Wittelsbacher wie erzene Schildwachen den Thronsessel umgaben, oder auch in den neuen Festsaalbau, in dem er, auf Wandgemälden Schwinds und Lindenschmitts, Szenen aus Balladen des frühe schon geliebten Schiller erblickte, oder aus der legendenhaften Geschichte der eigenen uralten Dynastie: die Rettung Barbarossas durch Otto von Wittelsbach in der Veroneser Klause oder den Sieg Kaiser Ludwigs des Bayern über Friedrich den Schönen von Österreich. So oft begegnete er allen diesen hohen, ernsten Figuren, bis sie schließlich, als eine Art zweite Wirklichkeit, in das Leben des, trotz aller Strenge, im Grunde doch unbeaufsichtigten Kindes eingetreten waren: Döllinger traf den Prinzen einmal mit einer leichten Augenentzündung in einem verdunkelten Zimmer und fragte, warum er sich nicht etwas vorlesen lasse. »Ich langweile mich gar nicht«, war die Antwort, »ich denke mir verschiedene Dinge aus, und auf diese Weise vergnüge ich mich recht gut.«

Auch eine natürliche Güte fehlte ihm nicht. Denn als etwa der Siebenjährige bei der Mittagstafel im Bayreuther Schloß Eremitage einen Posten vor der Glastür der Terrasse gewahrte, fragte er, ob der Mann nicht auch Essen bekommen müßte. Und als der Vater erwiderte, ein Soldat auf Wache dürfe nichts annehmen, schlug Ludwig nach einer Pause des Nachdenkens vor, er wolle sich an ihn heranschleichen und ihm heimlich etwas in die Tasche stecken.

Doch nicht immer war das königliche Kind so freundlich und leitsam. Es werden Vorfälle berichtet — nicht alle zwar von der gleichen Glaubwürdigkeit —, in denen das Bewußtsein angeborener Erlesenheit in ihm zu jähem Ausbruch kam. Es wird etwa von einem großen Schneeball erzählt, den Otto sich zusammengerollt hatte; als er ihn aber jubelnd dem Kronprinzen zeigte, riß der das kalte Gebilde an sich, und als der Kleine zu weinen begann und Ludwig von dem herbeieilenden Erzieher zur Rede gestellt wurde, erwiderte er in echtestem Erstaunen: »Wie, ich dürfte den Schneeball nicht haben? Wozu bin ich dann der Kronprinz?«

Oder Franz von Kobell, Mineraloge der Münchener Universität, oberbayerischer Dialektdichter und Freund Maximilians, berichtet, daß er einmal, in Hohenschwangau zur Jagd geladen, den kleinen Kronprinzen auf der Brüstung der Schloßtreppe gefährlich umherklimmen sah, daß seine Warnung aber das Kind zu nur noch ungestümeren Sprüngen am äußersten Rand der Brüstung veranlaßte. Da konnte er, der nie ein Höfling war, nicht anders, als den Prinzen unter den Armen zu packen und auf die Erde zu stellen. »Er sah mich stolz an und spielte mit dem Prinzen Otto weiter, ohne mich ferner zu beachten.« Jahre später indessen noch hat König Ludwig plötzlich zu Kobell, und zwar immer noch im Ton erstaunter Verletztheit, gesagt: »Damals haben Sie mich angefaßt!«

Das Kind übrigens und auch der halbwüchsige Kronprinz wird von Augenzeugen als »eigentlich nicht schön« geschildert; »die bleiche, etwas ins Graue spielende Gesichtsfarbe kontrastierte eigentümlich mit dem großen schwarzen Auge; die Wangen waren hohl«. Die bald überschlanke, schlenkrige Figur neigte zu schlechter Haltung, wurde aber gerade darum, wenn es dem Prinzen bewußt wurde, heftig zu einer unelastischen Steifheit zusammengerissen, die dann ihrerseits wieder künstlich wirkte.

Dabei war Ludwig tatsächlich körperlich ebenso kräftig wie gewandt. Prinz Kraft Hohenlohe-Ingelfingen, Generaladjutant König Wilhelms von Preußen, der mit diesem zusammen 1863 den Münchener Hof besuchte, berichtet, der Kronprinz habe vor kurzem seine Mutter, wie er das oft tat, in ihrem Ponywagen vom Sattel spazierengefahren. Auf dem Heimweg habe er ein rasendes Tempo eingeschlagen, die ängstliche Königin jedoch beruhigt: alles sei in Ordnung. Vor dem Schlosse aber habe er sich plötzlich nach vorn geworfen, beide Pferde bei den Nasen gefaßt und sie kräftig und sicher pariert; und nun erst habe sich herausgestellt, daß die Zügel zerrissen und die Pferde nach Hause durchgegangen waren.

Ein sehr lebendiges Bild des jungen Thronfolgers aus den gleichen Tagen des preußischen Besuches besitzen wir aus der Feder eines unbestechlich scharfäugigen Zeugen, der Ludwig nur ein einziges Mal, und zwar eben damals sah, als er an der königlichen Mittagstafel in Nymphenburg sein Tischnachbar war, eines Mannes, der dennoch für das ganze Leben Ludwigs von größter Bedeutung werden sollte, des damaligen preußischen Ministerpräsidenten von Bismarck. In »Gedanken und Erinnerungen« schreibt er, er habe von Ludwig den Eindruck gehabt, »daß er mit seinen Gedanken nicht bei der Tafel war und sich nur ab und zu seiner Absicht erinnerte, mit mir eine Unterhaltung zu führen, die aus dem Gebiete der üblichen Hofgespräche nicht herausging. Gleichwohl glaubte ich in dem, was er sagte, eine begabte Lebhaftigkeit und einen von seiner Zukunft erfüllten Sinn zu erkennen. In den Pausen des Gesprächs blickte er über seiner Frau Mutter hinweg an die Decke und leerte ab und zu hastig sein Champagnerglas, dessen Füllung, wie ich annahm, auf mütterlichen Befehl verlangsamt wurde, so daß der Prinz mehrmals sein leeres Glas rückwärts über seine Schultern hielt, wo es zögernd wieder gefüllt wurde ... Ich hatte jedoch das Gefühl, daß ihn die Umgebung langweilte und er den von ihr unabhängigen Richtungen seiner Phantasie durch den Champagner zu Hilfe kam. Der Eindruck, den er mir machte, war ein sympathischer, obschon ich mir mit einiger Verdrießlichkeit sagen mußte, daß mein Bestreben, ihn als Tischnachbarn angenehm zu unterhalten, unfruchtbar blieb.«

*

Die Verbindung, der Ludwig II. und sein Bruder Otto entstammte, war im Jahre 1842 geschlossen worden, und zwar erst, nachdem der damalige Kronprinz Maximilian ganz Europa in so ausgedehnten Reisen nach der richtigen Ehepartnerin abgesucht hatte, daß den Wissenden, besonders seinem so viel urwüchsigeren Vater Ludwig I., manches spöttische Wort darüber entschlüpft war. Aber diese Systematik auch in der Brautwahl entsprach durchaus der Sorgsamkeit, dem oft fast in Ängstlichkeit entarteten Pflichtgefühl Maximilians; und auch seine schließliche Entscheidung zugunsten der Prinzessin Marie von Preußen war keine Überraschung. Denn daß er, besonders nach seinen Studienjahren in Göttingen, eine Vorliebe, ja Schwäche für Norddeutschland und den Protestantismus hatte, war in München schon lange und nicht immer wohlgefällig wahrgenommen worden. Auch Ludwig I., der die Hohenzollern gern die »ungeschichtlichen Protzhasen« nannte, rief zuerst voll Schrecken: »Noch eine Preußin!« Dann aber fand er sich rasch mit der knapp siebzehnjährigen Schwiegertochter ab; sie sei »die Gemütlichkeit selbst«, sagte er, und ließ sie alsbald auch für seine Schönheitsgalerie malen.

Die Hochzeit entfaltete noch einmal den glücklichen Glanz des patriarchalischen bayerischen Königtums. Denn nicht weniger als sechsunddreißig Paare aus dem Volke heirateten gleichzeitig auf Staatskosten; aus allen Provinzen waren sie nach München gekommen, mit zahlreicher Gevatterschaft, mit Brautwagen, Musikkapellen und im Farbenspiel ihrer alten Trachten; das ganze bäuerliche Land schien in dem endlosen Hochzeitszug vereint, der sich durch die milde Oktobersonne bewegte[1].

Als Maximilian und Marie zum Altar schritten, sah man, daß die Braut zwar klein von Wuchs, doch sehr hübsch war; da aber auch Maximilian nur mittelgroß war, freilich von harmonisch ausgebildeter Körperlichkeit und vorzüglicher Haltung, so glaubte man alles in Ordnung und fand keinen Grund zu irgendeiner Beunruhigung.

Nachdem die junge Frau zunächst eine Fehlgeburt gehabt hatte, wurde in der Nacht vom 25. August 1845, am Tage des heiligen Ludwig, am Geburtstage aber auch König Ludwigs I., das erste Kind geboren, Prinz Ludwig. Drei Jahre später folgte ihm, als zweites und letztes, Prinz Otto. 1848 entsagte Ludwig I. dem Thron, Maximilian wurde König und der dreijährige Ludwig damit Kronprinz.

Maximilian II. war ein etwas schwächliches Reis am sonst so robusten Stamm der Wittelsbacher, möglicherweise als Vermächtnis seiner sachsen-hildburghausenschen Mutter, deren Eltern Geschwisterkinder ge-

[1] Es war jene Fürstenhochzeit, die auch der junge Gottfried Keller – als »Grüner Heinrich« – miterlebte, nachdem er im Dienste eines betriebsamen Unternehmers zahllose Fahnenstangen mit weiß-blauen Spiralen ummalt hatte: »Ich sah im Glanze der Nachmittagssonne die Schwerter der voranrasselnden Reiter blinken und darauf in einem Blumenwagen das junge Frauenwesen vorüberschweben über den Köpfen der wogenden Menge, wie in einem Schiffe, das über ein rauschendes Meer gleitet, da ich weder Pferde noch Räder sehen konnte.«

wesen waren. Er selbst hat als junger Mensch in Ungarn eine schwere Infektionskrankheit, vermutlich Typhus, durchgemacht, von deren Nachwirkungen er sich nie ganz befreien konnte. Zeitgenossen schildern ihn als »sehr vornehm aussehend«; das feingeschnittene Gesicht, auf dem immer »ein Schatten von Schwermut« lag, war von dunklem, sorgfältig gepflegtem Kotelettenbart umrahmt. Sein Auftreten als König war stets gemessen, eher noch steif als gelockert. Alles nur Äußerliche, Lärmende, Phrasenhafte konnte ihm körperliches Ekelgefühl verursachen. Er sprach nicht das Münchener Idiom, was seine Volkstümlichkeit ein wenig beeinträchtigte.

Seine ganze Leidenschaft war, wie Riehl berichtet, zu lernen. Und zu Bluntschli hat er geäußert, wäre er nicht in eine Königswiege hineingeboren, so wäre er Universitätsprofessor geworden. Er umgab sich mit einem Stab von Gelehrten und Literaten, die, aus ganz Deutschland, besonders aber aus dem Norden berufen, von den mißvergnügten Münchenern »Nordlichter« genannt wurden. Im Nachlaß dieses Königs fand man, wie bei einem neuen Marc Aurel, Dokumente grüblerischer Selbsterforschung, »Fragen an mein Herz«, »Annehmlichkeit und Pflicht«, »Selbstbetrachtungen«. Überlegungen, die er auf diese Weise beendigt hatte, versah er mit dem Vermerk »klar geworden«. Wurden ihm Entscheidungen schwer, so zog er sich in sein »Sanctuarium« zurück, einen Raum, von dessen Wänden die Büsten von ihm bewunderter Männer auf ihn herabblickten. Im Betschemel unter einem Kruzifix rang er hier um Erleuchtung. Und in der Tat, er gewann schließlich die unbedingte Gewalt des wahrhaftigen Stoikers über sich selbst: Als er starb und die Zimmerfluchten der Residenz, die Treppen, die Höfe sich mit Schluchzenden und Betenden füllten — denn niemandem war der Zutritt verwehrt —, da war, wie erschütterte Augenzeugen berichten, »der Sterbende von allen der einzig Gefaßte«.

Zu diesem hochintellektualisierten Fürsten scheint die Königin Marie in vollem Gegensatz zu stehen. Ihr Porträt in der Schönheitsgalerie zeigt eine dunkelhaarige, blauäugige junge Frau mit sehr anmutigen Zügen und frischen, geweckten, wenn auch vielleicht etwas kühlen Ausdrucks. Mit den späteren Jahren allerdings stellte sich Neigung zur Korpulenz ein. Die stärksten Instinkte Maries waren immer die hausmütterlichen, die auf einer großen ursprünglichen Herzensgüte beruhten.

König Ludwig II. zu Pferd

Unterschriften des Königs aus den Jahren 1864, 1874 und 1886

Obwohl sie in vorgerücktem Alter katholisch wurde, vergaß sie nie ihre preußische Herkunft, ohne allerdings viel Aufhebens davon zu machen. Dem Lebenskreis ihres Mannes stand sie in vollendeter Fremdheit gegenüber. Im Theater sah sie aus ihrer Proszeniumsloge viel lieber ins Publikum als auf die Bühne, und wenn bei ihren Teeabenden, auf Wunsch des Königs, Geibel oder Heyse Gedichte vortrug, pflegte sie in Photographiealbums zu blättern und störte häufig durch überlautes Geflüster. »Ich lese nie ein Buch«, soll sie gesagt haben, »und begreife nicht, wie man unaufhörlich lesen kann.«

Merkwürdigerweise unterlag aber gerade diese geborene Berlinerin, ähnlich wie später ihr ältester Sohn, der Zauberkraft des damals noch ganz menschenverlassenen bayerischen Gebirges; sie durchstreifte und durchstieg es — für eine fürstliche Dame ein unerhörtes Beginnen — in tagelangen Bergtouren und stellte so vielleicht zum ersten Male den Typ der norddeutschen Alpinistin dar. Sonst freilich galten ihre Liebhabereien vornehmlich häuslichen Verrichtungen, der Weißnäherei, der Blumenpflege, dem Staubwischen; und bei Landaufenthalten zog sie zum Butterbrotstreichen und Tassenabwischen zuweilen ihren ganzen Hofstaat einschließlich der Adjutanten heran. In dieses Bild paßt aber auch, daß in den letzten unruhvoll umnachteten Jahren König Friedrich Wilhelms IV. niemand besser mit dem Kranken umzugehen verstand als seine Kusine Marie; statt zu versuchen, ihn mit Worten zu besänftigen, packte sie ihn fest unter dem Arm und lief unter freundlichem, belanglosem Geschwätz mit ihm in den Parkwegen von Sanssouci auf und ab.

Wie kerngesund indessen die Königin selbst auch war, es mischten und stauten sich in ihr doch, wie man heute zu wissen glaubt, gefährliche Erbanlagen des hohenzollernschen und vor allem des welfischen Hauses. Marie selbst war bereits ein Produkt starker Inzucht; ihre Eltern waren Geschwisterkinder, ihre Großmütter Schwestern, die Großeltern ihrer Mutter wiederum Geschwisterkinder. Ihrer Abkunft nach stand sie in naher Verwandtschaft mit den in mancherlei Hinsicht problematischen Gestalten, die das Haus Hannover auf den englischen Thron entsendet hatte. Und unter ihren unmittelbaren Vorfahren findet sich ein so unbeherrschter Stimmungs- und Affektmensch wie Friedrich Wilhelm I. von Preußen, weiter der preußische General Prinz August Wilhelm, ein begabter, doch lebensschwacher Melancholiker, der sich die ungerecht schnöde Behandlung, die ihm durch seinen Bruder Friedrich den Großen widerfuhr, so zu Herzen nahm, daß er kurz darauf starb, und endlich auch Friedrich Wilhelm II., Maries Großvater, der in fast pathologischer Willens- und Charakterschwäche das Erbe Friedrichs verkommen ließ. Maries eigener Vater, Prinz Friedrich Wilhelm Carl, litt, als jüngster von sechs Geschwistern, sein ganzes Leben hindurch an der Angst, mit seiner Apanage nicht auszukommen, an Schüchternheit und Menschenscheu. Maries Großmutter endlich, eine Landgräfin von Hessen-Homburg, wähnte einmal ein Gespenst gesehen zu haben, ging seitdem stets erst bei Sonnenaufgang zu Bett und zwang den ganzen Hof jahrelang, mit ihr wachend die Nacht zum Tage zu machen.

Gewiß zeigte auch König Maximilian leise Züge von Überzüchtung. Daß sie aber nicht sehr wesentlich waren, geht daraus hervor, daß alle seine Geschwister normal gesunde Menschen waren — mit einer einzigen Ausnahme: der Prinzessin Alexandra, die, bei großer Begabung und geistiger Klarheit, doch an der fixen Idee litt, ein gläsernes Klavier verschluckt zu haben. Das große Übergewicht der belastenden Anlagen, die die Prinzen Ludwig und Otto empfingen, kam offenbar von der Seite ihrer Mutter.

II

DER KÖNIG UND SEIN LAND

Das Königreich Bayern, das Maximilian II. seinem Sohne hinterließ, war ein Staat, in dem sich leben ließ. Räumlich gewiß nicht unbeschränkt, war er doch auf übersichtlichem Grundriß in ruhiger Gleichgewichtslage aufgebaut. »Bayern«, so hatte 1855 Ludwig von der Pfordten, zweimal leitender Minister des Landes, gesagt, »trägt die Garantie seiner Fortexistenz in sich, in seiner Geschichte und der mit dieser verwebten Dynastie, in seiner Verfassung, in seinem Territorialumfang, in dem Selbstgefühl seiner Bevölkerung.« Es war ein in erträglichem Grade bürokratischer Rechts- und Einheitsstaat, der seit der napoleonischen Kriegsperiode seinen Umfang verdoppelt, freilich dabei auch die frühere feste Geschlossenheit der altbayerischen Stammeseinheit eingebüßt hatte. Jetzt begrenzte ihn im Norden und Westen ein breiter, bunter Gürtel einst bischöflichen, reichsfürstlichen, reichsritterlichen und reichsstädtischen Besitzes. Jetzt auch durchdrang das regsame fränkische und schwäbische Element die schwere bayerische Substanz, von der es oft als Beunruhigung empfunden, ja zuweilen als unzuverlässig und tükisch abgelehnt wurde. Auch war das Land seitdem nicht mehr, wie bisher, eine einzige Festung Roms, vielmehr waren fast ein Drittel seiner Bewohner Protestanten. Und damit hatten auch hier Liberalismus und Nationalismus, die neuen rationalistischen Parolen der Außenwelt, ihren vorerst noch zaghaften Einzug gehalten. Irrationales großdeutsches Empfinden hingegen war in Altbayern von jeher trotz alles eigenständigen Selbstgefühls elementar.

Solange man keine übertriebenen Ansprüche aneinander stellte, konnte dieser Staat mit sich und jeder Staatsbürger mit ihm zufrieden sein. Die allgemeindeutsche Reaktion, die der Erschütterung von 1848 gefolgt war, verfuhr in Bayern weitaus am maßvollsten. Grundentlastung und Bauernbefreiung blieben bestehen, und das Distriktsgemeindegesetz von 1852 hatte dem Großbauern, dem eigentlichen Träger des Staates, unzweifelhafte Selbstverwaltungsrechte gegeben. Der Steuerdruck war gering, die Lebenshaltung billig. In der Kammer der Abgeordneten hielten konservativ-klerikale Rechte und liberal-demokratische Linke (die gleichzeitig übrigens auch ungefähr das alte und das neue Staatsgebiet repräsentierten) annähernd einander die Waage, übten also auf die Geschicke des Landes keinen übermächtigen Einfluß aus, abgesehen noch davon, daß das bayerische Königtum allen Parlamentarisierungsversuchen stets erfolgreich widerstanden hatte. Von der 1848 erfochtenen Pressefreiheit wurde überall mit bäuerlicher Deutlichkeit ausgiebig Gebrauch gemacht. Und nicht einmal im Äußerlich-Technischen war man eigentlich zurückgeblieben. Im letzten Jahrzehnt Maximilians II. hatten sich beispielsweise die bayerischen Eisenbahnstrecken ebenso verlängert wie die Telegraphenlinien, in den Städten zeigte schon die Gasbeleuchtung ihre noch offenen, fächerförmigen Flammen, und aus Industrieanlagen mäßigen Umfangs begannen die Schlote zu rauchen, aus Maschinenfabriken in Nürnberg und München, Webereien in Augsburg, chemischen Werken in Schweinfurt. Und sogar erste Ansätze einer Arbeiterschutzbewegung waren spürbar.

Die Dynastie der Wittelsbacher schien unausrottbar volkstümlich. Immer noch wäre hier das möglich gewesen, was sich beim Einzug des Kurfürsten Max Joseph ereignete, als man sicher war, daß Bayern nicht an Österreich fallen würde: da nämlich trat ein Münchener Bürger, der »Kaltenegger-Bräu«, auf den Landesherrn zu, schüttelte ihm die Hand und sagte: »Maxel, weil'st nur da bist.« Demgegenüber waren die republikanischen Strömungen, die sich in den neuen Provinzen und auch in der Pfalz gelegentlich äußerten, machtlos.

Älter als Kapetinger und Welfen, hatten die Wittelsbacher dreimal die Kaiserkrone getragen und im Lauf der Jahrhunderte auf dem eigenen wie auf fremden Thronen immer wieder in die große europäische Politik eingegriffen. Stets erfüllte sie der gesunde Drang nach möglichster Selbständigkeit, der sich, nicht anders als bei sämtlichen deutschen Fürsten, einschließlich Habsburg und Hohenzollern, vornehmlich im Streben nach Vermehrung ihrer Hausmacht äußerte. Doch läßt sich nicht sagen, sie hätten je verleugnet, daß sie Deutsche waren und dem Reiche angehörten.

Die natürliche Lage des Landes, ostwestlich hingestreckt zwischen Donautal und Alpenkamm, hatte allerdings bewirkt, daß es sich ständig gegen die materielle und moralische Strahlungskraft der beiden östlich und westlich nächsten Großmächte, Österreich und Frankreich, behaupten mußte. Da es aber nicht stark genug war, um sich allein gegen auch nur eine der beiden zu halten, mußte es immer nach möglichst günstigen Beziehungen mit der andern streben. So war Bayerns neuere Geschichte eine Reihe wechselnder Allianzen und immer neuer Optionen, die meistens dann ihre großen historischen Momente hatte, wenn unter seinen weißblauen Fahnen eine starke Militärmacht stand, also etwa unter Maximilian I., dem Feldherrn der Katholischen Liga im Dreißigjährigen Krieg, unter Max Emanuel, dem Besieger der Türken von Belgrad und Besiegten Marlboroughs von Höchstädt, unter Max Joseph, dem ersten König, der, aus einer armen pfälzischen Seitenlinie unerwartet auf den Thron berufen, zuvor selbst Berufsoffizier im französischen Heere gewesen war.

Seinen Nachfolgern Ludwig I. und Maximilian II. schien die große europäische Erschöpfung nach der Überwindung Napoleons allerdings zu erlauben, sich stillerer Beglückung ihres Volkes zu widmen, es aus seiner unleugbaren geistigen Entlegenheit herauszuführen. Die großartige Entfaltung Bayerns als Kulturstaat in der ersten Hälfte des 19. Jahrhunderts ist der Inhalt ihrer Ära. Das Heer dagegen führte ein unscheinbares, durch Sparsamkeit beengtes Dasein als VII. Armeekorps des Deutschen Bundes. Es war ein Zustand, der verantwortbar war, solange dieser Bund selbst, der letzte Rest des zerbrochenen und dennoch ehrwürdig gebliebenen Heiligen Römischen Reichs, seiner Ursprungsidee getreu, die Sicherheit aller deutschen Staaten ohne Rücksicht auf ihre eigene Größe garantierte.

1864 jedoch, als Ludwig II. zur Regierung kam, wies das Antlitz des Deutschen Bundes schon erschreckend hippokratische Züge auf. Er war in seiner Existenz bedroht – einmal durch die nationale Einheitsbewegung, die einen weit engeren Zusammenschluß der Nation wünschte als den bisherigen lockeren Staatenbund, zweitens aber von den beiden größten seiner eigenen Mitglieder, von Österreich und Preußen. Denn beide waren mit der Zeit so erstarkt, daß jeder die Vorherrschaft im Bunde einfach mechanisch erstreben mußte, also das Fundament des Gebäudes, die Gleichberechtigung seiner Mitglieder, umzustürzen suchte.

In den Tagen des bayerischen Thronwechsels führten allerdings die beiden Rivalen noch gemeinsam Krieg gegen Dänemark um Schleswig-Holstein: zwei Tage nach dem Tode Maximilians begann die Beschießung Düppels. Aber da der König zu seinen Lebzeiten, geleitet von seinem starken Legitimitätsgefühl, die bayerische Politik völlig im Sinne des rechtmäßigen Thronerben von Holstein, des Herzogs von Augustenburg, dirigiert und sie so in Gegnerschaft zu Österreich und Preußen, freilich auch zu Dänemark, Rußland und England gebracht hatte, verfolgte man in München jene nördlichen Ereignisse mit sehr unfrohen Gefühlen. Sie änderten sich keineswegs, als Düppel fiel und die durch Roon reorganisierte preußische Armee damit ihre erste Bewährungsprobe bestanden hatte.

Gewiß, man sah in Bayern, ja in ganz Süddeutschland mit einer Art Hochmut auf die preußischen »Hungerleider« herab, deren Land man sich als eine Endlosigkeit von Kartoffelfeldern vorstellte, sandig, öde und melancholisch, wo man sich vorzugsweise von Bohnen und Speck nährte und zu einem dünnen Bier auf barbarische Weise Kornschnaps trank. Im preußischen Militärwesen insbesondere sah man, sofern man sich laut äußerte, einen undeutschen, halbslawischen Drill. Dennoch, unter solcher Verachtung verborgen lag ein fast abergläubischer Respekt vor den preußischen Fähigkeiten, vor allem im Technisch-Organisatorischen; ja, Bomhard, der Justizminister Ludwigs II., konnte im verschwiegenen Kreis des Ministerrats Preußen offen den »Vertreter höherer Intelligenz« nennen. Trotz alles lärmenden Prahlens also waren Minderwertigkeitsgefühle in Süddeutschland versteckt, die späterhin beste Verbündete Preußens gegen eben diesen Süden wurden.

Gefühlsmäßig stand man in Bayern den stamm- und glaubensverwandten Österreichern viel näher als den Preußen, obschon diese im Lauf der Geschichte kaum je der Feind Bayerns gewesen waren, Österreich dagegen zu unzähligen Malen, und obwohl auch jetzt, seit dem Dänenkrieg, die österreichische Politik der preußischen an Bundeswidrigkeit kaum nachstand. Maximilian war darum immer bemüht gewesen, einer Parteinahme zwischen beiden auszuweichen. Sein Lieblingsgedanke war der der »Trias«, die Aufteilung der Macht in Deutschland an drei Gruppen: Preußen mit den norddeutschen Staaten, Österreich mit allen Habsburger Ländern, der Süden endlich unter Führung

Bayerns als »Bund des reinen und konstitutionellen Deutschland« gegen die mit slawischen und italienischen Bestandteilen durchsetzten Großmächte. Daß der heranreifende preußisch-österreichische Konflikt nur dann vermeidbar war, wenn jenes dritte Deutschland bereitstand, sich zu demjenigen der beiden Rivalen zu schlagen, der von dem andern angegriffen werden sollte, — diese Theorie der Trias war richtig; es wäre die Rettung des Friedens durch Bedrohung des Friedensstörers gewesen, darüber hinaus ein letzter Versuch zur Selbstbehauptung Altdeutschlands gegen seine beiden einstigen, inzwischen zu Großmächten herangewachsenen östlichen Kolonialgebiete. In der Praxis freilich wurde die Trias zum Musterbeispiel einer Idee, die jeder lobte, für die aber keiner die Kosten der Ausführung tragen wollte. Vor allem scheiterte sie an der unüberwindlichen Eifersucht der süddeutschen Dynastien gegeneinander; denn Karlsruhe und Stuttgart konnten nie begreifen, daß, wenn man einen halbwegs starken Süden wollte, man unbedingt ein starkes Bayern wollen mußte. Außerdem natürlich ist eine Staatengruppe, die zwei Militärmächte zum Frieden miteinander zwingen will, dazu nur entsprechend ihrer eigenen Heeresmacht imstande. Daran aber fehlte es durchweg, in Bayern wie im ganzen Süden.

*

An dieser Lage Bayerns änderte der Thronwechsel fürs erste nichts. Der neue König war zwar jäh kreidebleich geworden, als ihn vor dem Sterbezimmer seines Vaters ein Page zum ersten Mal mit »Majestät« anredete. Dann aber schien er sich rasch in sein Amt zu finden.

Er sah die königliche Verpflichtung zunächst, so wie es ihm gelehrt worden war, in der minuziösen Kleinarbeit des Regentenalltags; auf sie konzentrierte er sich mit einem Eifer, der fast kindlich anmutete. Über Audienzen bei ihm sind viele Aufzeichnungen vorhanden, die alle den gleichen Eindruck vermitteln: Der überhoch aufgeschossene, junge Mensch mit dem Anhauch ersten Bartes benimmt sich mit außerordentlicher Sicherheit, obwohl er bisher nur in der letzten Regierungszeit seines Vaters zuweilen dem Empfang von Gesandten beiwohnte. Er tritt im schwarzen Frack mit Ordensstern den Besuchern entgegen. Ernst und genau betrachtet er jeden mit seinen langbewimperten, sehr dunkelblauen, oft fast schwarz erscheinenden Augen, die allerdings bald kurzsichtig werden. Seine Stimme ist nicht laut, doch, wie der empfindliche Musiker Cornelius schreibt: »sehr wohltuend; seine Sprache reines ungeziertes Deutsch«. Kaum daß ein einzelner Besucher, Paul Heyse, eine »gesucht hoheitsvolle Haltung« notiert, »die erkennen ließ, daß ihm seine königliche Würde noch eine Rolle war, in die er erst hineinwachsen sollte«; doch auch dieser Beobachter fand »seine Rede frei von Befangenheit«. »Die Vorträge«, so berichtet Justizminister von Bomhard, »hörte er mit großer Aufmerksamkeit an, einem dabei oft forschend ins Auge sehend.«

Er entzog sich damals keiner seiner Pflichten, scheute sich vor keinem Aktenstudium, las sorgfältig mit dem Rotstift alle Zeitungen und versuchte, durch massenhafte Bücherbestellungen seine Bildungslücke zu schließen. Er war auch noch ein Frühaufsteher wie Ludwig I., der sich rühmte, sein Licht sei jeden Morgen das erste in der Stadt.

Ohne Zaudern zeigte er sich der Öffentlichkeit bei den üblichen Gelegenheiten (obwohl in München eine gewisse Zurückhaltung des Königs immer schon Sitte gewesen war), in der Theaterloge also oder auf Spazierritten im Englischen Garten; und auch wenn die Fronleichnamsprozession sich unter Hymnen und Glockenklang durch die birkenlaubgeschmückten Straßen bewegte, schritt Ludwig mit brennender Wachskerze hinter dem Sanctissimum durch das kniebeugende Volk. »Er ist, was er sein kann«, bemerkte Ranke, »der gute Wille seines Vaters beseelt auch ihn.«

Inzwischen erzählte man sich mit gerührtem Entzücken, wie naiv der König noch sei. Er habe etwa fragen müssen, was ein »natürlicher Sohn« sei, und auch das Wort »Notzucht« sei ihm neu gewesen; auf Erklärungsversuche habe er geäußert: »Da kann man ja keine Gnade üben; ein solches Verbrechen muß streng bestraft werden.« Dabei war er aber nichts weniger als verzärtelt. Nicht nur, daß er körperlich durchaus robust war und große Anstrengungen beim Reiten, Schwimmen, Bergsteigen ertrug, er konnte auch, wenn er einmal in Zorn geriet, »wie der Teufel sein«, und der ganze drastische Wortschatz seines bäuerlichen Landes stand ihm dann zu Gebote.

Zuweilen machte er von seinen neuen Machtvollkommenheiten noch einen etwas kindlichen Gebrauch. Ohne daß er etwas wie ein Feinschmecker gewesen wäre, gab er nun einer Vorliebe für süße und wohlriechende Getränke, für Veilchenbowlen etwa, nach. Zuweilen wurde auch seine Parfümierung mit Chypre als übertrieben empfunden. Nicht ohne Eitelkeit war er überhaupt auf die Pflege seiner Körperlichkeit bedacht; sein an sich nicht lockiges Haar ließ er täglich kräuseln; sonst, meinte er, schmecke ihm das Essen nicht. Ein wenig schien er Narkissos, der egozentrisch in sich selbst Verliebte.

Aber oft kamen wieder ganz andere Momente. Sein Verantwortungsgefühl verband sich dann plötzlich mit der Einsicht in seine sachliche Unerfahrenheit und machte ihn mißtrauisch, stimmungsabhängig, entschlußunfähig. Dann konnte es geschehen, daß er vor der Unterschrift des Anstellungsdekretes für einen simplen Dorfpfarrer scheu zurückwich und zu grübeln begann, wie er denn wissen könne, ob der Pfarrer dieses Amtes auch »würdig« sei. Es waren das offenbar Momente, in denen das Bewußtsein der königlichen Geburt und damit der ungeheuren Aufgabe, die sie ihm auferlegte, plötzlich und erschreckend über den halben Knaben hereinbrach, Augenblicke, wie sie auch Bomhard schildert: »Auffallend war mir sehr bald, daß er zuweilen, wenn Auge und ganzes Wesen Anmut und Wohlwollen zu zeigen scheint, sich plötzlich in die Höhe richtet und – mit ernstem, selbst strengem Blick umherschauend – ein finsteres Wesen annimmt, völlig im Kontrast mit der anmutsvollen Jünglingserscheinung.«

Doch eben aus diesem Gefühl einzigartigen Verpflichtetseins fand Ludwig wieder zu sich selbst zurück und dann auch rasch über sich hinaus. Denn das Erbe der Krone enthält ja nicht allein die schwere Schutz- und Fürsorgepflicht gegen die Untertanen, – es muß dem Herrscher, der sich damit vor allen Mitmenschen erlesen sieht, schließlich doch auch und immer wieder die irrationale Zuversicht des Gelingens geben.

*

Die Erfahrungstatsache der Monarchie reicht, wo immer man sie trifft, ins Metaphysische: sie ist das rational unbegründbare Einssein des Volkes mit dem Monarchen und das des Monarchen mit der göttlichen Vorsehung. Es gab und gibt Zeiten, die sich unausgesetzt unter den Augen dieser Vorsehung glauben und darum auch den Erbgang, der ihnen ihre Monarchen gibt, »von Gottes Gnaden« nennen und respektieren, – es gab und gibt andere, die ein metaphysisches Bedürfnis nicht mehr empfinden und ihre Staatsleitung daher auf rein rationalen Wegen schaffen. Monarchen, die in solche Zeiten hineingestellt werden, vermögen entweder nicht mehr monarchisch zu denken und werden Untertanen unter Untertanen, oder aber sie bleiben dem monarchischen Denken unweigerlich verpflichtet, wie sehr sie damit auch in Widerstreit zu ihrer Zeit geraten mögen.

Zu ihnen gehörte Ludwig II. – mitten im 19. Jahrhundert, das die Monarchie in einer Weise diskreditiert hat, wie kein anderes bisher: die massenhaften Entthronungen von Souveränen am Jahrhundertbeginn und vor allem die vulgäre Gier, mit der ihre Mitsouveräne sich alsbald auf das herrenlos gewordene Gut stürzten, weiter dann die unablässigen Absetzungen, Umbesetzungen und Neugründungen europäischer Dynastien aus rein realpolitischen Augenblickserwägungen, die allgemeine Nichtachtung der Legitimität durch die Legitimen selbst, – alles das bewirkte in den Völkern eine beispiellose Erschütterung des monarchischen Prinzips zugunsten bürgerlich-parlamentarischer Regierungsformen, die so viel sauberer und vernünftiger schienen und dann ja auch das ganze Jahrhundert beherrschten. Ludwig II. hingegen war noch ganz aus dem Stoffe einer anderen Zeit. Nie eigentlich ist er aus dem Knaben, der in der Freskenwelt von Hohenschwangau daheim war, ganz herausgewachsen. Er lebte in der deutschen Reichsidee des Mittelalters und in seinem feudalen Imperialismus, ohne Blick darum auch für den neuen Imperialismus, der ringsum anwuchs, den der liberalen Wirtschaftsexpansion und den der nationalen Einheitsstaaten. In seinem innersten Seelenkern war und blieb Ludwig nichts anderes als der letzte bayerische Stammesherzog: ein lebendiger und, wenn man will, großartiger Anachronismus. Wie sehr er damit außerhalb von Zeit und Volk stand, dem zu dienen er dennoch ehrlich willens war, bemerkte zunächst niemand, auch er selbst nicht. Nur der zartfühlende Cornelius empfand etwas davon, als er zu Silvester 1864 vor einem Bilde Ludwigs sagte: »Wenn die Könige nicht werden wie der da, wird es bald keine mehr geben.«

Anfangs fand man es unter den älteren Herren des Hofes nur »schnippisch«, wenn der junge König etwa, als der Hofmarschall ihm empfahl, in der Residenz die Wohnung seines Vaters zu beziehen, erwiderte: »Wenn es mir so beliebt, werde ich es schon sagen.« Nicht anders auch, als er anordnete, den »Don Carlos« unverkürzt zu geben und man ihm vorstellte, niemand würde so lange im Theater bleiben wollen; da kam von den mädchenhaft sanften Lippen die knappe Antwort: »ich werde bleiben«, was natürlich hieß: und ihr mit mir.

Vollkommen aber war die Verblüffung, als wenige Wochen nach dem Thronwechsel, im Mai 1864, der junge Fant, ohne viel zu fragen, auch seinen ersten Ministerwechsel vornahm. Einige der noch von Maximilian II. berufenen Minister hatten sich nämlich durch die höfliche Freundlichkeit des neuen Königs verleiten lassen, ihn zu unterschätzen; sie hatten ihn, wie er sich ausdrückte, durch »grobe Unart ... gekränkt« und ihn zu »terrorisieren« gedacht. Worauf er plötzlich drei der Herren zur Demission veranlaßte, sich in Bomhard einen neuen Justizminister suchte und ihn auf ein Programm verpflichtete, dessen Hauptpunkte die folgenden waren: Fernhaltung des Parlamentariums, Erhaltung des Schwerpunktes der Regierungsgewalt in der Hand des Monarchen, Befolgung einer wahrhaft deutschen Politik mit ungeschmälerter Aufrechterhaltung der Integrität und Selbständigkeit Bayerns, das an der Spitze der Mittelstaaten bleiben und das bisherige Ansehen nach außen wahren soll, Fernhaltung einer prinzipiellen Umbildung der Kammer der Reichsräte, Beschränkung des Wirkungskreises der Kammer der Abgeordneten auf ihren bisherigen Rechtsbesitzstand. Kein Zweifel, es war ein autokratisches Programm, durchdacht und durchaus ernst gemeint; die Formulierung mag von Ludwigs Kabinettschef Pfistermeister stammen, der Inhalt aber ist elementar aus dem Gefühl des achtzehnjährigen Monarchen emporgestiegen. Daß ein liberaler Abgeordneter wie Graf Hegnenberg-Dux hierzu bemerkte: »Wir sind wieder in die Flegeljahre gekommen«, ist gewiß nicht verwunderlich.

Unreif ausgedrückt, in ihrer Zielrichtung aber klar, äußerten sich die gleichen Instinkte, als der König bald danach zu seinem Großvater, dem abgedankten Ludwig I., sagte, eine Stellung wie die des Kaisers von Rußland sei die einzige eines Fürsten würdige, und die werde er sich zu verschaffen suchen. Daß der dabei anwesende Großherzog von Hessen entgegnete: »Da werden Ew. Majestät, mein allerliebster Neffe, noch öfter tüchtig anpumpsen«, wird ihm kaum viel bedeutet haben. Doch auch dort, wo er auf mehr Verständnis rechnete, bei der Zarin Maria, vor der er offenbar ähnliche Geständnisse ablegte, muß er enttäuscht worden sein. Denn sie schrieb ihm ungefähr zur gleichen Zeit: »Ich fürchte bei Dir den Hang zur Einsamkeit, zur Abschließung von Welt und Menschen; ich begreife ihn, denn er liegt in meiner Natur, allein ich glaube, wir müssen ihn bekämpfen. So, wie Gott uns gestellt, haben wir kein Recht dazu.«

Aber so stand es überhaupt um dieses Regime: trotz allen Glanzes der Jugend, der es so gewinnend umgab, ließ sich nach wie vor nicht verkennen, daß der König sehr allein war. Es fehlte etwas wie eine verbindende, vermittelnde Schicht zwischen ihm und der Umwelt. Er hatte ein Volk, aber weder Freunde noch wirklich Vertraute.

Denn die mit ihm Gleichaltrigen, die an Reife also etwa zwischen Kadett und Leutnant standen, vermochten natürlicherweise noch nicht, ihn nützlich zu beraten. Seine Ratgeber wiederum mußten ebenso selbstverständlich einer anderen, der väterlichen Generation angehören. Er hatte zunächst die Beamten Maximilians beibehalten, insbesondere den Staatsrat Franz Xaver Pfistermeister, den Chef des Kabinettssekretariates, das im damaligen Bayern zu einer höchst einflußreichen Behörde herangewachsen war. Ursprünglich wirklich nur das Sekretariat des Königs, war es allmählich eine Zwischeninstanz geworden, durch deren Vermittlung allein auch die verantwortlichen Minister mit dem König verkehren konnten; damit besaß der Chef des Sekretariates eine Schlüsselposition im Staat, ja, konnte der eigentliche Premierminister sein, ohne doch irgendeine verfassungsmäßige Verantwortung zu tragen; wirklich auch hatte Pfistermeister bereits das Sekretariat zu einer kleinen Zentralbehörde ausgebaut.

Sein Charakterbild ist umstritten, wahrscheinlich zu Unrecht. Denn im ganzen stellt er wohl doch nicht mehr dar, als den Beamtentyp guter alter Überlieferung, freilich auch mit seinen unvermeidlichen Fehlern; er war pflichttreu und seinem Herrn aufopfernd ergeben, doch auch von einem Ressortfanatismus, über dessen Grenzen er nicht weit hinaussah. Er war ein konservativer Altbayer aus der Oberpfalz, nüchtern, schwunglos, von subalterner Herkunft (sein Vater war Dorfschullehrer), doch eben deshalb auch nicht ohne persönlichen Ehrgeiz[1]. Lud-

[1] Gottfried von Böhm, späterhin bayerischer Gesandter in Bern, schreibt über Pfistermeister, er habe viele Jahre unter ihm gearbeitet und nie etwas anderes als Güte und Wohlwollen von ihm erfahren. »Er war kein bedeutender Mann, aber ein

wig II. hatte den damals erst Vierunddreißigjährigen auf seinem bedeutenden Posten vorgefunden und beließ ihn lange hier. Im ersten Abschnitt seiner Regierung war der trockene, zuverlässige Mann sein weitaus häufigster und einflußreichster Berater.

Wen hätte der König auch sonst noch gehabt? Die Jugendgespielen, die Adjutanten, der Bruder Otto, sie waren unbeschwert ausgelassen und versprachen sich erklärlicherweise viel von der Herrschaft des Jünglings. Otto war ein jovialer, etwas schwatzhafter, leicht, allzu leicht sich unterordnender junger Herr. Von den beiden mit Ludwig ungefähr gleichaltrigen Flügeladjutanten, Fürst Paul Taxis und von Sauer, schien jener, mit einer hübschen Singstimme begabt, dem König eine Zeitlang freundschaftlich näherzustehen. Aber er war, allem Anschein nach, wohl doch nur ein seichter Ohrenbläser, verschwand bald vom Hof und aus der Armee, heiratete tief unter seinem Stand und endete jung noch in Armut als Theaterdirektor. Endlich wäre hier auch noch Max von Gietl zu erwähnen, der Sohn des Leibarztes der königlichen Familie. Mit Ludwig etwa gleichaltrig, war er als Knabe sein Spielgefährte gewesen. Auch später war Gietl immer in der Nähe des Königs. Er wurde Beamter des Auswärtigen Dienstes, hatte nebenbei auch persönliche Aufträge Ludwigs zu erledigen, blieb aber, seiner zurückhaltenden Natur gemäß, stets im Hintergrund.

Allerdings, unter den fröhlichen Herren dieses Jünglingshofes taucht jetzt schon zum ersten Male und danach immer wieder die merkwürdige Figur des Stallmeisters Graf Max Holnstein auf. Einer morganatisch entstandenen Nebenlinie der Wittelsbacher entstammend, die deshalb das Recht hatte, ihrem Namen das Prädikat »aus Bayern« anzufügen, und selbst auch durch seine Frau, eine Enkelin des Prinzen Carl von Bayern, mit dem Königshaus verschwägert, war Graf Max ein blonder, derb gesunder Herkules, wenig gebildet, aber sehr lebensgewandt und von rücksichtsloser Energie, in jeder Wesensfaser eine dem König entgegengesetzte Existenz. Dennoch begleitete er Ludwigs Lebensweg bis ans dunkle Ende, vielleicht gerade dieses Andersseins wegen. Vielleicht, daß eben deshalb der König sich von dem kecken, selbstbewußten Men-

pflichttreuer, fähiger und angenehmer Staatsdiener. Dies muß wohl auch die Ansicht Ludwigs II. gewesen sein, sonst hätte er sich nicht so schwer von ihm getrennt und ihm später das Kabinettssekretariat nicht weniger als zwölfmal angeboten.«

schen, der immer da war und nie verlegen wurde, nicht loszumachen vermochte. So tritt Holnstein immer wieder halb hinter den Kulissen hervor und hat seine Hände überall, meistens dort, wo man sie am wenigsten vermutet, ein Abenteurer großen Stils, ein furchtloser Mann, doch ein höchst problematischer Charakter. Rasch zum Oberstallmeister befördert, durch Heirat reich geworden, galt er während der ganzen Regierungszeit Ludwigs als »der markanteste Mann am Hofe«[2]. Alle diese jungen Leute ließ Ludwig anfangs in ihrer etwas lärmenden Lebensfreude gewähren, war aber keineswegs einer der ihrigen.

Außer ihnen hätte er noch die Familie gehabt, zunächst also die Mutter. Sie war ja noch nicht alt, und auf einem seiner ersten Hofbälle sagte er nicht ohne Stolz: »Nicht wahr, von den schönsten Frauen hier ist meine Mutter doch die schönste?« Aber die vertraulichen Beziehungen zu ihr hatten doch schon aufgehört, seitdem er kein Kind mehr war, während sie in mancher Beziehung immer ein Kind blieb. – Oder weiter dann die überlebenden Brüder seines Vaters, Luitpold und Adalbert, unter einander übrigens nicht zum besten stehend, behielten sie für ihn nicht immer noch etwas von Respektpersonen, denen er daher gern aus dem Wege ging? Onkel Luitpold, zurückhaltend, verschlossen, ein leidenschaftlicher Jäger, war ohnehin nur selten in München. Onkel Adalbert allerdings, der, kaum mit Recht, für beschränkt galt, fand sich bereit, den König bei Eröffnungsfeiern, Galadiners und ähnlichen Lästigkeiten zu vertreten.

Was blieb dann noch von der Familie? Großonkel Carl etwa, Feldmarschall und Oberbefehlshaber der Armee, vom Ruhm persönlicher Tapferkeit aus der Napoleonära umstrahlt, der auf dem Wiener Kongreß, zum Unterschied von seinem rothaarigen unscheinbaren Bruder Ludwig I., »le beau prince de Bavière« hieß, und auch jetzt noch ein eleganter, geistreicher, grauer Lockenkopf von siebzig Jahren war. Aber er führte draußen auf seinem Schloß in Tegernsee das unabhängige Leben eines Grandseigneurs, und man sah sich gegenseitig kaum.

[2] So nennt ihn Graf Hugo Lerchenfeld, der langjährige bayerische Gesandte in Berlin. Fürst Philipp Eulenburg, preußischer Gesandter in München, freilich schrieb später, Holnstein sei »der politische Aventurier nach der Art des achtzehnten Jahrhunderts, dem die geordneten Verhältnisse unseres modernen Staatslebens nicht passen ... Er stammt aus einer Familie, in der die Abenteuer zu Hause sind. Selbstmord, Zweikampf, Entführung usw. wechseln in bunter Folge.«

Und endlich blieb dann noch im Karl-Theodor-Palais, dem großartigen Klenze-Bau in der Ludwigstraße, die reich begüterte herzogliche Linie der Wittelsbacher, der liebenswürdig-schrullige Herzog Max mit seinen vielen lebhaften und absonderlich begabten Kindern, von denen etwa Elisabeth Kaiserin von Österreich, Maria als Königin von Neapel aber schon wieder entthront war. In diesem Palais, im Konzertsaal, an dessen Wänden Kaulbachsche Fresken das Märchen von Amor und Psyche schilderten, soll Ludwig als Knabe auf einem Flügel zufällig Richard Wagners Prosaschriften gefunden haben. Trotzdem ist nichts davon bekannt, daß die Beziehungen des jungen Monarchen zu den herzoglichen Verwandten die Grenzen des freundlich Formalen überschritten hätten.

So stand ihm aus der ganzen Familie eigentlich immer noch der Großvater, Ludwig I., am nächsten, der halbtaube Greis, dem es Freude machte, den Menschen laut und krähend Unangenehmes zu sagen. Aber aufs beste verstand der Enkel eben doch den feudalen Stolz, den autokratischen Trotz des Alten, der lieber den Thron aufgegeben hatte, als sich fremdem Willen zu beugen, seinen romantischen Sinn und seinen echten Kunsttrieb.

Die zeitgenössische Generation der deutschen Fürsten war ja schon ganz anders. Sie bewunderten als Vorbilder entweder Albert, den großbritannischen Prinzgemahl, oder Napoleon III., der damals eine fast unheimliche Serie von Erfolgen hinter sich gebracht hatte. Beide aber – der eine als überzeugter Anhänger des parlamentarischen Systems, der andere als illegitimer, ja usurpatorischer Herrscher – konnten für Ludwig weder als Muster noch gar als vertrauterer Umgang in Frage kommen.

III

DER MAGIER

Der Umgebung des Königs war bald aufgefallen, daß er stets die Münchener Fremdenliste sorgsam las, offenbar aber ohne zu finden, was er suchte. Endlich wendete er sich eines Tages unmittelbar an Pfistermeister: warum Wagner nicht in der Liste stände? Es gäbe, meinte ahnungslos der Kabinettschef, viele Leute namens Wagner; welchen davon Seine Majestät meine?

Für ihn, erwiderte der junge Mensch plötzlich aufleuchtend, gebe es nur einen: Richard Wagner.

Niemand am Hofe wußte, wo Wagner sich aufhielt, noch weniger natürlich, daß er erst am Karfreitag in München gewesen war. Und so fügte es sich, daß Mitte April 1864 Pfistermeister von seinem jungen Herrn in die Welt geschickt wurde, einfach mit dem Auftrag, Richard Wagner zu suchen. Er trug ein Porträt des Königs bei sich und einen Rubinring; beides sollte er Wagner mit einem Spruch übergeben, der dem biederen Oberpfälzer sicherlich nicht ganz ohne Stottern über die Lippen ging: So wie dieser Rubin glühe, glühe König Ludwig vor Verlangen, den Wort- und Tondichter des »Lohengrin« zu sehen.

Wie aber kam es, daß der tatsächlich einflußreichste Beamte des Königreichs jetzt einem von seinen Schulden kreuz und quer durch Europa getriebenen Theaterkapellmeister nachzujagen hatte wie ein fahrender Ritter — indes gleichzeitig die Kanonen von Düppel die Grundstützen des damaligen Deutschland und damit auch diejenigen des bayerischen Staates erbeben ließen?

Die Leidenschaft Ludwigs für Richard Wagner war nicht neu. Ihre Ursprünge liegen wahrscheinlich in der ersten Münchener »Lohengrin«-Aufführung von 1858, bei der Ludwig selbst nicht einmal anwesend war, von der er aber so viel erzählen hörte, daß er den Vater ständig und unverdrossen bat, sie ihn besuchen zu lassen: den Schwanenritter, diese von Hohenschwangau her so vertraute Gestalt und alles, was zu ihrer Welt gehörte, leibhaftig zu sehen, welches Wunder mußte das sein! Freilich dauerte es noch Jahre, bis zum 2. Februar 1861, ehe Max die Bitte seines Ältesten erfüllte. Und da nun saß der Knabe im Dunkel der Loge, fassungslos und in Tränen aufgelöst.

Es folgten Zeiten, in denen er sich über jedes gedruckte Wort stürzte, das von Wagner erschien, — über die Abhandlungen, die Textdichtungen, auch 1863 über die des »Ring«, dessen Vorwort mit der Frage endet, ob wohl je ein Fürst sich finden werde, der die Aufführung des Riesenwerks ermögliche. Ludwig beschaffte sich diese Schriften, wo er nur konnte, teils heimlich durch Lakaien, teils erhielt er sie auch im Hause des Herzogs Max. Man gab sie hier dem aufgeregten Knaben in der Meinung, die einigermaßen schwierigen Erörterungen würden ihn abschrecken und sein Interesse erlahmen lassen. Doch weit gefehlt: vielmehr bestürmte er nun den alten Rottmann, bei dem er Zeichenunterricht hatte, ihm die Gestalten, Szenen und Landschaften der Wagnerschen Welt abzubilden. Schwan und Kreuz wurden jetzt sein Briefsiegel. Endlich am 21. Februar 1864 gelang es ihm noch einmal, eine »Lohengrin«-Aufführung durchzusetzen, in der Niemann, der damals als bester Wagner-Interpret galt, die Titelrolle sang. Kaum zwei Wochen später regierte König Ludwig II., und wiederum nach nur einem Monat war Pfistermeister auf seine seltsame Fahrt geschickt.

Die aufwühlende und umstürzende Wirkung der Wagnerschen Kunst auf sehr junge Leute ist ja keine unbekannte Erscheinung. Freilich, nicht die Musik im eigentlichen Sinne pflegt es zu sein, die diese wahrhaft imperialistischen Eroberungszüge ausführt, sondern es ist das, was Ludwigs Altersgenosse Nietzsche aus eigener Erfahrung geschildert hat, »das Rätselreiche seiner Kunst, ihr Versteckspiel unter hundert Symbolen, ... es ist Wagners Genie der Wolkenbildung, sein Greifen, Schweifen und Streifen durch die Lüfte, sein Überall und Nirgendswo«; genau dasselbe sei es, womit Hegel seinerzeit die Jugend »verführt und verlockt« habe. Und weiter: »Sehen Sie doch diese Jünglinge — erstarrt, blaß, atemlos! Das sind Wagnerianer: das versteht nichts von Musik — und trotzdem wird Wagner über sie Herr ... Wagners Kunst drückt mit hundert Atmosphären: bücken Sie sich nur, man kann nicht anders.«

So liegt auch der Fall Ludwigs. Die romantische Welt, in die der vereinsamte Knabe sich zurückgezogen hatte, diese dem Gemüt weit mehr als dem Verstand zugängliche Welt der Rittertugend und des Grals, die ihn schon von den Wänden Hohenschwangaus mit rätselhaften, lastenden Augen angeblickt hatte, er fand sie wieder, — aber nicht mehr nur flächige, reglose Malerei, sondern belebt bis zu jenem hohen Grade, in dem die Bühne den Anschein des Lebens erweckt. Nicht die Musik des »Lohengrin« war es, die in ihm den unstillbaren Tränenstrom aufquellen ließ, nicht auch das Drama des Schwanenritters allein — nein, die Übermacht der konzentrierten Bühnenillusion, der auf alle Sinne wirkende Einsatz aller Mittel, worin Wagner ja Meister ist, hatte sich über den Unverwöhnten und daher nahezu Wehrlosen gestürzt.

Seine nüchterne Zeitgenossin Luise von Kobell schreibt, die Dinge allzu sehr vereinfachend, die Wagnersche Musik sei ihm »mehr Zutat als Selbstzweck« gewesen; »der Schwerpunkt einer Oper lag für ihn in der Dichtung und in der Dekoration«. Ein neuerer Psychiater findet hierfür die Formulierung, daß »die äußere Form der Wagnerschen Musikdramen in Ludwig präformierte romantische Saiten erklingen ließ«[1].

*

Pfistermeister hatte sich mit Ring und Bild zunächst nach Wien begeben. Hier aber traf er die Wohnung in Penzing, für deren Einrichtung Wagner sich in seine letzten hohen Schulden gestürzt hatte, leer an und, mit Ausnahme des Weinkellers, von den Gläubigern gepfändet. Schwer nur konnte er dem allein zurückgebliebenen böhmischen Dienerpaar Wagners, Franz und Anna Mrazeck, wenigstens einen Bleistift und einen Federhalter ihres Herrn für den König entlocken; über Wagners Aufenthalt jedoch verweigerten beide standhaft jede Auskunft. Reiner Zufall war es, daß er einen Wiener Redakteur traf, durch den er erfuhr, daß und warum Wagner in die Schweiz geflohen war.

Am 30. April machte Pfistermeister sich daher von neuem auf den Weg. Aber auch in Mariafeld langte er zu spät an. Wagner war schon in Stuttgart, um mit dem Kapellmeister Eckert zu beratschlagen, was er noch zu seiner Rettung tun könnte. Hier nun wurde ihm am Abend des 2. Mai ein Herr gemeldet, der sich Sekretär des Königs von Bayern nannte. Doch Wagner, voller Verbitterung, vermutete etwas wie einen dummen Scherz und ließ sich nicht sprechen.

[1] W. Strohmeyer, »Psychiatrisch-genealogische Untersuchung der Abstammung König Ludwigs II. und Ottos I. von Bayern«. Wiesbaden 1912.

Erst am nächsten Tage gelang es dem Pflichteifer des bayerischen Beamten, bis in das Hotelzimmer des Flüchtlings vorzudringen und sich seines Auftrags zu entledigen. Am gleichen Tage noch fuhren beide nach München und am 4. Mai in den frühen Nachmittagsstunden wurde Wagner zum ersten Male von König Ludwig empfangen.

Sonderbare Szene, die sich hier nun entrollte! In dem großen Audienzzimmer mit dem Palmenrondell in der Mitte und den blauen Seidentapeten, vor dessen Fenstern sich die barocke Majestät der Theatinerkirche emporhebt, – diese zwei Männer, der Herkunft nach einander ebenso weltenfern wie nach äußerem Ansehen: der eine aus tausendjährigem Herrschergeschlecht und voll Stolz des Gottesgnadentums, der andere dem Halbdunkel des Kleinbürgertums entsprossen und als Republikaner und Revolutionär verfolgt; der eine am Beginn einer steil sich hebenden Lebenskurve, der andere dort, wo sie sich zum Abstieg neigt – beide zwar in feierlichem Frack, doch der eine, knabenhaft schlank, den anderen, den ältlichen Untersetzten, weit überragend. Das Leuchten des Münchener Maitages durchflutet den hochgelegenen Raum und läßt bis in ihre letzten Winkel die Gesichter klar werden: das sammetweiche, leise bräunliche des Königs, die etwas überbetonten Backenknochen, das schmale Kinn, die breite Stirn, den Schwall dunklen Haares darüber und die von langen Wimpern rätselhaft verhüllten Augen – ihm gegenüber der auf schmächtigem Körper übergroße Kopf Wagners mit den zerfurchten, zerstrittenen Zügen, mit den scharf prüfenden, doch zuweilen in ganz hellen Tönen magisch schimmernden Augen, mit dem grauen Kinnbart und dem dünn gewordenen Haar – und der ganze Mensch dennoch bebend vor Vitalität und Wirkungslust.

Wagner beugte sich tief über die Hand des Königs, lange Zeit und ohne ein Wort. Ludwig aber hatte die Empfindung – so erzählte er selbst später – »als hätten beide die Rollen getauscht«. Und so hob nun der Jüngling den kleinen hageren Mann zu sich empor und zog ihn an sein Herz, mit dem Gefühl, als spräche er zu sich (auch das sind seine eigenen Worte) die Eidesformel: ihm in Treue allezeit verbunden zu bleiben.

Dennoch: die Erwartungen, mit denen Ludwig zu dieser Begegnung ging, waren knabenhaft gedankenlos und überspannt gewesen, und der lebende Wagner hat notwendigerweise nicht dem Wunder geglichen, das er sich erträumt hatte. Der vollkommen glaubwürdige bayerische Historiker Riezler teilt jedenfalls mit, er wisse »aus zuverlässiger Quelle«, daß »der erste Eindruck der Persönlichkeit Wagners auf den König ... nach dessen explosivem eigenem Geständnis nicht günstig war«. Hier also deutet sich schon jene Unstimmigkeit in den Beziehungen Ludwigs zu Wagner an, die dann, wenn auch unter Schwankungen, nie verschwindet: daß nämlich seine Sympathien für die Werke Wagners weit echter und stärker sind als die für den Menschen, der sie hervorbrachte. Der Abgrund, der sie beide nach Herkunft, Sinnesrichtung, Zukunftserwartung trennte, war nun einmal völlig nie zu schließen.

Den gegenständlichen Inhalt dieser ersten Zusammenkunft kennt man übrigens nur in Umrissen, vornehmlich aus einem Brief Wagners vom gleichen Tage: »Der König will, ich soll immerdar bei ihm bleiben, arbeiten, ausruhen, meine Werke aufführen; er will mir alles geben, was ich dazu brauche; ich soll die Nibelungen fertigmachen, und er will sie aufführen, wie ich will. Ich soll mein unumschränkter Herr sein, nicht Kapellmeister, nichts als ich und sein Freund.«

*

Ludwigs stummes Treuegelöbnis war vollkommen ernst gemeint, allerdings innerhalb der Grenzen seines romantisch-irrationalen Denksystems: die Treue, die er Wagner halten wollte, war darum etwa die, wie sie der mittelalterliche Lehensherr seinem Vasallen erwies. Er dachte nicht – worin sich seine rationalistische Umwelt wie auch Wagner selbst ständig irrte – an das Gleich und Gleich einer bürgerlichen Freundschaft des 19. Jahrhunderts. Seine Freundschaft war die des geborenen Königs, der aus eigener Begnadung dem Unbegnadeten mitteilen kann, soviel er will, ohne sich deshalb etwa mit ihm gleichzustellen. Und ganz ähnlich wie der Schutz des Lehensherrn ja keineswegs dem Beschützten allein galt, sondern auch, und oft vornehmlich, seiner Funktion – so auch hier: Vor allem wollte Ludwig das Werk Wagners in seiner Entwicklung gesichert wissen, die immer neue, suggestive Beschwörung der geliebten Traumwelt. Wäre er ein bürgerlicher junger Mann gewesen, diese Welt wäre wahrscheinlich lange schon, zu Gedichten sublimiert, im Schreibtisch eingesperrt und vergessen worden. Daß der König diesen Ausweg nicht nötig hatte, daß er vielmehr seine

Träume nach Belieben in körperliche Wirklichkeit zu verwandeln vermochte, das kann man das Einzigartige dieses Lebens nennen, aber ebenso trug es auch zu seiner Abseitigkeit bei, zu seiner Einsamkeit und damit zu seinem Verhängnis.

Nie hatte für den jungen König eine Nötigung bestanden, sich dem realen Alltag seiner Untertanen irgendwie zu nähern, wie es etwa allein schon ein Universitätsstudium mit sich gebracht hätte. Nie vielmehr hatte er in anderer Perspektive in ihn hineingesehen, als wenn er nun aus seiner Wohnung hoch oben im dritten Stock der Residenz die Stadt München überblickte.

Sie war damals trotz ihrer etwa 150000 Einwohner keine Großstadt. Noch entstand, wenn es regnete, auf dem Karolinenplatz rings um den Obelisken ein See, auf dem sich die Enten der benachbarten englischen Gesandtschaft tummelten. Noch trieb der Ziegenhirte morgens seine Herde durch die Straßen und verkaufte naturwarme Milch. Noch lag die Altstadt gewinkelt und gebuckelt um den Riesenklotz der Frauenkirche mit ihren zwei patinagrünen Turmkapseln – ein Symbol der Unbeweglichkeit. Noch trug München dort, wo seine Gassen sich zur Aufnahme bäuerlichen Fuhrwerks weiteten, den derb-heiteren Charakter eines ländlichen Marktplatzes. Vielerorts überragten dicke schwarze Brauereikamine die spitzen Dachfirste.

Unmittelbar an die Altstadt schlossen sich die Neuanlagen der Könige Ludwig I. und Maximilian II.: oft noch lückenhafte Straßenzüge, Chausseen eher, die sich in der freien Landschaft verliefen, worin das klassische Weiß und Hellgelb der Neubauten von großen und zahlreichen Gärten umgeben und verdeckt wurde. Grasbewachsene Gräben, in denen barfüßige Jugend spielte, begleiteten die neuen Straßen, zu deren Haustüren hölzerne Stege führten. Und meistens noch von Kühen gezogene ländliche Fuhrwerke bewegten sich langsam über die Prachtplätze Ludwigs I. Der neuen Zeit war unter Maximilian immerhin durch den Glaspalast Genüge getan, ein Ungetüm, das den Crystal Palace der Londoner Weltausstellung von 1851 nachahmte. Sonst betrug die Zahl der großen Spiegelscheiben in der ganzen Stadt kaum ein Dutzend.

Die Bevölkerung in ihrer Masse stellte immer noch die letzte Ausgipfelung des Altbayerntums dar. Immer noch saß die bäuerliche Lebensschwere so fest auch in der Stadt, daß der allmählich stärkere Einstrom

Fremder, besonders aus den neuen Provinzen, daran so gut wie nichts änderte. Klassen und Kasten flossen in ein zwischen Großbauer und Kleinbürger schwebendes Juste-milieu zusammen. Die jedem zugebilligte Anrede »Herr Nachbar« überschritt absichtlich alle sozialen Grenzen. Die ländliche Tageseinteilung, der zeitige Arbeitsbeginn, das Mittagessen um elf Uhr war unabänderlich. Und ebenso war der Gang des Jahres durch die strikte Einhaltung der spezifisch Münchener Fest- und Feierzeiten — beginnend mit dem Fasching am Dreikönigstag und endend mit Oktoberfest, Kirchweih und Allerheiligen im Herbst — schon im voraus weithin bestimmt. Man war zufrieden mit dem, was man hatte, und konnte sich unter Neuerungen nur Übles vorstellen. Das Ruhebedürfnis des bayerischen Staates war hier zur Lebensparole des Staatsbürgers geworden. Natürlich entstand damit die Gefahr geistiger Stagnation, besinnungsloser Versippung und der Diktatur von Verwandtschaft, Freundschaft und Duzbrüderschaft zuungunsten des Talentes. Trotzdem wurden Fremde, sofern sie sich nur nicht anmaßend benahmen, duldsam aufgenommen. Man verstand, das Leben mit dem Lebenlassen zu verbinden. Freilich, so wie jeder für jeden nur Lob hatte, galt Kritik am Überkommenen als überflüssig und umstürzlerisch.

Dennoch, wenn die oft ja schon ganz südliche Münchener Sonne den Odeonsplatz vor den Fenstern des Königs beschien, das kraftvolle Gelb der Paläste und der Theatinerkirche sich erwärmte und belebte und eine angeregte Menge — etwa beim mittäglichen Aufzug der Residenzwache — den weiten Raum zwischen der Feldherrnhalle und dem Reiterdenkmal Ludwigs I. erfüllte, so konnte man doch glauben, das symbolische Bild eines von urwüchsiger Lebenskraft erfüllten, glücklichen Gemeinwesens vor sich zu haben: diese rundschädeligen Bürger mit den breiten, kurvenreichen Figuren, ihre etwas massiv, doch gut gewachsenen und frohgemuten Frauen und Mädchen, dazwischen gemischt die rassigen Gestalten der Gebirgler mit den federgezierten Spitzhüten, die schwarzen Geistlichen, die braunen Mönche, die lichtblauen Offiziere, die an winzigen Mützen silberne Königskronen trugen, dann vielleicht ein Maler mit seiner Skizzenmappe oder ein bücherbeladener Gelehrter, der der Bibliothek zustrebte — auf dem Fahrdamm gleichzeitig einherklirrend Brauerwagen mit Riesenrossen oder in eleganter Wucht anrollende Hofequipagen — alles überflattert von Schwärmen zutraulicher

Tauben — alles von einem breiten, behaglichen, wenn man will, etwas großspurigen Gehabe — es war ein dennoch immer neues Schauspiel dieser Stadt vor sich selbst, voll Anmut und schwer vergeßbarem Zauber.

Der junge König liebte seine Residenz trotzdem nicht. Auf ihn, der sich im Einzelgespräch so gewandt zeigte, wirkten größere Menschenansammlungen frühe schon hemmend. Hinzu kam, daß das durchgängige Phlegma der Münchener Lebensstimmung, das in den volkstümlichen Bierkellern ebenso zu Hause war wie in den hübschen rotgoldenen Empiresalons der Ministerien, mit Ludwigs eigener beweglich schwebender und schweifender Sinnesart nicht harmonieren wollte. Die genügsame Banalität der Münchener Existenz und ihre Lust am Banalen verletzte ihn mehr, als er selbst vielleicht schon wußte. Sein Pflichtgefühl war damals zwar noch zu stark, als daß er sich, wie das später die Regel wurde, für Wochen und Monate aus der mißachteten Stadt entfernt hätte. Aber sobald er glaubte, es sich erlauben zu dürfen, entwich auch der junge Ludwig schon aus München südwärts in die Landschaft der Berge.

Sie war ihm seit der Kindheit vertraut. Die Eltern hatten ja gern in Hohenschwangau oder Berchtesgaden residiert und die beiden Prinzen auf ihren Bergausflügen mitgenommen, die freilich oft, entsprechend der stets auf Anregung und Vervollkommnung bedachten Anlage Maximilians, unter Beteiligung seiner gelehrten Freunde zu größeren geselligen Veranstaltungen, wenn nicht gar zu Jagdpartien wurden.

Ganz anders Ludwig II. Er haßte die Jagd, und eine Landschaft, die von einer größeren Gesellschaft aus ihrer Ruhe aufgeschreckt worden war, war für ihn keine Landschaft mehr; darum waren auch Fabrikschornsteine und Telegraphenleitungen ihm, der vornehmlich mit dem Auge lebte, höchst zuwider. Da ihm Menschen fehlten oder er zu ihnen kaum fand, suchte er instinktiv vielleicht nach Ausgleich in der ebenfalls menschenleeren Landschaft?

So stand er mit dem bayerischen Oberland von jeher in lebendigerer Verbindung als jeder seiner Vorgänger. Immer scheint, sobald er, die Stadt verlassend, den langgestreckten blauen Umriß des Hochgebirges am Horizont erblickt, sein Atem leichter zu gehen. Befreit von der städtischen Luft, die ihn auch im dritten Stockwerk der Residenz noch mit dem Qualm zahlloser kleinbürgerlicher Kamine unerträglich umnebelte, fand er sich mit der oberbayerischen Landschaft sofort eines Sinnes. Solange er gelebt hat, ist diese Bindung nur immer stärker und stärker geworden — die Bindung mit einer Landschaft, die (nur von ahnungslosesten Fremdlingen für unabänderlich harmlos-heiter gehalten) in ihren entlegeneren, damals noch völlig ungestörten Tälern, Schluchten, Felswänden, schwarzen Wäldern und reglosen Seen mit einem übermenschlichen Ernst und einer strengen Schwermut förmlich beladen zu sein vermag.

Dieses ganze südliche Bayern hat Ludwig immer wieder durchstreift, als unermüdlicher Reiter die Seen- und Hügellandschaft des Alpenvorlandes, auf niedrigem Bergwägelchen oder auch zu Fuß das Gebirge, am liebsten immer allein oder von einem Reitknecht oder Förster begleitet. Nur den Inn hat er als König nie überschritten; dem Osten der Bayerischen Alpen, Berchtesgaden besonders, hat er stets eine Abneigung gezeigt, die aus Kinderzeiten und der Erinnerung an kränkende Strafmaßnahmen seines Vaters stammen soll.

Vor allem hing sein Herz nach wie vor an Hohenschwangau, dem uralten Burggemäuer im Tannenwald an der Tiroler Grenze, das Maximilian vor dem Abbruch gerettet hatte, indem er es ankaufte und zart gotisierend ausbauen ließ. Hier ganz in der Nähe war einst im hohen Mittelalter Kaiser Lothar in einer Holzhauerhütte gestorben, nachdem er dem damaligen Bayernherzog die Reichsinsignien übergeben hatte. Auf dem alten Schlosse hatte Konradin, der letzte Hohenstaufe, von seiner Mutter Abschied genommen, als er in den italienischen Tod zog. Und hier war nun auch Ludwig II. Kind gewesen, hatte im Burggärtchen vor dem hohen Springbrunnen gespielt und hatte, durch die nach der Mode der Zeit mit buntem böhmischem Glas verzierten Schloßfenster lugend, die Welt draußen phantastisch verändert erblickt, bald ultramarinblau, bald sammetbraun, bald granatrot. Jetzt noch konnte der junge König in kindliche Freude geraten, wenn in dem stillen, schwarzen See am Schloß ein Fisch sich an seiner Angel fing, den er freilich, alsbald sich wieder auf seine königliche Würde besinnend, Pfistermeister zum Mittagessen schickte.

Leichter von München zu erreichen und daher sein häufigster Aufenthalt war Schloß Berg (nach dem er sich auf Reisen auch »Graf Berg«

nannte), ein würfelförmiger, typisch altbayerischer Schloßbau geringen Umfangs, mit Zeltdach, Eckturm und Zinnenbekrönung. Hier, in Räumen, die in ihrer simplen Einrichtung in nichts etwa diejenigen des Herrenhauses eines zeitgenössischen Rittergutes übertrafen, hat Ludwig wahrscheinlich den größten Teil seiner Regierungsjahre verbracht. Vor seinen Fenstern pochte an das Gestade des mäßig großen Schloßparks der Wellenschlag des Starnberger Sees, eines weiten, öfter rauhen und harten als freundlichen Gewässers. Zur Linken hatte der König die Roseninsel vor Augen, ein in Schilf verdämmerndes, unbewohntes Eiland, zu dem ihn bisweilen sein kleines grünes Dampfboot trug, zur Rechten, am Gegenufer des Sees, Schloß Possenhofen, dem Herzog Max gehörig und Sommeraufenthalt Elisabeths von Österreich.

Am liebsten freilich übernachtete der König in der völligen Einsamkeit der oder jener der vielen Jagdhütten, die von seinem Vater im Hochgebirge errichtet worden waren. Da saß er dann viele Abende hindurch, stundenlang allein, an einem primitiven Herd, in dem er selbst die Scheiter immer wieder erneuerte, in Lektüre versunken, während draußen die vollkommene Erstarrung der Hochgebirgsnacht waltete, die knochenweiße Vereisung, die der Mondschein über die Felsen legt.

IV

JUGEND REGIERT

Wenige Tage, ehe Wagner vor ihn hintrat, hatte der junge König seine erste diplomatische Niederlage erlitten. Die Londoner Konferenz zur Beendigung des Dänenkrieges war am 25. April zusammengetreten, nicht ohne daß zuvor der Frankfurter Bundestag den Antrag Bayerns abgelehnt hätte, auch den Herzog von Augustenburg, als legitimen Herrn der umstrittenen Herzogtümer, am Beratungstisch zuzulassen. Der Antrag, ganz noch im Sinne Maximilians, war das erste diplomatische Aktenstück, das Ludwig unterschrieb. Daß sein Mißerfolg ihn sehr behelligt hätte, ist nicht bekannt.

Aufs stärkste beanspruchte ihn dagegen das Erlebnis, Richard Wagner in seiner Nähe zu wissen. Er hatte für ihn das geräumige Pelletsche Landhaus am Starnberger See als Sommerwohnung mieten lassen, unweit des Schlosses Berg, in das er selbst Mitte Mai übersiedelt war.

Seine Zusage, Wagner von den Lasten des Alltags zu befreien, hielt er aufs großzügigste: die Höhe des Gehalts, das er ihm aussetzte, ist authentisch nie bekanntgeworden; die Angaben darüber schwanken zwischen 4000 und 10 000 Gulden[1]. Außerdem übernahm die Hofkasse die Kosten für die Wohnung Wagners, eine Villa in der vornehmen Brienner Straße. Zur Ablösung der Wiener Schulden hatte er sofort 16 000 Gulden erhalten, denen im Oktober noch einmal 40 000 folgten. Die Gesamtsumme, die er für sich persönlich von der Hofkasse in den siebzehn Monaten seines Münchener Aufenthaltes bezog, wird auf 99 400 Gulden berechnet[2]. Auch im Laufe der folgenden Jahre wurden immer wieder Sonderzahlungen an ihn notwendig, meist in der Form von Darlehen oder als Vorschuß auf die dem König abgetretenen Aufführungsrechte des »Rings«. Von jeher ist Wagner ja kein guter Haus-

[1] Das Höchstgehalt eines Rates am bayerischen Obersten Landesgericht betrug damals 2800 Gulden, das eines Gymnasialrektors 2200 Gulden, das eines Ministerialrates mit achtzehn Dienstjahren 3900 Gulden.

[2] Eduard Stemplinger, »Richard Wagner in München«, 24.

halter gewesen und hatte nie gern nach Rechnungen gefragt[3]. Immer schon war seine Anschauung, was er im April 1864, in schwerster finanzieller Bedrängnis, in einem Brief an seinen Freund Standhartner schreibt: »Ihr habt meine Werke, laßt mir meine Torheiten!«

Für den König war die materielle Seite der neuen Freundschaft sicherlich nicht wichtig, eben wieder aus seiner eigentümlichen Sehweise heraus: er hatte ja weder irgendwann Zeit noch irgendeine Gelegenheit gehabt, den Wert des Geldes in seiner wahren Bedeutung kennenzulernen, und eben die pädagogische Knauserei, in der man das Taschengeld des Knaben bemessen hatte, mochte nun bewirkt haben, daß der König sich für grenzenlos reich hielt. Auch wenn der mittelalterliche Fürst irdisches Gut verschenkte, verlieh er ja nur das weiter, was ihm selbst von Geburt her verliehen war — es blieb Lehen von ihm, also mittelbar immer sein eigen, soviel er auch schenken mochte.

Ludwig ist dem Zauber Wagners, dem übermächtig, fast gewaltsam Gewinnenden, das seine Persönlichkeit ja zweifellos haben konnte, in diesen Maitagen in hohem Grade verfallen. Und auch Wagner, aus kritischster Lage plötzlich gerettet, strahlte nicht nur von Glück, sondern sicherlich auch von werbender Kraft. Nicht mehr sollte er, immer auf Wanderschaft, nach Nomadenart »Zelt und Stange umstecken« müssen, endlich sollte der Dämon der Schaffenskraft, der ihn seit Jahren durch die Welt scheuchte, sich auswirken dürfen und so zur Ruhe kommen. Geld, Luxus, Ruhm war ihm doch nur Zugabe, unentbehrlich vielleicht und, solange sie fehlten, schmerzlich vermißt, aber nicht das Ziel. Was ihn trieb, war der Drang nach seinem noch ungetanen Werk und dann freilich auch der, durch dieses Werk Geltung unter den Menschen und Macht über sie zu gewinnen, Formen, die er für überaltert hielt, auflösen zu dürfen und an ihre Stelle eine selbstgewisse, neue Welt zu setzen — ein revolutionärer Imperialist der Kunst — durchaus in sein imperialistisches Zeitalter gehörend und daher auch nicht ganz ohne Verwandtschaft mit dem Jahrhundertzeitgenossen Bismarck.

[3] Nicht immer traf er auf so derb entschlossene Gläubiger wie den Züricher Fuhrunternehmer Jakob Furrer, dessen Wagen er lange Zeit benutzt, aber nicht bezahlt hatte, als er die Stadt verließ. Infolgedessen dirigierte Furrer die Kutsche, in der Frau Minna Wagner mit Gepäck und Papageienkäfig zum Bahnhof fahren wollte, auf den Hof seines Grundstücks, von wo er sie erst wieder nach Begleichung seiner Rechnung entließ.

Auf Jahre hinaus entwarf Wagner jetzt bereits ein Arbeitsprogramm: 1865 sollte »Tristan« und »Meistersinger« bringen, 1867/68 den gesamten »Ring«, 1871/72 »Parsifal«, 1873 »Mein glücklicher Tod!« Und als sein Freund Weißheimer mit dem Kahn von Starnberg herüberkam, Wagner ihn in seinem Landhaus oben an der langen, schnurgeraden Treppe erwartete, in »bunter Tracht, die in allen Farben schillerte«, und der Besucher ausrief: »Sie kommen mir ja wie der Papst entgegen«, da antwortete er, unter herzlicher Umarmung, ironisch, aber doch wohl nicht ohne eine Spur von Ernst: »Der bin ich auch jetzt.«

In Ludwig II. sah Wagner seinen Erfolg garantiert. Er glaubte ihn seiner Magie völlig ausgeliefert. Immer wieder hielt ja nun der königliche Wagen vor der Villa Pellet und brachte ihn in fliegender Fahrt nach Berg, wo er dem König, während im Spiegel des Sees die regnerischen Tage verblaßten, am Klavier aus seinen Werken vorspielte, leise die Vorgänge auf der Bühne erläuternd und Teile des Textes singend, aus seinen Schriften vorlas oder ihm die vielen Fragen zu beantworten suchte, die der Achtzehnjährige, immer wißbegierig, oft staunend und ehrfürchtig tat[4]; er schien noch einmal Schüler geworden, für eine kurze Weile, Abschied nehmend, in den Raum der Kindheit zurückgetreten zu sein.

»Es ist ein hinreißender Umgang«, so schreibt Wagner jetzt an Eliza Wille, »dieser Drang nach Belehrung, dies Erfassen, dies Erleben und Erglühen ist mir nie so rückhaltlos schön zuteil geworden.«

*

Zuweilen ist vermutet worden, die Freundschaft zwischen Ludwig und Wagner müsse mehr als Freundschaft gewesen sein; die anormalen Triebe, die in seinen letzten Lebensabschnitten den König auf Irrwege führten, seien damals bereits Wagner gegenüber mächtig geworden, zumal auch Worte Wagners selbst aus diesen Tagen überliefert sind, die dergleichen zu verraten scheinen, etwa: »Ach, endlich ein Liebesverhält-

[4] Art und Inhalt seiner Fragen dürften sich aus einem Brief (vom 23. März 1865) entnehmen lassen, in dem es heißt: »Immer stärker wird in mir das Verlangen, Sie ganz zu kennen, noch mehr zu hören! – Ich möchte den Entwicklungsgang Ihres Geistes genau kennenlernen, um Sie vollkommen begreifen zu können, möchte mich ganz und gar in Ihre Anschauungen vertiefen.«

nis, das keine Leiden und Qualen mit sich führt«, oder: Ob ich dem ›Weiblichen‹ ganz entsagen werde können? ... Ein Blick auf sein liebes Bild hilft wieder! Ach, dieser Liebliche, Junge! Nun ist er mir doch wohl alles, Welt, Weib und Kind!«

Bei der sehr großen Behutsamkeit, mit der diese Fragen angefaßt werden müssen, kann man nicht mehr sagen, als daß zweierlei unbestreitbar ist; daß erstens Ludwigs regelwidrige Stellung zum anderen und zum eigenen Geschlecht in späteren Jahren so deutlich wird, daß man sie als erwiesen annehmen muß, wie sie ja auch bei nicht wenigen seiner Vorfahren historisch beglaubigt ist[5].

Zweitens steht fest, daß in manchen seiner Briefe an Wagner Sätze auftauchen, die wie exaltierteste Liebeserklärungen aussehen. Allerdings schließen sich an sie stets viel ausführlichere Erörterungen sachlicher Natur über Wagners Arbeiten und Pläne. So beginnt etwa ein Brief vom 4. September 1864 mit dem Satze: »Sie wissen, von welch wonnigen Gefühlen ich stets durchströmt werde, wenn ich Sie sehe, von Ihnen höre!«, um zwei Zeilen tiefer aber schon fortzufahren: »Sehr wahr ist es, daß in den Kunstinstituten unserer Zeit nie Erhebliches geleistet worden ist«, und um darauf das Thema der Wagnerschen gesangspädagogischen Pläne nicht mehr zu verlassen. Oder am 8. November 1864 heißt es: »Der Gedanke an Sie erleichtert mir das Schwere in meinem Berufe; solange Sie leben, ist auch für mich das Leben herrlich und beglückend. O mein Geliebter, mein Wuotan soll nicht sterben müssen, um in ›Siegfried‹ fortzuleben; er soll leben, um sich noch lange an seinem Helden zu erfreuen!« Worauf der Brief ohne weiteres fortfährt: »Vollkommen einverstanden bin ich mit Ihrem Plane, jenen Gesangslehrer zu beauftragen und zu ersuchen, ein paar Sänger in strenge Lehre zu nehmen ...« Man wird sagen dürfen, daß auch in den schwärmerischsten dieser Briefe neun Zehntel des Inhalts sich mit dem Kunstwerk, nicht mit dem Künstler beschäftigen. Aus dem Zusammenhang herausgelöst, geben jene Sätze daher ein falsches Bild der Situation.

Überdies gehört es zu den Eigentümlichkeiten Ludwigs, sich im

[5] Strohmeyer nennt hier die beiden Brüder des Prinzen August Wilhelm, des Urgroßvaters also der Königin Marie, König Friedrich II. und Prinz Heinrich und aus den höheren Ahnenreihen den König-Statthalter, Wilhelm III. von Oranien und Jakob VI. von England.

schriftlichen Ausdruck zu übersteigern, und zwar keineswegs etwa in den Briefen an Wagner allein, sondern auch in denen an andere Adressaten, von denen er einigen sogar das Du anbietet. Es ist, als hätte sich, sobald er zu schreiben begann, das dichterische Element, das er in sich trug, des ganzen Menschen bemächtigt und ihn zu Formulierungen hingerissen, die weit über dem lagen, was er zu sagen beabsichtigte. Seine Briefe sind daher, allgemein gesagt, irreführend, und immer bleibt es im höchsten Grade gewagt, aus ihnen allein Rückschlüsse auf die Realität zu ziehen, sofern man mit ihnen nicht gleichzeitige Aussprüche oder, besser noch, Taten des Königs vergleichen kann. Es ist keine bewußte oder gar gewollte Unzuverlässigkeit[6]. Aber man tut gut, den ganzen Briefwechsel zwischen Ludwig und Wagner mehr als eine Sammlung von Hymnen denn von Akten zu bewerten.

Man darf weiterhin, um auf jenen Verdacht zurückzukommen, nicht vergessen, daß Wagner, damals mehr als fünfzig Jahre alt, schon in seiner äußeren Erscheinung das Gegenteil jener imposanten Leiblichkeit war, der sehr viel später, in den Jahren des Abstiegs, der König ein trübes Interesse zuwandte. Man muß ferner hinzurechnen, daß die Zeit, in der Ludwigs Neigung für Wagner wahrer Leidenschaft ähnelte, verhältnismäßig sehr kurz war, daß, sowenig der allgemeine Ton seiner Briefe sich änderte, in seinem Benehmen rasch immer stärkere Vorbehalte gegen den Komponisten hervortraten. So berichtet etwa Wagners Freund, der Maler Pecht: »Es zeigte sich sehr bald, daß der König zwar wohl Wagners Umgang gelegentlich liebte, aber nicht im geringsten geneigt war, sich durch ihn oder irgend jemand anderen übermäßig beeinflussen zu lassen. Der König ward oft ärgerlich über Wagner und entwickelte überhaupt frühe einen Charakter ohne jede Hingebung. Kurz, ich erhielt bald Beweise dafür, wie wenig die poetische Phrase, daß der Künstler mit dem König Hand in Hand gehen solle, oder jemals gehen könne, der Wirklichkeit entspreche.« Und Gottfried von

[6] Hiermit mag zusammenhängen, daß ein zeitgenössischer Beobachter wie Pecht das Verhältnis zwischen Ludwig und Wagner »nie ganz aufrichtig« nennt. Im übrigen steht es auch um Wagner als Briefschreiber nicht viel anders. Sein unbedingter Jünger und Schwiegersohn Chamberlain etwa schreibt gelegentlich, man müsse »in der Deutung von Wagners brieflichen Herzensergüssen ... sehr vorsichtig sein ... Sie als Zeugnis von dem Wert der Adressaten aufzufassen, ist mehr naiv als weise«. (Chamberlain, Kritik an Prägers »Wagner, wie ich ihn kannte«. Leipzig 1908–12.)

Böhm, dem die ausführlichste zeitgenössische Biographie Ludwigs zu danken ist, schreibt, es sei hervorzuheben, »daß die schwärmerische Hingabe Ludwigs offenbar nicht der Person Richard Wagners galt, zu der er sich nie besonders hingezogen fühlte, der er bald auswich und die er zuletzt förmlich floh«.

Vor allem aber spricht ein höchst gewichtiger Umstand durchaus gegen die Annahme, Wagners Freundschaft habe dem König den Weg zum anderen Geschlecht versperrt: daß nämlich Ludwig sich Mitte Juni nach Kissingen begab und hier in Gesellschaft des russischen und österreichischen Kaiserpaares und der sehr charmanten Frauen ihrer Höfe nicht, wie er beabsichtigte, einige Tage, sondern vier Wochen blieb. Und in dieser ganzen Zeit richtete er nicht eine einzige Zeile an Wagner.

Daß seit dem Thronwechsel das Verhältnis Ludwigs zu den Frauen einfach das des maßlos Umschwärmten geworden war, ist wohl nur selbstverständlich. Immer wieder traf die Palastwache der Hartschiere auf Mütter und Töchter bester Familien, die sich absichtlich in den Gängen der Residenz verirrten, um der jungen, schönen Majestät zu begegnen. Auch gab es einen rührenden Klatsch über geheime Bindungen des Königs mit einem schlichten Mädchen aus dem Volke, der natürlich reine Erfindung war. In Wirklichkeit stand Ludwig an der Grenze zwischen jenem Stadium, in dem die Mutter noch die bedeutsamste Frau ist, und demjenigen, in dem sich Angst vor dem Rätsel der Weiblichkeit hinter Altklugheit verbirgt. So berichtet Döllinger etwa, leise schmunzelnd, am 16. Juni 1864: »Von der zarteren Hälfte des menschlichen Geschlechtes, glaubte man bisher, wisse er sehr wenig. Neulich gab er doch seine Meinung kurzweg auch über den sexe ab. ›Ach die Weiber! Auch die gescheiteste disputiert ohne Logik!‹ Wo er nur diese Entdeckung gemacht haben mag!«

Seine Erfahrungen in Kissingen, dem Weltbad auf bayerischem Boden, wo er also als Hausherr auftreten konnte, waren gewiß die reizendsten. Man darf sich schon vorstellen, daß hier in der lauen Luft der anmutigen unterfränkischen Hügellandschaft, in den zierlichen Arkadenbauten, die die Heilquellen umgeben, noch dazu in der leisen Lockerung des Badelebens, die Damen der beiden Kaiserinnen ihn auf eine betörende Art umringten — Grazien in der anmutigen Mode der Zeit, mit wogenden und wippenden, sehr weiten Röcken, bei um so knapperen Taillen, mit winzigen Hüten auf reich gerollten Locken und mit koketten Spitzenschirmchen, die ein unendliches fragenreiches Schattenspiel über die Gesichter warfen – ihn, der selbst, nach einem französischen Beobachter, beinahe für »une longue jeune fille en habit blanc de général«, ein langes junges Mädchen in weißer Generalsuniform, hätte gehalten werden können. Ohne Zweifel wurde er aufs maßloseste verwöhnt. Sein »Augenaufschlag« wurde berühmt, und in manchem goldenen Medaillon an einem schönen Hals ruhten jetzt Haare eines Pferdes, das er geritten hatte, oder Blätter einer Blüte, über die sein Fuß geschritten war.

Er selbst zeigte sicherlich eine untadelig ritterliche Haltung, weniger wahrscheinlich noch der Damen wegen, als weil Ritterlichkeit eines seiner Ideale war. Naturgemäß war alsbald auch von Heiratsplänen die Rede; aber es fand sich an möglichen Partien nur eine zehnjährige Zarentochter, so daß an ernsthafte Abmachungen nicht zu denken war.

Dafür allerdings gewann sich Ludwig in diesen Kissinger Tagen einen der ganz wenigen Menschen, die er später nicht wieder verlor oder entgleiten ließ, überdies die einzige Frau, der es jemals möglich war, ihm innerlich näherzukommen, Elisabeth von Österreich.

Sie ähnelten äußerlich einander wie Geschwister, der König und die acht Jahre ältere Kaiserin – obschon die Verwandtschaft gar nicht sehr nahe war: Ihre Mutter war die Stiefschwester seines Großvaters Ludwig I. Sie hatten dennoch die gleiche schlanke, hohe Gestalt, die zartfarbige Haut, das dichte, dunkelbraune Haar und die großen Augen mit dem eigentümlichen, zwischen Stolz und Trauer schwankenden Blick.

Viel hatte die Kaiserin schon erlebt, seit sie, ein halbes Kind noch, das Dampfschiff von Passau donauabwärts getragen hatte, als Braut Franz Josephs allenthalben unter Volksjubel und Glockenläuten als »Rose von Bayerland, just im Erblühen« poetisch begrüßt – gar nicht sehr anders, als jetzt der ebenso junge, weltunerfahrene Vetter durch seine strahlende Erscheinung allein schon seinem Lande glückliche Zeiten zu versprechen schien. Sie wußte sicherlich, die unvergleichlich viel reifere Frau, daß auch ihm Enttäuschungen in Mengen bevorstanden, die um so herber sein würden, je größer die Hoffnungen waren, die ihnen vorangingen. Wahrscheinlich also, daß sie ihm ein vorahnendes

Königin Marie mit ihren Söhnen Ludwig und Otto

Baum und Schwan. Zeichnung des jungen Prinzen Ludwig

Schwimmende Rheintöchter aus »Rheingold«

Mitleid schenkte, als sie jetzt die Schwärmerei duldete, die er ihr widmete. Die aber war genauso ungestüm, so fast schon in Verfolgung ausartend, wie sie immer bei sehr jungen Männern ist, die an eine etwas ältere Frau ihr Herz verlieren. Ludwig bewunderte hingerissen – wiederum der optische Mensch – die hochkultivierte Schönheit Elisabeths; er suchte ihr nahe zu sein, sooft es nur möglich war, und wo schon er selbst nicht sein konnte, traf die Kaiserin wenigstens auf Blumensträuße von ihm. Doch auch sie, die sonst so Menschenferne, entzog sich ihm nicht. Ja, sie ließ es sich gefallen, daß er sie in die »Taube« umtaufte, sich selbst in den »Adler« – eine sonderbare Maskierung, die, jahrelang fortgesetzt, erst mit Ludwigs Tod endete.

Sicherlich aber, daß über solche halb verspielte Schwärmerei beide eine mehr als genealogische, tief ins Elementare reichende Verwandtschaft spürten. Über ihre Beziehungen haben sich jedoch keinerlei schriftliche Zeugnisse erhalten; ein einziges Mal nur wird im Tagebuch Elisabeths der König erwähnt, und hier heißt er zufällig und doch ahnungsvoll: »der arme König Ludwig«.

Denn so war es: Beide waren arm, arm an Verbindungen zum allgemeinen Mitmenschlichen, zur Zeit, zur Umwelt. Diese beiden späten Wittelsbacher gehörten in keiner Weise dem modernen Verfassungsstaat an, in dem sie lebten, mit der rationalen Verschachtelung seiner Gewaltenteilung. Sie standen beide noch im sehr viel simpleren, naiveren, aber gottnahen Staat des Mittelalters, dessen Herrscher vom einfachen Gesetz des Erbgangs für legitimiert gilt, ohne daß noch ein Vertragsabschluß mit Menschen, wie ihn die konstitutionelle Monarchie bedeutet, dazu nötig wäre. In Ludwig wie in Elisabeth lebte etwas vom paulinischen Lehrbegriff des Charismas, von der Idee der Berufung nur als Gnade, als verdienstloses Geschenk, da es viel zu groß ist, um je verdient werden zu können.

So erklärt sich auch das überaus starke Natur- und Landschaftsgefühl Ludwigs und Elisabeths: denn nicht anders als das alte Königtum war für sie auch die Landschaft rein und unverfälscht aus Gottes Hand hervorgegangen; und ebenso wie das Gottesgnadentum durch das Paragraphenwerk der Verfassungen sahen sie die Landschaft durch Telegraphenleitungen und Eisenbahnlinien verdorben und verfälscht. »Es ist merkwürdig«, hat Elisabeth gelegentlich gesagt, »wo Menschen hinkommen, muß alles zerstört werden. Sie tun den Dingen immer Unbill an; nur wo die Dinge allein sind, behalten sie ihre ewige Schönheit.« Vieles überhaupt, was Elisabeth, im sprachlichen Ausdruck gewandter als Ludwig, im Laufe der Jahre über sich aussagte, hätte mit denselben Worten von ihm geäußert werden können.

Auch die Gewohnheit langen, ziellosen Reitens hatten beide gemeinsam – eines Reitens, das mit Sport nichts mehr zu tun hatte, ein Schweifen mit lockeren Zügeln, dann wieder ein jähes Querfeldein, mit Sprüngen über Zäune und Hecken, oft halsbrecherischer, als daß die Reiter die Gefahr überhaupt gewahrt hätten – dann wieder ein Herumreißen der Pferde, ein Absitzen und Wandern, die Zügel überm Armgelenk, landauf, landab, bis zum Wunsch nach neuer Abwechslung und neuem Davonstürmen. Von beiden wird berichtet, daß sie ihre Pferde zuweilen unachtsam behandelten, sie überanstrengten, sie auf harten Straßen traben ließen, sosehr sie auch sonst über das Wohl der edlen Geschöpfe wachten. Aber beiden waren ja die Pferde, die irischen Hunter des Königs, die ungarischen Schimmel der Kaiserin, letzten Endes nur Werkzeug ihrer Träumereien, des raschen Ortswechsels, des Sichverlierens in der Landschaft, des Sichverbergens vor den Menschen und der Zeit. Ebenso wie die Baulust ihrer späteren Jahre viel weniger etwa das Schaffen von Behausungen als das Suchen nach Zufluchtsstätten war.

*

Die Weltlage hatte sich inzwischen nicht verbessert. Die Londoner Konferenz war gescheitert und der Dänenkrieg durch den Sturm der Preußen auf die Insel Alsen entschieden worden. Neuer Waffenstillstand war zu erwarten und darauf ein Friedensschluß, durch den die Elbherzogtümer an Österreich und Preußen abgetreten werden würden. Was ihnen dann bevorstand, wußte niemand. Klar war nur, daß eine Anerkennung der Augustenburger Erbrechte, der Grundlagen der bayerischen Politik, höchstens noch ein preußischer Gnadenakt sein konnte. Und deutlich war bereits zu spüren, wie unter Bismarcks Hand aus dem Preußen, das der Wiener Kongreß geschaffen hatte, jenem über ganz Norddeutschland zerteilten geographischen Gebilde, jetzt der muskulöse und elastische Leib einer europäischen Großmacht werden wollte. Schon bei den nunmehr in Gang kommenden Zollvereinsverhandlungen konnten die Süddeutschen die Härte des preußischen Partners fühlen, der sich auf keinen ihrer Wünsche mehr einließ, besonders nicht auf den, auch Österreich in die Einigung einzubeziehen, und sie schließlich alle zu bedingungsloser Waffenstreckung zwang. Es war das etwa die Zeit, in der Ludwig nicht nur seinen ersten Ministerwechsel vornahm, sondern auch für den offenkundig versagenden Ministerpräsidenten und Außenminister von Schrenck nach Ersatz zu suchen begann.

Innenpolitisch beunruhigte ihn gleichzeitig die neu entstandene Fortschrittspartei, deren Gefährlichkeit ihm besonders Ludwig I. in aufregenden Farben schilderte. »Die Absicht der Fortschrittspartei ist es, daß ein Schattenkönig werde«, schreibt er im August 1864. Tatsächlich handelte es sich um eine 1863 in Nürnberg begründete linke Flügelpartei, bestehend aus Abgeordneten der neubayerischen Gebiete, Schwabens, Frankens und auch der Pfalz: Anwälte, mittlere Industrielle, achtungswerte idealistische Bürger, in denen noch mancherlei republikanische Tradition der alten Reichsstädte fortlebte, eine Partei gleichwohl, die, allzusehr von rationalistischen Prosperitätserwägungen belastet, die historischen Lebensgesetze Bayerns mißverstand. Ein jugendlich unreifer, doch um so rechthaberischer Liberalismus verfocht in ihr vor allem zwei Forderungen: die Parlamentarisierung Bayerns und die Unitarisierung Deutschlands unter preußischer Führung. Stimmstärke und Angriffslust ihres Auftretens, namentlich ihre plumpe Kirchenfeindlichkeit, erregte viel mehr Aufsehen, als sachlich gerechtfertigt war. Eine große Chance freilich hatte die Partei insofern bei Ludwig II., als öffentliches Geheimnis war, daß Richard Wagner mit ihr sympathisierte.

Mitte August 1864 erst siedelte der König nach Hohenschwangau über, wo er am 25. seinen neunzehnten Geburtstag feierte. Wagner hatte hierzu den »Huldigungsmarsch« komponiert, den er ihm durch achtzig Militärmusiker überraschend vortragen lassen wollte. Doch die Königinmutter, angeblich leidend, verbat sich die Darbietung, so daß es Wagner bei einem mündlichen Glückwunsch bewenden lassen mußte.

Ein ganz anderer Besuch traf jedoch zwei Tage später in der dunkelgrünen Tanneneinsamkeit von Hohenschwangau ein, König Wilhelm von Preußen. Königin Marie hing mit fast kindlicher Zuneigung an diesem etwa dreißig Jahre älteren Vetter. Ludwig hingegen betrachtete den weißblonden, soldatisch straffen Sechziger mit kühleren Gefühlen.

Wenn der Onkel etwa jetzt der Königin mit einigem Stolz von Düppel und Alsen berichtete, diesem großen preußischen »fait d'armes«, wie er sich in seiner etwas altfränkischen Sprechweise auszudrücken pflegte, so dürfte das auf den Neffen wenig Eindruck gemacht haben. Dem äußeren Anschein nach standen in dem alten Schloß einander einfach nur zwei ritterliche Figuren gegenüber, die zwei Generationen vertraten und sich daher gegenseitig so gut wie nichts mitzuteilen hatten. Ludwig ahnte ja noch nichts davon, daß sein Gast sich damals gerade in einer inneren Krise befand: Soeben noch in Schönbrunn hatte er dem österreichischen Kaiser erklärt, Preußen habe keinerlei Recht auf Schleswig-Holstein; sein Legitimitätsgefühl also sträubte sich damals noch gegen innerdeutsche Annektionen. Nicht aber mehr ein Jahr sollte vergehen, und die Krise endete damit, daß, nach Bismarcks Worten zu Lerchenfeld, König Wilhelm »die ganze Welt annektiert hätte, wenn es ihm möglich gewesen wäre und ich ihn losgelassen hätte«[7], ein Resultat, das, ein weiteres Jahr später, im Hochsommer 1866, dem bayerischen König die bittersten Stunden bereiten sollte.

Der Verkehr Ludwigs mit Wagner hatte sich nach der Rückkehr von Kissingen neu belebt. Und da die Arbeit ihn meistens in der Stadt festhielt, kamen Wagner und mit ihm nun auch Hans von Bülow, der inzwischen als »Königlicher Vorspieler« angestellt worden war, fast jeden Vormittag zum Musizieren von Starnberg in die Residenz. Doch verlor sich das Interesse des Königs an Bülows Klavierspiel wieder; Melodien ohne den Bühnenapparat sagten ihm offenbar nicht genug. Und auch an Bülow selbst, der bei aller seiner überströmenden Musikalität und trotz aller äußeren Gebrechlichkeit immer ein streitbarer und starrköpfiger preußischer Edelmann blieb, und, anders als Wagner, auf die Eigenart des Königs nicht einzugehen verstand, lag ihm anscheinend nicht viel.

Doch hatten sich bei Wagner, während Ludwig wochenlang verreist war, Veränderungen vollzogen, die bis in die Basis seiner menschlichen und künstlerischen Existenz reichten. Während der König in Kissingen im Damenflor der Höfe von Wien und Petersburg wie in einer zartfarbigen Wolke verweilte, hatte sich in Wagners einsamem Landhaus

[7] Hugo Graf Lerchenfeld-Köfering, »Erinnerungen und Denkwürdigkeiten« (Berlin 1935), 43.

am See die Frage von selbst beantwortet, die er sich kurz zuvor gestellt hatte, ob er wohl imstande sein werde, »dem Weiblichen ganz zu entsagen«. Denn in den letzten Junitagen war Cosima von Bülow bei ihm erschienen: — auch sie, die schlanke, elegante Tochter Franz Liszts, die Halbfranzösin mit dem reichen Blondhaar und den ebenso intelligenten wie geistvollen blauen Augen, auch sie, in aller ihrer Gedankenkühle, wurde durch die magische Macht, die Wagner auszuströmen vermochte, zu ihm hingezogen — fort von dem Mann, der Wagners opfermutigster Freund und treuester Interpret war, fort von den Kindern, die sie mit ihm hatte. Wagner hatte sie nicht mehr gesehen seit jener traurigen Berliner Kutschenfahrt im vorjährigen November, von der er später berichtete: »Wir blickten uns stumm in die Augen, und ein heftiges Verlangen nach eingestandener Wahrheit übermannte uns zu dem keiner Worte bedürfenden Bekenntnis eines grenzenlosen Unglücks, das uns belastete.« Und dann folgt in der nur als Privatdruck gedachten Erstausgabe der Wagnerschen Selbstbiographie noch der Satz: »Unter Tränen und Schluchzen besiegelten wir das Bekenntnis, uns einzig anzugehören.« Jetzt aber, im Juni, drängte der unablässig wachsende Zwang dieses Bekenntnisses zur Realisierung, gewaltiger als alles, was sich ihm an Treueverpflichtungen gegen Freund und Mann hätte entgegenstellen können.

Wagner hatte Bülow eingeladen, mit seiner ganzen Familie in der Villa Pellet den Sommer zu verbringen. Aber Cosima reiste mit den Kindern allein voraus; allein kam sie in das große, menschenleere Haus an dem fremden, rauhen See, zu dem einsamen Manne, der doppelt einsam war, seitdem auch der junge König ihn verlassen hatte. »Mein Haus ist öde«, hatte er Bülow geklagt. Es war ein tollkühnes Wagnis, auf das die kluge, energische, doch auch leidenschaftliche Frau sich mit dieser Reise einließ. Was alles stand an Werten auf dem Spiel: ihre bürgerliche, ihre moralische, ja, ihre gesamte menschliche Existenz — und tatsächlich konnte sie sich ja, trotz alles persönlichen Glückes, das dieser Entschluß ihr schließlich brachte, von der Gewissenspein beim Gedanken an Bülow nie ganz befreien[8]. Trotzdem war es die Wahrheit, was

[8] »An Bülows Geburtstag und wenn der Tag ihrer Trennung von ihm wiederkehrte, verfiel sie stets in gramvolles Gedenken und war immer wieder geneigt, sich einer nicht gutzumachenden Schuld zu zeihen« (Millenkovich-Marold, 266).

sie jetzt aus der Villa Pellet an ihre Freundin Marie von Buch, die spätere Frau des preußischen Ministers von Schleinitz, schrieb: »Ich bin seit drei Tagen hier, und mir scheint, daß es bereits ein Jahrhundert sei und daß es dauern wird – wie lange, weiß ich nicht! So ist mein Geist in Ruhe gesunken ...«

Anfang Juli langte auch Hans von Bülow in Starnberg an. Er war völlig ahnungslos und blieb es noch für lange Zeit. Cosima und er galten weiterhin überall für ein glückliches Ehepaar. Und ihr Zusammenleben mit Wagner in der Villa Pellet schien so harmlos, daß damals noch niemand auf den Gedanken kam, es sei irgendwie regelwidrig, am wenigsten der König.

Er hatte sich jetzt einen strengen Arbeitsplan gemacht und hielt ihn inne, eifrig, pflichtbewußt und mit pedantischer Pünktlichkeit, welch letztere Eigenschaft er übrigens nie verlor. Und der bayerische Staat, verläßlich organisiert und bürokratisiert, gab den königlichen Willensimpulsen fürs erste auch reibungslos nach. Man konnte des Glaubens sein, die Herrschaft der Jugend, die somit begonnen hatte, werde einen glücklichen Abschnitt in der Geschichte des alten Landes einleiten. Die Leidenschaft des Königs für Wagner hielt man gutmütig für jugendliche Extravaganz und mißbilligte sie noch kaum; auch gestattete er sich ja jetzt nur noch einmal in der Woche den geliebten Theaterbesuch. Im Oktober sah hier den jungen Landesvater der ihm nie sehr gewogene Hohenlohe und notierte: »Er sieht wohl aus. Mir kam es aber vor, als wenn er schon den mißtrauischen Ausdruck seines Vaters annehme.« Bülow, gerade frisch aus Berlin berufen und an eine ganz andersgeartete Umwelt gewöhnt, schreibt voll Erstaunen: »Das ist ein Unikum! Er sieht auch ganz tropisch aus oder exotisch.« Wohingegen der sanfte Musiker Cornelius über seinen ersten Empfang folgendermaßen berichtet: »Der König stand wenige Schritte von der Tür im bayerischen Militärkleid, den Hut mit Federn auf dem rechten Arm. Zuerst sucht wohl das Auge das Auge, wenn man einen Menschen ansieht. Und so ging mir's bei ihm, nur daß man es schwer wieder verlassen konnte. Die stille Furcht, etwas Kränkliches, Überreiztes in dem Wesen des gekrönten Jünglings zu finden, schwand sogleich völlig. Er ist gesund, kräftig, sein Haupt bewegt sich zierlich, frei und schön auf dem das gewohnte Maß überragenden Körper.«

Man kann kaum daran zweifeln, daß der junge König sich bewußt war, welche Gefahrenzone sein Staat durchlief, solange die schleswig-holsteinische Frage ungelöst am Horizont stand. Kam es doch ihretwegen, nachdem die Mittelstaaten gerade erst in den Zollvereinsverhandlungen aufs ungünstigste abgeschnitten hatten, zu einer preußisch-sächsischen Kriegsgefahr, da Preußen jetzt den Abzug der vom Deutschen Bund in die Elbherzogtümer entsandten hannoveranischen und sächsischen Truppen forderte, was Sachsen verweigerte – eine Gefahr, die natürlich ganz Deutschland bedrohte. Die Unzufriedenheit Ludwigs mit seinem Minister Schrenck wuchs im gleichen Maße, aber ein Nachfolger wollte sich nicht finden.

Daher blieb ihm jetzt für Wagner wenig Zeit, immerhin aber genug, um ihm ein Huldigungsgedicht, das ihm der neue Freund überreichte, gleichfalls gereimt beantworten zu lassen.

»Wenn in Vergessenheit die meisten sanken,
Du setzest Dir ein ewig Monument,
Dein heil'ger Name, nie wird er verklingen,
Da für das Höchste Du willst mutig ringen«,

so endet die linkische Bemühung, die stark an Ludwigs I. hölzerne Poesie erinnert. Dennoch: wirken die Zeilen, gerade als Antwort auf Wagners reife, ja routinierte Strophen, nicht eigentümlich rührend, noch dazu in ihrer schülerhaften Schrift, die verrät, wie der Schüler sich zusammennimmt, um ihr durch ornamental geschwungene Bogen und Schleifen Bedeutsamkeit zu verleihen?

Wagners eigenes Programm begann inzwischen sich zu verwirklichen. Es gelang ihm, eine Anzahl unbedingter Anhänger in München in sichere Positionen zu bringen, so, außer Bülow, Peter Cornelius, den Privatdozenten Nohl aus Heidelberg, der eine Professur für Musikgeschichte erhielt, den Gesanglehrer Schmitt aus Leipzig, der wegen seiner mangelnden Manieren allgemein »der Grobschmitt« hieß, den Prager Journalisten Porges und den recht abenteuerlichen Schriftsteller Fröbel, der, bis dahin politischer Agent des Ministeriums Schmerling in Wien, jetzt in München eine Zeitung Wagners herausgeben sollte. Es war eine im ganzen bunte und in der stillen Stadt viel Aufsehen erregende Gesellschaft, von der Wagner mancherlei Schwierigkeiten hatte. Insbesondere

Bülow und Nohl taten sich auf eine hochmütige und unsinnige Brüskierung der Bürgerschaft viel zugute, in deren Mitte sie doch wirken wollten, Nohl mußte daher nach wenigen Monaten München wieder verlassen[9], während Fröbel vom König abgelehnt wurde, weil sein Name »identisch mit der Idee eines deutschen Parlaments« sei. Doch die »Deutsche Musikschule«, in der Wagner einen Sängernachwuchs heranbilden wollte, der den Anforderungen seiner Werke gewachsen wäre, einer seiner wesentlichsten Ideen, war im Herbst des Jahres gesichert. Gleichzeitig etwa machte er im Konzertsaal das Münchener Publikum mit Bruchstücken aus den »Meistersingern«, dem »Ring«, dem »Tristan«, damals noch unaufgeführten Werken, bekannt, und bald danach ging er an die Einstudierung des »Fliegenden Holländers«.

Am wichtigsten aber war, was schon im September Wagner schreiben konnte: »Mein junger König spart, stellt väterliche Bauten ein, um Geld für die ›Nibelungen‹ zusammenzuhalten.« Und Ende November war Ludwig zum Bau eines »großen steinernen Theaters« entschlossen, »damit die Aufführung des ›Ringes der Nibelungen‹ eine vollkommene werde«. Der erste Architekt der Zeit, Gottfried Semper, Wagners Dresdener Revolutionskamerad von 1849, sollte es errichten. Sein Entwurf sah eine breite Auffahrtsstraße vor, die an der Nordostecke der Residenz (etwa in der Gegend des ehemaligen Armeemuseums) beginnen, die Isar überschreiten und zu den Höhen des rechten Ufers hinanführen sollte, wo sich, als Krönung einer Terrassenanlage, das Theater erheben sollte; in seinem Äußeren hätte es am ehesten noch dem Wiener Burgtheater geglichen. Die gesamten Kosten wurden fürs erste auf 6 Millionen Gulden geschätzt. Die Beamten des königlichen Kabinetts erbleichten vor Schrecken, als diese für damalige Verhältnisse kolossale Summe genannt wurde, zumal die königliche Zivilliste nur 2 Millionen jährlich betrug, von denen wiederum nur etwa 300000 zur freien Verfügung Ludwigs standen. Aber weder er noch auch Wagner schienen diese Ziffern irgendwie bemerkenswert zu finden.

Erst Anfang Dezember wich die Kriegsgefahr, als der Deutsche Bund, gegen die Stimme Bayerns, vor Preußen zurückwich und die sächsischen Truppen aus Schleswig-Holstein abziehen ließ. Und gleich darauf, am

[9] »Dieser Mensch ist ein Narr und darf mir nicht mehr über die Schwelle«, sagte Ludwig.

4. Dezember, dem Tag der festlichen Erstaufführung des »Fliegenden Holländers«, hatte der König endlich auch seinen neuen Ministerpräsidenten – Ludwig von der Pfordten.

Dieser vielgeschmähte, vielverleumdete Mann leitete nun die Geschicke Bayerns in einer Phase, die bis zur Lebenskrise des Staates führte. In Oberbayern geboren, doch von Herkunft Franke und Protestant, war von der Pfordten Professor der Rechte in Würzburg und Leipzig, dann sächsischer Minister gewesen und hatte eine konsequente Entwicklung vom gemäßigt Liberalen zum gemäßigt Konservativen hinter sich. Unter Maximilian II. in bayerische Dienste zurückgekehrt, war er Minister und Bundestagsgesandter in Frankfurt gewesen, jetzt, dreiundfünfzig Jahre alt, also gewiß kein unbeschriebenes Blatt mehr. Seine Politik hatte er bereits 1851 in einem Brief an Pfistermeister dahin formuliert, daß Bayern am Deutschen Bund solange als möglich festhalten, jedoch auf seine Auflösung gefaßt sein müsse, sich dann aber weder Österreich noch Preußen unterwerfen dürfe, sondern fest auf sich selbst zu stehen und den altdeutschen Südwesten möglichst nahe an sich zu ziehen habe. Und in dem Programm, das er jetzt, 1864, als Ministerpräsident dem König unterbreitete, hieß es wieder: »In Deutschland ist die Aufgabe Bayerns, weder eine österreichische noch eine preußische Politik zu machen, sondern eine bayerische und deutsche, und zwar großdeutsche. Dabei hat Bayern nicht auf eine Entzweiung Österreichs und Preußens hinzuwirken, sondern auf ihre Einigung auf dem Boden des Bundesrechts.« Man sieht, es war das Programm der Trias Maximilians, die große gesamtdeutsche Lösung, die Ablehnung jeder kleindeutschen Konzeption, die für Pfordten mit dem »Ende Deutschlands« gleichbedeutend war.

Sehr bald nach seiner Thronbesteigung hatte Ludwig schon daran gedacht, von der Pfordten zu berufen. Aber die Sondierungen zogen sich über Monate hin, weniger noch wegen Pfordtens eigener Bedenken – er sei unpopulär und habe keine Parlamentsmehrheit – als wegen des immer neuen Zurückweichens des Neunzehnjährigen selbst vor dem reifen Manne mit der hohen und breiten Gestalt, dem diktatorischen Mund, dem dunklen Backenbart und der sonoren Stimme, dessen Augen durch Brillengläser selbstbewußt und zugleich leidenschaftlich blickten. Dem Großvater schrieb der König zwar, er habe jetzt einen »ganz hervorragenden Minister«. Auch zeichnete er ihn mit seinen höchsten Orden aus. Doch da Pfordten ihm an Wissen und Bildung, an Lebenspraxis und dialektischer Fertigkeit unendlich weit überlegen war, ihm, der statt dessen nur das dunkle, doch um so gewissere Gefühl seiner angeborenen Würde in sich trug, so konnte es nicht anders sein, als daß er ihn zwar anerkannte, doch unter dem immer wieder zu überwindenden Verdacht, ob der Minister seine jugendliche Bildsamkeit nicht doch etwa mißbrauche.

Das Verhältnis zwischen König und Minister gestaltete sich daher sachlich korrekt, doch ohne Beteiligung des Herzens, zum mindesten was Ludwig anging. Pfordten seinerseits blieb, auch als Politiker, Jurist im besten Sinn des Wortes: er vermochte nur eine Politik zu treiben, von deren sittlichem Recht er durchdrungen war. Doch indem er den Rechtsboden der Bundesverfassung verteidigte, verteidigte er gleichzeitig ja die in ihr wurzelnde Existenz Bayerns, handelte er also ganz und gar im Sinne des Königs.

Bei vollkommener Gleichheit der politischen Ziele wollte es demzufolge das Unglück, daß im Menschlichen der König und sein Minister einander fremd blieben. Ludwig verstand nicht den grundsätzlichen Ernst und den strengen Sinn für Gesetzlichkeit bei dem scharfsinnigen, doch amusischen Juristen und daher auch nicht die daraus entspringende Feindschaft gegen das Wesen Wagners, das für Pfordten einfach nur die Revolutionierung der musikalischen Formenwelt war. Der Minister seinerseits konnte nicht verstehen, daß man dem sehr jungen Monarchen eine gewisse Verspieltheit eine Zeitlang stillschweigend hätte zugestehen müssen und daß man, wenn man ihn seine Jugend spüren ließ, indem man ihn ein wenig von oben herab als Kind behandelte, seinen Stolz so empfindlich kränkte, daß er es nie wieder vergaß. Für das gute Wort, das Pfordten 1842 dem damaligen Kronprinzen Maximilian geschrieben hatte: »Halten Sie nicht Männer, die den Mut einer abweichenden Meinung haben, für Ihre Feinde«, war wiederum Ludwig II. noch nicht reif. Am Verständnismangel beider Seiten ist die Verbindung zwischen ihm und seinem Minister schließlich zugrunde gegangen.

V

DAS JAHR DES »TRISTAN«

Der Gegensatz zwischen Pfordten und Wagner stammte noch aus der Zeit, in der Pfordten sächsischer Minister und Wagner Hofkapellmeister in Dresden gewesen war, ein naturgegebener, unabwendbarer Gegensatz. Die Werkbesessenheit Wagners, der Fanatismus, mit dem er alles Irdische einzig danach bewertete, ob es ihm und seinen Plänen nütze, bedeutete dem Minister nur asozialen Egoismus. Wagners leichtherzige Geldwirtschaft, die die Kabinettskasse und mittelbar auch die Staatsfinanzen gefährdete, hielt er in der sich immer schärfer spannenden politischen Situation für unverantwortlich. Und Wagners Musik endlich, die Sprengung aller Tradition, war ihm einfach das Übergreifen des Barrikadenmannes von 1849 in die Kunst, wenn nicht gar auch in die Moral. Das »Destruktive« der Epoche verkörperte sich für ihn geradezu in Wagner, in dem, was Nietzsche später Wagners »Theatrokratie«, den Aberwitz eines Glaubens an den »Vorrang des Theaters« nannte. Unmöglich, daß von der Pfordten, ganz und gar politischer Mensch, für Wagner Verständnis haben konnte, der die Kunst, »nicht eher in ihrer Wahrheit für möglich« hielt, »als bis es gar keine Politik mehr gibt«[1]. Und selbstverständlich auch, daß die Möglichkeit, ein solcher Mann könne Einfluß auf den jungen Monarchen gewinnen, den verantwortlichen Minister ständig aufs schwerste beunruhigen mußte. Andererseits freilich zeigte ja gerade die Ernennung Pfordtens, von dem man wußte, daß er kein Freund des königlichen Günstlings war, wie wenig Wagner dennoch für die politischen Entschlüsse des Königs bedeutete.

Er selbst war jetzt allerdings viel zu sehr von seiner endlich gewonnenen Arbeitsfreiheit beansprucht, als daß er den Ministerwechsel sehr beachtet hätte. Allmählich erst, als Pfordtens Ablehnung für ihn unverkennbar wurde, wurde auch er sein Gegner, und nun freilich sofort

[1] H. St. Chamberlain, »Richard Wagner« (München 1896), 129.

mit Leidenschaft: teuflische Intrige und abgekartetes Spiel sah er dort, wo tatsächlich nur eine von Grund aus andersartige Lebensauffassung sich aussprach.

Dabei standen sich im gegenständlich Politischen beide Gegner, als Großdeutsche, sehr nahe; höchstens nur, daß dem Preußenhaß Wagners bei Pfordten das ernste Bestreben entsprach, mit Bismarck, seinem ehemaligen Kollegen als Frankfurter Bundestagsgesandter, zu einem erträglichen Ausgleich zu kommen. Obwohl er also in der die Stunde beherrschenden schleswig-holsteinischen Frage im Einverständnis mit dem König auf der Augustenburgischen Linie vorsichtig weitersteuerte, bekundete er doch Verständnis auch für Preußens Interessen: er hätte etwa, sagt er, nichts dagegen, wenn Preußen das neue nördliche Herzogtum sich militärisch ebenso eng verbände wie jetzt schon die beiden Mecklenburg, die ja auch einfach ihrer geographischen Lage nach unter allen Umständen mit Preußen gehen müßten; nur eines verlange Bayern: daß die legitimen Rechte eines deutschen Fürsten nicht mißachtet, daß also die Länder nicht einfach annektiert würden. Und da er Optimist war, schenkte er Bismarcks diplomatischen Andeutungen, Preußen denke nicht daran, über den Kopf des Deutschen Bundes hinweg die Herzogtümer an sich zu reißen, immer wieder Glauben. Konnte er schon ahnen, daß es Bismarck gar nicht mehr so sehr um die Herzogtümer ging als bereits um die Vorherrschaft in Deutschland, daß er deshalb die Umwelt über das, was er mit Schleswig-Holstein plante, absichtlich im unklaren ließ, um sie eben durch diese nagende Ungewißheit um so widerstandsunfähiger zu machen? Erst im Februar 1865 trat er mit dem hervor, was er »milde Konzessionen« nannte, die tatsächlich aber die Herzogtümer zu Vasallen Preußens gemacht hätten, und deren erste lautete: »Der neu zu gründende Staat Schleswig-Holstein schließt ein ewiges und unauflösliches Schutz-und-Trutz-Bündnis mit Preußen.«

Die Aufnahme dieses Planes war allerdings allgemein und durchaus ungünstig. Sogar Österreich, soeben noch Preußens Verbündeter im Dänenkrieg, lehnte ihn ab, da ein derart eingesetzter Herzog nicht als gleichberechtigtes Mitglied unter den Souveränen des Deutschen Bundes sitzen könne. Und Bayern, im Verein mit Sachsen, bereitete beim Bundestag einen Gegenantrag vor, der die Einsetzung des Augustenburger Herzogs empfahl – einen Antrag, der schließlich am 6. April gegen eine Minderheit von sechs Stimmen mit einer Mehrheit von neun angenommen wurde, unter welch letzteren sich auch die Österreichs befanden[2]. Damit standen die beiden Großmächte in klarer gegnerischer Front, und die innerdeutsche Krise war eröffnet.

Gleichzeitig entwickelte sich aber auch für Ludwig eine Krise persönlicher Natur, die erste Trübung seines Verhältnisses zu Wagner. Ihre treibenden Grundkräfte sind nie ganz klar geworden. Tatsache aber ist, daß Wagner sich am 6. Februar eine Audienz erbeten hatte, daß jedoch, als er im Vorzimmer erschien, die hohe, weiße Flügeltür, die sonst vor ihm so bereitwillig aufsprang, geschlossen blieb und der trockene Pfistermeister ihn beiseite nahm und in den Hof hinabführte: der König sei gegen ihn stark verstimmt und könne ihn nicht empfangen.

Was war vorgefallen: Angeblich handelte es sich darum, daß Wagner sich hatte malen lassen, um dem König das Bild zu schenken, dann aber doch das Malerhonorar von 1000 Gulden von der Kabinettskasse verlangt hatte. Doch ist wahrscheinlicher — und eine kurze Notiz in Wagners »Annalen« führt auf diese Spur —, daß er, im Glücksrausch der Erfolge allzu läßlich geworden, Ludwig Pfistermeister gegenüber »mein Junge« genannt hat, was dem König alsbald hinterbracht wurde. Aus diesen Tagen stammt auch eine Mahnung Pfistermeisters an Wagner, »nur in den gehörigen Ausdrücken« vom König zu reden und die Äußerung Ludwigs selbst, er werde seine persönlichen Beziehungen zu Wagner abbrechen und nur seine finanziellen Verpflichtungen aufrechterhalten, um den Abschluß der »Nibelungen« zu ermöglichen[3]. Es geschah jetzt auch zum ersten Male, daß bei Wagneraufführungen, dem »Holländer« und dem »Tannhäuser«, die Königsloge dunkel und leer blieb. Und in der ganzen Stadt zischelte es derart laut von »Ungnade«, daß Ludwig ein Pressedementi für nötig hielt, worauf jedoch die »Augsburger Allgemeine Zeitung«, das ernsthafteste und angesehenste Organ

[2] Die legitimistische Lösung der schleswig-holsteinischen Frage entsprach auch den Wünschen der zunächst Beteiligten: eine bei der Kieler Messe im Januar 1865 ausgelegte Adresse für den Augustenburger trug rasch fünfzigtausend Unterschriften, während eine andere, die gleichzeitig den Anschluß an Preußen forderte, es nur auf 200 brachte.

[3] Vgl. Sebastian Rückl, »Ludwig II. und Richard Wagner« (München 1913), I. 82.

des Königreichs, uneingeschüchtert dabei verharrte, daß Wagners Stellung erschüttert sei.

Am 17. Februar endlich hatte er die Audienz, die ihm am 6. verweigert worden war, von deren Verlauf man aber nur weiß, daß er dem König seine Schuldlosigkeit beteuerte. Doch glaubte Ludwig ihm? Wochen jedenfalls vergingen, in denen er den König nicht wieder zu Gesicht bekam, bis er sich endlich am 9. März über diesen »rätselhaften Zustand« offen beklagte: »Ich kann und darf es nicht ertragen, so nahe dem angebeteten Freunde, ihm fernzubleiben.« Die Antwort des Königs klang zurückhaltend und dunkel: Umstände, die er gegenwärtig nicht besiegen könne, »die eisern fesselnde Notwendigkeit« mache es ihm »zur heiligen Pflicht, ... Sie, wenigstens in gegenwärtiger Zeit, nicht zu sprechen.« Kein Wunder, daß Wagner daraufhin nur noch dringlicher wurde: »Soll ich fortgehen? Soll ich bleiben? Was Sie wollen, das will ich. Gehe ich fort, so ziehe ich in ein fernes Land und kehre nie wieder nach Deutschland zurück.«
Das aber hieß doch, mit guter Berechnung, allzuviel Verantwortung auf den Neunzehnjährigen wälzen. Sofort flatterte ein einfaches Blatt mit drei Zeilen seiner Schülerhandschrift zu Wagner: »Teurer Freund! Bleiben Sie, bleiben Sie hier. Alles wird herrlich wie zuvor. Ich bin beschäftigt. Bis in den Tod Ihr Ludwig.«

Die Vermutung liegt nahe, daß dieser erste dergestalt abgeschlagene Sturm gegen Wagner von Pfistermeister ausging. Ein direkter Beweis ist nicht zu führen, doch vielfach ist bezeugt, daß Pfistermeister den Einfluß Wagners mit steigender Sorge wahrnahm. Er sah, ebenso wie der Kassenvorstand des Kabinetts, von Hofmann, die bedenkenlose Finanzwirtschaft, die Ludwig jetzt begann, mit Bestürzung. Wichtiger aber war ihm wohl noch, daß der König, so klagte er, »von jeder Begegnung mit Wagner mißmutig, verdrossen, regierungsunfroh zurückkam«.

Wie stand es nun tatsächlich mit Wagners politischem Einfluß auf den König? Daß ihn sein allseitig ausgreifendes Temperament von jeher zum politisch interessierten Menschen machte, ist bekannt, ebenso, daß er es trotz seiner unglücklichen Aktivität von 1849 immer blieb. Daß er in seiner neuen, unerhörten Stellung zu einem regierenden Souverän der Versuchung unterlag, durch ihn politisch zu wirken, ist daher nur selbstverständlich. Besonders seitdem Cosima von Bülow ihm aus der Starnberger Villa auch nach München in das palaisähnliche Haus gefolgt war, das der König ihm zur Verfügung stellte, und hier als Sekretärin und Sachwalterin fast ununterbrochen um ihn war[4], schien es, als ob das Wohlgefallen, das die Tochter der bizarren Amateur-Diplomatin Marie d'Agoult an den Grenzgebieten zwischen Politik und Intrige fand, auch auf ihn übergehen wollte.

Doch hat er seine wirkliche politische Macht sicher sehr überschätzt. Fröbel etwa berichtet, Wagner sei ganz von dem Gedanken erfüllt gegewesen, »daß sein vertrautes Verhältnis zu dem jungen Fürsten ihm große und hohe Verpflichtungen auferlege und gewiß hatte er die edelsten Absichten; er faßte aber für eine politische Wirksamkeit die Sache allzu poetisch, ich möchte sagen theatralisch oder opernmäßig auf«. Auch seine andern alten Freunde verspürten unbehagliche Gefühle, sobald sie Wagners politische Bestrebungen gewahr wurden; Cornelius »überlief ein Schauder«, und für Eliza Wille war es »von vornherein bedenklich gewesen, daß alles fast beängstigend hoch auf die Spitze getrieben worden war«[5].

Die Beeinflußbarkeit des Königs selbst war wechselnd, entsprechend den Stimmungsschwankungen des jungen, noch ungefestigten Menschen — abhängig aber sicherlich auch davon, welche Elemente in der magisch gemischten Erscheinung Wagners jeweils überwogen, die dunklen oder die hellen, die schreckenden und entfremdenden oder die unwiderstehlich anziehenden[6]. In der Regel lehnte der König Eingriffe auch dieses Freundes in Regierungsakte, also in Gebiete ab, die er für die ureigensten der Majestät hielt. In seinen Briefen findet sich so gut wie

[4] Cornelius berichtet: »Es kommt kein Brief mehr an, den sie nicht erbricht und ihm vorliest.«

[5] »Wagner war«, so schreibt sie, »nicht der Mann, um dem jungen Monarchen ins Bewußtsein zu bringen, daß Kunst und Poesie nicht das höchste Ziel königlicher Gedanken sein dürfen, sondern daß derjenige, der berufen ist, ein Volk im Herzen zu tragen und dessen Rechte sich ins Gewissen zu schreiben, schwere und ernstere Pflichten auf sich habe.«

[6] Diese seltsame Gleichzeitigkeit gegensätzlichster Elemente in der Erscheinung Wagners schildert sein literarischer Vorkämpfer in Frankreich, Schuré, folgendermaßen: »Observer la tête de Wagner, c'était voir tour â tour et dans un seul visage le front de Faust et le profil de Méphisto.«

niemals ein politisches Wort. Anscheinend hielt er Schweigen für die höflichste Art, unerbetene Ratschläge zu beantworten. Später wurde er zuweilen deutlicher, indem er leise pfeifend zur Decke blickte, sobald Wagner mit politischen Themen begann. Doch gab es auch Zeiten, in denen er sich solchen Erörterungen sehr viel zugänglicher gezeigt haben muß. So beklagte er sich im Hochsommer des gleichen Jahres 1865 bei Wagner, wie dieser selbst erzählte, über seine Minister, »wie ein Schüler seinen Mitschülern gegenüber über Plagegeister von Lehrern«.

Es war das allerdings die Zeit, in der man sich der Uraufführung von »Tristan und Isolde« näherte, des zauberhaften Werkes, dessen Bühnendarstellung für unmöglich galt, seitdem die Wiener Oper es nach siebenundsiebzig Proben beiseite gelegt hatte. Auch in München waren einundzwanzig Orchesterproben nötig, und um die Sänger der Titelrollen, das Dresdener Ehepaar Schnorr von Carolsfeld, zu gewinnen, mußten langwierige diplomatische Schritte beim König von Sachsen unternommen werden.

Die Atmosphäre dieser Frühlingswochen scheint wie mit einem glücklichen Fieber angefüllt, in dem der junge König erglühte und alle menschlichen Unzulänglichkeiten des großen Musikers nunmehr völlig übersah, der freilich auch seinerseits von liebenswürdigster Lebendigkeit und fortreißendem Tatendrang sprühte; zum erstenmal in seinem Leben fühlte er sich »mit seiner ganzen vollen Kunst wie auf einem Pfühl der Liebe gebettet«. Am Tage der Generalprobe verfügte der König die Amnestierung aller wegen revolutionärer Betätigung in den Jahren 1848/49 verurteilten Militärs und Nichtbayern, womit er offenbar auch die Aktivität Wagners in jener Zeit symbolisch auszulöschen gedachte.

Am 15. Mai sollte die Aufführung sein. Ganz München sah ihr allmählich in höchster Spannung entgegen, als sie plötzlich am Nachmittag des 14. durch kleine Zettel an den Straßenecken abgesagt wurde, wegen Erkrankung der Frau Schnorr. Phantastischste Gerüchte durcheilten natürlich sofort die Stadt: die Polizei habe aus Angst vor Attentaten die Vorstellung verboten, oder Wagner stecke in Schuldhaft. Große Menschenmengen sammelten sich auf dem Odeonsplatz vor der Residenz, an deren Eckfenstern zuweilen der junge König erschien, zuversichtlich lächelnd, so daß der Klatsch sich allgemach wieder legte.

König Ludwig II. in bayerischer Generalsuniform

Herzogin Sophie Charlotte, Braut Ludwigs II.

Am 10. Juni 1865 aber, einem Samstag, waren alle Hindernisse überwunden. »Wonnevoller Tag! – Tristan!« so hatte Ludwig an Wagner geschrieben. »Wie freue ich mich auf den Abend! Käm' er doch bald! Wann weicht der Tag der Nacht? Wann löscht die Fackel aus, wann wird es Nacht im Haus?« Als es von allen Türmen der kirchenreichen Stadt sechs Uhr zu schlagen begann, betrat der König die große Mittelloge des Hof- und Nationaltheaters – lang, schlank, in schwarzem Zivil, eine Idee immer noch linkisch in seinen knappen Verneigungen. Dreimal erklangen helle Fanfaren, wirbelten dumpf die Pauken. Das Publikum erhob sich, auch der alte Ludwig I. in seiner Seitenloge, die prinzlichen Oheime Luitpold und Adalbert, die Vettern Ludwig und Leopold und Herzog Max mit seiner Familie. Hochrufe erfüllten das Haus noch, als es sich verfinsterte und vor dem halbhellen Orchester Bülows hagere Ritterfigur sichtbar wurde. Er hob den Zauberstab – da war es soweit: zum erstenmal setzte das Tristanvorspiel ein.

Freilich wurde es alsbald durch große Scharen von Galerie- und Parkettbesuchern gestört, die man jetzt erst einließ, weil die Polizei befürchtet hatte, es könne sonst zu Demonstrationen gegen Bülow kommen. Dann aber entquollen zum erstenmal die Töne dieses wundersamen Werkes einem Orchester, dieses letzten, unerreichbar hochgetriebenen Schößlings der deutschen Romantik, das niemals mehr seinesgleichen finden sollte. Der König saß regungslos, wie in Fesseln: wie hier Wagners »unendliche Melodie«, wie das chaotisch brodelnde Meer dieses Orchesters süß triumphale Auflösung bedeutete, Formvernichtung, rauschhaftes Spiel mit dem Ende, so stand ja auch er, der letzte echte Dynast vielleicht auf deutschem Boden, von Anbeginn unter dem sehnsüchtigen Hang der Romantik zum Abschluß, zum Abgrund, zur Nacht.

»Das dunkel nächt'ge Land,
daraus die Mutter mich entsandt«,

er wußte, wenn auch ahnungshaft, vielleicht schon mehr als jeder andere von ihm.

In den ersten Akt mischten sich leise Unwillensgeräusche aus dem Publikum; doch konnte das Sängerpaar sich danach zweimal an der Rampe verneigen; nicht anders nach dem zweiten Akt, obwohl die

Gegenkundgebungen sich verstärkt hatten. Im dritten Akt steigerten sie sich weiter; jetzt aber fühlten sich auch die Beifallsfreudigen aufgerufen, sie griffen ein, und am Schluß wurde es doch noch eine Art Triumph. Der König selbst stand eifrig klatschend in seiner Loge, als endlich, inmitten der Sänger, Wagner vor dem Vorhang erschien, sehr blaß, in schwarzem Rock, heller Hose und Weste, müden, flackernden Blicks. »Tristan ist und bleibt mir ein Wunder«, hatte er Jahre zuvor schon kopfschüttelnd gesagt, »wie ich so etwas habe machen können, wird mir immer unbegreiflicher.«

Freilich war es kein Erfolg im Buchstabensinne, vor allem kein Publikumserfolg, und wurde es auch nicht bei den Wiederholungen. Als nach der vierten und letzten Ludwig im Extrazug nach Schloß Berg zurückfuhr, zog er plötzlich die Notbremse, erging sich, um die überwachen Nerven zu beruhigen, eine Weile in der nächtlichen Waldluft und legte den Rest des Weges auf der Lokomotive zurück.

In der Tat, »Tristan« bedeutete für ihn eine erste Zusammenfassung aller jugendlichen Kräfte, die ihm innewohnten, der Kräfte des Spendens sowohl wie der des Genießens, zu einer Leistung und zugleich einer Steigerung des Lebensgefühls, wie nie zuvor. Ein Gipfel seines Lebens war erreicht, ja, für den Nachgeborenen, der den weiteren Ablauf kennt, vielleicht sogar: der Gipfel.

*

Im übrigen war die Lage des bayerischen Staates nicht einfach und wurde es immer weniger. Innenpolitisch forderte die Fortschrittspartei Demokratisierung der Verfassung – mehr aufreizend als praktisch bedrohlich, da die Regierung der Unterstützung aller Parteien mit Ausnahme der Demokraten und Fortschrittler sicher war. Sehr beängstigt zeigte sich gleichwohl wieder Ludwig I., der eigens nach Berg fuhr, um den Enkel zur Entlassung des Innenministers von Neumayr aufzufordern, des, nach Wagners Meinung, »einzigen liberalen Mannes im Kabinett«, der tatsächlich auch wenige Monate später abging.

Sehr viel schwierigere Fragen aber ergaben sich für den katholischen Herrscher eines zur großen Mehrheit katholischen Landes daraus, daß seit dem letzten Jahreswechsel die päpstliche Enzyklika »Quanta cura« mit den achtzig Sätzen des Syllabus bestand, jenem Verzeichnis von

»Irrlehren«, die der Papst verwarf. Mit einer fast schon wieder mittelalterlichen Ausschließlichkeit stellte sich hier die geistliche Gewalt über die weltliche – sonderbarer und doch nicht unlogischer Vorgang, daß, während der Kirchenstaat unaufhaltsam zerbröckelte, die gewaltigsten universalen Vorstöße der Kirche erfolgten, die eben darum auch in die politische Betätigung der Gläubigen eingreifen mußten. Die bayerische Regierung hatte es zwar, wie die der meisten anderen Staaten, für das klügste gehalten, den Syllabus ohne offenen Widerspruch hinzunehmen. Doch wenn Ludwigs mittelalterliches Herz vielleicht auch mit einzelnen jener Verdammungssätze theoretisch sympathisierte[7], als Ganzes konnte er sie selbstverständlicherweise nur mit der Besorgnis des Staatsoberhauptes betrachten, dessen Herrschaft eine außerstaatliche Macht einzuschränken droht. Nicht umsonst war ja überdies Döllinger sein Lehrer gewesen, der bereits seit 1863, wenn auch in der zurückhaltenden Form, die seiner Wesensart entsprach, gegen die absolutistische Lehrgewalt des Papstes ankämpfte.

Außenpolitisch drückte auf Ludwig gleichzeitig die wachsende Spannung der deutschen Großmächte. Wie sehr Pfordten auch um neutrale Haltung bemüht blieb, Bayern stand dennoch auf der Seite Österreichs, nicht nur der Stammesgleichheit und Glaubensverwandtschaft wegen, sondern weil man hier die kleindeutsche Reichsidee, wie sie Preußen immer deutlicher verfocht, leidenschaftlich ablehnte; Kleindeutschland, ein Deutschland also ohne die uralte Vormacht Österreichs, das war einfach verfassungswidrige Sonderbündelei, Bundesbruch und der Anfang vom Ende.

Es gehört in das Bild dieser Zeit und zeigt, wie sehr die Formen innerhalb des Deutschen Bundes bereits gelockert waren, daß der in Regensburg residierende Fürst Thurn und Taxis plante, bei einem Bruch zwischen den Großmächten für seinen ältesten Sohn ein rheinisch-westfälisches Königreich mit Einschluß von Teilen Belgiens, eine Art Neu-Burgund also, herauszuwirtschaften; Preußen sollte freie Hand im übrigen Norddeutschland haben, Bayern durch Württemberg, Baden, Südhessen und möglichst Tirol vergrößert, ganz Deutschland in fünf Territo-

[7] Man denke etwa an den Satz 80: »Der römische Stuhl soll sich mit dem Fortschritt, dem Liberalismus und der modernen Zivilisation nicht versöhnen und vergleichen.«

rien aufgeteilt werden, an seiner Spitze aber Österreich stehen. Bismarck wußte ebenso von diesen Entwürfen, die er nicht ernst nahm, wie Pfordten und Pfistermeister. Und Paul Taxis, Ludwigs wagnerfreudiger Adjutant, war, eben um die Pläne seines Vaters zu fördern, in die Nähe des Königs gebracht worden. Da jedoch dem nüchternen Pfistermeister die Phantastik des Unternehmens nicht behagte, wandte sich die Taxis-Partei nun an Wagner: Er solle sich bei Ludwig dafür einsetzen, daß Pfistermeister entlassen werde, der ja auch ihm selbst im Wege stehe; statt seiner sollte ein Günstling des Fürsten, Klindworth, württembergischer Staatsrat und einer jener abenteuerlichen Wanderpolitiker, an denen Deutschland damals nicht arm war, Kabinettssekretär werden. Die Intrige war nicht ungeschickt: Wagner war Klindworth verpflichtet, dessen Gast er 1860 in Brüssel gewesen war; außerdem sollte er, der ja immer Geldbedürftige, Aktionär der Bank werden, die die Pläne des Fürsten stützte. Alles scheiterte aber, weil Wagner sehr wohl fühlte, daß dem König die fürstliche Souveränität viel zu hoch stand, als daß ihm eine Spielerei mit neu gezimmerten Thronen hätte zusagen können, daß er also für das Unternehmen nie zu gewinnen war. Zwar mißfiel es Ludwig nicht, wenn der junge Taxis sich als Schwanenritter kostümierte und, in einem Nachen stehend, Partien Lohengrins sang; aber seine im tiefsten konservative politische Haltung blieb davon doch gänzlich unbeeinflußt.

Die preußisch-österreichischen Zwischenfälle um die gemeinsame schleswig-holsteinische Beute häuften sich inzwischen, und schon im Hochsommer 1865 schien die Katastrophe nahe. In Regensburg, wo König Wilhelm, von Karlsbad nach Gastein unterwegs, im uralten Fürstengasthof »Goldenes Kreuz« logierte, berief er einen Kabinettsrat zusammen, und der Erfolg war das Ultimatum vom 21. Juli: Falls Österreich jetzt nicht gemeinsam mit Preußen die »Augustenburgischen Ausschreitungen« in den Elbherzogtümern bekämpfe, werde Preußen dies ohne Rücksicht auf die Folgen allein tun. Zwei Tage später sprach auch von der Pfordten in Salzburg mit Bismarck und dem preußischen König und kehrte, befriedigt zwar von dem respektvollen Empfang, bestürzt jedoch über die politischen Eröffnungen, die ihm zuteil wurden, zu seinem eigenen Monarchen zurück: Preußen, erklärte er ihm, sei zweifellos zur Selbsthilfe entschlossen; für Bayern bleibe daher nur übrig, auf Österreich und den Augustenburger im Sinne der Verständigung einzuwirken; komme aber dennoch der Krieg, müsse es möglichst lange an der Neutralität festhalten und möglichst spät seine endgültige Stellung beziehen – eine diplomatische Linie, die nicht schlecht erdacht war, nur ohne genügende Berücksichtigung der Tatsache, daß die preußische Militärmacht allen ihren deutschen Gegnern bereits weit überlegen war. Auch waren die bayerischen Vermittlungsbemühungen gleich darauf schon überholt, da die beiden Großmächte sich selbst noch einmal einigten, im Gasteiner Vertrag, durch den sie die Verwaltung der Herzogtümer unter sich aufteilten. Allerdings, da sie hiermit über die legitimen Rechte Augustenburgs ebenso wie über die Autorität des Deutschen Bundes vernichtend hinweggingen, wurde der Vertrag in ganz Süddeutschland mit Empörung aufgenommen. Man sah in ihm, düsterer Vorahnungen voll, einen neuen Beweis für die Selbstsucht der beiden Großmächte und für ihre Emanzipation vom Rechtsgedanken, sobald es sich nicht um ihre eigenen Rechte, sondern nur um die der Mittelstaaten handelte.

Nach außen zeigte Ludwig sich befriedigt, weil wenigstens der Krieg vermieden war. Tatsächlich aber mußte er natürlich erkennen, daß Bayerns Vermittlungskonzept zerrissen, Österreichs Schwächegefühl erwiesen und Preußen somit imstande war, seine Herrschaft über das übrige Deutschland aufzurichten, »sei es«, so formulierte ihm das jetzt Pfordten, »durch Annektion oder bundesstaatlichen Anschluß, wie es neuerdings genannt wird«; Bayern könne daher nur »den Norden, der sich uns ohnehin nicht nähern will, an Preußen überlassen, Mittel- und Süddeutschland zu einigen suchen und mit den europäischen Mächten, zumal Frankreich, gute Beziehungen pflegen«; denn es würde sich »unfehlbar eine Allianz Österreichs und Frankreichs bilden, wenn Preußen die Mainlinie überschritte« – ein unfreundlicher Ausweg, in den sich Ludwig so durch den preußischen Onkel gedrängt sah: in eine Bundesgenossenschaft entweder mit dem seit Jahrhunderten mißgünstigen und wenig zuverlässigen österreichischen Nachbarn oder mit Napoleon III., dem usurpatorischen Parvenu, oder gar mit beiden gleichzeitig.

*

Während so der Weg sichtbar wird, auf dem Bayern ein Jahr später in den Existenzkrieg gerät, tauchen etwa gleichzeitig erste Klagen über die Regierungstätigkeit Ludwigs auf. Es wird zwar nicht gesagt, daß er die Geschäfte vernachlässige; doch bei seinen langen Abwesenheiten von München bedingten allein schon die Wege, die die vortragenden Beamten und die Akten zurücklegen mußten, immer wieder schädliche Verzögerungen[8]. Machte man den König aber darauf aufmerksam, so konnte er erwidern, es sei immer ein Unfug, irgend etwas als »dringend« zu bezeichnen; in Wirklichkeit habe man nur versäumt, ihm die Angelegenheit ein paar Tage früher zuzuleiten. Und nicht mit Unrecht fand man, daß in den gegenwärtigen kritischen Umständen der König nicht so viel Zeit für einen einzigen Künstler übrig haben dürfe, wie Ludwig sie weniger noch Wagner persönlich als der Beschäftigung mit seinen Werken und ihrer Aufführung widmete. Geht doch aus ein paar Zeilen an Pfistermeister hervor, daß Ludwig in den Tagen des Regensburger Ultimatums einen Extrazug bestellte, nur um nach München zu einer Theater-Maschinenprobe zu fahren; und zwar wünschte er »Sonnenauf- und -untergang, Mondschein, Regenbogen, elektrisches Licht, Donner, Blitz, Wind- und Wasserrausch-Maschine«.

Keineswegs jedoch, als ob es ihm deshalb für andere Lebensbezirke an Interesse gefehlt hätte. Im Gegenteil, über alles und jedes, was irgendwo vorging und wovon er durch seine ausgebreitete Zeitungslektüre wußte, mußte ihm berichtet werden. Er war bestrebt, mit seiner Zeit hauszuhalten, und verlangte daher von allen Vortragenden knappen und klaren Ausdruck, vor allem aber Offenheit. Jede Lüge, jede verschleiernde Phrase schon war ihm verhaßt. Ein freimütiges Geständnis hingegen konnte – so erzählt wenigstens Possart – immer auf liebenswürdiges Verzeihen rechnen. Stets wollte er möglichst nur sachliche Gründe gelten lassen, selbst da, wo es sich um Theaterfragen, also um seine privatesten Neigungen, handelte. Daß er die Minister selten sah und meistens allein mit dem verfassungsmäßig gar nicht vorhandenen Kabinettsekretär arbeitete, war an sich nichts Neues, sondern eine Gewohnheit, die auch seine beiden Vorgänger gehabt hatten, die allerdings bei Ludwig II. allmählich schwer erträgliche Formen annahm, wenn etwa von der Pfordten sechs Wochen lang zu keinem Vortrag kam. Aber

[8] Über schleppenden Geschäftsgang wurde auch schon unter Maximilian II. geklagt, über die, wie Döllinger sagt, »Kalamität des ungebührlichen Liegenlassens«.

man sah hierin fürs erste nur Eigenheiten, nicht andere als die, die jeder Mensch hat, und dachte nicht daran, sie tragisch zu nehmen. Was eher schon bedenklich machte, war sein Hang zur Absonderung, seine Menschenscheu, wodurch auch die Bindung an Wagner noch enger erschien, als sie tatsächlich war. Pfordten, den hier kein Vorwurf trifft, griff rechtzeitig ein, schon im Mai 1865, obwohl er sich bei Ludwig damit nicht beliebter machte. Damals hatte der König gewünscht, es sollten zwei Rundschreiben an alle bayerischen Gesandtschaften gerichtet werden, eines, in dem erklärt werde, der Gesundheitszustand des Königs nötige ihn zu einem zurückgezogenen Leben, und ein zweites, in dem sein Verhältnis zu Wagner als belanglos dargestellt wurde. Pfordten glaubte das erste Zirkular zur Not verantworten zu können, angesichts zwar nicht des körperlichen, wohl aber des seelischen Zustandes des jungen Menschen. Das zweite aber verweigerte er, da er verpflichtet sei, »die Bedenken darzulegen, welche die Verhältnisse Wagners und Bülows jedem erregen, der den König wahrhaft und treu liebt«; demgemäß empfahl er, Bülow zu entlassen und die Verbindung mit Wagner auf das Geschäftliche zu beschränken; seine persönlichen Beziehungen zu Ludwig könnten »nicht fortdauern, ohne den König im In- und Ausland sehr zu schaden«. Verlegen und verletzt wich Ludwig aus: Bülow werde tatsächlich bald entlassen werden, und die Art seines persönlichen Umgangs mit Wagner entspreche jetzt schon den Wünschen Pfordtens. Doch fand er bei ihm wenig Glauben. Denn als er kurz darauf erneut von ihm jenes zweite Rundschreiben verlangte, antwortete der Minister mit der brüsken Weigerung, Beziehungen zu verteidigen, von deren Schädlichkeit für die Monarchie er überzeugt sei.

Auch im Adel, bei Hofe, in der königlichen Familie regte sich verständliche Eifersucht gegen den musikalischen Eindringling, während man in der Geistlichkeit beanstandete, daß Wagner dem unreifen, jungen Mann den extremen Materialisten Feuerbach, den stolzen Verächter jeder religiösen Bindung, für den »Gott und Götter« nur Geschöpfe menschlicher »Selbstliebe« waren, zur Lektüre empfohlen hatte. Großvater Ludwig endlich, eigener bitterer Erfahrung des Lola-Montez-Jahres gedenkend, tat etwas wie einen Blick in die Zukunft, als er (so berichtet wenigstens der österreichische Gesandte, Graf Blome) sagte: »Sehr traurig, die Verirrung meines Enkels, aber es wird nicht lange dauern, dann wird dem die Population schon ein Ende machen.« Am berechtigsten freilich war der Vorwurf, daß Ludwig sich zu wenig in München zeige. Trotz dringender Einladung der Generalität erschien er nicht zu den Manövern im September[9], und selbst als am 4. der Sarg seines Vaters in die Theatinerkirche überführt wurde, fehlte der Sohn; und als am 18. Oktober der Großvater vor seiner alljährlichen Winterreise nach Nizza zu einer Familientafel lud, entschuldigte sich der König wegen rheumatischer Schmerzen, war jedoch am gleichen Tage auf der Straße und abends im Theater zu sehen.

Denn seine Theaterpassion dauerte unersättlich an. Immer wieder brachte ihn sein Extrazug für ein paar Abendstunden in die Stadt. Die Minister mußten ihm zuweilen im Zwischenakt, in der Logentür, Vortrag halten und oft noch froh sein, wenn sie wenigstens hier des Königs habhaft wurden. Und so nimmt es kaum wunder, daß er nach einer wohlgelungenen, unverkürzten Aufführung des »Wilhelm Tell«, an eben jenem 18. Oktober, an dem er den Großvater so schwer kränkte, die Stätten der Tellsage in Wirklichkeit zu sehen beschloß und inkognito in die Schweiz verreiste.

Es ist wieder eine der scheinbaren Inkonsequenzen in der Erscheinung Ludwigs, daß er, der Autokrat von Geburt, gerade für alles Schweizerische immer starke Sympathien gehabt hat. Schon als Knabe hatte er von seinen kärglichen Ersparnissen für drei Gulden ein kleines Tell-Standbild gekauft. Von den wenigen und kurzen Auslandsreisen, die er überhaupt unternommen hat, führten die meisten in die Schweiz, und während er zu Hause der jungen, freilich auch zwischen Ungebärdigkeit und Schüchternheit schwankenden Demokratie, wie sie sich in der Fortschrittspartei verkörperte, ja, dem ganzen parlamentarischen System seine Abneigung unverhüllt bekundete, schien ihm die alte schweizerische Demokratie in ihrer erprobten Mischung aus Fortschrittssinn und konservativer Beharrung durchaus zuzusagen. Die Unabhängigkeit, die er sich für seine Person wünschte, sah er sie hier in einem ganzen Volke freier Männer verkörpert? Oder kam in seiner Partei-

[9] »Wenn der König 8–10 Stunden in Nacht und Nebel reiten kann, ohne seine Gesundheit zu gefährden« – so heißt es in einem Geheimbericht der Münchener Polizeidirektion vom 22. September 1865 –, »kann S. Majestät auch einige Tage seiner Armee widmen.«

nahme für Tell eine historisch-atavistische Feindseligkeit gegen das Haus Habsburg zutage, das ja auch Bayerns Selbständigkeit mehr als einmal bedroht hatte? Oder sah er in der Figur des Meisterschützen den erfolgreichen Kampf eines kleinen bäuerlichen Gemeinwesens gegen eine militarisierte Großmacht und somit etwas wie eine Parallele zur Lage seines eigenen Staates? Immer wieder ist ihm in seinen Briefen die Schweiz der »Hort der Freiheit« und der Vierwaldstätter See der »Begründungsort des Glückes der biederen, mir so teuren Schweizer«.

Mit ganz kleinem Gefolge kam Ludwig am 20. Oktober in Luzern an und wurde im Hotel »Schweizer Hof«, in dem nur noch drei Zimmer frei waren, im vierten Stock einlogiert; als man erfuhr, wer er war, und ihm die Fürstenzimmer einräumen wollte, lehnte er lächelnd ab. Später siedelte er ins ländliche Gasthaus »Rößli« in Brunnen über und besuchte von hier aus die Landschaft, die nun nicht mehr gemaltes Szenarium des »Tell« war, sondern die volle Realität der dunklen, steilen Bergwände, die sich mit so ernster, tragischer Gebärde aus dem See heben. Er sah Tellsplatte und Stauffacher-Kapelle bei Steinen, Hohle Gasse und Rütli — den Platz, so schrieb er an Wagner, »an welchem ein heldenmütiges, freiheitsliebendes Volk den Untergang der Tyrannei geschworen«.

Als ihn später, wieder zu Hause, ein Bericht der »Schwyzer Zeitung« erreichte, in dem geschildert wurde, wie er, »ein fremder Tourist ... ein ganz junger Mann von hoher, schlanker und edler Gestalt«, das Städtchen »mit regem Eifer« besichtigt habe, da antwortete er der Redaktion, er grüße seine »lieben Freunde aus den Urkantonen, für welche ich schon als Kind eine Vorliebe hatte. Die Erinnerung an meinen Besuch der herrlichen Innerschweiz und das biedere, freie Volk, welches Gott segnen wolle, wird mir immer teuer sein.«

In München war der Kampf um Wagner inzwischen immer hitziger entbrannt, ohne daß der König in seiner Zurückgezogenheit viel davon gewahrt hätte. Was Döllinger vor einem Jahr vorausgeahnt hatte — »wenn das so fortgeht, werden den guten Bayern die fremden Tonkünstler bald so widerwärtig werden, als ihnen die vom Vater hereingerufenen fremden Gelehrten geworden sind« — war eingetroffen. Zwar war es nicht so, als ob die ganze Stadt sich gegen Wagner empört hätte; vielmehr wuchs auch hier, wie überall, seine Gemeinde — nur aber trug sie noch alle Kennzeichen einer Sekte, also einer fanatischen Minorität, und es war, wie die Zeitgenossin Braun-Artaria überliefert, »nicht lokkend, sich ihr anzuschließen«. Doch auch über diesen engen Kreis hinaus gewann Wagner überall dort, wo man zur vermögenden und gebildeten Bürgerschaft zählen wollte, an Popularität, sogar in einem für Münchener Verhältnisse ungewöhnlichen Umfang; seine Opern füllten das Theater meist bis zum letzten Platz, Neugeborene erhielten die Namen Isolde und Elsa, Lohengrinschwäne aus Metall und Porzellan versuchten die Wohnungen zu verschönern, und »in Gesellschaften, auf der Militärparade, im Weinhaus und Bierkeller ertönten Wagnersche Motive«.

Die eigentlichen Träger der Opposition gegen Wagner waren die kulturell indifferenten Massen, denen der große Künstler einfach als Fremder, Hergelaufener, Ketzer, Liberaler, als Verführer des Königs und Verschwender schwer erarbeiteter Steuergelder verhaßt war. Denn allzu rasch nur hatten sich Berichte über Wagners »sybaritisches« Leben herumgesprochen, das er in seinem Haus an der Brienner Straße führe, dem aus Renaissanceformen nicht allzu glücklich zusammengestellten Villenbau, den er der königlichen Gunst verdankte: über den braunen Sammettalar, das Nürnberger Patrizierbarett, die Atlashosen des Hausanzugs, die Seiden und Sammete, deren üppiger Faltenwurf die Plafonds und Wände bedeckte, die überall gehäuften Kissen und Polster, über die herrlichen Pfauen, die im Garten stolzierten, und die königliche Equipage, in der man den Unvorsichtigen durch die Stadt fahren sah. Hieraus und aus unendlichem Klatsch aber entstanden nun läppische, doch gern geglaubte Schauergeschichten, wie etwa die, von der Pfordten sei, beim König nicht vorgelassen, schließlich eigenmächtig eingedrungen und habe Ludwig und Taxis, als Barbarossa und Lohengrin kostümiert, in einem dunklen Saal bei künstlichem Mondlicht getroffen.

Neben dieser grobschlächtigen Opposition der lärmenden Massen bestand dann freilich auch noch die der Leisesten im Land, derer, denen einfach nicht einleuchten wollte, daß der Barrikadenmann von gestern heute schon Intimus eines Königs, noch dazu: ihres Königs sein sollte, und denen davor bangte, daß das Überkommene, das Bestehende und oft mühsam genug nur aus dem Zeitenstrom Gerettete, daß die kulturelle Substanz des alten, stillen, bäuerlich-selbstgenügsamen Landes dem imperialistischen Modernisierungsdrang Wagners hingeopfert werde. Ein wahrhafter Romantiker wie Schwind erkannte bereits das einmalig Übersteigerte und daher Unfruchtbare in Wagners Romantik, als er, in seiner derben Art, dem geistesverwandten Mörike schrieb: »Das, was man romantisch nennt, ist mir aufrichtig gesagt durch die Wagnerschen Eseleien verleidet.« Und auch ein so echter Künstler wie Peter Cornelius bewahrte sich, obwohl er ja von Wagner selbst nach München berufen worden war und ihm immer mehr ergeben als abgeneigt blieb, so viel Distanz, daß er Ende 1864 zu schreiben vermochte: »Die schwüle Atmosphäre jenes Geistes hat etwas Tötendes für den meinen.«

Daß die Unbeliebtheit Wagners größer war, als sie nach der gegebenen Situation naturgemäß hätte sein müssen, daß er also selbst an ihr nicht ganz unschuldig war, ist vielfach belegt. Schon im September 1864 hatte ihm Ludwig in einem jener Augenblicke, in denen der Neunzehnjährige sehr viel weltklüger als Wagner, ja fast hellsichtig erscheint, »dringend zur Vorsicht geraten« – eine bei Wagners Temperament allerdings vergebliche Mahnung. Auch ein ihm durchaus wohlgesinnter Chronist wie Röckl schreibt, Wagner mußte »durch seine Empfindlichkeit und Reizbarkeit, seine Heftigkeit, sein Ungestüm in der Vornahme von Plänen, durch seinen ungewöhnlichen Geldverbrauch und Luxus Anstoß erregen«.

Vor allem jedoch wurde seine politische Betätigung immer peinlicher empfunden, namentlich von den nach außen verantwortlichen Beamten. Als er dem König im September 1865 jene geschichtsphilosophischen Betrachtungen tagebuchartig übersandte, die später gesammelt unter dem Titel »Was ist deutsch?« erschienen, ließ Ludwig sie in einem Begeisterungsausbruch kopieren und den Ministerien »zur Ausführung« übersenden, nicht bedenkend, welches Kopfschütteln sie etwa bei einem so korrekten Manne wie von der Pfordten erregen mußten. Möglich zwar noch, daß ihm die allgemeine Tendenz der Schrift zusagte, die sich gegen die mit nichtdeutschen Territorien allzu belasteten Großmächte Österreich und Preußen richtete; die Weltfremdheit der Grundforderungen Wagners aber, die Auflösung der stehenden Heere in Deutschland, die Errichtung einer »Volkswehr« und einer ganz neuen Heeresverfassung, aus der sich eine neue Reichsverfassung von selbst ergeben sollte, und ihr Schluß endlich, die deutliche Anspielung auf die kommende Führung Deutschlands durch Ludwig[10] – alles das konnte gar nicht anders als Pfordten aufs äußerste befremden. Und noch größere Sorgen als dieses luftige Programm an sich bereitete ihm zweifellos die Tatsache, daß sein unbeamteter und unverantwortlicher Autor, dieser landfremde Revolutionär, es dem König unmittelbar unterbreiten durfte und seinen vollen Beifall damit fand.

Trotz alledem schien Wagners Position im Herbst 1865 unangreifbar. Um Platz für seine »Deutsche Musikschule« zu schaffen, war das Musikkonservatorium Anfang August aufgehoben worden. Anfang September war Semper wieder in München, um den Festspieltheaterbau zu betreiben. Anfang Oktober erhielt Wagner ein neues königliches Darlehen von 40 000 Gulden. Und als er nun, Anfang November, nach Hohenschwangau eingeladen wurde, zum ersten Male mit dem König unter einem Dach zu wohnen, mußte auch er selbst sich ganz sicher fühlen.

Es waren sonderbare, mild sonnige Tage, wie sie Oberbayern manchmal auch mitten im Winter hat. Von den vier Türmen des romantischen Schlosses bliesen allmorgendlich königliche Hoboisten Wagnersche Motive in den schneekühlen Alpenwind: »Morgengruß«, »Königsgruß«, »Gralsgruß«. Und in dieser von außen gar nicht mehr gestörten Entlegenheit wuchs das Freundschaftsgefühl zwischen König und Künstler zu einer Höhe an wie nie zuvor, und mit ihm aufs neue auch Wagners magische Macht über den König. Pfistermeister, der vielleicht noch ein Gegengewicht gewesen wäre, hatte das Schloß verlassen; durch Holnstein rechtzeitig gewarnt, daß Wagner jetzt alles gegen ihn aufbieten werde[11], wollte er wohl wenigstens offenen Streit vermeiden. So kam es, daß Ludwig sich träumerisch vollkommen gehen ließ; allen noch so

[10] »Hier gilt es aber nichts zu sagen, nichts anzukündigen, kein unzeitiges Aufsehen zu erwecken, sondern zur Tat zu schreiten, zu der Tat, ein grenzenlos geliebter Fürst, ein Vorbild des deutschen Volkes zu sein... Denn was dem Volke fehlt, hätte es nun gefunden: den deutschen Fürsten, der es führt! Daß das deutsche Volk keinen Demagogen will, hat es bewiesen: was es wirkt, wenn sein Fürst ruft, hat es auch gezeigt. Ich glaube, es ist unüberwindlich, wenn ein wahrhaft deutscher Fürst es führt.«

[11] Hübscher spricht (»Süddeutsche Monatshefte«, Juni 1932) von einem Brief Wagners an Eliza Wille vom 14. Februar 1865, worin er damals schon mitgeteilt habe, daß er »eifrig am Sturze Pfistermeisters und des Ministeriums von der Pfordten arbeite«. Doch enthält von den bisher veröffentlichten Briefen Wagners an Frau Wille keiner einen derartigen Satz; auch ist keiner vom 14. Februar 1865 datiert.

kostspieligen Plänen Wagners zeigte er sich jetzt geneigt und gestattete dem Zornigen sogar, die ihm hinderlichen Beamten, seine eigenen nächsten Mitarbeiter Pfistermeister und Hofmann also, als »Fafner« und »Mime« zu bezeichnen – Männer, die, so gut sie es nur verstanden, ihre Pflicht taten, mit den Namen eines Vatermörders und eines tückischen Zwerges zu belegen. Ja, schlimmer noch: der König selbst benutzte in seinen nächsten Briefen an Wagner jene Pseudonyme – ein Mangel an Treue, der höchstens mit der Beeinflußbarkeit des gerade erst Zwanzigjährigen und der ungeheuren Suggestivkraft Wagners entschuldbar ist. Und endlich ließ sich der König auch für eine Umbildung des Kabinetts selbst gewinnen, dafür nämlich, Pfistermeister einen Teil seiner Obliegenheiten abzunehmen (eben die, die die Beziehungen zu Wagner berührten) und »für die Ausführung seiner Verordnungen in Kunstangelegenheiten« eine ganz neue Hofcharge zu schaffen. Mit Feuereifer, selbstverständlich, stürzte Wagner sich in dieses Projekt. Kaum nach München zurückgekehrt, schrieb er schon dem König: »Nochmals rufe ich Ihnen, wie der Sklave, welcher Xerxes täglich mahnen mußte: ›Herr, gedenke der Athener‹, aus Herzensgrund zu entschiedener Ermutigung das eine zu: Teurer Herr, berufen Sie den neuen Sekretär!« Trotzdem scheiterte der Plan, zunächst daran, daß sich niemand bereit fand, das neue Amt anzunehmen. Und dann traten Ereignisse ein, die nicht nur sämtliche Entwürfe, Absichten und Anschläge des königlichen Freundes begruben, sondern im raschen Ablauf zur Katastrophe Wagners in München überhaupt führten.

Während der Hohenschwangauer Tage hatte der »Nürnberger Anzeiger«, ein Organ der Fortschrittspartei, das ganze Institut des Kabinettssekretariats als »verfassungswidrig« ungestüm angegriffen, sicherlich Informationen verwendend, die mittelbar von Wagner kamen und seinen eigenen Sturm gegen das Kabinett unterstützen sollten. Pfistermeister, weder töricht noch eingeschüchtert, parierte den Schlag mit Wucht. Denn zweifellos nicht ohne sein Wissen erschien alsbald in dem populär-klerikalen »Volksboten« folgende Interpretation jenes Nürnberger Angriffs: »Pfistermeister und Hofmann ... sollen beseitigt werden, damit gewisse Gelüste auf Ausbeutung der königlichen Kabinettskasse leicht Befriedigung erlangen«; bereits habe Wagner dieser Kasse in kaum Jahresfrist nicht weniger als 190 000 Gulden gekostet.

Diese vielleicht bäuerlich grobe, aber sachlich nicht unzutreffende[12], vor allem aber ganz unerwartete Antwort, die mitten hinein in Wagners zarteste Empfindlichkeiten traf, brachte seinen Angriffsplan in Verwirrung. Empört beklagte er sich sofort beim König: da hier präzise Summen veröffentlicht seien (Wagner selbst pflegte seine Einnahmen stets viel kleiner anzugeben, als sie waren), könnten diese »ungeheuersten Indiskretionen« nur von Pfistermeister herrühren; er verlange deshalb jetzt nicht mehr nur die Enthebung Pfistermeisters von einem Teil seiner Funktionen, sondern seine totale Verabschiedung; auch habe er als Nachfolger den »rechten Mann« schon bereit, Neumayr nämlich, den kurz zuvor erst vom König wenig gnädig entlassenen Innenminister.

Es war der Brief eines Verblendeten. Denn da Wagner wohl fühlte, es ginge nicht an, einzig aus persönlichen Motiven — wenn auch an sich durchaus legitimen Motiven eines in seinen Arbeitsvoraussetzungen bedrohten produktiven Menschen — eine innenpolitische Neuordnung Bayerns zu verlangen, so berief er sich jetzt plötzlich auf einen bayerischen Patriotismus, den er nie besaß, den auch niemand von ihm verlangen konnte und dessen Unechtheit eben deshalb dem ersten Blick erkennbar war: »Meine Liebe zu Ihnen, mein Gewissen gegen Ihr Land« — fordere Pfistermeisters Entlassung, denn er, ebenso wie auch Pfordten, sei »den Wünschen Bismarcks völlig nachzugeben gesonnen« — so schrieb er dem König und schloß mit »Hoch Bayern«.

Wirklich, er hätte seiner Sache kaum schlechter dienen können, als er hier tat. Denn daß Wagner, hätte er nur in Bayern eine ihm bequemere Beamtenschaft gefunden, nie daran gedacht hätte, etwas an ihr auszusetzen und den ihm persönlich ganz unbekannten Neumayr[13] als Retter des Staates zu proklamieren — auch eine geringere Menschenkenntnis als die, die Ludwig als ahnungshaftes Erbe in sich trug, mußte das spüren. Vor allem aber konnte Wagner ja den König gar nicht schwerer

[12] Nach Mitteilungen des Hofkassiers von Hüther an Ludwig I. hätte Wagner sogar nur »in der letzten Zeit« etwa 190 000 Gulden gekostet. Offenkundig allerdings umfaßt diese Summe nicht nur die persönlichen Bezüge Wagners, sondern wohl auch diejenigen Ausgaben, die auf seine Veranlassung geleistet wurden, also die Gehälter seiner nach München berufenen Freunde, die Zuschüsse zur »Tristan«-Aufführung usw.

[13] Wagner selbst schreibt am 27. November an den König über Neumayr: »Ich kenne diesen Mann gar nicht.«

verletzen, als indem er sich, wenn auch nur auf Briefpapier, Verantwortungen für den bayerischen Staat auflud, die der König für sein nur ihm angeborenes Vorrecht hielt und eben deshalb eifersüchtig hütete. So blind also war Wagner noch – auch er freilich im Zauber seines Werkes der Wirklichkeit entfremdet – für den Wesenskern gerade dieses Königs geblieben.

Über die Aufnahme, die Wagners Verlangen bei Ludwig fand, besitzt man – ein seltener Fall in seiner Geschichte – ein Dokument. Als jener Brief nämlich in Hohenschwangau anlangte, schrieb der König seinerseits gerade an Wagner, einen Bericht in dem gewohnten träumerischen Gedankenflug über seine Ritte in Mond- und Sternenlicht, musikhistorische Lektüre, Kaulbach und Genelli, »Nibelungen« und »Meistersinger«. Nun jedoch, als er Wagners Brief gelesen hat, zieht er einen Strich unter das, was er bisher in dem seinigen schrieb, und in einem sehr deutlich abgewandelten Ton ergreift der junge Landesherr das Wort: »Ich hatte vollen Grund, Neumayr zu entlassen; wie inkonsequent wäre es nun von mir, denselben Mann, demgegenüber ich (ich wiederhole es) ›vollen Grund zur Unzufriedenheit‹ habe, mit der Neubildung eines Kabinetts zu beauftragen! Pfistermeister ist ein unbedeutender und geistloser Mensch, dies ist kein Zweifel; lange werde ich ihn nicht im Kabinette lassen, doch jetzt ihn und die übrigen Herren des Kabinettes zu entlassen, scheint mir nicht angezeigt; der Zeitpunkt ist noch nicht gekommen. – Ich erkläre dies mit Bestimmtheit; ich habe meine guten Gründe, glauben Sie mir! ... So ist es, mein teurer Freund ... und nun suchen Sie meine Gedanken in Siegfrieds seliger Welt!« Das ist ein gewiß nicht unfreundliches, aber bestimmtes Verweisen des Freundes in die Grenzen, die sein Betätigungsgebiet von dem des Königs trennen und die gewahrt bleiben sollen.

Doch es ist schon zu spät. Denn während Ludwig noch so schreibt, ruhig, überlegt, fast staatsmännisch, sitzt Wagner bereits über einem neuen Brief, in dem er den vorhergehenden noch zu einem wahren Ultimatum verschärft; sein »energischer Rat« lautet jetzt: »sofortige Entlassung Pfistermeisters und gleichzeitig Berufung Neumayrs zur Beratung wegen Bildung eines neuen Kabinetts«; auch jetzt fehlt nicht die selbstlos-patriotische Maskierung: »Mein höchster Stolz soll sein, Bayern einen schönen Dienst geleistet zu haben.« Und selbst hiermit begnügt er sich noch nicht. Gleichzeitig nämlich verfaßt er, gemeinsam mit Cosima, einen anonymen Zeitungsartikel, in dem behauptet wird, die Abneigung der Bevölkerung gegen Wagner sei künstlich erregt, ja, bestehe im Grunde überhaupt nicht; es handle sich nur um eine Art Verschwörung, die Wagner das Verbleiben in München verleiden solle; es wäre schon »mit der Entfernung zweier oder dreier Personen, welche nicht die mindeste Achtung im bayerischen Volk genießen, der König und das bayerische Volk mit einem Male von diesen lästigen Beunruhigungen befreit«. Cosima persönlich bringt das Schriftstück ins Redaktionsbüro der »Münchener Neuesten Nachrichten«, die, damals ein Organ extremer Fortschrittsgläubigkeit, es am 29. November veröffentlichen.

Damit aber haben Wagners und Cosimas Kampfinstinkte sie zu einer ausgesprochenen Torheit verleitet. Denn die Wirkung dieses Artikels, dieser öffentlichen Denunziation der nächsten Ratgeber ihres königlichen Freundes, ist verheerend für beide Autoren, über die natürlich niemand in München im Zweifel ist.

Der König selbst schreibt Wagner jetzt im Tone freundlicher Trauer, jener Artikel habe ihm den Schluß seines Aufenthaltes in Hohenschwangau »verbittert«; sicher sei er (so bemäntelt er höflicherweise noch, was natürlich auch er weiß), »von einem Ihrer Freunde geschrieben«; »leider aber hat er Ihnen geschadet, statt genützt!« Auf die Umbildungen im Kabinett aber geht er jetzt überhaupt mit keiner Silbe mehr ein: das muß selbstverständlich, nachdem Wagners brennendes Interesse an ihnen von ihm selbst so ungeschickt öffentlich dokumentiert wurde, abgetan sein — für lange, wenn nicht für immer.

Kein Zweifel, daß in diesen Tagen der Zauber Wagners zum erstenmal versagt: seine eigenen zorngetrübten Eingriffe in die königliche Machtsphäre haben ihn die kostbare Eroberung wieder verlieren lassen, die er in dem jungen Monarchen gemacht hat. Ganz vorbei ist nun auch bei Ludwig die Stimmung läßlichen Gewährenlassens, in die er, allein mit Wagner im einsamen Hohenschwangau, geraten war. Jetzt begreift er sich wieder voll als König, ja vielleicht sogar etwas auch als Rächer jenes allzu jungen knabenhaften Herrschers, der er selbst soeben noch war und der sich von dem alten Magier allzu tief hatte einschläfern lassen. Von »Fafner« und »Mime« ist jetzt keine Rede mehr. Im Gegenteil: Pfistermeister, ihm, gegen den sich Wagners Angriff zuvörderst richtete, legt der König selbst seine Briefe vor. Reut ihn jetzt vielleicht die Gedankensünde des Verrats an seinen Beamten, zu denen jener ihn verleitet hat? Und vielleicht sogar, daß er nun wieder ungerecht gegen Wagner wird, an dessen Verblendung ja schließlich auch die maßlose Verwöhnung mitschuldig ist, die ihm durch Ludwig widerfuhr.

Denn alle Wahrscheinlichkeit spricht dafür, daß der König jetzt schon, also noch in Hohenschwangau, als er sehr widerwillig die Übersiedlung nach München vorbereitete, sich von Wagner zu trennen beschloß — so schwierig es auch immer bleiben mag, über die Bindung zwischen Motiv und Wirkung bei diesem ungemein verschlossenen Menschen Endgültiges auszusagen.

Am 5. Dezember gegen Mitternacht kehrt er nach München zurück. Er findet seine Hauptstadt in großer Unruhe: der Fall Wagner hat jenes Stadium erreicht, in dem die Überzeugung, der gegenwärtige Zustand könne nicht mehr andauern, Allgemeingut wird. Die Parteinahme für Pfistermeister scheint, nach Wagners Angriff in den »Neuesten Nachrichten«, einhellig. In der Bürgerschaft läuft eine Adresse zugunsten des Angegriffenen um und findet binnen kurzem achthundertzehn Unterschriften, indes der »Punsch«, das populäre Witzblatt, dem Komponisten Schnadahüpfel in den Mund legt wie:

»A Häuserl am Roa
Und an Garten net kloa
's Jahr vierzigtausend Guld'n
Nacher will i mi g'dulden.

I wünsch allen Leuten
Daß s' g'sund bleiben soll'n,
Nur zwei, drei Persona
Dürft' der Teufel wohl hol'n.«

Die Wagnergemeinde ist durch ihr Minoritätsbewußtsein eingeschüchtert und, ebenso wie die Fortschrittspartei, plötzlich so still geworden, als sei sie überhaupt nicht vorhanden. Und von seinem eigenen Ministerpräsidenten trägt der König einen Brief bei sich, in dem es heißt: »Ew. Majestät stehen an einem verhängnisvollen Scheidewege und haben zu wählen zwischen der Liebe und Verehrung ihres treuen Volkes und der Freundschaft Richard Wagners. Dieser Mann, der es wagt, zu behaupten, die in Treue erprobten Männer im königlichen Kabinett genössen nicht die mindeste Achtung im bayerischen Volke, ist vielmehr seinerseits verachtet von allen Schichten des Volkes... Nicht bloß der Adel und Klerus denkt so, sondern auch der ehrenwerte Bürgerstand und die Arbeiter, die im Schweiße ihres Angesichts mühsam ihr Brot erwerben, während arrogante Fremdlinge von königlicher Freigebigkeit schwelgen und zum Danke dafür das bayerische Volk und seine Zustände schmähen und höhnen« — ein Dokument, das grell wie ein Blitz die Unmöglichkeit irgendeiner Verständigung zwischen Politiker und Künstler enthüllt.

Am nächsten Tage, kaum daß Ludwig aufgestanden ist, folgt eine Audienz bei ihm der andern, alle aus dem gleichen Anlaß: dem König klarzumachen, er müsse sich von Wagner trennen, der, durch Verunglimpfung oberster Staatsbeamter in der Presse, als Freund des Staatsoberhauptes unmöglich geworden sei. So erscheint die Königinmutter, der Großonkel Feldmarschall Prinz Carl, der Erzbischof von München, Gregorius von Scherr; auch Pfordten läßt sich melden, mit dem Ergebnis des gestrigen Ministerrats: einstimmig wurde beschlossen, Wagners Verabschiedung zur Kabinettsfrage zu machen[14].

Aus keiner der Audienzen wird berichtet, daß Ludwig heftig, ja daß er überhaupt nur für Wagner eingetreten wäre — ein Zeichen mehr dafür, daß er die Entscheidung bereits getroffen hatte, als er von Hohenschwangau in die Stadt kam. Daß er sich nie darüber deutlich ausgesprochen hat, ist nur selbstverständlich: wie hätte die Majestät eingestehen können, daß ein Untertan, und sei es auch der Freund, gewagt habe, in die eigensten Bezirke des Herrschers einzugreifen? Denn trotz der allgemeinen Empörung gegen Wagner — Ludwig hätte ihn halten können. Aber er wollte es nicht mehr. Er hätte die noch unerschöpfte Autorität des bayerischen Königtums und die ungeheure strahlende Werbekraft der eigenen Persönlichkeit für Wagner einsetzen können, und der Erfolg wäre sicher gewesen. Wenn er nur gewollt hätte, hätte der autokratische Monarch des Mittelalters, dessen Idealbild er ja im-

[14] Die Behauptung, dem König sei hier mit Revolution gedroht worden, ist aus der Luft gegriffen: nicht eine einzige Presseäußerung jener Tage hätte eine solche Befürchtung gerechtfertigt, geschweige denn, daß es zu irgendwelchen Ordnungsstörungen gekommen wäre.

mer noch in sich trug, allen Widerstand zu ersticken vermocht. Hatte er doch auch sonst, wenn es ihm nur darauf ankam — so bezeugt der unverdächtige Döllinger — »einen sehr festen Willen« und sagte »schon gar gern: ich befehl's«.

In den Audienzen des 6. Dezember aber scheint er sich passiv und schweigsam verhalten zu haben. Nur eine einzige auf Wagner bezügliche Äußerung ist authentisch überliefert, die er dem vertrauten alten Leibarzt von Gietl gegenüber plötzlich hervorstößt: »Ja, Übergriffe hat er sich erlaubt.«

Das ist um zwei Uhr nachmittags. Und um drei Uhr erhält Oberappellrat Lutz (den sich Pfistermeister als Vertreter herangezogen hat, ein Dorfschulmeisterssohn gleich ihm selbst) den Auftrag, Wagner mitzuteilen: es sei der Wunsch des Königs, daß er unverzüglich München für einige Monate verlasse.

In den frühen Abendstunden des Wintertags entledigt sich Lutz seiner Aufgabe. Wagner sitzt am Teetisch mit Cornelius und Cosima — »sehr überanstrengt und ermüdet fiel sie immer wieder in Schlaf und sprach dann im Traum« — als Mrazeck ihm den Besuch meldet. Nichtsahnend läßt er ihn ins Nebenzimmer bitten.

Da steht er nun, Johannes Lutz aus Unterfranken, eine untersetzte, bäuerliche Figur, in diesem sonderbaren Reich phantastisch gebrochener Farbakkorde — mag sein, daß ihr gedämpftes Licht ihn an die Bühnenbeleuchtung des Venusberges erinnert — doch unberührt von all dem erlesenen Zauber, der seit langem schon Stadtgeschwätz ist, vielmehr, wie Cornelius bemerkt, mit »triumphierender Miene«. Denn nun beginnt ja die erste große selbständige Aktion seines ehrgeizerfüllten Lebens: Bis an die äußeren Grenzen der Macht ist er heute schon gelangt, indem es ihm bestimmt ist, den mächtigen Freund seines Königs zu Fall zu bringen. Dieser Schicksalsabend ist es, an dem er anfängt, sich seine Zukunft zu verdienen, die ihn weit aufwärts bis an die Spitze des Staates führen wird. Niemand freilich kann heute schon ahnen, was ihm weiter noch vorbehalten ist: daß der gleiche Lutz, der barfüßige Dorfbube von einst, zwanzig Jahre später den gleichen König, in dessen Namen er hier steht, auf nicht sehr andere Art zu stürzen haben wird.

Aber noch ist es lange nicht soweit. Heute erfüllt er seinen Auftrag, den königlichen Verbannungsbefehl auszusprechen, so trocken und sachlich, daß Wagner ihm zunächst überhaupt nicht glaubt; in heiterem Selbstgefühl wähnt er sich vollkommen sicher, lacht, höhnt und verweist auf die letzten Briefe des Königs: »Bis in den Tod, bis hinüber in jene Welten, ewig, ewig ihr treuester Freund Ludwig« hieß es etwa noch am 27. November. Jedoch Lutz, der wohl besser weiß, was von Ludwigs Briefstil zu halten ist, zuckt nur frostig die Achseln. Da verliert Wagner auf einmal die Fassung: in die eigenen Fangstricke geraten, fühlt er sich plötzlich vom Gipfel des Triumphs herabgerissen und bricht in derartige Schmähungen gegen Pfistermeister aus, den »scheußlichsten Intriganten«, daß der kleine Lutz ihn schneidend zur Ordnung ruft: »Mäßigen Sie sich, ich bin als Beamter hier . . .«

Während dieser Szene ist der König im Theater; die berühmte Tragödin Janauschek spielt die Iphigenie. Aber das Haus ist kaum gefüllt, und als Ludwig erscheint, wird er, ganz anders als üblich, unfreundlich und mißtrauisch, ja mit Zischlauten empfangen. Niemand weiß ja noch, daß und wie er sich im Falle Wagner entschieden hat. So widrig schließt für ihn der Tag.

Am nächsten Morgen erstattet ihm Lutz Bericht: Wagner glaube anscheinend immer noch nicht ganz an den Ernst des königlichen Beschlusses. Und somit kommt auf Ludwig selbst die peinliche Aufgabe, ihm das Münchener Asyl zu kündigen. Er schreibt ihm: »Mein teurer Freund! So leid es mir ist, muß ich Sie doch ersuchen, meinem Wunsche Folge zu leisten, den ich Ihnen gestern durch meinen Sekretär aussprechen ließ. — Glauben Sie mir — ich mußte so handeln. Meine Liebe zu Ihnen währt ewig; auch ich bitte Sie, bewahren Sie mir Ihre Freundschaft . . .«

Und dann, nachdem er so den Freund, aber dennoch den Fremden und Ruhestörer, entfernt zu haben glaubt, findet er zu der ihm angeborenen Aufgabe zurück, fühlt er sich wieder als König von Bayern, wendet er sich an seinen Ministerpräsidenten. Er schreibt an Pfordten: »Mein Entschluß steht fest. R. Wagner muß Bayern verlassen. Ich will meinem treuen Volke zeigen, daß sein Vertrauen, seine Liebe mir über alles geht. — Sie werden ermessen, daß es mir nicht ganz leicht wurde; doch ich habe überwunden.« Ungewöhnlich liebenswürdig schließt der Brief, mit »herzlichen Grüßen von Ihrem sehr geneigten König und Freund Ludwig«.

Nun muß auch Wagner glauben. Am 10. Dezember früh morgens, ehe es hell wird, verläßt er München, äußerlich sehr alt geworden, »mit bleichen, verworrenen Zügen und das lange schlaffe Haar ganz grau schimmernd«, begleitet nur von seinem böhmischen Diener und dem alten Jagdhund Pohl, den er vom Hausbesitzer seiner Wiener Wohnung übernommen hatte. Den Zurückbleibenden – Cosima, Cornelius, dem Ehepaar Porges – war es, so berichtet Cornelius, »als der Waggon hinter den Pfeilern verschwand, wie das Zerrinnen einer Vision«. Den König hatte Wagner seit den Tagen von Hohenschwangau nicht mehr gesehen.

VI

»ES LEBE DER KÖNIG! DAS IST DER KRIEG!«

Daß er die Heraussprengung Österreichs aus dem Deutschen Bund und damit die Vernichtung dieses letzten Restes des alten großdeutschen Reiches lange und sorgsam vorbereitet hat, ist von Bismarck nie verhehlt worden. Zehn Jahre zuvor schon, als Bundestagsgesandter in Frankfurt, hat er geäußert: »Nun denn, so mögen wir einen guten Krieg mit Österreich haben, um es aus Deutschland hinauszuschaffen.« Beizeiten trachtete er, das Kampffeld günstig abzustecken und den künftigen Feind im voraus schon aller etwaigen Bundesgenossen möglichst zu berauben. Beim wichtigsten, Napoleon III., war ihm das im Spätsommer 1865 gelungen, als er in Biarritz dem Kaiser jene Kompensationen zusagte, die inhaltlich nie genau bekannt wurden, eben deshalb aber später um so leichter abgeleugnet werden konnten.

Ähnlich, Drohung und Verlockung virtuos mischend, suchte Bismarck auch mit dem größten deutschen Staat, mit Bayern, zu verfahren. Schon 1865, als er Pfordten in Salzburg traf, hatte er prophezeit: Ein einziger Stoß, eine Hauptschlacht gegen Österreich – und Preußen werde die Bedingungen diktieren; Bayern könne beruhigt neutral bleiben; nie werde Preußen die Mainlinie überschreiten. Seit Anfang 1866 umspielte er Pfordten immer suggestiver. Er erbat sich sehr höflich seine vertrauliche Meinung über die von Preußen vorbereiteten Bundesreformprojekte; er nannte die Bayern die »Kalabreser Deutschlands«, die in den preußischen Staat nicht eingezwängt werden könnten; weitgehend ließ er sich auf die Trias-Idee ein, andeutend, wenn Preußen sich im Norden ausbreiten könne, werde es nichts gegen eine ähnliche Hegemonie Bayerns im Süden haben; nur: Österreich müsse aus Deutschland verschwinden.

Das nun freilich war der Punkt, an dem die Trias, nicht mehr aus drei, sondern nur noch aus zwei Komponenten zusammengesetzt, das Recht auf ihren Namen verloren hätte, und darum auch der, an dem in Bayern König und Ministerpräsident immer wieder nein sagen mußten. Zwar entsann Ludwig sich vermutlich mit Vergnügen seines Nymphenburger Tischnachbars, und Pfordten sah mit dem ganzen Respekt des Fachmanns auf die ungeheure politische Kapazität, die sich in Bismarck zusammenballte. Dennoch — jede Mitwirkung bei einer Bundessprengung durch Verdrängung Österreichs, und bestände sie auch nur im neutralen Gewährenlassen, mußten sie ablehnen. Prinzipiell schon war ja die Stellung Bayerns zur Neutralitätsfrage eine ganz andere als die Frankreichs: Für dieses, das nicht Bundesmitglied war, bestand nur ein opportunistisch zu lösendes diplomatisches Problem, für Bayern aber die tief ins Moralische reichende Frage der Vertragstreue. Denn die von Bismarck vorbereitete Vernichtung des Deutschen Bundes war Revolution gegen die alle Mitglieder verpflichtende, aber auch schützende Bundesverfassung; mit ihr bedrohte er daher auch das Dasein Bayerns, für Ludwig II., den geborenen König dieses Landes, die Grundtatsache seines Lebens. Oder, wie dies in einem Gutachten des Oberbefehlshabers der Armee, Prinz Carl, kurz und bündig hieß: »Die Existenz der Mittelstaaten ruht auf dem Recht und den Verträgen und muß daher der Politik der Revolution und Annektion widerstreiten, auf welcher die Hoffnung und Zukunft Preußens beruht.«

Noch unmöglicher wurde ein Zusammenwirken mit Preußen, seitdem dessen Offensivbündnis mit Italien nicht mehr zu verbergen war — die Allianz eines Bundesmitgliedes also mit einer außerdeutschen Macht gegen die übrigen Mitglieder — mit einer Macht zudem, die aus den revolutionär-demokratischen Händen Mazzinis und Garibaldis hervorgegangen, jetzt unter Patronanz des Usurpators Napoleon stehend, jedem Legitimisten Abscheu einflößte. Ganz besonders noch fühlten die Wittelsbacher sich durch die Entthronung der verschwägerten neapolitanischen Dynastie getroffen, ja, Maximilian II. hatte seine letzte Reise nach Rom zu Schiff von Marseille nach Civita Vecchia gemacht, trotzdem er furchtbar an Seekrankheit litt — nur um das neue Königreich Italien zu umgehen. Am 2. März 1866 konnte daher der bayerische Gesandte in Wien schon erklären, daß Österreich, »wenn es, auf dem Boden des Bundesrechts stehend, in Deutschland angegriffen werden sollte«, auf Bayern rechnen dürfe.

Dennoch setzte Bismarck, der diese prinzipielle Linie nicht anerkennen wollte, sein Werben fort. Es verdichtete sich schließlich bis zu dem

Verfassungsentwurf vom 10. Juni, der an der Ausschließung Österreichs festhielt, das übrige Deutschland aber in zwei Zonen aufteilte, von denen die nördliche unter preußischer, die südliche unter bayerischer Hegemonie stehen sollte. Gleichzeitig sprach er zu dem französischen Botschafter Benedetti davon, daß sich Bayern dereinst ja auch die deutschen Teile der Habsburger-Monarchie angliedern könne — sehr wohl wissend, daß diese Neuigkeit alsbald über Benedettis Wiener Kollegen Gramont den bayerischen Gesandten Bray erreichen würde. Doch alles scheiterte an der Unnachgiebigkeit, mit der der Konservative Pfordten die revolutionäre Grundvoraussetzung ablehnte: die Bundessprengung durch Ausschluß Österreichs.

Auf den jungen König hatte die Eröffnung Pfordtens, man gerate vielleicht in einen Krieg, zunächst niederschmetternd gewirkt. Er faßte sich an den Kopf: Seit fünfzig Jahren hatte Bayern ununterbrochen Frieden gehabt; ihn weiter zu erhalten, sollte der Macht des Königs nicht möglich sein? Leidenschaftlich bestürmte er den Minister: das dürfe nicht sein; zu beiden Herrscherhäusern, dem österreichischen wie dem preußischen, seien seine familiären Beziehungen die engsten; beide zusammen seien die Grundpfeiler Europas. Pfordten müsse unbedingt Rat schaffen. Nie bisher, so erzählte der Minister dem preußischen Gesandten, habe er für eine Staatsangelegenheit bei ihm so lebendige Teilnahme gefunden.

In der Tat war dieser Wittelsbacher — so hervorragende Soldaten seine Dynastie zuweilen auch hervorgebracht hat — in einer fast schon grotesken Weise unmilitärisch. Gewiß, auch seine beiden letzten Vorgänger hatten der Armee kühle Uninteressiertheit entgegengebracht und Ludwig I. war auf die zähe Findigkeit, mit der er das Militärbudget zu beschränken verstand, geradezu stolz gewesen. Bei Ludwig II. scheint der Interessenmangel jedoch schon in Abneigung, ja Verachtung umgeschlagen. Obschon er selbst körperlich gewandt, mutig und voll ritterliche Ideale war, war ihm das eigentlich Militärische, das ja freilich durchaus nicht immer mit dem Ritterlichen identisch ist, günstigstenfalls ein notwendiges Übel. Wenigstens weiß Wagner zu berichten, dem König sei das »Armee- und Soldatenwesen verhaßt« und Ludwig selbst nannte seine Offiziere gern »geschorene Igelköpfe«. Weshalb er selbst, auch wenn er Uniform anlegte, den militärischen Haarschnitt verweigerte, so daß der federngeschmückte Generalshut auf der Lockenpracht unzuverlässig zu wanken pflegte. Als der König einmal bei Regenwetter in österreichischer Uniform die Kaiserin Elisabeth besuchte, sah man ihn das Dampfboot verlassen, indem er den Helm unterm linken Arm, in der rechten Hand aber einen gewaltigen Regenschirm trug; und als die Kaiserin darüber lachte, nahm er das fast übel. Als er in den Gängen der Residenz einen Mann der Hartschiergarde Posten stehen sah, der ihm schwächlich schien, ließ er für ihn ein Sofa aufstellen, und die Kommandostellen hatten viel Mühe, es wieder entfernen zu lassen. Erscheint hier nicht das Kind noch einmal, das der Wache in Bayreuth das Mittagessen heimlich in die Tasche stecken wollte?

Wie man hingegen jetzt dem Kriege zutrieb, wie damit alles Bestehende, vornehmlich auch das bayerische Königreich in Frage gestellt wurde, das erfaßte der Herrscherinstinkt des jungen Menschen schon sehr scharf. Fürst Chlodwig Hohenlohe berichtet von einer Unterredung, in der er dem König geschmeidig begütigend darlegte, Preußen erstrebe ja jetzt nur die Herrschaft über Norddeutschland. Da habe ihn Ludwig unterbrochen: »*Jetzt;* aber später werden sie auch noch mehr verlangen.« Hohenlohe bezweifelte das, um freilich nach wenigen Jahren schon von den Ereignissen widerlegt zu werden.

Diese Stimmung des Mißtrauens, wenn nicht der Feindschaft gegen Preußen war damals in Bayern, mit Ausnahme höchstens der protestantischen fränkischen Randgebiete, so gut wie allgemein — der natürliche Widerstand eines in altdeutschen Formen in sich beruhenden Großbauernstaates gegen eine neue Woge geschichtlicher Entwicklung. Denn die Expansionskraft des damaligen Preußen beruhte ja nicht nur im Militärischen, sondern auch in der fortgeschrittenen Entfaltung seiner bürgerlich-industriellen Lebensformen — sie ihrerseits freilich wiederum auf jener einzigartigen Mischung germanischer und slawischer Elemente, die — wie Bismarck zu Bluntschli sagte — die »Hauptursache der staatlichen Brauchbarkeit« des Preußen überhaupt ist. Gerade das aber mußte der Bauer in der bayerischen Donauniederung, der Kleinbürger im Schatten der Münchener Frauentürme, der Holzknecht im hintersten Alpental als Gefährdung alles Altgewohnten empfinden.

Denn so war es: man wollte um jeden Preis das Herkömmliche bewahren. Dieses Altbayern, das ja auch, anders als das ganze übrige Süddeutschland, das alte bäuerliche Erbrecht bewahrte – wonach der Grundbesitz, um ihm seinen Bestand zu erhalten, nicht geteilt werden durfte – es hielt ebenso zähe mindestens an seinem Staat fest und damit an der überkommenen Form Deutschlands, am Deutschen Bund. Man war daher auch nicht österreichisch gesinnt; höchstens insofern, als Österreich das Bestehende nicht bedrohte, sondern selbst bedroht war. Am 5. Juni schrieb Prinz Alexander von Hessen aus München, die bayerische Parole sei: »weder schwarz-gelb noch schwarz-weiß – sondern deutsch«.

So unbedingt galt diese Parole, daß jeder Widerstand sich von selbst verflüchtigte. »Wenn wir beschlossen hätten, mit Preußen zu gehen, würden wir mit Kot beworfen worden sein«, sagt Bomhard, jener Justizminister, der gleichwohl Preußen für den »Repräsentanten höherer Intelligenz« hielt. Auch die Fortschrittspartei, sonst am ehesten noch preußischen Aspirationen geneigt, mußte, wenn sie nicht Selbstmord begehen wollte, einschwenken; »furchtbar demütigend« nannte ihr Führer Brater jetzt den Gedanken, »daß heute noch der frevelhafte Entschluß eines einzelnen Mannes die ganze Nation in blutige Verwirrung zu stürzen vermag«. Seit längerem auch machte sich die von Gerüchten genährte Spannung in Krakeelen auf den Münchener Bierkellern Luft, in Prügeleien und Schießereien aus mindestem Anlaß, wobei öfters schon Militär requiriert werden mußte. Die Volksmeinung sah allenthalben Bismarcksche Agenten[1], ebenso wie Preußen für die Baisse der österreichischen Staatspapiere verantwortlich gemacht wurde, in der viel bayerisches Sparkapital zugrunde ging. Und je mehr man sich der Realität des Krieges näherte, um so mehr geriet man auch in ein etwas törichtes, kraftmeierisches Geprahle hinein, unter dem tatsächlich schlimme Ahnungen und Minderwertigkeitsängste sich nur allzu unvollkommen verbargen. Mehr oder weniger krankte jedermann in Bayern jetzt wohl an schlechtem Gewissen, daß die militärische Rüstung des Staates sträflich vernachlässigt worden sei.

Den König bedrückte der unaufhaltsam heranwachsende Machtkampf aufs schwerste, schon weil er ihn in seinem Weltbild einfach nicht

[1] Auch ein ausgesprochener Parteigänger Preußens wie Hohenlohe notierte in seinem Tagebuch am 3. Juni: »Daß dieser Unfug durch bezahlte Leute veranlaßt wird, unterliegt gar keinem Zweifel.«

unterbringen konnte. »Traurig schleppen sich die Monde dahin«, schrieb er am 21. April an Wagner, mit dem er, trotz des erzwungenen Abschieds, bald wieder in Briefwechsel stand. Die Trennung hatte ihn sicherlich schwer getroffen, doch weniger im unmittelbaren Sinn, als ob der persönliche Verkehr mit Wagner ihm unentbehrlich gewesen wäre. Verletzt worden war vor allem sein Selbstgefühl, sein Herrscherbewußtsein, und zwar mindestens ebenso wie durch Wagners Eingriffe in die Domäne des Monarchen, durch das Drängen der Wagnergegner, Pfordtens, Pfistermeister, seiner eigenen Familie, auf die Entfernung des unliebsamen Musikers. Ja, nachträglich, in der Erinnerung verschob sich ihm das ganze Bild: nach vorn traten immer mehr seine verständnisunwilligen Beamten, die er ohnehin fortwährend in den so widrigen politischen Geschäften um sich haben mußte, eine Tatsache, die sich von selbst als Entlastung Wagners auswirkte.

Wagner seinerseits scheint vor Schmerz und Zorn zunächst fast besinnungslos. Rachegedanken erfüllen ihn[2]. Pfistermeister überhäuft er in seinen Briefen an den König mit wilden Anklagen – »dieser Mensch, der in eine Strafanstalt gehörte, ... die abgefeimte, gemeine, bürokratische Seele« – und schließlich fordert er rundweg auch die Verabschiedung des Ministerpräsidenten von der Pfordten. Er beruhigt sich erst wieder, nachdem er das Haus Triebschen bei Luzern gemietet hat, als Cosima sich hier für die Dauer bei ihm niederläßt und ihm nun, eine unendlich kluge Verwalterin seines Lebens und seines Ruhmes, zu den Gipfeljahren seines Glückes verhilft.

Ludwig hingegen, zur gleichen Zeit in den ausweglosen Zweckgebäuden der Politik verfangen, sieht die Vergangenheit, das vorige Jahr, das Jahr des »Tristan« in um so berückenderem Licht. Wenn sich in seinen Briefen jetzt stets die Versicherung erneut, die Trennung werde nur kurz sein, so war das ehrlich gemeint, real aber nicht durchführbar. Gerade jetzt begann die wahre Natur der Beziehungen zwischen Wagner und Cosima für eine größere Öffentlichkeit ruchbar zu werden, wenn auch noch nicht für den König. Doch für Pfordten genügte das, um schon jede Erwähnung etwaiger Rückkehr des Skandalumdrohten mit seiner Demissionsankündigung zu beantworten. Ludwigs Abnei-

[2] Am 23. Dezember 1865 schreibt er an Bülow: »Der Frevel, der an mir begangen worden, fordert meine Rache!«

gung gegen den Ministerpräsidenten, dessen staatspolitische Motive er nicht erkannte, wuchs damit, aber seine Demission anzunehmen — mitten in der außenpolitischen Krise — wagte er doch nicht. Endlich ermannte er sich wenigstens so weit, Wagner einen heimlichen Unterschlupf auf seinem Jagdhaus »in der Riß« anzubieten, an der oberen Isar in tiefster Entlegenheit, wo in sperrendem Gestein die Welt zu Ende zu sein scheint; »die dortige Gegend ist herrlich, wild, erhaben«, schreibt er an Cosima. Doch Wagner hatte inzwischen Triebschen gefunden und lehnte ab.

Es sieht zuweilen in diesen Wochen aus, als habe Ludwig aus der politischen Bedrängnis, durch die sein Weg immer gefährlicher führte, zu Wagner fliehen wollen. Vielleicht, daß das Gefühl schutzloser Einsamkeit ihn dorthin zurückleitete, wo er, zum einzigen Male und wenn auch nur für Augenblicke, völlig vertraut hatte. »Ich liebe kein Weib, keine Eltern, keinen Bruder, keine Verwandten, niemanden innig und von Herzen, aber Sie!«, so schreibt er ihm am 21. April, ganz wieder sehnsüchtiger Jünger. Aber der Meister mißversteht ihn; die Antwort aus Triebschen ist voll der gleichen politischen Reflexionen, die jetzt schon die Münchener Tage des Königs bis zur Erschöpfung durchdröhnen und denen gerade er sich entziehen möchte. Ja, während Pfordten dem bedrohlichen preußischen Ministerpräsidenten wenigstens nur Mißtrauen entgegenbringt, bekundet Wagner ihm offenkundigen Haß; für ihn spielt Bismarck »mit grauenhafter Frivolität mit den Schicksalen der edelsten, größten Nation der Erde, ... ein ehrgeiziger Junker«, der »seinen schwachsinnigen König auf das frechste betrügt ...«. Im übrigen rät er, zur Lösung der deutschen Frage sollten die Fürsten, »die natürlichen Schirmherrn des Volkes«, zusammentreten, als deren »Berufensten« er Ludwig rühmt, den »der Genius Deutschlands sich an der Spitze des einzigen wohlerhaltenen großen deutschen Stammlandes, wie zu seiner Selbstrettung, gebildet und gepflegt hat!«

Der König hat hierauf nicht geantwortet, sofern man seine Antwort nicht in einem Akt der Selbsthilfe sehen will, den er kurz danach ausführte: indem er nämlich heimlich nach Triebschen entfloh.

Am 10. Mai hatte Ludwig den Mobilmachungsbefehl unterschrieben, sich dann aber sofort nach Berg begeben. Nun stand ihm am 22. noch die Kammer-Eröffnung bevor, die er verabscheute, der er aber, wie seine Beamten beteuerten, jetzt, unmittelbar vielleicht vor Kriegsausbruch, unmöglich fernbleiben konnte; er sah das auch ein, dennoch brachte die Aussicht den einsamen und sensitiven Menschen in eine solche Erregung, daß er abzudanken beschloß.

Es war ein undurchdachter Entschluß, ja, weniger noch, das Nachgeben nur von einem ungebändigten Gefühl, und des öfteren sollte es ihm noch begegnen, daß er, wenn die Außenwelt ihn allzu widrig bedrängte, einer Art Schock unterlag und in die Idee einer Abdankung flüchtete. Auch Ludwig I. hatte ja schon abgedankt, mit dem berühmt gewordenen Spruch: »Um nicht Sklave zu werden, wurde ich Freiherr.« Warum sollte Ludwig II. nicht desgleichen tun? Allerdings, sobald der Schock vorüber war, wollte er ihn nicht mehr wahrhaben, lächelte über alle inzwischen verbreiteten Abdankungsgerüchte und befahl, sie zu dementieren.

Am 15. Mai also setzte er dem völlig entgeisterten Pfistermeister jählings auseinander, daß, da der Thronfolger Otto jetzt volljährig sei, er, Ludwig, sich in die Schweiz, in die Nähe Wagners zurückziehen werde. Man könne ja verbreiten, er sei geistig nicht ganz gesund; sofort solle Pfistermeister dafür sorgen, daß das in der Stadt herumerzählt werde – eine haarsträubende Zumutung natürlich für den peinlich Gewissenhaften. Unfaßbarer aber noch, daß der König bereits an Wagner telegraphiert hatte: »Immer mehr verfinstert sich der Horizont, der grelle Schein der friedlichen Tagessonne martert unsäglich. Ich bitte den Freund um baldige Antwort auf folgende Fragen: Wenn es des Teuren Wunsch und Wille ist, so verzichte ich mit Freuden auf die Krone und den öden Glanz . . .«

Die Antwort Wagners vom gleichen Tage noch, klug und überlegt, widerriet die Abdankung und forderte »ein halbes Jahr Geduld, . . . Schweigen, Einhalten, Abwarten«. Doch so rasch war Ludwig nicht zu besänftigen. Am 22. Mai vielmehr, dem Geburtstag Wagners, telegraphierte er ihm, um keinen Verdacht zu erregen, frühmorgens seine Glückwünsche, empfing Lutz zum täglichen Vortrag und saß zum üblichen Spazierritt auf, um dann jedoch, von einem einzigen Reitknecht gefolgt, zur Schnellzugstation Bießenhofen hinunterzujagen: gerade erreichte er noch den Zug nach Lindau, das Dampfschiff nach Rorschach und stand nachmittags an der Gartenpforte von Triebschen, in schwarzem Radmantel und Schlapphut wie ein Flüchtling aus einem romantischen Gedicht. »Walther Stolzing« nannte er sich dem Diener, der ihn abweisen wollte – ein Name also, der damals noch niemandem, außer Wagners Vertrautesten, etwas bedeutete.

Inzwischen – wie mag das schöne Landhaus mit dem weiten Blick über den gläsern stillen See, den die unerschütterlichen Berghäupter umhegten, der sanft gehügelte Rasen des Gartens, auf dem die kleinen Töchter Cosimas mit dem riesigen schwarzen Neufundländer Russumuck umhersprangen, diese friedvolle Geborgenheit, in die vielleicht einzelne Klavierakkorde aus dem Arbeitszimmer hineinklangen – wie mag alles das zu einem König gesprochen haben, der sich aus seinem gefahrenumwölkten, waffenblitzenden Land heimlich entfernt hatte? Entsann er sich noch der Schwärmerreise an den gleichen Vierwaldstätter See – noch kein Jahr war es her? Wie arg hatten die Zeiten sich seitdem geändert! Doch da kam Wagner schon, strahlend vor Freude, in großen Sätzen die Treppe herab.

Zwei Tage blieb Ludwig in Triebschen; zwei Nächte schlief er auf einem Feldbett im kleinen Arbeitszimmer, in dem jetzt die »Meistersinger« entstanden. Es heißt, er habe in Triebschen zum ersten Male Cosima von Bülow von Angesicht gesehen, von der er bisher immer nur durch Wagner unter dem zart andeutenden Namen »die Freundin« gehört hatte. Sie hatte später Wagners Selbstbiographie für den König niedergeschrieben und war darauf in Briefwechsel mit ihm getreten – äußerlich immer nur als Sekretärin, tatsächlich getreu der Mission, die sie übernommen hatte: das Schicksal Wagners mit dem ihrigen vereint, gleich dem ihrigen durchzukämpfen. Freilich, wer könnte sagen, wo hier die Grenze zwischen Dienstbarkeit und Beherrschung war, zwischen Geleitetwerden und Führen, zwischen Bevormundung und Vergötterung?

Nun also stand der König ihr plötzlich gegenüber, der hoch gewachsenen Frau mit der dennoch zerbrechlichen Figur, den zarten, weißen Händen, dem unglaubhaft reichen, blonden Haar und den »metallenen« grauen Augen, wie sie, sehr elegant und frühlingshaft gekleidet, soeben von Besorgungen aus Luzern zurückgekehrt war.

Gewahrte er hier, während sie sofort im Hofknicks vor ihm niedersank, die Sicherheit der Dame von Welt, erkannte der Aristokrat die

Aristokratin? Uns will es deshalb manchmal scheinen, als ob nun eine Zeitlang eine Woge gegenseitigen Vertrauens sie beide umgeben habe, freilich nur für kurze Zeit. Denn bald sagte der König wieder von ihr: »Es ist kein echter Ton in ihr; Kuhglocken sind mir lieber.«

Was in Triebschen besprochen wurde, ist kaum annäherungsweise bekannt. Selbstverständlich nur, daß die Tagespolitik sich in den Mittelpunkt auch dieser Gespräche drängte. Und sicher auch, daß Wagners Ratschläge sich in den Bahnen jenes großdeutsch-idealistischen Programms bewegten, das er in diesen Tagen drucken und verteilen lassen wollte; tatsächlich kam es, soweit sich heute sehen läßt, nicht mehr dazu. Es handelte sich dabei um einen Aufruf an die Mittelstaaten, sie sollten gemeinsam unter Bayerns Vorantritt mit ihrer Waffenmacht als Friedensstifter zwischen die beiden kriegsbereiten Großmächte treten — ein etwas vages Programm und ohne Sinn dafür, daß zwischen zwei Militärstaaten ein so schwaches und lockeres Konglomerat, wie es die Mittelstaaten waren, zu einer Vermittlung nie imstande sein kann. Der König hat sich in dieser Richtung auch zu nichts verpflichtet. Hingegen ließ er sich von Wagner dazu bestimmen, »der Kammer-Majorität unbedingt zu folgen«, indem nämlich dieser der festen Erwartung war, der von ihm gewaltig überschätzten Fortschrittspartei werde es gelingen, durch ein Mißtrauensvotum seinen Feind Pfordten zu stürzen[3]. Endlich scheint er den König auch bewogen zu haben, sich so weit zu überwinden, daß er die Kammern persönlich eröffnete und sich dem mobilisierten Heere zeigte.

In München hatte die Reise Ludwigs unliebsames Aufsehen erregt, mit Recht: denn man wußte sehr wohl, daß der König zwei Wochen vorher nicht dazu zu bringen gewesen war, am Fünfzig-Jahr-Jubiläum der Wiedergewinnung der bayerischen Pfalz, des Stammlandes seiner Dynastie, teilzunehmen, nun aber, bei drohender Kriegsgefahr im Ausland einem Manne eine Geburtstagsvisite abstattete, den die Mehrheit seines Volkes ablehnte. Alle Sympathien schienen plötzlich verloren. Bei der Auffahrt zur Landtagseröffnung, die er nun wirklich vornahm,

[3] In einem Brief an August Röckel vom 23. Juni 1866 schildert er diesen Plan, freilich auch den Mißerfolg, den er damit hatte. Die Fortschrittspartei hat er zuvor in einem Brief an Ludwig vom 1. Juni 1866 eine »große, fast das ganze Volk umfassende Partei« genannt.

flogen Schimpfworte hinter seinem Wagen her; kaum, daß ihn noch jemand grüßte[4].

Die Majestät selbst freilich war noch jung genug, um über diesen Umschwung der Volksgunst, den »eiskalten« Empfang und die »schändliche« Presse in maßlosen Zorn zu geraten. Und als der Münchener Polizeidirektor, seine Kompetenzen überschreitend, es in einem Bericht »wünschenswert« nannte, daß der König sich in der Stadt häufiger sehen lasse, wurde er sofort, über den Kopf des Innenministers hinweg, strafversetzt; »sultanischer Eingriff« notierte Hohenlohe hierzu.

Inzwischen entfalteten sich mit der ihnen eigenen Automatik die Kriegsvorbereitungen. In der Thronrede des Königs flackerten zwar noch leise Hoffnungen, Deutschland möchte vom »Verderben eines Bürgerkrieges« verschont bleiben. Doch die Kammer hatte darauf, ganz im Gegensatz zu Wagners Erwartungen, mit großer Wucht Pfordtens Politik gebilligt und das Votum, dem »unbedingt zu folgen« Ludwig in Triebschen versprochen hatte, wurde die denkbar glänzendste Vertrauenskundgebung für den Minister.

Schon auch ergriffen die Militärs das Wort, in Bayern, Österreich und den übrigen Südstaaten. Ihre Verhandlungen in Olmütz, bei denen Bayern durch den Generalstabschef von der Tann vertreten war, liefen endlich darauf hinaus, daß die bayerische Armee, als VII. Bundesarmeekorps, ebenso wie die württembergischen, badischen und hessischen Truppen als VIII. Korps, nordwärts offensiv werden sollte, wobei jedoch nicht einmal ganz klar war, ob dem bayerischen Oberkommandierenden Prinz Carl auch das VIII. Korps unterstand.

Indem man dergestalt aber die Süddeutschen von den Österreichern trennte, war bereits von vornherein auf den Vorteil der inneren Linie verzichtet, den die Eisenbahn Prag–Regensburg gewährt hätte – von dem napoleonischen Kernsatz, daß man am Platze der Hauptentschei-

[4] Der klerikale »Volksbote« schrieb kurz und deutlich: »Über die herrschende Stimmung schweigt der ›Volksbote‹ lieber; gleichgültig ist sie nicht, und ein paar Tage später, es sei öffentliches Geheimnis, daß durch die Bülows »im Dienste ihres Meisters fortwährend eine Erregtheit erhalten wird, die unserm jugendlichen König nimmer zum Heile gereichen kann«. Doch auch die »Münchener Neuesten Nachrichten«, die bisher vollkommen auf Wagners Seite gestanden hatten, hielten es nun für rätlich, »jeden unberechtigten Einfluß, mag er nun von einem Kabinettssekretär oder von einem Zukunftsmusiker ausgeübt werden, durchaus verwerflich« zu nennen.

Richard Wagner (Photographie aus dem Jahre 1861)

5 September 1865

Ludwig

Mein Einziger, mein göttlicher Freund!

Beginn eines Briefes des Königs an Richard Wagner (1865)

Kaiserin Elisabeth von Österreich

dung nicht stark genug sein könne, ganz zu schweigen. Hier lag wohl auch schon der entscheidende Fehler des Feldzugs: hätten auf dem Schlachtfeld von Königgrätz auch die süddeutschen Verbündeten Österreichs gestanden, hätte der Tag vielleicht anders geendet.

Viel Schuld daran, Schuld, die nicht ohne Tragik ist, fällt auf die bayerische Politik, insbesondere auf Pfordten. Allzusehr Wissenschaftler und allzuwenig Militär, allzu stark auch abhängig von historischen Erinnerungen an die vielen früheren Expansionsbemühungen Österreichs auf Bayerns Kosten, konnte er die panische Angst vor einem allzu großen Sieg des östlichen Nachbarn nicht überwinden. Darum verweigerte er seine Zustimmung zu dem in Olmütz zunächst beschlossenen Abtransport der bayerischen Armee nach Böhmen, da ihre erste Aufgabe der Schutz des eigenen Landes sei. Gewiß, er blieb der allgemeinen politischen Linie treu, die auch der König einhielt, wenn er berechnete, daß im gleichen Maße, in dem Österreich und Preußen einander in Böhmen schwächten, die militärische Kraft des »dritten Deutschland«, dargestellt im VII. und VIII. Bundesarmeekorps, wuchs und schließlich einen gerechten Frieden erzwingen konnte.

Eine erhebliche Mitschuld freilich fällt auch auf von der Tann. Wie kam es, daß dieser äußerlich so durchaus soldatische Mann, der mit seinem lederbraunen Gesicht und silbergrauen Knebelbart fast einem Feldherrn des Dreißigjährigen Krieges glich, sich trotz begründetster fachmännischer Einsicht[5] gegen den nur allzu geschichtskundigen Professor von der Pfordten nicht durchzusetzen vermochte? Bei aller persönlicher Tapferkeit wird bei Tann doch ein eigentümlicher Mangel an Präzision, eine Art von flackriger Nervosität, eine Unfähigkeit zu weitreichenden Entschlüssen immer wieder begegnen. Trotzdem (und obwohl seine Familie protestantisch war und aus dem Elsaß stammte) hatten ihn seine Reisen und Kämpfe auf fremden Kriegsschauplätzen, seine Beteiligung am schleswig-holsteinischen Freischarenkrieg, schließlich auch seine langjährige Funktion als Generaladjutant Maximilians II. zum weitaus populärsten Militär Bayerns gemacht. Hätte er jetzt, um die von ihm als richtig erkannten militärischen Maßnahmen

[5] Von der Tann selbst schreibt: »Ich hatte die österreichische Armee gesehen, ihre Stärkeverhältnisse geprüft und es stand bei mir fest, daß sie außerstande sei, zwei Feinden Stich zu halten.«

durchzusetzen, zu den drastischen Mitteln gegriffen, welche die Situation gerechtfertigt hätte, hätte er also etwa dem König sein Kommando zur Verfügung gestellt, so hätte sicherlich Ludwig auch die Folgerungen gezogen, zu denen er bei seiner Jugend und Militärfremdheit allein nicht zu kommen vermochte. Der Schuldanteil des Königs ist also im Vergleich zu dem Pfordtens und Tanns hier nur gering. Größer ist hingegen wieder derjenige des Oberbefehlshabers Prinz Carl, der aus dynastischen Gründen die Meinung Pfordtens teilte, man müsse zunächst das eigene Territorium schützen, uneingedenk der harten Tatsache, daß es meistens noch besser gewesen ist, eine zeitweilige Okkupation zu erdulden, als endgültig einen Krieg zu verlieren.

Anfangs Juni 1866 konnte das unterirdische Donnerrollen in Europa von niemandem mehr überhört werden. Am 1. Juni bereits hatte Österreich die Frage der Elbherzogtümer, um die der Streit formal immer noch ging, dem Deutschen Bund zur Entscheidung unterbreitet. Hierin jedoch sah Bismarck einen Bruch des Gasteiner Vertrags, erklärte die Verwaltungstrennung der Herzogtümer für beendet und ließ Truppen in Holstein einmarschieren. Der Vorschlag Napoleons, einen Kongreß einzuberufen — ein Vorschlag, der Österreich gerettet hätte —, scheiterte daran, daß die Wiener Diplomatie, ungeschickt und auch nicht eben besten Willens, antwortete, Territorialfragen dürften den Kongreß nicht beschäftigen. »Es lebe der König«, rief Bismarck, als er davon erfuhr, »das ist der Krieg!«

In diese zugespitzte Situation aber drängten sich für Ludwig plötzlich noch sehr unliebsame Nachwehen der Triebschener Tage. Starr vor Verwunderung gewahrten die Münchener in ihren Zeitungen, gleichzeitig mit den Kriegsmanifesten der Herrscher von Österreich und Sachsen, ein Handschreiben ihres eigenen Königs, das einzig Wagnersche Privatinteressen verfocht. Denn die allgemeine Erbitterung, die die Flucht nach Triebschen erregt hatte, hatte nun auch von dem Geheimnis um Wagner und Cosima alle Siegel gesprengt: eine Pressekampagne brach los, die die Dinge aufs gröblichste beim Namen nannte.

Wagner und Cosima in Triebschen, Bülow, immer noch königlicher Kapellmeister in München[6], sie begriffen sofort, in welch schwere Ge-

[6] Bülow wußte, wie Cornelius bezeigt, mindestens seit Anfang 1866, welcher Art die Beziehungen zwischen seiner Frau und Wagner waren.

fahr sie damit gerieten: ihre ganze materielle und künstlerische Existenz stand auf dem Spiel; also mußte die Presse zum Schweigen gebracht werden, um jeden Preis. Und in der Tat, der Preis, den Wagner und Cosima zahlten, war hoch, war nicht weniger als das menschliche Vertrauen, das Ludwig in sie setzte. Gemeinsam nämlich bestürmten sie sofort in stärksten Ausdrücken den König: er müsse öffentlich für die Angegriffenen eintreten, müsse in einem Handschreiben an Bülow seine »königliche Entrüstung« über die seiner Frau und ihm in der Münchener Presse »widerfahrene niederträchtige Behandlung« aussprechen und müsse dieses Handschreiben sofort veröffentlichen lassen; das Konzept dazu fiel dem König auch bereits aus Wagners Brief entgegen. Und einen Tag später hatte er ein Schreiben Cosimas in der Hand, das aufs geschmeidigste zu seinen ritterlichen Instinkten sprach: »Auf die Knie sinke ich vor meinem König und bitte in Demut um den Brief an meinen Mann ... Wie könnte mein Mann in einer Stadt zu wirken vermögen, in der die Ehre seiner Frau angetastet wurde ... Mein königlicher Herr, ich habe drei Kinder, denen ich es schulde, ihnen den ehrenwerten Namen ihres Vaters fleckenlos zu übertragen ...«

Selbstverständlich, daß der König unverweilt diese Bitte erfüllte. Arglos, weltfremd und jung wie er war, konnte es ihm gar nicht in den Sinn kommen, daß Wagner, der ihm so gut wie seine ganze neue Existenz verdankte, daß Cosima, diese ätherische Aristokratin, ihn hier verleiteten, mit dem königlichen Namen eine Unwahrheit zu decken. Vollkommen verließ er sich auf ihr Wort, vollkommen also war er davon überzeugt, daß hier eine »Seelenfreundschaft« bestehe, für die der ordinären Welt, die nur die derben Formen der Liebe kennt, das Verständnis fehle. So unterschrieb er den Triebschen Brief an Bülow, und die Münchener Bürger standen kopfschüttelnd vor einem Dokument, in dem ihr junger König, mitten in heraufziehender Staatskrise, erklärte: da er den »edlen und hochherzigen Charakter« Cosimas kenne, »welche dem Freunde ihres Vaters, dem Vorbilde ihres Gatten mit teilnahmvollster Sorge zur Seite stand«, so bleibe ihm nur »das Unerklärliche jener verbrecherischen öffentlichen Verunglimpfung zu erforschen übrig, um, zur klaren Einsicht des schmachvollen Treibens gelangt, mit schonungslosester Strenge gegen die Übeltäter Gerechtigkeit walten zu lassen«.

Zur Rechtfertigung dieses unleugbaren Vertrauensmißbrauches pflegt die Verteidigung Wagners und Cosimas sich auf die Zwangslage zu berufen, in der sie gehandelt hätten, um das Werk des Meisters für die Zukunft zu retten. Aber vermag der Werkeifer, vermag es selbst die Werkbesessenheit des Genius, Ausnahmen zu schaffen von den Geboten des Sittengesetzes, dessen Sinn und Macht eben darauf beruht, daß es ausnahmslos verpflichtet? Die Antwort ist hier nicht zu geben. Sie wird vom Gewissen eines jeden abhängig sein.

Am gleichen 11. Juni aber, an dem Bülow das königliche Handschreiben erhielt, beantragte Österreich beim Bundestag die Mobilisierung aller Armeekorps gegen Preußen, dessen Truppen in Holstein schon eindrangen.

Und ebenfalls an diesem 11. Juni saß von der Pfordten über einem letzten Brief an Bismarck, und was unter seiner Feder entstand, ist der gequälte Aufschrei eines Patrioten, der sein Land in den Bürgerkrieg gleiten sieht: »Gott ist mein Zeuge, daß mich weder Abneigung gegen Preußen noch Sympathie für Österreich leitet. Als Deutscher bitte und beschwöre ich Sie, gehen Sie nochmals ernstlich mit Ihrer starken Seele zu Rate, ehe das entscheidende Wort gesprochen wird, dessen Folgen unberechenbar sind.«

Es war umsonst. Zwar wurde am 14. Juni in Frankfurt der österreichische Antrag nicht angenommen, sondern ein, nach bayerischem Vorschlag, gemilderter. Aber auch er genügte, um den preußischen Gesandten sich unverweilt zu der Erklärung erheben zu lassen, daß nunmehr der Deutsche Bund erloschen sei. Damit aber war auch für Bayern die Lage geklärt: Da es auf der Seite derer stehen wollte und mußte, die Bund und Bundesrecht achteten, stand es nun neben Österreich und dem gesamten deutschen Süden. Der Krieg mit Preußen war unvermeidlich geworden.

Drei Tage später, als die preußischen Regimenter bereits in Sachsen, Kurhessen, Hannover einzogen, fand der junge, unpolitische König von Bayern aus seinem Schmerz heraus den Ausdruck, der die politische Situation dennoch wirklich umzeichnete: »O des unselig unheilvollen Zwistes, der Deutschlands Willen gegen Deutschland wendet.«

VII

DIE NIEDERLAGE

Die bayerische Armee, von der allein jetzt noch das Schicksal des Staates, des Königtums und damit des Königs abhing, entsprach als Kriegsinstrument nicht durchweg der Nichtachtung, die sie seit Jahrzehnten erfahren hatte. Vielmehr waren die Mannschaften aller Waffen, derbe Bauernsöhne zumeist, körperlich leistungsfähig, angriffslustig und einigermaßen zähe auch in der Verteidigung. »Die Infanterie«, so berichtet ein österreichischer Offizier, »ist ziemlich gut geschult; sie leistet alles, was man von ihr verlangen kann.« Ihre Bewaffnung, das weittragende Podewilsgewehr, war der preußischen Zündnadelwaffe allerdings in der Nähe unterlegen. Auch war die Qualität der Kavallerie, einst Bayerns Elitetruppe, sehr gesunken. Die Artillerie wiederum hat sich meistens bewährt. Die Trainsoldaten gehörten, nach dem gleichen Österreicher, »zu den rohesten Menschen Mitteleuropas«.

Die Schwächen dieser Armee lagen weniger im unmittelbar Menschlichen als in Organisation und Führung: Im Frieden waren die Kader zu schwach und die Kontrolle der Reserven den Zivilbehörden als unwillkommene Zusatzarbeit anvertraut, so daß man 1866 auf viel höhere Stärken rechnete – etwa 120000 Mann – als dann wirklich zustande kamen. Es herrschte, nach einundfünfzig sparsamen Friedensjahren, Offiziersmangel, so daß massenhaft Unteroffiziere befördert werden mußten. Infolgedessen wurden die ohnehin schon improvisierten Truppenkörper übergroß und schwer beweglich und schon bei den untersten Einheiten die Führung mangelhaft. Besser, ja zuweilen unerwartet gut verliefen die taktischen Operationen der mittleren Verbände. In der strategischen Gesamtleistung aber, im versagenden Nachrichtendienst etwa, in der Ungewandtheit und Wirrnis bei jeder umfassenderen Bewegung, im mangelnden Zusammenhalt des Ganzen rächte sich, nicht mehr ausgleichbar, die Sparsamkeit, mit der man auf Generalstabsreisen und größere Manöver seit langem verzichtet hatte.

Prinz Carl als Oberkommandierender und sein Generalstabschef von der Tann tragen somit eine geringere Verantwortung als ihnen nach der Niederlage aufgebürdet wurde. Der einundsiebzigjährige Prinz, ein rüstiger Grandseigneur, hat geleistet, was von ihm nach Lage der Dinge zu fordern war. Enttäuscht hat eher, durch mangelhafte, unkonzentrierte Befehlsgebung, von der Tann, dessen Veranlagung nun einmal nicht die des Generalstabsoffiziers war.

Immerhin aber stellte Bayern das einzige süddeutsche Kontingent, das überhaupt ernsthaft, ja erbittert gekämpft hat. Von den Truppen des VIII. Bundesarmeekorps nämlich läßt sich das – mit Ausnahme der tapferen hessen-darmstädtischen Division – nicht sagen: Die Württemberger wichen stets rasch entmutigt zurück, die Badener, deren Großherzog mit dem Herzen bei Preußen stand, vermieden jeden Zusammenstoß und wurden schließlich offen des Verrats bezichtigt, und die dem Korps zugeteilte österreichische Brigade, die zur Hälfte aus Italienern bestand, war infolgedessen unzuverlässig. Die riesige, den Preußen weit überlegene Kavallerie, zweiundzwanzig prächtige Regimenter, wurde nicht einmal zur Aufklärung benutzt. Der Troß war ungeheuerlich. Der Kommandeur des Korps, Prinz Alexander von Hessen, hatte sich zwar bei Solferino ausgezeichnet; die ihm jetzt unterstellte ungefüge Truppenmasse zur Wirksamkeit zu bringen, gelang ihm aber nur ganz oberflächlich.

Beide Korps dieser »Westdeutschen Bundesarmee« sollten sich etwa bei Hersfeld vereinigen und der vor dem preußischen Vormarsch südwärts weichenden hannoveranischen Armee die Hand reichen. Doch war Prinz Carl über die Situation der Hannoveraner so unzureichend unterrichtet, daß er in der Sorge, einen Luftstoß zu tun, zögerte, bis es zu spät war.

Am 25. Juni begab sich der König zu seinem Heere. Die Stimmung der Truppen, dieser lichtblauen Infanterie unterm Raupenhelm, der stahlgrünen Chevaulegers, der eisenklirrenden Kürassiere, der schwarzblau dahinrasselnden Artillerie, fand er gut, wenn auch lärmend; »sie benahmen sich«, meint Hohenlohe empfindlich, »wie rohe Bauernlümmel am Sonntag«. Den Entschluß zur Reise hatte der König sich nicht ganz leicht abgerungen. Dann aber, bei der Armee in Franken erst einmal angelangt, zeigte er sich unermüdlich. Einen Tag war er zwischen den aufmarschierenden Truppen zwanzig Stunden im Sattel. Wo immer er sie traf, kehrten sich die runden Bauerngesichter unter den antikisch geformten Helmen vertrauend ihm entgegen, klang Hurra durch die Kolonnen und der langgezogene Gesang des Kriegsliedes:

»Ach, wenn das die Preußen wüßten,
Daß sie morgen sterben müßten . . .«

Über die Wirkung seiner Persönlichkeit berichtet ein hessischer Bataillonskommandeur: »Bei einem Liebesmahl der Offiziere geschah es plötzlich, daß die Flügeltüren des Saales aufsprangen, und herein trat, im blausilbernen Waffenrock mit umgehängtem, faltenreichem Reitermantel und mehr noch durch den Glanz seines wundervollen dunklen Auges wie ein Gralsritter wirkend, ein Jüngling, so schön, so überirdisch schön, daß mir geradezu der Herzschlag stockte. Ich fragte den bayerischen Kameraden, der mein Tischnachbar und, wie alle bayerischen Herren, beim Eintritt der herrlichen Gestalt aufgestanden war, flüsternd: ›Wer ist das?‹ — ›Unser junger König‹, antwortete er[1].«

Der Glanz, der von ihm ausging, wirkte rückstrahlend auch auf seine eigene Zuversicht — nachdem die Entscheidung erst einmal gefallen war. »Heil Deutschland« telegraphierte er jetzt an Wagner, »es darf, es wird nicht zugrunde gehen, laut ruft es uns die innere Stimme zu.« Und dann wieder, in Erinnerung an das geliebte Theater Schillers: »Das Schlachtroß steigt und die Trompeten klingen.« — Ein paar Tage später schreibt er ihm, die Truppen gingen »mutvoll und begeistert dem Feinde entgegen; die gerechte Sache wird siegen, wir werden nicht untergehen«. Und in einem Tagesbefehl aus dem Hauptquartier Bamberg sagte er, ehe er nach München zurückkehrt: »Ich nehme nicht Abschied von euch. Meine Gedanken bleiben bei euch.«

Daß er die Truppen jetzt beim Vormarsch, der am 29. Juni begann, nicht weiter begleitete, ist ihm vielfach verdacht worden. Doch es konnte nicht seine Sache sein, hier, wo jedermann wußte, daß seine militärische Vorbildung kaum weiter reichte als die irgendeines Korporals, den Oberbefehlshaber zu spielen.

Die ersten Berichte, die er dann erhielt, lasen sich nicht ungünstig: man war kampflos ins preußische Thüringen eingerückt, die 1. Division

[1] Nach Gg. Fuchs, »Sturm und Drang in München« (München 1936), 54.

allein hatte in Schleusingen und Suhl in nicht ganz drei Tagen 1500 Eimer Bier ausgetrunken, während Prinz Carl sein Hauptquartier im Schloß von Meiningen aufschlug. Als hier die Einkesselung und Kapitulation der Hannoveraner bei Langensalza bekannt wurde, wurde beschlossen, die Armee, um sie nicht mit der Depression eines Rückzuges zu belasten, im Linksabmarsch mit dem VIII. Korps zu vereinigen. Vorher stieß man zum erstenmal auf den Feind, bei Dermbach – ergebnislos: beide Parteien behaupteten ihre Stellungen.

Am gleichen Tage liefen in München die ersten Nachrichten von Königgrätz ein; doch wurde ihre Tragweite allgemein unterschätzt, da man annahm, die gleichzeitige Niederlage der Italiener bei Custozza gleiche den preußischen Sieg wieder aus; »man erhofft hier«, telegraphierte Pfordten an Prinz Carl, »als Revanche einen Sieg Ew. Königlichen Hoheit«.

Statt dessen aber kam ein seltsamer Bericht aus dem Hauptquartier: Nachts sei die ganze Reserve-Kavallerie bei Gersfeld einer plötzlichen Panik zum Opfer gefallen; beim Auftauchen preußischer Patrouillen habe es irgendwoher gerufen: »Die Preußen sind da«, dann »Wir sind umgangen«, endlich »Verrat« – und sieben Schwere-Reiter-Regimenter ergossen sich in aufgelöste Flucht. Die ganze Nacht hindurch – die Nacht von Königgrätz – fegten die Weißmäntel gespenstisch durch die Dörfer. Der Kürassieroberst von Pechmann erschoß sich, der Kavalleriegeneral Fürst Taxis wurde abgesetzt. Doch langsam ging die Armee nun zurück, die Fränkische Saale entlang, wohin auch das VIII. Korps dirigiert wurde.

Alle diese Nachrichten empfing Ludwig auf der Roseninsel im Starnberger See. Auf dieses Eiland hatte er sich, nur von dem jungen Taxis begleitet, zurückgezogen, wohin es keine Telegraphenleitungen gab und alle Meldungen mit Ruderbooten gebracht werden mußten. Oberflächliche Beurteiler haben dem König deswegen Indifferenz und Pflichtvergessenheit vorgeworfen. Aber tatsächlich weiß man von dem, was er in dieser Zurückgezogenheit tat, so gut wie nichts. Die Rede geht von seltsamen Spielen, die er mit Taxis trieb, von maskierten Ritten etwa, stehend im Sattel rings um die Insel. Allabendlich gewahrte man auf ihr Feuerwerk, so daß zunächst auch die Feuerwehr aus Starnberg anrückte.

Wie der König in diese befremdende und aufreizende Vereinsamung geriet, läßt sich nur erraten. Sicherlich aber, daß es nicht aus Gleichgültigkeit gegen das Staatsschicksal geschah. Ganz im Gegenteil: weil das Schicksal des Staates diese unglückliche Wendung nahm, ohne daß er, der König, sie hätte verhüten können, verbarg er nun vielleicht die Scham des Ohnmächtigen vor dem Gewimmel des Hofes und der Residenz? Oder war es ein zynischer Trotz, der ihn in die Einsamkeit trieb, wollte er einem Weltlauf, der sich ihm so durchaus nicht fügte, seine offene Feindseligkeit bekunden? Oder trieb ihn einfach das Grauen hierher vor dem, was er nun kommen sah? Denn warum hatte er sich denn zuvor so leidenschaftlich dem Kriege widersetzt? Nur weil ein Bürgerkrieg daraus werden mußte? Nein, es war wohl doch der Spürsinn des geborenen Herrschers gewesen, der hier die Bewährungsprobe für die ganze Welt des alten Bayern gewittert hatte und zugleich, daß sie ihr nicht gewachsen war. Und das bedrohte Majestätsgefühl des unberatenen, einsamen, jungen Menschen suchte hier die primitivste Zuflucht: räumliche Entfernung von der feindlichen Welt. In jedem Falle war ihm das Schicksal seines Staates alles andere als gleichgültig, eher sogar, daß er sich allzusehr mit ihm identifizierte.

Immer beunruhigender wurden inzwischen die Nachrichten vom Kriegsschauplatz. Die Preußen hatten das VIII. Korps gegen Frankfurt zurückgeworfen, so es von den Bayern trennend und rückten nun, wieder ostwärts schwenkend, mit ganzer Macht gegen diese vor. Es waren westfälische, rheinische, Posener Regimenter, die jetzt eingedenk der friderizianischen Maxime: »Nos guerres doivent être courtes et vives« — unsere Kriege müssen kurz und lebhaft sein — ohne viel Umstände über die rauhen, armen Höhen der Rhön gezogen kamen. Ganz anders als die langgezogene Weise des bayerischen Kriegsliedes ging das ihrige in flinkem, abgehacktem Marschrhythmus:

»Denn eins ist eins
und drei ist drei,
Die Preußen schießen nur mit Blei.«

Und am Morgen des 9. Juli wimmelten ihre dunkelblauen Bataillone aus den Wäldern heraus und die Abhänge herab, die Kissingen umgeben. Hier, wo vor zwei Jahren der König vom Damenflor zweier

Kaiserhöfe gefeiert worden war, suchten nun hinter der reizvoll geschwungenen Flußlinie der Fränkischen Saale, in den Kurpromenaden, in den verwinkelten Gassen der alten Stadt seine Truppen sich zu verteidigen. Einen Frontalangriff über die große steinerne Brücke schlugen sie ab; alle andern Brücken waren vorsorglich abgetragen, bis auf die Tragbalken eines schmalen Stegs, die liederlicherweise vergessen worden waren. Über ihn glückte die preußische Umgehung. Erbittertes Gemetzel begann; mit Bajonett und Kolben wurde um die zierlichen Arkadenbauten des Kurparks verzweifelt gekämpft, wo morgens noch die Badegäste promeniert hatten, die jetzt bebend in den Kellern hockten; einem Provisor der Boxbergerschen Apotheke nahm eine Granate den Kopf fort, den er neugierig aus der Tür steckte. »Die Bayern kämpften wie Löwen«, berichtet der preußische General Manteuffel und bei Theodor Fontane liest man, ein bayerischer Soldat habe sich geweigert, »preußischen Pardon« zu nehmen; »sein Grab wurde jahrelang wie das eines volkstümlichen Helden geschmückt«.

Doch das Umgehungsmanöver, die Überlegenheit des Zündnadelgewehrs auf kurze Entfernung, freilich auch die Verzettelung der bayerischen Gesamtdispositionen und das unbegreifliche Verhalten der 2. Division des General Hartmann, auf deren Eintreffen man vergeblich wartete, führte zur Entscheidung: Allmählich wurden die Bayern aus der Stadt gedrängt und zogen sich langsam auf Schweinfurt zurück. Mehrmals noch setzten sie sich fest, wobei der Führer der 3. Division, Zoller, fiel, der klügste Kopf der bayerischen Generalität, der trüber Ahnungen voll in eine Schlacht geritten war, die nicht unbedingt verlorengehen mußte, deren Verlust aber den Feldzug entschied.

Gleichzeitig mit dem bitteren Bericht des alten Prinzen Carl über die Kissinger Schlacht aber muß der König auch einen seines Pariser Gesandten von Wendland in der Hand gehabt haben. Er enthielt nichts weniger, als daß der Vertreter Preußens in Paris, Graf Goltz, seinem bayerischen Kollegen mitgeteilt hatte, Bismarck halte auch jetzt noch seine alten Vorschläge an Bayern aufrecht, also Bundesreform durch Entfernung Österreichs und bayerische Hegemonie in Süddeutschland, mit anderen Worten: die Möglichkeit für Bayern, sich aus dem österreichischen Zusammenbruch zu retten und den seit Königgrätz eigentlich schon aussichtslos gewordenen Krieg aufzugeben. Bismarck stand dabei, das ist wahr, unter dem Druck französischer Interventionsdrohungen; er fürchtete, wie er 1874 gestand, daß »ein gewisser Zusatz französischer Truppen« schon genügt hätte, um aus den »sehr guten, doch nicht organisierten süddeutschen Truppenmassen eine recht tüchtige Armee« zu machen, die Berlin bedroht hätte. Aber wieder kannte Bismarck weder von der Pfordten noch den bayerischen König, diesen mittelalterlichen Menschen, der sein Wort an Österreich verpfändet glaubte. »Nach Entscheidung des Königs«, telegraphierte Pfordten zurück: »Le droit fédéral et l'honneur nous défendent de traiter sur la paix sans nos alliés« — Bundesrecht und Ehre erlaubten ihm nicht, Friedensverhandlungen ohne seine Verbündeten zu beginnen.

Immer noch verharrte Ludwig auf der Roseninsel — in möglichstem Abstand von der Tatsachenwelt. Dem alten Ludwig I. schüttete Pfistermeister sein Herz aus: Es sei ihm verboten, den König auf der Insel aufzusuchen, der dort die Staatsgeschäfte einzig mit Taxis erledigt habe, bis Pfordten sich dagegen auflehnte. Vorher schon hatte der (freilich sehr oberflächliche) österreichische Gesandte Graf Blome nach Wien gemeldet, man fange an, den König für irrsinnig zu halten. Den Adjutanten des gefallenen General Zoller empfing er überhaupt nicht, sondern begnügte sich damit, ihm ein neues Reitpferd zu schenken. Und voller Empörung wandte sich nun auch der Feldmarschall Prinz Carl an seinen Bruder Ludwig I.: Er habe einen Adjutanten mit wichtigen Aufträgen zum König geschickt; doch »stellte er demselben nicht *eine* Frage bezüglich der Armee ...«; und mit einem hellsichtigen Wort schließt der Alte: »Du wirst es erleben, daß es mit einer erzwungenen Abdankung enden wird.«

Jedenfalls, Bayerns Spiel war verloren. München geriet in Aufregung und Sorge; überall rüstete man zur Abreise und jeden Augenblick konnte die nackte Panik ausbrechen[2]. Denn nur zu deutlich erkannte man hier die Gefahr, nach der österreichischen Katastrophe isoliert, vernichtet zu werden. Drei Tage nur, nachdem seine stolze Antwort

[2] Der kühle Theologe Döllinger schreibt, man sehe, »daß unsre Armee die preußische in ihrem Marsch auf München nicht aufzuhalten imstande ist und man von der Habgier und Raubsucht der Preußen eine sehr ungünstige Vorstellung hat. Im königlichen Schloß, selbst in den öffentlichen Sammlungen, Galerien, Bibliothek usw. ist schon sehr viel gepackt und soll, wenn die Gefahr näher kommt, in die Schweiz, wo man bereits Quartier dafür gemacht hat, geflüchtet werden.«

nach Paris abgegangen war, am 16. Juli, mußte Ludwig die Vollmachten für Pfordten unterschreiben, in Waffenstillstands- und Friedensverhandlungen einzutreten. Und dann hatte er aus der Entfernung mit ihm durchzumachen, was sich weiter ergab: daß der bayerische Minister, in Wien angelangt, alsbald erfahren mußte, daß Österreich, um sich nur selbst zu retten, im Begriff war, seine Alliierten im Stich zu lassen. Alles, was man hier für ihn tat, war, daß man ihm eine Hofequipage zu einer abenteuerlichen Fahrt zur Verfügung stellte, die ihn durch die Vorpostenketten hindurch nach Nikolsburg in Bismarcks Kriegsquartier führte. Hier aber fand er nun nicht die Spur mehr von jener Verhandlungsbereitschaft, die ihm der preußische Ministerpräsident noch am 10. durch seinen Pariser Gesandten bekundet hatte, indem nämlich seit etwa dem 20. schon die französische Intervention nicht mehr zu fürchten war. Im Gegenteil, da Bismarck mit jedem seiner verbündeten Gegner gesondert abrechnen wollte, kam der Bayer ihm jetzt denkbar ungelegen. Er empfing ihn daher so, daß Pfordten dem König berichtet, er werde »zwar nicht formell, aber materiell als Feind und quasi als Gefangener behandelt«. Tatsächlich kam auch erst nach dem Waffenstillstand mit Österreich derjenige mit Bayern zustande.

Inzwischen empfing Ludwig Berichte über neue Kämpfe seiner Armee. Denn endlich war ihr zwischen Würzburg und der Tauber die Vereinigung mit dem VIII. Korps geglückt, so daß Prinz Carl, den Preußen jetzt an Zahl überlegen, an eine Offensive dachte. Doch scheiterte ihre Einleitung schon am Versagen des VIII. Korps, insbesondere der Badener, die offenbar den Befehl hatten, sich an den Kriegshandlungen nicht mehr zu beteiligen[3]. Es ergab sich daraus eine Zersplitterung in Einzelgefechte – bei Üttingen, Helmstadt, Neubrunn, Roßbrunn –, die die Bayern im wesentlichen allein durchzukämpfen hatten und in denen die Truppen sich noch bewährten, obgleich Ermattungserscheinungen schon bedrohlich wurden[4].

[3] Lettow-Vorbeck, der preußische Geschichtsschreiber dieses Krieges, urteilt über die Haltung des badischen Oberbefehlshabers, Prinz Wilhelm, sie lasse »kaum noch einen Zweifel, daß er seine Truppen nicht mehr gegen Preußen fechten lassen *wollte*, oder, wie wohl wahrscheinlicher ist, auf Grund höherer Weisung nicht *sollte*«.

[4] In einer Meldung des Prinzen Luitpold, Kommandeur der 3. Division, vom 25. Juli heißt es: »Die Mannschaft ist in einem Zustand, daß sich ... das Schlimmste befürchten läßt, wenn es morgen zum Gefecht kommt.«

Auch die Vertreter der Dynastie hielten sich gut: Prinz Carl ritt unablässig im Zwitschern der Infanteriegeschosse umher, Prinz Luitpold, Kommandeur der 3. Division, hielt bei Helmstadt stundenlang in vorderster Linie, sein Sohn – der spätere König Ludwig III. – wurde hier an seiner Seite schwer verwundet.

Die beiden süddeutschen Korps wurden dergestalt getrennt über den Main genötigt, wo sie sich jedoch bei Würzburg erneut vereinigten und zur Schlacht stellten. »Vom Nicolausberg aus«, so lautet ein preußischer Bericht, »an dem Marienberge vorbei, über Würzburg hinweg nach den sanft ansteigenden, jenseits des Mains gelegenen Bergen, bot sich ein herrlicher Anblick: Hier stand, in Schlachtordnung aufgestellt, die vereinigte Bundesarmee, hunderttausend Mann stark.«

Aber es war wirklich nur noch ein prachtvolles Schauspiel, das über die innere Zerrüttung dieser Armee nicht hinwegtäuschen durfte, war, wenn man will, eine Schlußapotheose des deutschen Südens überhaupt, im Glanze der späten Nachmittagssonne.

Gerade jetzt lief das Telegramm von der Pfordtens ein, daß am 2. August der Waffenstillstand beginne und bis dahin Waffenruhe sei.

Zuvor freilich, am letzten Kampftag, hatte die bayerische schwere Kavallerie noch eine Gelegenheit erspäht, für die Panik von Gersfeld Revanche zu nehmen, indem sie, bei den Hettstätter Höfen, eine preußische, aus Dragonern und Husaren kombinierte Brigade attackierte und bis an die preußische Artillerie zurückwarf. Und dieses an sich unbedeutende Gefecht hatte eine unverhältnismäßige Wirkung auf die Stimmung der ganzen Armee. »Die Bayern waren glücklich über ihre gelungene Attacke«, so berichtet ein süddeutscher Generalstabsoffizier, »nun konnten sie getrost nach Hause gehen. Ende gut, alles gut! Und von den Preußen unbelästigt und um diese sich nicht weiter kümmernd, zogen sie, ihrem Train nach, langsam über den Main hinüber.«

In der Tat, so war es. Das bayerische Heer ging nach Hause, nicht völlig mit sich unzufrieden; man hatte immerhin getan, was man zu tun vermochte; nun konnten die Bauernburschen unter den antikisierten Helmen sich beruhigt der allzulange schon wartenden Ernte widmen. Nichts ahnte man in ihren lichtblauen Regimentern davon, was alles durch diesen kurzen Krieg entschieden war, daß sich jetzt im wirbelnden Strom der deutschen Geschichte etwa das abgespielt hatte, was für die Antike die Schlacht von Chaironeia, der Übergang der Macht vom attischen Griechentum auf das makedonische, bedeutet hatte.

Wußte aber König Ludwig darum? Es scheint so. Er ist in diesen Tagen einem neuen Verzweiflungsausbruch unterlegen, der ihn wiederum zu Wagner führte. »Die Geister der Finsternis herrschen«, schreibt er ihm am 18. Juli, als Österreichs Treubruch offenbar zu werden begann, »ach, überall Trug und Verrat, Eide gelten nichts, Verträge werden gebrochen; doch noch gebe ich die Hoffnung nicht auf. Gott gebe, daß Bayerns Selbständigkeit gewahrt werden kann; wenn nicht, wenn wir unter Preußens Hegemonie zu stehen kommen, dann fort, ein Schattenkönig ohne Macht will ich nicht sein! O Deutschland!«

An dem Tage aber, an dem Pfordten seine schwere Reise antrat, wurde auch der König an seinem Amte irre. Wieder vergaß er sich soweit, in einem dunkel überhitzten Telegramm, dann in einem Brief an Cosima von Abdankung zu sprechen: Otto könne König werden; er selbst wolle Deutschland verlassen, um in Wagners Nähe zu sein; hierzu solle Cosima ihm die Zustimmung Wagners erwirken.

Es ist ein plötzlicher, aber wieder nur kurzer Zusammenbruch des ganz Vereinsamten. Denn rasch faßt er sich aufs neue. Auf drei lange Antwortschreiben Wagners, der König solle sich vor Reue hüten, noch einige Jahre Geduld haben, wenn er aber abdanke, auf eine würdige Begründung bedacht sein und jetzt nur »diesen Pfordten« durch den Fürsten Hohenlohe ersetzen[5] – auf drei Kabinettstücke glänzender Dialektik, ist der König niemals auch nur mit einer Silbe eingegangen. Er hat sie mit ein paar telegraphierten Worten bestätigt und nur ganz gelegentlich durch Taxis mitteilen lassen, daß man ihn durch Hohenlohes Namen »nicht erfreue«.

Sein Hilferuf nach Triebschen, sein Abdankungsschrei, sollte also, das ist klar, ungeschehen sein. Denn tatsächlich kann der geborene König freiwillig überhaupt nicht abdanken. Könnte er das, so wäre er nicht der, der er ist. Solange er lebt, ist er an sein angeborenes Amt gebunden; dessen Dauer ist mit der seines Lebens identisch.

[5] Er äußerte diesen Wunsch nach Ernennung Hohenlohes, den er irrtümlicherweise für seinen Freund hielt, in leidenschaftlichster Form: »Auf den Knien beschwöre ich Sie: berufen Sie sofort den Fürsten Hohenlohe, beraten Sie mit ihm die Lage des Landes und bestimmen Sie ihn, die Bildung eines neuen Ministeriums zu übernehmen.«

VIII
»SCHATTENKÖNIG«

Sehr eilig, am 26. Juli, zwei Tage also noch vor dem Waffenstillstand mit Bayern, hatte Preußen mit Österreich bereits den Vorfrieden von Nikolsburg geschlossen. Durch ihn schied Österreich aus Deutschland aus, das damit auf Gnade und Ungnade in Preußens Hand geriet, worauf unmittelbar die Annektionen derjenigen norddeutschen Staaten folgten, die Preußens Kriegsgegner gewesen waren, also Hannovers, Kurhessens, Nassaus, Frankfurts; Sachsen allein blieb verschont, wurde aber, ebenso wie die übrigen norddeutschen Staaten, in den völlig von Preußen beherrschten Norddeutschen Bund genötigt. Die Neuordnung Deutschlands, wie sie Bismarck seit Jahren systematisch vorbereitet hatte, fing an.

Denn der Krieg von 1866 bleibt so lange in falscher Perspektive, als man ihn den Kriegen von 1864 und 1870/71 gleichordnete, die Auseinandersetzungen mit ausländischen Mächten waren. 1866 jedoch vollzog sich eine innerdeutsche Machtverschiebung, die Revolution Preußens gegen den ihm unerträglich gewordenen Deutschen Bund. Eher als mit dem Dänischen oder dem Französischen Kriege besteht also eine Parallele mit dem fast gleichzeitigen amerikanischen Bürgerkrieg, in dem ja auch der konservative Süden dem Fortschrittsdrang des Nordens unterlag. Die Zeitgenossen glaubten zwar, einen Krieg wie irgendeinen andern hinter sich zu haben, und vielleicht nur Jacob Burckhardt nannte ihn in einem seiner seherischen Augenblicke eine »abgeschnittene Krise ersten Ranges«: In der Tat hat diese 1866 ungelöst gebliebene Krise im Weiterwuchern nicht nur zum Krieg von 1870 geführt, sondern viel direkter noch zum Weltkrieg, indem ja das 1866 entstandene Österreich mit seiner nationalen Problematik nicht mehr fertig wurde (wie ihm das zuvor als Glied des Reichs mit Hilfe des hier wirksamen deutschen Übergewichts gelungen war). Es wurde eine Problematik daraus, die unmittelbar zum Mord von Serajewo führte, damit in die Katastrophe von 1914 und in alles, was weiter aus ihr folgte. Was man 1866 für einen in sieben Tagen abgeschlossenen Krieg hielt, war tatsächlich eine über sieben Jahrzehnte ausgedehnte mitteleuropäische Revolution.

Von München aus gesehen, schien zunächst alles in der Schwebe, alles möglich, nachdem mit dem Deutschen Bund auch der allerletzte Rest des alten Reichs von der Erdoberfläche getilgt war. Jetzt standen die Süddeutschen erstmalig seit Jahrhunderten ohne alle zwischenstaatlichen Bindungen da. Formal gesehen war Bayern so unabhängig wie nie zuvor, der König souveräner als jeder seiner Vorgänger.

Aber natürlich war das nur grausame Scheinwahrheit. Vielmehr sah Bayern sich, nach dem österreichischen Sonderfrieden, dem preußischen Sieger allein gegenüber. Und das Gewitter, das soeben die Thronsessel in Hannover und Kassel umgeworfen und Fürsten ins Exil gejagt hatte, die in nicht geringerem Maße von Gottes Gnaden waren als Ludwig II., warum sollte es nicht auch in München einschlagen? Denn auch hierin zeigte sich ja der revolutionäre, weit in die Zukunft reichende Charakter dieses vermeintlichen Krieges: der monarchische Legitimitätsgedanke, zum ersten Male bereits durch die Massenentthronungen am Anfang des Jahrhunderts schwer geschädigt, erlitt jetzt durch die preußischen Annektionen einen zweiten Stoß, der so heftig war, daß er zweifellos noch in den Ereignissen von 1918 nachwirkt, die ohne ihn kaum denkbar gewesen wären. Oder, um nochmals Burckhardt zu zitieren: »Man wird eben nicht sicherer, wenn man seinesgleichen verjagt und die Länder erbt.«[1]

Was alles also hatte Bayern jetzt zu gewärtigen, das mit Preußen sogar noch im Kriegszustand war? Für den König wurden diese Wochen, die er in der verhaßten Residenz verbringen mußte, mit wenig Bewegung und in sommerlicher Schwüle, ständig nur Dächer und Türme der qualmigen Stadt vor Augen und den Malzgeruch der Brauereien in der Nase – sie wurden für ihn zur Qual. Denn wenn er wohl auch nicht politisch und historisch genug gebildet war, um alle Einzelheiten der Lage zu erkennen, so spürte er instinktiv doch, wie der Boden unter ihm zu zittern begann. Das Wort, das ihm, Wagner gegenüber, verräterisch genug, entfahren war, es lebte weiter in ihm, fragte, bohrte,

[1] Burckhardt an Friedrich von Preen, 9. Dezember 1878.

Schloß Linderhof, Ansicht von Süden

Schloß Berg am Starnberger See

schmerzte, das Wort »Schattenkönig«. Den großen Gedanken der Majestät sollte er zwar nie aufgeben; aber er würde, das ahnte er jetzt, bitterlich an ihm zu leiden haben.

*

Jene scheinbare Selbständigkeit Bayerns, wie sie jetzt, nach dem Verschwinden des Deutschen Bundes, bestand, wäre zwar gewiß von Österreich wie auch von Frankreich gern anerkannt worden — eben deshalb war sie unmöglich für Preußen. Und wenn auch Bismarck sich vorerst darauf beschränkte, nur das rechtsmainische Deutschland im Norddeutschen Bund zu einigen, so durfte er dennoch auch den Süden nicht mehr sich selbst und internationalen Experimenten überlassen. Zwar war im Friedensschluß mit Österreich, dem Prager Frieden, den süddeutschen Staaten freigestellt worden, einen »Verein« zu bilden, der eine »internationale unabhängige Existenz« haben sollte; aber es war bekannt, daß dieses Zugeständnis nur ein Höflichkeitsakt gegen Napoleon war, und daher in seinem Wert unmittelbar vom politischen Kredit Frankreichs abhing.

Von der Pfordten, auf den die Friedensverhandlungen kamen, mußte sich also auf sehr bittere Stunden gefaßt machen, da ihn schon in Nikolsburg Bismarck mit exorbitanten Forderungen erschreckt hatte: der Abtretung Oberfrankens und eines Gebietes zur Entschädigung des Großherzogs von Hessen, der Oberhessen verlieren sollte, außerdem einer Kriegskostenentschädigung.

Anfang August hatte Bayern daher ein Hilfsgesuch nach Paris gerichtet, begleitet von einem persönlichen Schreiben Ludwigs an Napoleon — ein Schritt, der nicht anders beurteilt werden darf, als das gleichzeitige Bündnis Preußens mit Italien oder die Biarritzer Abmachungen Bismarcks mit Napoleon vom Jahre zuvor[2]. Doch kam Bayern in Paris ungelegen, da man hier gerade jene Kompensationsforderungen an Preußen ausarbeitete, die auch pfalz-bayerische Gebiete berührten und später als Eigenmächtigkeit des Außenministeriums zurückgezogen wurden. Erst als dies geschehen war, erhielt der bayerische

[2] Übrigens hatte Bismarck auch dem Großherzog von Baden beim Kriegsausbruch 1866 geraten, neutral zu bleiben und sich die Integrität seines Landes von Frankreich garantieren zu lassen.

Gesandte Audienz beim Kaiser, und nach einer weiteren Woche, als alles zu spät war, erfolgte eine müde Antwort Napoleons an Ludwig.

Inzwischen nämlich waren in Berlin die Friedensverhandlungen längst in Gang gekommen. Und tatsächlich auch meldeten, wie zu erwarten war, die ersten Berichte Pfordtens an den König ein gewaltiges Auftrumpfen Bismarcks: Er forderte die Abtretung von etwa einem Fünftel des Staatsgebiets mit der, wie Pfordten schreibt, »merkwürdig aufrichtigen« Begründung: »Von Gerechtigkeit oder Billigkeit könne nach einem Krieg nicht die Rede sein, da handle es sich um Macht und Interesse«; und da Bayern ganz allein dastehe, ohne Verbündete und auch ohne dynastische Fürsprecher, wie Baden und Württemberg sie gefunden hätten, so müsse es jetzt für alle bezahlen. Er schloß mit der vertraulichen Mitteilung, daß Österreich bereit sei, Teile seines schlesischen Besitzes Preußen abzutreten, wenn dieses ihm dafür gestatte, sich in Bayern rechts des Inn zu entschädigen. Pfordten nahm alles das für bare Münze, zumal sich Bismarck in den nächsten Tagen weiteren Verhandlungen entzog und es seinem Vertreter Savigny überließ, die bayerischen Bevollmächtigten durch leise Lockerungen und neues Anspannen der preußischen Forderungen dauernd zu verwirren, zu schrecken und zu erschüttern. Er gewann mit dieser Taktik tatsächlich Raum, ebenso bei Pfordten wie bei König Ludwig.

Den Einsamen in der Residenz fand Taxis am 13. August »wohl, wenn auch aufgeregt«. Kein Wunder – da der König hier ja, ohne allen wirklich nützlichen Rat und Zuspruch hausend, von den immer düsterer werdenden Berliner Berichten gescheucht, die einsamen Zimmerfluchten ruhelos durchwanderte: Sollte es wirklich Tatsache werden, daß er ganze Provinzen seines Landes, eine halbe Million seiner Untertanen hergeben mußte? Hatte er sein Erbe so wenig zu wahren verstanden, daß man es ihm jetzt schon, nach zwei Jahren, aus der Hand winden konnte? Was hatte er verfehlt? Welche Vorwürfe mußte er sich machen?

Spürbar geriet er auch in seinem Lande in Vereinsamung, in diesem Bayern, das den Kriegsausbruch durchaus gebilligt hatte, jetzt aber nicht willens schien, die Konsequenzen daraus zu tragen. Das uralte, miserable Schauspiel ging wieder einmal vor sich, daß im Zuge einer neuen Strömung zahlreiche bisherige Überzeugungen eilfertig bergab schwammen. Der ehrliche Bomhard schildert es folgendermaßen: »Als Preußen den Erfolg hatte, da hatte es auch das ›Recht‹, und wer, seiner früheren Rechtsansicht treu, den Erfolg nicht anbetete, der war ein ›Feind Deutschlands‹, ein ›Ultramontaner‹«. Defaitismus, Nervenschwäche und nun nicht mehr verhehlte Minderwertigkeitsgefühle suchten nach Sündenböcken und fanden sie in Prinz Carl, von der Tann, von der Pfordten, schließlich auch im König selbst[3].

In der Tat kann man ja aber dem König kaum ernste Vorwürfe machen. Die Vernachlässigung der Armee war seit Ludwig I. bayerische Tradition. Hier für Abhilfe zu sorgen, wäre nicht Pflicht des Achtzehnjährigen, als vielmehr die von der Pfordtens gewesen, der sich allzusehr auf die Gerechtigkeit seiner Sache verließ. Doch hätte er wissen müssen, daß es in dieser harten Welt für keinen Staat genügt, eine gerechte Sache zu vertreten, wenn er nicht auch imstande ist, sie notfalls mit Pulver und Blei zu verteidigen, und daß, wer sich nur auf sein reines, waffenloses Recht verläßt, es damit preisgibt, ja, sein Recht in Unrecht verwandelt.

Unhaltbar hingegen ist der Vorwurf gegen Minister und König, daß sie nicht neutral geblieben seien. Denn da Bayerns Existenz auf derjenigen des Deutschen Bundes beruhte, richtete sich der preußische Angriff gegen diesen ganz unmittelbar auch gegen Bayern; nichts anderes als natürliche Reaktion hierauf war sein Eintritt in den Krieg. Auch ein so ausgezeichnet objektiver Beobachter wie Graf Lerchenfeld, Gesandter Bayerns in Berlin bis 1918, schreibt, »daß gegenüber der überwiegenden Unpopularität Preußens und Vorliebe für Österreich, dem das verletzte Gerechtigkeitsgefühl zur Seite stand, Bayern nicht hätte neutral bleiben können«. Doch selbst gesetzt den Fall, man hätte Bismarcks Neutralitätsangebot angenommen, wäre das Fazit ein anderes gewesen? Hätte ein neutral gebliebenes Bayern irgendwie anders als jetzt nach verlorenem Krieg dem preußischen Sieger gegenübergestanden: seinem Gutdünken preisgegeben — dann aber noch mit dem Makel des Bundes-

[3] Die »Münchener Neuesten Nachrichten«, damals Parteigänger der Fortschrittspartei, kündigten an, sich »weder durch preußische Polizei noch das Strafgesetzbuch, noch aus Respekt vor Rang und Geburt« davon abhalten zu lassen, »diejenigen Namen zu nennen, von denen man nicht will, daß sie Bayern länger blamieren und ruinieren«.

bruchs behaftet? Nein – die Zeit war einfach reif geworden: Österreich hatte seine Ansprüche verspielt, Preußen war an seiner Stelle emporgewachsen, Bayerns Mediatisierung somit fällig geworden. Keinerlei Neutralität hätte es davor zu bewahren vermocht.

*

Die nächsten Tage brachten dem König allerdings günstigere Telegramme aus Berlin: Bismarck habe zwar zunächst seine Forderungen unverkürzt aufrechterhalten, dann aber auf Pfordtens leidenschaftlichen Protest, daß Bayerns Politik stets ehrlich gewesen sei, plötzlich erwidert: »Zu ehrlich!«; das aber sei »Bürgschaft für jede künftige Allianz«. Und damit war das Stichwort gefunden, das die Verhandlungen auf eine gegenständlich ganz neue Basis schob.

Allmählich nämlich wurde sichtbar, daß Bismarck im gleichen Maße seine Forderungen verkürzte, in dem Bayern bereit war, seine künftige Politik der preußischen unterzuordnen, genauer gesagt: mit seinem Besieger von heute eine Allianz für morgen abzuschließen. Als man das in München nicht rasch genug begriff, erhob Bismarck noch einmal sehr hohe Forderungen – neunzehn Bezirksämter und 25 Millionen Gulden. Zwei Tage danach aber, als die bayerischen Bevollmächtigten aus ihrem Hotel traten, wurde Pfordten von einem rasch verschwindenden Unbekannten ein mit Bleistift beschriebener Zettel zugesteckt, auf dem er las: »Empfehlung, statt einer Gebietsabtretung die volle Kontribution von 25 Millionen Gulden und Bündnis gegen das Ausland anzubieten. Dieses Billet zu vernichten, bittet ein Freund.« Nie ist ein Zweifel daran aufgetaucht, daß dieses Papier von Bismarck selbst stammte.

Über den hiernach von den bayerischen Friedensunterhändlern ausgearbeiteten Vorschlag mußte in München entschieden werden: ob Bayern bereit sei, zur Abwehr ausländischer Angriffe seine Armee jederzeit mit der preußischen zu vereinen, wobei der Oberbefehl selbstverständlich Preußen zukommen würde. Der bayerische Ministerrat, somit auf den Punkt manövriert, wo Bismarck ihn haben wollte, billigte den Vorschlag einstimmig. Doch stand die Zustimmung des Königs aus, dem es endlich gelungen war, nach Berg zu entschlüpfen. Zu ihm wurde Bomhard entsandt.

Ludwig mußte sehr wohl spüren, was der Antrag bedeutete: Die Unterstellung der bayerischen Armee unter preußisches Kommando war – da ein Staat, dessen vornehmstes Machtinstrument ihm nicht mehr allein gehorcht, nicht mehr voll souverän ist – die teilweise Mediatisierung. Dafür sollte freilich das äußere Bild des Staatsgebiets nicht verletzt werden; die Einbuße sollte weniger sichtbar sein.

Jedenfalls zögerte der König stundenlang; die gequälten Erörterungen mit Bomhard zogen sich unendlich hin. Noch einmal dachte er an französische Intervention; aber sein biederer Justizminister blitzte ihn an: »Das ganze bayerische, das deutsche Volk würde sich mit Abscheu von solcher Bundesgenossenschaft abwenden!« Worauf der König eine Gewissensfrage an ihn richtete: ob es auch nicht wegen seines Protestantismus sei, daß Bomhard so spreche?

Aber was blieb zu tun? Der Waffenstillstand lief nur noch zwei Tage. Danach hätte die entmutigte bayerische Armee allein der übermächtigen preußischen gegenübergestanden, deren Vortruppen bereits von der Rheinprovinz in die Nordspitze der Pfalz eingerückt waren. Die Zeit drängte also derart, daß Ludwig sich beugen mußte.

In Berlin, am 22. August, um Mitternacht, Minuten nur vor Ablauf des Waffenstillstandes, wurde die Unterschrift vollzogen. Sie bewirkte, daß Bayern, neben ganz geringfügigen Landabtretungen, 30 Millionen Gulden bezahlte, vor allem aber ein geheimes Schutz-und-Trutz-Bündnis schloß, durch das der Besitzstand beider Staaten garantiert und für den Kriegsfall der Oberbefehl dem König von Preußen übertragen wurde. Das Bündnis war weder befristet, noch enthielt es die übliche Phrase »ewig«; es schien also jederzeit lösbar. Auf dem Papier schuf es für beide Teile gleiche Hilfsverpflichtungen – aber es war klar, daß eine wirkliche Gleichheit nur bestanden hätte, wenn beide Staaten annähernd gleich stark gewesen wären. Tatsächlich aber haben ja, so weit die geschichtliche Erinnerung reich, Bündnisse zwischen Staaten von ungleicher Macht immer nur den Zweck gehabt, eben jenes für den Größeren günstigere Kraftverhältnis möglichst lange zu konservieren[4].

[4] Bismarck selbst hat den einseitigen Charakter dieser Allianz nie bestritten. Über ihr besonders steht sein tiefes Wort: »Was sind Verträge, wenn man muß?« Bald danach konnte auch Prinz Napoleon erzählen, er habe Bismarck gefragt, ob er den Bündnisfall anerkennen werde, wenn einmal Bayern, um Tirol zu erobern, Krieg gegen Österreich anfange, worauf Bismarck antwortete: »De droit, oui – de fait, non.«

Dennoch kehrten die bayerischen Delegierten optimistisch aus Berlin zurück. »Die Integrität des Landes«, so notierte Graf Bray, der zweite Unterhändler, »seine Unabhängigkeit, seine Machtstellung« sei »ungeschmälert«.

Im ersten Augenblick atmete auch der König auf, allein schon in der knabenhaften Freude, nun endlich den Münchner Dunstkreis wieder verlassen zu dürfen. »Ich war diesen Sommer«, schreibt er der Mutter, »so sehr in die Stadt und ans Zimmer gebannt, daß ich eine wahre Sehnsucht habe, wieder einmal einen Reitausflug ins Gebirge machen zu können.« Aber bald stellten sich doch aufs neue Momente ein, in denen der Zwanzigjährige — von materieller Einzelerfahrung unbelasteter als seine Beamten — für die drohenden Zusammenhänge um so stärkere Empfänglichkeit zu beweisen schien. Es begann schon, als der weißbärtige Onkel in Berlin plötzlich noch die Abtretung der Nürnberger Burg von seinem Neffen forderte, aus Gründen der Pietät, da ja dort einst die Hohenzollern als schlichte Burggrafen gesessen hatten. Auch nun blieb Ludwig nur die Unterwerfung übrig, so schwer sie ihm gerade hier fiel, wo sie der Kapitulation einer konkreten Festung nur allzusehr ähnelte. Doch schrieb er dem Onkel: »Nachdem der Friede zwischen uns geschlossen und eine feste und dauernde Freundschaft zwischen unseren Häusern und Staaten gegründet ist, drängt es mich, dieser auch einen äußeren symbolischen Ausdruck zu geben, indem ich E. K. M. anbiete, die ehrwürdige Burg Ihrer Ahnen zu Nürnberg gemeinsam mit mir zu besitzen.« Sehr geschickt also hatte der König die preußische Abtretungsforderung in ein bayerisches Mitbesitzungsangebot umgebogen, durch das sie nur zur Hälfte gewährt wurde.

Nicht anders im weiteren Verlauf, als alle für den Friedensschluß Verantwortlichen sich bemühten, ihn als glimpflich hinzustellen — was jeder Blick auf die Landkarte zu bestätigen schien. Für den König, für den metaphysischen Menschen, leuchtete nichtsdestoweniger jetzt schon aus allen Vernebelungen die Wahrheit hervor, daß er nun in einen nie auskämpfbaren Konflikt eintrat: zwischen seiner Verpflichtung für Bayern und seinem Wunsche, dennoch nicht zum Widersacher einer deutschen Einigung zu werden, die sich nur auf Kosten der Einzelstaaten vollziehen konnte.

Wagner hatte den König zuweilen »Ludwig der Deutsche« genannt.

Irgendeine unmittelbare Ähnlichkeit zwischen ihm und jenem Enkel Karls des Großen besteht nicht. Dennoch schwebte Wagner vielleicht doch etwas davon vor, daß ja das alte Deutschland, der Herausschnitt der Deutsch sprechenden Völker aus dem Universalreich Karls des Großen, erst unter Ludwig dem Deutschen und durch ihn vor sich ging. Und auch Ludwig II. war ja, so elementar er mit der bayerischen Staatsidee verbunden war, seinem innersten Wesen nach so sehr ein Deutscher wie kaum ein anderer seiner fürstlichen Zeitgenossen. Niemand konnte das alte Deutschland, das romantische und darum vielgestaltige – denn was ist Romantik anders als Vielgestaltigkeit und immer neue Überraschung? – heißer lieben als er, da niemand ja tiefer und ausschließlicher in ihm lebte. Man kann in ihm geradezu ein Musterbild des konservativen Deutschen süddeutschen Blutes sehen, ja, darüber hinaus die typisch deutsche Symbolfigur des Grüblers aus Beruf, den in sich zurückgezogenen kauzigen Eigenbrötler – was sich ihm durchaus mit der Sendung seines Amtes verband, die, in einer Zeit rücksichtslosen Fortschrittshungers, eine Sendung der Beharrung und des Festhaltens am Gegebenen sein mußte. Dennoch fand der große Gedanke einer Einigung der deutschen Stämme in dem König, der vor allem ja nie kleinlich war, stets einen natürlichen Widerhall.

Freilich die Einigung, die jetzt in Bismarckscher Formung heranwuchs, sah, unleugbar, befremdend aus. Sie schien getragen von zwei Kräften, die Ludwig beide als gegnerisch empfinden mußte: erstens von der parlamentarischen Demokratie, der liberalen Volksstimmung, die 1848 zwar zu realer Konstruktion unfähig gewesen war, dafür aber jetzt im zentralisierenden Machtwillen Preußens eben jene zweite, starke, verbündete Kraft gewonnen hatte. Das alte Reich der Salier und Hohenstaufen beruhte auf einem – gewiß sehr schwierig auszubalancierenden – Gleichgewicht aller Glieder der Nation, das, was jetzt heranwuchs, aber darauf, daß eine einzige Machtquelle alle anderen allmählich zum Versiegen brachte. Die alte Reichsidee war föderalistisch, die neue zentralistisch; sie wurzelte nicht im Universalismus der Kaiser, sondern letzten Endes im Absolutismus des Großen Kurfürsten von Brandenburg.

Die großen militärischen und merkantilen Leistungssteigerungen, die der Zentralismus mit Recht versprach, waren für Ludwig II. unerheblich, da das Militärische wie das Merkantile Gebiete waren, die ihm an sich schon wenig sagten. Und wenn Treitschke es jetzt unternahm, von der »sittlichen Ohnmacht des Partikularismus« zu sprechen, die sich im Mainfeldzug offenbart hätte, so blieb das ohne allen Eindruck auf den König: er gehörte nicht zu den furchtsamen Naturen, die sich Inhalt und Form ihrer Vaterlandsliebe vorschreiben lassen. Daher war er auch dem Glauben unzugänglich, daß die föderalistische Verfassungsform gegenüber der zentralistischen die mindere oder gar in einem geringeren Maße deutsch sei. Sie mochte unpraktischer sein, schwerer zu handhaben, aber eine Differenz im Ethischen konnte er nicht anerkennen. Ein der Geschichte würdiger Fortbestand seiner Dynastie und seines Landes schien ihm daher in der Gegenwart ebensowenig unvereinbar mit Größe und Blüte Deutschlands wie in der Vergangenheit, und auch dem deutschen Neubau müßten sich, so meinte er, Formen geben lassen, in denen Bayern erhalten blieb. Hier sah er wie einen Kompaß die Aufgabe seines Schicksals aufgerichtet und hatte doch wohl auch schon die Ahnung ihrer Unlösbarkeit.

Als es Herbst zu werden begann, erfuhr er, Gustav von Lerchenfeld, bayerischer Minister im großdeutschen Frühling von 1848, später Begründer und Führer des Deutschen Reformvereins, des Vorkämpfers der großdeutschen Idee im Süden, sei beim Klettern im Höhlengebiet des Untersberges zu Tode gestürzt — dort also, wo, nach uralter Sage, Kaiser Karl der Große wohnt und auf den neuen Tag des alten Reichs wartet. Wie die Nachricht den symbolempfindlichen jungen König traf, ist nicht schwer nachzufühlen.

IX

AUSWEGE, DIE SICH VERSCHLIESSEN

In einer Truppenschau vor den Wällen der alten Landesfestung Ingolstadt war Prinz Carl bei strömendem Regen, blaß und gebückt, die regungslos präsentierenden Regimenter entlanggeritten. Damit war Bayerns letzter Krieg beendet.

Für den jungen König war es freilich nun erst, als erwache er nach einer Sintflut: in einer von den abströmenden Wassern geschaffenen Landschaft, zwischen deren Hügeln und Schluchten er sich nicht zurechtfand. Eine neue Welt starrte ihn an, bedrohte ihn, der ja einer ganz anderen, nun vom Unwetter fortgespülten angehörte, mit Vereinsamung und Öde.

Aber noch war er zu jung, zu warmblütig, um zu resignieren. Nein, jene neue Welt mochte sein, wie sie wollte, es war dennoch, so sagte sein gesunder Lebensdrang dem Zwanzigjährigen, die einzige, die er hatte. Ein Anlauf mußte genommen, ein Absprung gefunden werden in sie hinein. So ist das Jahr nach dem Friedensschluß angefüllt mit Versuchen Ludwigs, den neuen Sachlagen gerecht zu werden. Es sind das, genauer gesagt, zuvörderst seine große Reise in die kriegsverheerten fränkischen Gebiete, zweitens die Ernennung des von der Zeitbestimmung emporgetragenen Fürsten Hohenlohe zum Ministerpräsidenten, endlich seine eigene Verlobung, der denkbar entscheidendste Schritt also aus der individuellen Vereinsamung ins Mitmenschliche. Es sind drei Fluchtversuche — Versuche, nicht, wie es seiner eigentlichen Natur und Neigung entspräche, vor der Welt zu sich zu fliehen, sondern vor sich selbst in die Welt. Darum aber entgleiten ihm alle drei Unternehmungen und enden tatsächlich im Mißerfolg.

*

Die Frankenreise führte ihn von Mitte November bis Mitte Dezember durch Gebiete, in deren protestantischen Teilen während des Krieges mit den preußischen Truppen fraternisiert worden war. Eben deshalb versprach sich Pfordten von der glänzenden Erscheinung der Majestät günstige Gegenwirkungen. Ludwig selbst unternahm die Reise, damit, wie er Wagner schreibt, »mein Volk erfährt, wie ich bin, daß es seinen Fürsten endlich kennenzulernen beginnt«.

Die Königsreise, über Bayreuth, Bamberg, Kissingen, Aschaffenburg, Würzburg führend und auf der Nürnberger Burg endend, in fast mittelalterlichem Stil mit einem Gefolge von hundertneunzehn Köpfen sehr zeremoniös durchgeführt und eben deshalb auch wieder nach dem Sinne Ludwigs, wurde ein ungeahnt großer Erfolg. Wohin sein Weg ihn auch führte, zwischen den winterlich entlaubten Rebenhügeln Unterfrankens nicht anders als in der armen, sandigen, von windschiefen Kiefern bestandenen Nürnberger Gegend – alle diese altdeutschen Städte, die, mit ihren eigenen ehrwürdigen Vergangenheiten beladen, vor knapp sechzig Jahren erst, noch dazu auf fragwürdige Art, dem bayerischen Staat einverleibt worden waren, sie empfingen ihn mit den ehrlichsten Gefühlen. Schon wenn er aus den Bahnhöfen trat, schlank und hochgewachsen, im Stahlgrün der Königs-Chevaulegers, das bräunlich blasse, lächelnde Gesicht wie aus einem antiken Fries, umringte, umrauschte, umschmiegte ihn die Menge, sich selbst dabei immer mehr in Taumel steigernd. Nicht wie ein soeben erst geschlagener Oberster Kriegsherr, wie ein Triumphator hielt er seinen Einzug in diesen kriegsverbitterten, vom Abfall bedrohten Provinzen. Er besuchte die zerschossenen Dörfer und vergaß keines. In den Lazaretten verteilte er Uhren und Dukaten. Er ging über alle Schlachtfelder des Sommers und schmückte die jetzt von Schnee bedeckten Soldatengräber; und zuweilen griff ihn ein solcher Gang so an, daß er abends nicht mehr zum Vorschein kam. An den Fahnen der Garnisonen befestigte er die Feldzugsabzeichen. Er zeigte sich viel auf den Straßen, auf Balkons bei Fackelzug und Ständchen und in Opernlogen. An Ballabenden hielt er stundenlang tanzend die Töchter seiner Bürger, dieser biederen Fortschrittswähler und mittleren Industriellen, im Arm, erglühende Mädchen, die sich verschämt und halb nur an den roten Brusteinsatz seiner grünen Galauniform schmiegten. Einmal erkältete er sich, mußte Empfänge absagen und war blaß und hüstelte, als er wieder erschien; aber man fand ihn deswegen womöglich noch begeisternder. Dann wieder ritt er unangemeldet, mit nur einem Adjutanten, von Nürnberg in die Fabrikstadt Fürth hinüber, mitten unter die dunklen Ströme der heimkehrenden Arbeiterschaft. Er spielte, wie manchmal schon, mit dem Gedanken, Nürnberg, statt Münchens, zur Residenz zu machen, und die Nürnberger wußten sich vor Freude kaum zu fassen. Der ernste Onkel Luitpold schrieb an Ludwig I., überall sei der König »mit Jubel aufgenommen worden ... Möge es dauernd sein«, setzte er ahnungsvoll hinzu.

Denn da Ludwig die Erfolge der Frankenreise nie ausbeutete, vor allem weil er nie dergleichen wiederholte, verloren sie sich allmählich wieder, und alle seine Selbstüberwindung war umsonst gewesen.

*

Auch Wagner gegenüber zeigte sich Ludwig zugänglicher als bisher; vor allem dieser ferne Freund schien ihm Exponent der Zeitströmung, von der er sich nun nicht mehr abschließen wollte. Hiermit hing offenbar zusammen, daß er sich auch von den Beamten seines Kabinetts trennte: im August trat Hoffmann zurück und im Oktober Pfistermeister. Wagner schien an dem Ziel, das seine Briefe seit Monaten in ununterbrochenem Sturmlauf verfolgt hatten[1]. Eben aber diesen Eindruck wollte Ludwig doch wieder nicht aufkommen lassen, weshalb er Pfistermeister in den erblichen Adelsstand erhob.

Sein scheinbar so wechselvolles Verhalten in dieser Zeit entspringt immer wieder dem Wunsche nach Übereinstimmung mit dem Üblichen, nach Anpassung an die Zeitströmung, die sich allerdings auch ihrerseits zu wandeln begann. Die mächtige Werbekraft des preußischen Erfolges, das verblüffende Versagen Österreichs wirkte dahin, daß, wie die noch von Görres gegründeten »Historisch-Politischen Blätter« bereits im August schrieben, viele, die eben noch Preußen nicht genug schmähen konnten, jetzt bereits »Bismarck an die Stelle der Vorsehung« setzten. Besonders die Jugend, wie überall am ehesten des Bestehenden überdrüs-

[1] Am 5. September beispielsweise schrieb Wagner an den König: »Zur Bestellung eines neuen Kabinettssekretariats konnten Sie sich nicht entschließen ... Nun sah ich, wie es stand, und in meiner Seele dämmerte es auf: – ›Er liebt dich – nicht!‹ ... Alles, alles – nur nicht ohne Pfistermeister und Hofmann! Lieber entsagen Sie der Krone, als für diese Jammermänner ein paar tüchtige, anständige, Ihnen wohlempfohlene Menschen sich zu nehmen ...«

sig, ging zur kommenden Macht über[2], als welche ihr nun einmal der nationale Liberalismus erscheinen mußte. Und während Bismarck jetzt in Preußen die ihm so feindlichen Liberalen für sich gewann und den jahrelang hingeschleppten Militärkonflikt beendete, gelang ihm ähnliches sogar auch in Bayern: Die Fortschrittspartei, für die Preußen bisher nur verabscheuenswürdiges Junkertum gewesen war, meinte jetzt im Norddeutschen Bund eine Ära des sieghaften Parlamentarismus anbrechen zu sehen; sie beeilte sich, in der bayerischen Abgeordnetenkammer alsbald einen »engeren Anschluß an Preußen« zu beantragen[3]; und fand tatsächlich dafür eine große Mehrheit. Das bayerische Oberhaus, die Reichsratskammer, freilich war standhafter. Obwohl hier Fürst Hohenlohe schwungvoll für den Antrag eintrat, gewann er nur vier Stimmen, indes die Mehrheit aussprach, wenn auch »die Gewalt jetzt über das Recht gesiegt« habe, wollten die Reichsräte doch nicht »götzendienerisch die Knie vor dem Erfolg beugen«.
Merkwürdig aber — der von seinem Standesgenossen so gründlich abgelehnte Hohenlohe tritt nichtsdestominder jetzt immer weiter in den Vordergrund, um schließlich am Jahresende von König Ludwig zum Nachfolger von der Pfordtens gemacht zu werden. Ein fast unwahrscheinlicher Vorgang: Er, der es gewagt hatte, sich öffentlich gegen Bayerns Selbständigkeit auszusprechen, zum Ministerpräsidenten gemacht von einem König, dessen ganze Existenz von eben jener Selbständigkeit abhing! Erklärbar ist das Rätsel nur aus der fieberischen Vereinsamungsangst, die den König damals ergriffen hatte, und seinen fast schon besessenen Anschlußversuchen an das vermeintliche Zeitgemäße. Hier wirkte auch auf ihn die sehr geschickte Agitation der Fortschrittspartei, die in Hohenlohe einen der ihrigen sah und es immer wieder fertigbrachte, gewaltig überschätzt, ja für die eigentliche Partei

[2] In einem Brief Döllingers vom 28. Juli schon hieß es, er höre, »daß die jüngeren Offiziere unsres Heeres voll Bewunderung für die preußische Superiorität; ... der Wunsch, einem so mächtigen und wohlgerüsteten, allen andern Mächten furchtbaren Reiche anzugehören, wird besonders in der jüngeren Generation sich immer lauter kundgeben«.

[3] Der Antrag begann: »Der König wolle geruhen, dahin zu wirken, daß durch einen engeren Anschluß an Preußen der Weg betreten werde, welcher zur Zeit allein dem angestrebten Ziele entgegenführen könne, Deutschland unter Mitwirkung eines frei gewählten und mit den erforderlichen Befugnissen ausgestatteten Parlaments zu einigen...«

der Zeit und Zukunft gehalten zu werden. Vor allem aber stand Ludwig dabei unter dem Einfluß Wagners, der, um seinen Feind Pfordten zu stürzen, unermüdlich Hohenlohe pries. Und endlich nahm auch Holnstein, sobald er gewahrte, daß der König sich Hohenlohe zuneigte, für das neue Gestirn Partei[4]. Hohenlohe selbst, dem es nicht behagte, von Wagner protegiert zu werden – in seinem Tagebuch notiert er schon am 3. November 1866: »Ein Wagnerministerium zu bilden, dazu habe ich aber keine Lust« –, hat diese Protektion immer abgestritten, mit Unrecht, wie Wagners Briefe an Ludwig ergeben. Wagner kannte zwar den Fürsten persönlich ebensowenig wie den von ihm im Vorjahr nicht minder heftig empfohlenen Neumayr. Doch ebenso wie es ihm damals weniger auf diese Ernennung als auf die Entfernung Pfistermeisters ankam, wollte er jetzt Pfordten durch Hohenlohe stürzen[5]. Die mächtigste praktische Kraft des Spieles freilich war Holnstein. Sobald dieser Oberstallmeister, am Hofe der »Roßober« genannt, mit seiner staunenswerten Witterung nur erst einmal die kommenden Konjunkturen erfaßt hatte, machte er sich mit seiner ganzen Ellenbogenkraft an die Vermittlung zwischen Hohenlohe und Ludwig.

Vorerst freilich war Pfordten noch Minister, und wer immer an Altbayern und Großdeutschland festhalten wollte, hielt zu ihm. Doch der König vernachlässigte ihn schon seit dem September, empfing ihn kaum noch und ließ ihn seine Unbeliebtheit spüren. Am 20. Oktober schrieb er an Cosima: »Mit Pfordten kann es unmöglich so fortgehen; ich denke nun ernstlich an den Fürsten Hohenlohe.«[6] Ludwig könne ihn »nicht

[4] Der preußische Gesandte Prinz Reuß nennt als die gegen Pfordten intrigierenden »Akteurs« Taxis, Holnstein und Wagner.

[5] In den Briefen Wagners an Ludwig heißt Pfordten etwa schon am 8. Januar 1866 »eine nichtige, lächerliche Creatur« Pfistermeisters; später wird ihm »Untätigkeit«, »Eitelkeit« und immer wieder »Verrat« vorgeworfen; dafür, daß Preußen den Mitbesitz der Nürnberger Burg erhalten habe, müsse Pfordten »mit Schmach bestraft« werden. Hohenlohe aber ist für Wagner ein »vornehmer, unabhängiger, ernstgebildeter, liberaler Mann«, »von hohem Stand und fürstlich freier Haltung«. »Halten Sie getrost jeden für Ihren Feind, der Ihnen gegen die Berufung des Fürsten Hohenlohe spricht.«

[6] Wenige Tage später berichtet Reuß an Bismarck: »Sucht man den Grund dieser königlichen Ungnade, welche den Minister bedroht, so kommt man immer auf Richard Wagner... Er weiß, daß von der Pfordten seine Entfernung bewirkt hat, und hat nunmehr den unglaublichen Einfluß, den er auf den jungen König auszuüben versteht, dazu benützt, seinerseits Pfordtens Stellung zu unterminieren.«

ausstehen«, sagte Pfordten selbst zum badischen Gesandten, und zum preußischen, sein Rücktritt sei aus politischen Gründen nicht motiviert; doch könne ihm der König die Episode Wagner nicht vergeben. Allmählich wußte auch alle Welt, daß hinter Pfordtens Rücken schon mit Hohenlohe verhandelt wurde.

Im November trat zwar von Rom aus Ludwig I. für den Gefährdeten ein. »Ich beschwöre Dich, diese Änderungen zu unterlassen«, schrieb er dem königlichen Enkel, »Hohenlohes Gesinnung ist preußisch, nicht bayerisch ... Demagogen können auch Höflinge abgeben, wenn sie hoffen, hierdurch ihren Zweck zu erreichen.« Und weiter: »In unseren Tagen sind monarchisch gesinnte Minister kostbar, entferne sie nicht von ihren Stellen ... Verhüte, daß es nicht in der Geschichte heißt: Ludwig II. grub das Grab der bayerischen Monarchie.«

Doch der Enkel versperrte sich jetzt durchaus gegen die Herrschererfahrung des Großvaters. Gerade in der Vereinsamungsangst, in der er war, mußte ihm der Alte als Inbegriff der überholten Zeit erscheinen, von der er sich um jeden Preis trennen wollte. Und übrigens, hatte nicht besonders reichlich Ludwig I. als König dazu beigetragen, eine Notlage herbeizuführen, in der man jetzt vom »Grab der bayerischen Monarchie« reden konnte? So antwortete er ihm lange nicht. Erst im Januar des nächsten Jahres raffte er sich zu einem Brief auf, den langwierige und vom schlechten Gewissen umdunkelte Ausflüchte erfüllen und der geschrieben wurde, als in München alles schon vorbei und am Ministerium Hohenlohe nichts mehr zu ändern war.

Denn in den letzten Tagen des Jahres 1866 hatte der König sich entschlossen – wenn auch wahrscheinlich mit bebenden Nerven –, den heimlich immer noch respektierten und gefürchteten Pfordten durch einen halben Gewaltstreich zu entfernen. Obwohl er genau wußte, wie grundsätzlich Pfordtens Feindschaft gegen Wagner war, schickte er zu ihm: er solle sich darüber äußern, ob er etwas dagegen habe, wenn Wagner »seinerzeit« nach München zurückkomme. In Pfordten aber brach nun der seit Monaten aufgespeicherte Groll im Gegenangriff hervor: nicht nur, daß er die Forderung des Königs nicht erfüllte, er stellte selbst die seinige auf: »Ich halte Richard Wagner«, so erklärte er, »für den schlechtesten Menschen unter der Sonne, der den jungen König an Leib und Seele verderben würde. Aus diesem Grunde kann ich nur bleiben, wenn Seine Majestät versprechen, ganz und gar von Wagner abzulassen.«

Das war selbstverständlich für Ludwig mehr als genug. Pfordten fiel, Hohenlohe wurde sein Nachfolger.

*

Chlodwig Fürst Hohenlohe entstammte einer uralten, 1806 erst mediatisierten, bis dahin reichsunmittelbaren, den Wittelsbachern also gleichstehenden Familie. Eben deshalb hielt er es, selbstverständlicherweise, für kein Unglück, wenn die bayerische Dynastie das Schicksal der seinigen teilte. Überdies war er nicht geborener Bayer, sondern nur durch ererbten Grundbesitz zufällig in den bayerischen Staatsverband hineingeraten. Und seine rationalistische Sinnesart sah eine natürliche Entwicklung darin, wenn ebenso wie um 1800 die kleinen deutschen Souveräne in den Mittelstaaten aufgingen, diese nunmehr im preußischen Großstaat verschwänden. In seinem Tagebuch bemerkte er (1872), er würde über die Mediatisierung Bayerns »froh sein«.

Daß er trotzdem jetzt mit dem Ministerium die Verantwortung für die Existenz eines Staates übernahm, dem er eine Existenzberechtigung nicht mehr zuerkannte, ist wohl nur mit dem brennenden Ehrgeiz erklärbar, der den zarten, kleinen, brünetten Mann mit der wolkigen Stirn und dem grüblerischen Blick von jeher schon verzehrte – ein Ehrgeiz, hinter dessen Dimensionen die seiner staatsmännischen Talente weit zurückblieben[7]. An welcher Stelle und zu welchen Zielen er sie betätigte, war ihm eben deshalb nie allzu wichtig. So hatte er sich etwa 1849 als Reichsgesandter des Frankfurter Parlaments an die Höfe von Toskana und Griechenland entsenden lassen und sich bald darauf in einer Rede im bayerischen Reichsrat für einen Zentralstaat unter preußischer Führung bekannt, wodurch er in Bayern für lange unmöglich wurde. 1859 aber, als er in die bayerische Diplomatie eintreten wollte, erklärte er sich Maximilian II. gegenüber bereit, »den bayerischen Namen würdig zu vertreten und die bayerische Fahne mit Energie und

[7] Hohenlohe ist bekanntlich sehr alt geworden und hat in verschiedensten Ämtern mit viel Eifer gewirkt – als deutscher Botschafter in Paris, Statthalter von Elsaß-Lothringen, endlich als Reichskanzler – ohne aber jemals mehr als Mittelmäßiges zu leisten.

Entschiedenheit aufzupflanzen«. Dem mißtrauischen König genügte das freilich nicht, um jene Reichsratsrede auszulöschen.

Als dem Fürsten nun Maximilians junger, mangelhaft beratener Sohn das Ministeramt anbot, hat er wahrscheinlich alle Bedenken sofort fahren lassen. Denn er war nun in die Mitte der vierziger Jahre gelangt und ahnte vielleicht doch — obschon er inzwischen keine Gelegenheit versäumt hatte, auf sich aufmerksam zu machen —, daß diese Chance die letzte seines Lebens sein könnte. So wurde er Nachfolger von der Pfordtens, zu dem er einen Kontrast bildet, wie er vollkommener kaum vorstellbar ist.

Während in Pfordten elementar der politische Drang lebte, dahin zu wirken, daß Bestimmtes geschähe, kam es Hohenlohe vor allem darauf an, daß durch *ihn* etwas geschähe. Was bei Pfordten ohne weiteres Produkt eines echten politischen Temperaments war, mußte bei Hohenlohe eine oft mühevolle Berechnung hervorbringen. So sorgsam stilisiert und kulturvoll die Reden des äußerst gebildeten Fürsten waren, so hilflos war er in freier Debatte, wo wiederum Pfordten brillierte. Und wäh40ren dieser die Linie, die er für richtig hielt, herrisch und rücksichtslos verfolgte und auf möglichst formulierte Klarheit drang, liebte Hohenlohe Verschleierungen und war leicht zu nachgiebigen Nebenwegen bereit. Während Pfordten an den alten Ordnungskräften des menschlichen Zusammenlebens festhielt, fühlte Hohenlohe sich als Bürger einer revolutionären Zeit, in der alles ins Schmelzen und Fließen geriet, die überkommenen Werteskalen nicht ausgenommen. Darum, während Pfordten, ein echter Konservativer, immer soweit Optimist blieb, um das Lebensrecht Bayerns in einem großdeutschen Föderalismus nie zu bezweifeln, glaubte die müde Skepsis Hohenlohes nur an die Tatsächlichkeit der preußischen Übermacht. Sein vor der Veröffentlichung endlos umredigiertes Regierungsprogramm sah daher zwar noch die Erhaltung der bayerischen Selbständigkeit vor, gleichzeitig aber schon engste Anlehnung an den Norddeutschen Bund — zwei Ziele, die einander ausschlossen. In Wirklichkeit hielt er nur noch ein Aufgehen Bayerns in einem kleindeutschen Einheitsreich für möglich.

Als der König sich endlich für Hohenlohe entschied, hatten sicherlich auch die gedämpften und dabei doch selbstgewissen Umgangsformen des Fürsten auf ihn eingewirkt: Zu diesem Spätling aus uradligem Geschlecht werde er, so meinte er, der Feudale zum Feudalen, von vornherein ein vertrauensvolleres Verhältnis gewinnen als zu den tief in bürgerlich-bürokratischer Lebenssphäre steckenden Pfordten und Pfistermeister. Doch auch das war trügerische Gaukelei seiner mittelalterlichen Instinkte. Denn wo den König von Pfordten immer nur höchstens methodische Gegensätze getrennt hatten, nie grundsätzliche Differenzen, klafften zwischen Ludwig und Hohenlohe Abgründe: Während der König seine ganze persönliche, moralische und politische Existenz auf die Kräfte der Erhaltung hätte stützen müssen, stand Hohenlohe ganz auf der Seite der immer stärkeren Zeitströmung der liberal-nationalen Revolution, des immer rascheren Zerfalls der konservativen Mächte Altdeutschlands. Ludwigs wirkliche Interessen konnten also in der Tat nirgends schlechter gewahrt sein als bei Hohenlohe, dem für das historische Kontinuum Bayerns jedes Gefühl fehlte. Gewiß kann man dem Fürsten keinerlei Vorwurf daraus machen. Wie er sich allerdings innerlich damit abfand, den jungen, vertrauensseligen Monarchen niemals auf diese grundlegenden Irrtümer ihrer Zusammenarbeit hingewiesen zu haben, ist sein Geheimnis geblieben[8].

Doch enttäuschte Hohenlohe den König rasch. Denn nur allzubald zeigte sich, daß er mit seinen zentralistischen Gedankengängen in beiden Kammern fast immer abgelehnt wurde, daß seine Ernennung also keineswegs zur Annäherung des Königs an Zeit und Volk beigetragen hatte. Vielmehr hatte Hohenlohe, als er seine Karten aufdecken mußte, niemanden hinter sich als eben die Fortschrittspartei, durch deren unechte Propagandakraft er vielleicht ebenso getäuscht worden war wie der König selbst. Trotzdem aber mußte Hohenlohe, um sich den Beistand wenigstens der Fortschrittler noch zu erhalten, ihnen immer neue Konzessionen machen, wodurch er sich das ganze übrige Bayern, also Bauern, Klerikale, Adel, nur immer hoffnungsloser entfremdete.

Und nicht einmal die Rückberufung Wagners, die der König vor allem von ihm erwartet hatte, vermochte Hohenlohe herbeizuführen. Zwar hatte er in den ersten Tagen seiner Tätigkeit schon seinen Hausarzt Schanzenbach nach Triebschen entsendet, um sich des Beistandes

[8] Ludwig durchschaute Hohenlohe übrigens rasch. Schon im März 1867, also erst wenige Monate nach dem Amtsantritt des Fürsten, nannte er ihn, Bomhard gegenüber, »ein Filou«.

Wagners zu versichern, aber sobald er sich dann erst selbst fest im Amte sitzen fühlte, widerriet er dennoch energisch die Rückkehr seines gefährlichen Verbündeten — fürs erste wenigstens.

So verlor Ludwig alsbald das Interesse an seinem neuen Minister. Im September 1867 bereits mußte Hohenlohe, Liszt gegenüber, gestehen, er habe seit mehreren Monaten nicht mehr die Ehre gehabt, sich dem König zu nähern.

Tatsächlich ist auch die Ära Hohenlohe — abgesehen von den Anfängen einer nicht umstrittenen sozialen Gesetzgebung — arm an Erfolgen und historisch leer geblieben. Doch paßt die in ihren Umrissen unsicher schwankende, unpräzise, ja, ein wenig gespenstische Figur des kleinen Fürsten nicht schlecht in die Untergangsstimmung, die das nunmehr beginnende Versinken des alten bayerischen Staates umwittert. Fast hat Hohenlohe etwas von Charon, der, zur letzten Überfahrt bereit, im Nachen steht.

X

SOPHIE UND LILA

Den offenkundigsten Mißerfolg aber erlitt der König mit seinem dritten Fluchtversuch in die Wirklichkeit, seiner Verlobung.

Ende Januar 1867 wurde bekanntgegeben, er habe sich mit der jüngsten Tochter des Herzogs Max, Sophie, einer Schwester also der Kaiserin Elisabeth, verlobt. Die Braut, zwei Jahre jünger als Ludwig, war als sehr anmutiges Mädchen bekannt, obgleich Elisabeth, mit der hohen Gestalt, den strahlenden Augen und der Fülle kastanienbraunen Haares gegenüber der eher zierlichen und schmiegsamen Sophie immer die Imposantere blieb. Sehr gerühmt wurde jedoch das reiche, blonde, leise silbern schimmernde Haar Sophies, das sie in Zöpfen aufgeflochten trug, und die Eigenart ihrer hellgrauen Augen unter dunklen Wimpern. Ihr Blick scheint auf Bildern sanft und etwas abwesend[1].

Das alte Bayern vernahm die Verlobungskunde mit erleichtertem Aufatmen. Ein König ohne Königin war diesem urtümlichen Lande bisher ein ebenso unbehaglicher, ja unnatürlicher Gedanke gewesen, wie ein Großbauer ohne Bäuerin. Darüber hinaus aber war man jetzt auch insofern beruhigt, als über die Beziehungen Ludwigs zu den Frauen bis jetzt immer nur nebelhafte, schwer faßliche Gerüchte umgelaufen waren.

Es handelte sich dabei wohl meistens darum, daß er sich von seiner gleichaltrigen Leutnantsumgebung zuweilen zu Formen eines Lebensgenusses aneifern ließ, wie sie unter diesen jugendlich läßlichen und vermögenden Herren die gewöhnlichen waren, der scheuen, empfindlichen und vielfach gehemmten Natur des Königs aber gar nicht entsprachen. Seine Ausflüge in diese Gebiete der Allgemeinheit scheinen daher nicht selten absonderliche, ja leise komische Abschlüsse gefunden zu haben.

Immerhin steht fest, daß er ungefähr seit dem Mai 1866 zu der Hofschauspielerin Lila von Bulyowsky in Beziehungen stand, die zeitweise recht enge gewesen sein müssen.

[1] Nur der überkritische badische Gesandte von Mohl wollte auf ihrem Gesicht »einen Zug von Härte und Kälte« finden.

„Nachdem ihm Richard lange vorgeleiert,
Ist der Bulyowsky endlich es gelungen,
Daß sie das rechte Lied ihm hat gesungen" –

so begann ein damals in München von Mund zu Mund verbreitetes Poem.

Frau von Bulyowsky, eine Ungarin, die nie ganz richtig Deutsch erlernte, war eine hübsche, zierliche, brünette Person, geistreich, mondän, durchaus nicht prüde und als Schauspielerin sehr begabt. Ihre Glanzrolle war die der Maria Stuart, und in ihr hatte sie den König so zu ergreifen vermocht, daß er nachts nach der Vorstellung noch die Allerheiligenhofkirche aufschließen ließ, um für das Seelenheil der schönen Hingerichteten zu beten. Auch begannen seine persönlichen Beziehungen zu der Schauspielerin damit, daß er ein »Aquarell der Maria Stuart, von Frau von Bulyowsky dargestellt«, bei dem Hofmaler Heigel bestellte.

Der Bulyowsky ist, verständlicherweise, viel Niederträchtiges nachgesagt worden. Aber es ist so gut wie sicher, daß die damals Achtundzwanzigjährige, wäre sie eine entschlossenere und skrupellosere Frau gewesen, den acht Jahre jüngeren König leicht und lange Zeit für sich hätte gewinnen können – daß sie aber diese Frau nicht war. Ihre Porträts zeigen gewisse Züge, die wie eine Art phlegmatischer Mißvergnügtheit aussehen – die freilich in der Realität, im Gegensatz zu ihrer graziösen Gesamterscheinung, ebenso anziehend gewirkt haben könnten wie ihr überraschend tiefes Organ. Bestimmt jedoch, daß ihre solide und etwas hausbackene Verständigkeit sich jener Vermischung von romantischer Poesie, Bühne und Wirklichkeit entschlossen widersetzte, mit der der König auch sie nach seiner Weise zu umgeben begann, sobald er sich ihr näherte: indem er etwa seine Briefe an sie mit »Mortimer« unterzeichnete und sie, wenn sie ihn auf seinen Schlössern besuchte, mit unendlichen Rezitationen klassischer Rollen aus seinem fabelhaften Gedächtnis behelligte. Auch ist die Rede von einem Altärchen auf seinem Nachttisch, das ihr Bild als Maria Stuart enthalten hätte.

In dieser ihrer rationalistischen Wachheit begriff Lila wohl auch allzulange nicht, daß der König bei ihr ursprünglich nicht viel mehr suchte, als jemanden, der ihm von Zeit zu Zeit mit weicher, guter Hand über das schön frisierte Haar gestrichen hätte. Und als er ihr endlich gestand, nie habe ihm eine Frau gehört, oft aber bedecke er nachts, Lilas gedenkend, seine Polster mit Küssen, und sich darauf an ihre schöne Schulter gleiten ließ, da brachte sie es fertig, den Kopf des jungen Adonis ungerührt und ohne jede Antwort auf die Seite zu legen[2]. Man will auch wissen, daß sie des öfteren, in plötzlicher Sprödigkeit, vor dem König durch die Gemächer von Hohenschwangau floh, an den überlebensgroßen, ernsten und langbärtigen Rittern der maximilianischen Wandfresken vorbei, die auf derartige Szenen gewiß noch nie herabgesehen hatten. Aber sie hatte, wie sie später selbst angedeutet hat, eine unüberwindliche Scheu davor, dem jungen König auf eine vielleicht allzu unmittelbare und undelikate Weise aus dem Gefängnis der eigenen Majestät herauszuhelfen.

Was sie trotzdem immer wieder zu ihm trieb, war, neben dem Rollenhunger der ehrgeizigen Schauspielerin, eine doch wohl echte Neigung zu dem schönen, einsamen Menschen und zuweilen auch der Gedanke an eine mögliche Ehe zur linken Hand, wie sie an den damaligen deutschen Höfen, gerade mit Schauspielerinnen, nicht selten waren. Nur fehlte ihr, um dergleichen durchzusetzen, durchaus der dazu nötige konsequente und rücksichtslose Profitgeist.

Unter vielfachsten Schwankungen also hat diese seltsame Verbindung trotzdem bis 1872 gedauert, sechs ganze Jahre hindurch; Zeiten des Vertrauens beider Partner zueinander wechselten mit anderen, in denen Ludwig sich von dem Bühnenehrgeiz und der kleinlichen Rollenhamsterei Lilas aufs heftigste abgestoßen fühlte oder in denen sie es höchst übel vermerkte, daß sie bei Promenaden auf der regennassen Roseninsel ihre Garderobe ruinierte (denn die Etikette verbot ihr, solange sie am Arm des Königs ging, die Schleppe zu raffen) und daß dann »kein Mensch sie fragte, was die Fahrt sie gekostet hatte«.

Auch während seiner Verlobungszeit fühlte der König sich nicht verpflichtet, auf die Gesellschaft Lilas zu verzichten; er empfing ihre Besuche auf der Roseninsel auch an Tagen, an denen er seine Braut traf, über die er sich dann bei der Schauspielerin beklagte. Nach ihrem Weg-

[2] Böhm, 426 – nach eigenen Erzählungen der Frau von Bulyowsky.

gang von München, den schließlich die Königinmutter erzwang, hat die Bulyowsky bei Ludwig keine Nachfolgerin gefunden.

Allerdings — auch seine Verlobung war ja auf ungewöhnliche Art zustande gekommen. Und obgleich die Berichte hierüber widerspruchsvoll sind, so dürfte doch sicher sein, daß, eher noch als Lila von Bulyowsky, die trotz ihrer Jugend schon erstaunlich beherrschte Prinzessin Sophie etwas von dem entschlossenen Zugreifen bewährte, zu dem jene nicht imstande war. Der ererbte Machtdrang der Herrscherfamilie der Wittelsbacher, der ja auch sie angehörte, scheint sie mit einer instinktiven, zielstrebigen Diplomatie begabt zu haben. Jedenfalls besagen verschiedene zeitgenössische Berichte, daß die Initiative zu der Verlobung, teilweise mindestens, von Sophie ausging, daß sie Ludwig etwa — nach Döllinger — wissen ließ, er möge sie gegen ihre Mutter schützen, die sie zu einer Heirat gegen ihre Neigung zwingen wolle, und wie unglücklich es sie mache, daß er sich nicht entschieden erkläre; endlich soll sie sich, als sie ihn auf der Straße traf, »sehr tief und steif verneigt« haben, was dann den Ausschlag gab. Und warum sollte auch die Neigung der Prinzessin zu dem umschwärmten Vetter geringer gewesen sein als die der zahllosen Damen und Mädchen, die mit ihren Liebesbriefen immer noch tagtäglich den königlichen Papierkorb anfüllten? Um so mehr, als sie ja, anders als alle jene Anonymen, ihrer Herkunft nach die Möglichkeit hatte, Königin von Bayern zu werden.

Seit langem schon teilte sie die Wagnerbegeisterung des Königs, und obwohl sie kaum musikalisch und ihre Stimme klein war, studierte sie für ihn die Partien der Elisabeth, Elsa und Senta ein; sie korrespondierte mit ihm viel über Wagner, aber verstand auch ausgezeichnet, sich seinem Erlesenheitsgefühl und Einsamkeitsbedürfnis anzupassen. So schreibt Ludwig schließlich am 5. Januar an Cosima: »Sophie ist eine treue, teilnehmende Seele voll Geist; ihr Los hat eine gewisse Ähnlichkeit mit dem meinigen.« Und so wie sich in seinen Briefen an Lila das geliebte Theater gemengt hatte, indem er sie als »Mortimer« unterschrieb, so zeichnete er die an Sophie nun als »Heinrich« und redete sie selbst als »Elsa« an.

Der Vermittlung dieses Briefwechsels zwischen den beiden jungen Verwandten hatte sich übrigens Graf Holnstein bemächtigt, der an diesem Hofe unfehlbar immer dort auftaucht, wo Entwicklungen beginnen, die Zukunft zu haben scheinen. Auch der Bulyowsky hatte er, wie diese selbst wenigstens behauptet, etwa gleichzeitig eine Allianz angeboten, die sie jedoch abgelehnt haben will.

Jedenfalls hat der König sich schließlich, wenn auch mit einer gewissen Gewalttätigkeit, in das Wagnis der Verlobung gestürzt. Am Morgen des 22. Januar 1867, nach einem Ball im »Museum«, an dem Sophie, sehr reizvoll anzuschauen, teilgenommen hatte, erschien der König noch bei Dunkelheit bei seiner Mutter, um sie zu bitten, seine »Werberin« zu sein. Freudig gerührt, war die gute Frau sofort dazu bereit, so daß er bereits um neun Uhr sich selbst von seiner Braut das so plötzlich erbetene Ja holen konnte. Bei der Hoftafel proklamierte er, für die meisten Anwesenden unerwartet und selbst in großer Erregung, die Verlobung. Abends im Theater aber holte er, gemeinsam mit der Königinmutter, die Braut aus der herzoglichen Loge in die des Königshauses. Hier trat Sophie an seinem Arm ein, verneigte sich und nahm zwischen Mutter und Sohn Platz. Die Allegorie war unmißverständlich.

Bayern nahm die Verlobung nicht ganz ohne ein wenig Nörgelei darüber auf, daß die Braut nicht aus regierendem Hause sei und also keine politische Mitgift bringe. Doch besagte das nichts gegenüber der allgemeinen hohen Befriedigung, die der Entschluß Ludwigs verbreitete. Bilder und Medaillen, die die beiden schönen jungen Köpfe zeigten, wurden den Händlern überall aus den Händen gerissen. Herzklopfend sprach man von dem prachtüberladenen Hochzeitswagen, den der König bestellt hatte und der über eine Million kostete, und von den acht Rappen des Zweibrücker Gestüts, die für ihn bereits eingefahren wurden. Von Wien entlieh man das Trauungs-Zeremonial. Und während der Hofstaat der jungen Königin schon zusammengestellt wurde, richtete man die Gartenzimmer der Residenz mit Tapeten nach der »Lohengrin«-Inszenierung für sie her.

Schon aber gewann die Brautschaft leise beängstigende Züge. Auf den Bällen, die Ludwig nun mit Sophie gemeinsam besuchen mußte, flüsterte die Bewunderung der Fernstehenden zwar noch: »Welch schönes Paar«, wenn der große, brünette Mann in der grünen Uniform mit der zarten Blondine am Arm auftrat, die Mattblau, Weiß und Silbergrau für ihre Toiletten bevorzugte. Aber schon auf dem ersten dieser Feste stellte Mohl »eine unbehagliche Atmosphäre« fest; es war »kein bräutliches, fröhliches«. Und von einem andern berichtet Bomhard entrüstet, der König habe sich ohne Abschied von Sophie davongemacht, um im Theater noch den Schlußakt eines Schillerdramas zu sehen. Die Vermählungsfeier, die Ludwig in größten Dimensionen plante – vielleicht damit die Vorbereitungen um so länger dauerten? –, wurde vom August immer tiefer in den Herbst verschoben.

Zweifellos, der König empfand die Verlobung sehr frühe schon als drückend. Sophies Unterhaltung langweilte ihn bald ebenso wie ihre Straminstickerei, und an der Echtheit ihrer Wagnerbegeisterung sind ihm sicherlich auch Zweifel gekommen. Zwar war er viel zu gut erzogen, als daß nicht jederzeit zwischen ihnen ein glatter, leichter Verkehrston geherrscht hätte, und zuweilen versuchte Ludwig auch, pflichtbewußt, doch zerstreut und innerlich unbeteiligt, den Lyriker zu spielen, der er nie gewesen ist.

Oft wurde die junge Braut und ihre Familie, die sich ins ländliche Possenhofen zurückgezogen hatten, jetzt im Schlafe gestört. Denn immer wieder, oft noch nach Mitternacht, ließ plötzlich der scharfe Lärm galoppierender Pferde sie emporschrecken, warf sich Fackellicht an die Laubmassen der riesigen Alleebäume, brach aus dem Dunkel der Rappe, der den König von Schloß Berg herübergetragen hatte. Dann mußten sofort alle Kerzen brennen, alle Diener auf den Beinen sein. Ludwig, scheinbar ein so ungeduldiger Liebhaber, daß er den nächsten Morgen nicht erwarten konnte, wünschte dann mit der Braut allein zu bleiben. Und da das aus Etikettegründen schwerlich anging, setzte man hinter eine Wand von Blattpflanzen wenigstens eine Hofdame, die, wie man sagte, »auf Königswache ziehen« mußte. Darauf jedoch ereignete es sich zuweilen, daß die Schwungkraft der unbestimmten klassischen Heldenrolle, die der König in seiner Lust am Maskieren und Verkleiden auf sich genommen hatte, plötzlich aussetzte und ihn nicht weiter trug, als bis zu einem stummen Dasitzen, Sophie gegenüber, und der immer wiederholten Versicherung: »Du hast so schöne Augen.«

Alles vollzog sich überhaupt fern jeder wirklichen Leidenschaft und nur mit leise gravitätischen Küssen auf die Stirn der Braut; und als Sophie ihn einmal, nach monatelanger Verlobung, auf den Mund küßte, soll das beinahe schon zum Bruch geführt haben. Selbstvorwürfe, die sich Ludwig dabei natürlich immer wieder machte, suchte er durch

Fluten von Geschenken, Preziosen, riesigen Blumensträußen zu beschwichtigen.

Sehr bald hätte er sich gern, daran kann gar kein Zweifel sein, aus der Verstrickung des Verlöbnisses wieder losgemacht. Aber sein damals noch starkes Pflichtgefühl gegen den Staat, dem er eine Königin zu schulden glaubte, hielt ihn davon ebenso zurück wie der Wunsch, die ihm so teure Dynastie nicht etwa verlöschen zu lassen.

Doch schon in frühen Stadien der Verlobung verfiel er in einer unbewußten Raffiniertheit darauf, Wagner, der ja auch Medium der Annäherung zwischen Sophie und ihm gewesen war, zu benutzen, um hinter ihm verborgen, sich von der Braut wieder zu distanzieren. So schrieb er: »Der Hauptinhalt unseres Verkehrs war stets, Du wirst es mir bezeugen, R. Wagners merkwürdiges, ergreifendes Geschick«; und später, Sophie sei ihm von allen lebenden Frauen zwar die teuerste, »der Gott meines Lebens aber ist, wie Du weißt, R. Wagner«. Ja, mit einer Art knabenhafter Grausamkeit suchte er sie durch die Ankündigung zu schrecken, er habe beschlossen, Wagner, den dreißig Jahre älteren, auf keinen Fall zu überleben. Instinktiv führte er die Gestalt des männlichen Freundes ein, die ihn vor den Ansprüchen des Weiblichen sichern sollte; dieser stumme Gast sollte den holden Eindringling Sophie aus seinem Leben wieder verscheuchen.

Doch Sophie selbst schwieg; geduldig und beherrscht, wie es ihre Art war, biß sie die hübschen kleinen Zähne zusammen und wartete. Und als, Anfang März, Wagner selbst für ein paar Tage nach München kam, benutzte das kluge Mädchen die Gelegenheit, um sich sofort möglichst gut mit ihm zu stellen[3]. Sobald er angelangt war, suchte sie seine Bekanntschaft zu machen. Und da sich ihre Familie, aus Gründen der Konvention, dem widersetzte, mußte sie das Zusammentreffen in der Wohnung ihres Bruders, des mit der Schauspielerin Mendel verheirateten Herzogs Ludwig, veranstalten. Unter abenteuerlichen Vorsichtsmaßnahmen, wie irgendein verruchtes Stelldichein, kam die Begegnung am 16. März, mittags, zustande. Und tatsächlich gelang es auch der Sicherheit und Energie der jungen Fürstin, den alten Magier gänzlich

[3] Schon nach Triebschen hatte sie ihm kurz nach der Verlobung geschrieben: »Es drängt mich, einige Zeilen an Sie zu richten und Sie als einen Freund zu begrüßen, denn der sind Sie mir und werden Sie immer und ewig bleiben ...«

für sich zu gewinnen, obgleich sein feiner Spürsinn wohl schon darauf stieß, daß dem Verlöbnis die reine Harmonie fehlte. Zum ersten Male, so schrieb er an Ludwig, habe er in ein Menschenauge geblickt, »aus dem die selige, aber sorgenvolle Liebe um den Herrlichen in tief beredten Zügen zu meiner Seele sprach ... O könnten Sie sich ihr bald, bald ganz vereinigen!«

Aber der König fand es statt dessen angebracht, mitten in der Verlobungszeit inkognito nach Paris zu fahren, zur Weltausstellung von 1867, der riesigsten, die man bisher erlebte, zu der Napoleon III. alle Souveräne des Erdballs eingeladen hatte. Der feine Rechner auf dem neuen Kaisersitz nahm den bayerischen König mit so viel höflicher Sorgfalt auf, als sein strenges Inkognito nur irgend gestattete. Sicherlich, daß der kleine, kluge Mann den träumerisch prüfenden Blick der lichtgrauen Augen des öfteren zu dem jungen deutschen Riesen emporrichtete, überlegend, wie er in sein Kalkül einzustellen sei. Und gerade weil er im vorigen Sommer auf den bayerischen Hilferuf nur nichtssagend hatte antworten können, ging er mit dem König jetzt um so behutsamer um, von dem niemand wußte, wie er vielleicht noch einmal verwendbar werden konnte. Es war Napoleon bekannt, daß Ludwig »romantischen Stimmungen leicht zugänglich« sei, und so bot er ihm Jachtfahrten auf der Seine, historische Paraden in Compiègne, viele Opernabende und einen Besuch des mittelalterlichen Schlosses Pierrefonds, soeben erst durch Viollet-le-Duc zeitgerecht wiederhergestellt. Trotzdem konnte er sich wohl nicht darüber täuschen, daß er selbst für den stolzen Bayern, trotz aller seiner Höflichkeit, immer ein Parvenü blieb. Mit dem etwa gleichaltrigen König von Portugal freundete Ludwig sich in diesen Tagen rasch an. Zu Napoleon aber blieben seine Beziehungen steif und ohne alle menschlichen Berührungspunkte.

Freilich sucht man überhaupt vergebens nach Spuren, die diese erste Pariser Reise in Ludwig hinterlassen hätte: Ein paar reine Phrasen an Wagner, daß sich auf der Pariser Opernbühne ein »wüstes, unkünstlerisches Gebaren« kundgebe – ein einziger Satz, den Hohenlohe aus Ludwigs Gesprächen mit Napoleon überliefert, er solle sich nicht zu tief mit Preußen einlassen – das ist alles. Auf keinerlei Weise ist die Rede etwa von den Baudenkmälern der Bourbonen, die doch späterhin so gewaltig auf den König einwirken sollten.

Alles das aber – schon die Annahme der napoleonischen Einladung, trotz seiner Antipathien gegen den Gastgeber[4], wie dann seine auffallend geringe Aufnahmefähigkeit – es beweist, daß die Reise für ihn ohne eigentlichen Inhalt, daß sie Selbstzweck war: ein wenigstens zeitweiliges Entweichen aus den wachsenden Schwierigkeiten des Brautstandes.

Immer deutlicher wurde im weiteren Verlauf des Sommers die Vernachlässigung Sophies. Zwar schrieb der König ihr in einem Gemisch aus schlechtem Gewissen und Gutherzigkeit liebenswürdige Briefe und ließ ihr bereits den königlichen Hermelinmantel anmessen; und als das französische Kaiserpaar, unterwegs zur Salzburger Konferenz, München berührte, stellte er ihm Sophie zeremoniös als seine Braut vor, wobei Eugenie, wie in plötzlicher ahnungsvoller Regung, das bedauernswerte blonde Wesen herzlich an sich gezogen und mütterlich geküßt haben soll.

Wenige Tage darauf aber, am 1. August, beobachtete Liszt, daß während einer »Tannhäuser«-Aufführung der König ganz allein in seiner Mittelloge saß, Sophie hingegen wieder in der herzoglichen Seitenloge und daß sich Ludwig nur in der Pause hier fünf Minuten neben seiner Braut zeigte. Eine ganz ähnliche Szene begab sich Ende September. Die hochzeitlichen Gefühle des Königs schienen danach dem weltkundigen Abbé recht maßvoll, »les ardeurs matrimoniales de Sa Majesté semblent fort tempérées«.

Sophie ertrug dies alles mit ihrer staunenswerten, frühreifen Beherrschtheit, die sie einmal nur im Stich ließ: als Ludwig eines Nachts in Possenhofen erschienen war, hatte einer der Herren seiner Suite ein geheimnisvolles Paket mit sich geführt; es war die bayerische Königinnenkrone, die Sophie nun aufsetzen und langwierig ausprobieren mußte. Sie hielt sich tapfer, bis der Bräutigam wieder gegangen war. Dann aber fiel sie ihrer Hofdame Sternbach weinend um den Hals: »Er liebt mich nicht. Er spielt nur mit mir.«

Die Abneigung des Königs gegen seine Verlobung wuchs weiter und erstreckte sich bald über Sophie hinaus auf das Weibliche schlechthin. An sich kein Wunder: denn indem er sich durch diese Bindung selbst

[4] Acht Tage vor der Abreise schrieb er an Wagner, jede Faser seines Wesens sträube sich dagegen, »das moderne Babylon, das ich verabscheue, zu besuchen«.

gezwungen hatte, über seine Beziehungen zum andern Geschlecht eindringlich nachzudenken, sah er immer deutlicher, daß für ihn unüberwindliche Hemmungen gegen jede Heirat bestanden. Nicht in Frivolität oder Unreife, sondern in Erkenntnis der Tatsachen sagte er jetzt, zum Heiraten habe er eigentlich keine Zeit, das könne Otto besorgen. Vor der Mutter allein ließ er sich so weit gehen, daß er »schrecklich weinte«. Auch äußerte er zu Düfflipp, dem Nachfolger Hofmanns, plötzlich, lieber als daß er heirate, springe er in den Alpsee, das einsame, tiefdunkle Gewässer bei Hohenschwangau. Eben in dieser Zeit auch ertappte er sich zuweilen grimassierend vor dem Spiegel und sagte dann kopfschüttelnd zu sich selbst, manchmal möchte er wahrhaftig fast meinen, er sei närrisch. Immer wieder suchte er den Hochzeitstermin zu verschieben, vom Sommer in den Herbst, vom Herbst in den Winter; endlich soll er von seinem Leibarzt ein Zeugnis darüber verlangt haben, daß er überhaupt nicht heiraten könne.

Anfang Oktober aber verlor Herzog Max, der Brautvater, die Geduld. Als Chef der großen, reichen und unabhängigen Nebenlinie glaubte er, es nicht länger nötig zu haben, seine Tochter lächerlich machen zu lassen, und stellte dem König ein regelrechtes Ultimatum: Entweder finde die Hochzeit Ende November statt, oder das Verlöbnis müsse als gelöst gelten.

Im ersten Augenblick ließ es Ludwig gewaltig aufbrausen, daß ein »Untertan« sich dergleichen erlaube, und im Zusammenhang hiermit mag es geschehen sein, daß die Büste Sophies, die auf dem königlichen Schreibtisch gestanden hatte, plötzlich, zum Entsetzen der Wachen, zerschmettert auf dem Pflaster eines Innenhofs der Residenz lag. Alsbald aber gewahrte der König doch den Rettungsweg, der sich hier für ihn selbst auftat. Er soll zwar noch an die Prinzessin geschrieben haben: »Dein grausamer Vater reißt uns auseinander. Ewig Dein Heinrich« –, und wiederum hätte man dann hier ein Musterstück für den negativen Aussagewert der königlichen Korrespondenz. Denn gleichzeitig vermerkte er in seinem Tagebuch: »Sophie abgeschrieben. Das düstere Bild verweht. Nach Freiheit verlange ich, nach Aufleben von qualvollem Alp.« Und der Bulyowsky teilte er seine Freude darüber mit, »von dieser – Familie losgekommen« zu sein. Am 11. Oktober wurde die Entlobung amtlich bekanntgemacht.

Die Überraschung war nirgends groß. Allzuviel von den Seltsamkeiten dieses Brautstandes war schon in die Öffentlichkeit gedrungen. Kennzeichnend aber ist, daß die Volksmeinung, immer noch nicht zu einem irgendwie ungünstigen Urteil über Ludwig imstande, alle Schuld bei Sophie suchte und, um sie finden zu können, nicht zögerte, abscheuliche, das junge Mädchen tief kränkende Erfindungen zu verbreiten, die man in Bayern heute noch erzählt bekommen kann.

In der herzoglichen Familie schlug die Entrüstung gegen den jungen Souverän hohe Wogen. Es wurde beschlossen, seinen Namen nicht mehr zu nennen, ein Gelöbnis, das monatelang gehalten wurde. Auch Kaiserin Elisabeth trat jetzt eine Zeitlang auf die Seite ihrer Familie. »Es gibt keinen Ausdruck für ein solches Benehmen«, schrieb sie.

Sophie selbst trug das schmerzliche Erlebnis mit ihrer alten Beherrschtheit. Sie führte den Bruch, sicher mit Unrecht, auf höfische Intrigen zurück und hat — sofern man hier einmal den höchst phantastischen Memoiren ihrer Nichte Wallersee-Larisch trauen will — nie aufgehört, den König zu lieben, bis über seinen Tod hinaus. Sie selbst fand noch ein bescheidenes Eheglück an der Seite des Herzogs von Alençon und einen furchtbaren Tod beim Brande eines Wohltätigkeits-Bazars in Paris. Doch auch hier bewahrte sie noch einmal ihre alte, sanfte Beherrschtheit: Als man sie heraustragen wollte, befahl sie, zuerst die jungen Mädchen zu retten — »sauvez d'abord les jeunes filles«. Durch die Flammen hindurch will man sie lächeln gesehen haben. Nur an einzelnen Zahnplomben war ihr Leichnam wiederzuerkennen.

Ludwigs freudige Erleichterung, wie sie sich unmittelbar nach der Entlobung äußerte[5], war jedoch nicht völlig echt. Nur ein natürlicher Selbsterhaltungstrieb hielt ihn fürs erste noch davon zurück, sich schon einzugestehen, was dieser letzte mißlungene Fluchtversuch ins Allgemeine für ihn bedeutete. Tatsächlich aber mußte die elementare Wildheit, mit der seine Natur sich gegen die drohende Ehe gewehrt hatte, auch ihm ja allmählich verraten, daß keineswegs nur Sophie, sondern das Weibliche schlechthin eine ihm ewig unnahbare Welt war. Auch

[5] Am 19. Oktober beispielsweise schreibt er an Wagner: »Nun ist mir so wohl zu Mute, ich atme wieder frei auf, erwache wie aus düsterem Traum... Wie erstanden, genesen nach lebensgefährlicher Krankheit fühle ich mich.«

gegen die Mutter, gegen Cosima[6], gegen Lila von Bulyowsky[7] schlägt er darum in diesen Tagen ungewohnte, höchst unritterliche Töne an. Seine tief aufgerührten, zuckenden Nerven lassen ihn ahnen: Für die dreifach versuchte Eingliederung ins Glück der Gemeinsamkeit wird von ihm ein allzu hoher Preis verlangt, ein Preis, den er nicht zahlen kann. Ihm bleibt nur noch ein einziger Fluchtweg offen — nicht der ins Allgemeine (ihn gibt es nicht mehr für den König in einer glaubenslosen und daher königsfremden Zeit) — sondern im Gegenteil: der, der in die Einsamkeit führt.

Freilich, sehr allmählich erst und im Laufe langer Zeit nahm er diese Einsamkeit, die ihm als Schicksal vorherbestimmt war, auch in seinen Willen auf.

[6] In einem Befehl an Düfflipp vom 9. Dezember heißt es, »die ewigen Streitigkeiten und Klagen von seiten Wagners, Bülows, Fröbels und Anhang«, obwohl er »mit diesen Leuten« so viel Nachsicht gehabt habe, seien ihm »im Grund und Boden zuwider geworden«. Und kurz darauf: Cosima widme sich also der »Presseschmiererei«; »eines solchen Bubenstreichs« habe er sie nicht für fähig gehalten.

[7] Nachdem er ihr am 17. November noch bestätigt hatte, niemand auf Erden sei imstande, sie bei ihm auszustechen, verfügte er am 27. mit aller Derbheit seines bäuerlichen Volkes: »Das in neuerer Zeit so unverschämt werdende Bulyowsky-Luder soll sich zum Teufel scheren.«

XI
ENTGLEITENDER STAAT

In den folgenden drei, vier Jahren führte Ludwig II., zumeist auf Schloß Berg, ein abseitiges, fast bohèmehaftes Junggesellenleben. Der badische Gesandte von Mohl entwirft ein ungeschmeicheltes Bild davon: das enge, alte Schloß traf er fast menschenleer und unbewacht; ein einziger Gendarm war am Hoftor zu sehen, doch kein Portier, kein Beamter, nichts von Dienerschaft. Die Räume, mit altem Mobiliar äußerst einfach eingerichtet, waren nahezu ungeheizt. »In den Gängen und Vorplätzen trieb sich allerhand Hausgesinde, Bediente, Küchenjungen, Zimmermädchen in sehr wenig gewählter Kleidung umher. Das ganze Haus roch sehr unangenehm nach photographischen Agenzien.« Gegessen jedoch wurde gut.

Hier also verbrachte Ludwig jetzt ungefähr drei Viertel des Jahres, hörte seine Beamten, gab Audienzen, las Berichte und zahllose Zeitungen. Er nahm seine meist nächtlichen Ritte wieder auf oder durchfuhr den See auf kleinem grünem Dampfboot, das nun nicht mehr »Maximilian«, sondern »Tristan« hieß. Nachts spielte er mit dem Adjutanten Billard, der deshalb durchaus nicht einschlafen durfte, oder er bestellte sich einen Wagnersänger seiner Oper, Heinrich Vogl etwa. Er trieb sehr viel Lektüre – die Schätze der Staatsbibliothek waren zuweilen körbeweise nach Berg unterwegs – und vertiefte sich in die neuerfundene Kunst der Photographie, an der ihn vermutlich weniger noch das rein Technische fesselte als das geheimnisvoll Alchimistische ihrer Licht- und Säurewunder. Auch die Einrichtung der Jagdhäuser blieb bescheiden; Lerchenfeld nennt sie »geradezu ärmlich«; die Tapeten waren defekt, die Möbel häßlich und verbraucht; aber der König, der gleichzeitig seine Wohnung in der Münchener Residenz prunkhaft auszustatten begann, zeigte sich hiervon nicht gestört.

Aus seiner zunächst instinktiven Fähigkeit, Menschen zu gewinnen, war inzwischen eine beträchtliche Menschenkenntnis geworden. Die schwachen Seiten derer, mit denen er sprach, fand er rasch heraus und zauderte kaum noch, sie zu benützen. Für Schmeicheleien wurde er immer unzugänglicher. Schablonenhafte Gespräche konnte er, rasch gelangweilt, brüsk abbrechen. Modeworte, wie etwa das bei Bewunderern Preußens aufkommende »schneidig«, waren ihm verhaßt.

Jetzt beginnt bei ihm wirklich auch, obwohl fast unmerklich, ein Ausweichen vor der Wirklichkeit des Staates. Zwar berichtet er noch dem Großvater, stolz offenbar auf so viel Selbstüberwindung, wo überall er sich offiziell zeige, auf Bällen Hohenlohes, des Max-Joseph-Stiftes, des Kaufmannskasinos, beim Fest des Georgiritterordens, der Blumenausstellung im Glaspalast und der lärmvollen Faschingssitte des Metzgersprungs, wobei die Lehrlinge, in Kalbfelle gehüllt, in den kalten Marktbrunnen springen. Aber bald kommt die Zeit, in der er in Briefen an Wagner schon imstande ist, das Schillerwort »Mußtest du ihn auf mich laden, diesen furchtbaren Beruf« auf sich anzuwenden oder über sein ganzes Dasein mit Hans Sachs »Wahn, Wahn, überall Wahn« zu seufzen.

Allerdings, ein Staat, der vielleicht baldiger Auflösung entgegenglitt, brauchte er noch lange einen König? Denn Hohenlohes Politik war, und zwar bereits für die scharfäugigeren Zeitgenossen, Vorbereitung der Liquidation. Sie verfolgte, obschon unausgesprochen, ein einziges Ziel, den allmählichen, unauffälligen und schmerzlosen Einbau Bayerns in das werdende Deutschland. Hierzu sah sie zweierlei als notwendig an: den süddeutschen Bund, dem Bayern durch den Prager Frieden zugeordnet gewesen wäre[1], und der als Barriere gegen Preußens weitere Expansion gedacht war, gar nicht erst entstehen zu lassen, und zweitens das bestehende preußisch-bayerische Geheimbündnis möglichst fest zu gestalten. Diesem Zwecke diente zuvörderst eine Armeereform durch den neuen Kriegsminister von Pranckh, der sich als Kommandeur des Leibregiments bei Kissingen ausgezeichnet hatte: Es wurden preußische Ausbildungs- und Mobilmachungsformen übernommen, mit der Durchführung der Wehrpflicht Ernst gemacht und das Heer in zwei Korps geteilt, gegen starke Opposition der Militärs selbst übrigens, die fürchteten, daß damit für den Kriegsfall eine Zerreißung der bayerischen

[1] Artikel 4 des Prager Friedens bestimmte, daß die südmainischen Staaten »in einem Verein zusammenträten ... der eine internationale Unabhängigkeit haben werde«.

Gedenkblatt zur bevorstehenden Vermählung

Staatsminister von Pfistermeister meldet König Ludwig II. in Berg 1866 den Ausmarsch der Truppen

Streitkräfte schon vorbereitet sei. Auch bei den Kontrollversammlungen in Altbayern gab es Widerstände gegen die neue Ordnung; unbotmäßige Gebirgler mußten haufenweise in nordbayerische Garnisonen gebracht und hier durch tagelanges Exerzieren mürbe gemacht werden.

Mit der Sicherung des preußischen Bündnisses steht auch ein bis heute nicht völlig geklärtes Thema in Verbindung, das des Welfenfonds. Höchstwahrscheinlich nämlich, obwohl nicht schlüssig erwiesen, ist, daß in jenen Jahren regelmäßige Zahlungen Bismarcks nach München in die Kasse des königlichen Kabinetts zu fließen begannen, die aus dem Welfenfonds, also aus dem beschlagnahmten Vermögen des depossedierten Königs von Hannover stammten[2]. Das Geld ging nicht durch die Bücher, sondern soll, jährlich etwa 300 000 Mark, von Holnstein persönlich erhoben worden sein, der sich dafür eine zehnprozentige Provision abziehen durfte. Auch besteht die Version — sie wird beispielsweise von dem nach München kommandierten preußischen General Graf Kuno Moltke vertreten, ist aber auch vom Neffen Holnsteins, Graf Almeida, bestätigt worden —, daß die Gesamtsumme für Holnstein allein bestimmt gewesen sei, zum Dank für die der preußischen Regierung geleisteten Dienste in der Kaiserfrage. Dann hätten die Zahlungen also erst 1870 begonnen.

Richtig ist ja auch, daß der junge König mit seiner Zivilliste nicht gut auskam und daß er vom Wesen des Geldes nur verschwommene Begriffe hatte; er hätte also möglicherweise an derartigen Zahlungen nichts Anstößiges finden können, besonders wenn ein Formulierungskünstler wie Bismarck sie ihm gerechtfertigt hätte: als diskrete Rückerstattung der bayerischen Kriegsentschädigung von 1866 vielleicht oder als Beiträge des preußischen Königs zu den künstlerischen Unternehmungen seines Neffen, als dynastische Hilfsaktion also. Was aber konnte Bismarck damit bezwecken? Daß Ludwig, ebenso weltfremd wie überzeugter Souverän, nicht irgendein korrupter Beamter war, dem man politische Entscheidungen Zug um Zug abkaufen konnte, wußte der preußische Minister natürlich auch. Was also konnte er von Ludwig er-

[2] Es handelte sich, nach den Aufzeichnungen des preußischen Feld-Polizei-Chefs Stieber, um ungefähr 40 Millionen, die im März 1868 beschlagnahmt und zunächst zur Bekämpfung der welfischen Agitation, bald aber ganz allgemein für Propaganda- und Spionagezwecke verwendet wurden.

warten? Bestenfalls doch nur, daß er ihm, der jetzt für seine Liebhabereien feinsinniges Verständnis bekundete, auch seinerseits ein gewisses Maß von Vertrauen, vielleicht sogar von ritterlichem Verpflichtetsein entgegenbrächte, wenn es einmal um das Schutz- und Trutzbündnis ginge — eine Zusatzsicherung also jenes Staatsvertrags in der menschlichen Sphäre? Oder rechnete Bismarck schon mit einer späteren Zeit, in der Ludwig weltkundiger geworden wäre, so daß man sich dann der Drohung mit »Enthüllungen« dessen, was er heute zuließ und seines eigenen schlechten Gewissens als Waffe gegen ihn selbst hätte bedienen können?

Wie dem aber auch sei, tatsächlich ist irgend etwas wie Ursache und Wirkung in der heiklen Frage des Welfenfonds bisher nicht feststellbar gewesen. Sind die finanziellen Leistungen Bismarcks also erfolgt — es ist, wie gesagt, nicht erwiesen, doch, da man die Charaktere der in Betracht kommenden Persönlichkeiten kennt, sehr wahrscheinlich —, so blieben sie bestimmt ohne Gegenleistung Ludwigs. Handgreifliche Gegenleistungen sind, wenn überhaupt, dann nur von Holnstein gekommen, der die dazu nötige innere Unbeschwertheit besaß. Will man zum Thema des Welfenfonds Vorwürfe moralischer Natur erheben — und es hat daran in der Tat[5] nicht gefehlt —, so können sie jedenfalls nie den König treffen, sondern immer nur diejenigen, die sich seine jugendliche Unberatenheit zunutze machten.

Allerdings, lange geheim zu halten war das Schutz- und Trutzbündnis nicht. Für die französische Diplomatie hatte es bereits im November

[5] Das Verhalten Ludwigs hier mit seiner späteren Geisteskrankheit entschuldigen zu wollen, wie das Philipp Frick in seiner Veröffentlichung »Bayern und der Welfenfonds« (Bayer. Kurier, 14.–22. November 1928) tut, geht nicht an. Denn aus den frühen Jahren Ludwigs, von denen hier die Rede ist, ist sonst kein einziges Beispiel auch nur zeitweiliger Bewußtseinstrübung bekannt. Nach dem Sturz der deutschen Monarchien 1918 sind zu ihrer nachträglichen Diskreditierung die Beziehungen zwischen Ludwig II. und dem Welfenfonds mehrmals so dargestellt worden, als habe es sich um ein schlichtes Bestechungsgeschäft gehandelt: Ludwig habe seine Zustimmung zu der Bismarckschen Reichsgründung gegen Zahlungen aus dem Welfenfonds verkauft, um seine »zügellose Bauleidenschaft« befriedigen zu können (vergl. z. B. Erich Marcks, »Der Aufstieg des Reichs«, II. 561, oder Erich Eyck, »Bismarck«, II. 554). Abgesehen davon aber, daß Ludwigs wirklich kostspielige Bauten erst Jahre nach der Reichsgründung begannen, sind für jeden, der vom inneren Wesen dieses Königs auch nur mindeste Kenntnis besitzt, derart materialistische Kombinationen sinn- und inhaltlos.

1866 eine Depesche Rothans, des Gesandten in Hamburg, enthüllt. Und der großen Öffentlichkeit teilte es Bismarck selbst am 19. März 1867 durch den »Staatsanzeiger« mit, um Napoleon von seinen neuen, auf Luxemburg zielenden Kompensationsforderungen abzuschrecken.

Das bayerische Echo antwortete sehr unfreundlich. Denn allzu gut nur erkannte man, daß, was hier als völkerrechtliche Allianz zwischen Gleichstehenden ausgegeben wurde, tatsächlich die außenpolitische Unterordnung Bayerns unter Preußen war[4]. Ja, man fühlte sich einfach zum Narren gehalten: denn fast zur gleichen Zeit, in der Preußen mit Bayern das Schutz-und-Trutz-Bündnis schloß, hatte es ja auf dem Papier des Prager Friedens mit Österreich dem gleichen Bayern volle internationale Bewegungsfreiheit im Rahmen des künftigen Südbundes zugesichert.

So stark wurde nun der Druck des altbayerischen Teils der Öffentlichkeit, wurde vor allem auch die Bestürztheit und Alarmiertheit des Königs, daß sogar Hohenlohe nicht umhin konnte, sich eiligst um das Zustandekommen des Südbundes zu bemühen, des einzigen noch möglichen Ausgleichsgewichts gegen die Konsequenzen des preußischen Bündnisses — »gegen seine innerste Ansicht, aber um den König bei leidlicher Geneigtheit« zu erhalten. Anfangs erstrebte Hohenlohe einen »weiteren Bund« zwischen den einzelnen süddeutschen Staaten und dem Norddeutschen Bund, dann einen Bund der Süddeutschen untereinander, die »Vereinigten Staaten von Süddeutschland«, alles jedoch mit dem mangelnden Ernst des innerlich nicht Beteiligten. Entscheidend gescheitert sind alle Südbundpläne allerdings weniger an Hohenlohe als an der Ungunst der Zeit — die Sternstunde des von Preußen beherrschten Einheitsstaates zog nun einmal herauf — und am unheilbaren Erbübel Süddeutschlands, der Eifersucht der Stämme und Dynastien: Württemberg ängstete sich seit Jahrhunderten schon vor einer bayerischen Hegemonie, und Baden gar hatte nach der Niederlage von 1866 Preu-

[4] Döllinger schrieb am 8. April 1867: »Bei uns wirkt alles zusammen, um Deutschland unter preußische Hoheit zu bringen und die bayerische Dynastie zu mediatisieren.« Und in den »Historisch-Politischen Blättern« klagte der Großdeutsche Jörg: »Bayern hat Stellung genommen zum letzten Mal in der Geschichte; denn die eingenommene Stellung ist der Verzicht auf die Freiheit fernerer politischer Entschließungen. Das bayerische Land war fünfmal kleiner und hat dennoch sein Gewicht gehabt in der europäischen Waagschale. Damit ist es nun zu Ende. Fuimus Troes.«

ßen vorgeschlagen, das verbündete Bayern um die Pfalz zu verkleinern, weil es sich dann »leichter in eine künftige Neugestaltung Deutschlands einfügen werde«. Ganz zu schweigen noch davon, daß außerhalb der großbäuerlichen Monarchie Altbayern, westlich des Lechs und nördlich der Altmühl, ja wirklich ein ganz anderes Land begann: klein- und mittelbäuerlich, stellenweise fast landproletarisch und stark schon mit Industrien ebenso durchsetzt wie mit alter reichsstädtischer, also republikanischer Tradition.

Je weniger aber Hohenlohe vorankam, um so mehr drängte ihn der König. »Ich bin wegen der Unabhängigkeit meiner Krone und wegen der Selbständigkeit des Landes sehr besorgt«, schrieb er ihm am 26. November 1867. Immer wieder nötigte er den Fürsten zu Verhandlungen, der seinerseits zwischen diesen königlichen Wünschen und der Überzeugung, daß sie sinnlos seien, sich kunstvoll hindurchzuwinden hatte.

*

Noch weniger als bei den Südstaaten konnte Bayern Anlehnung und Hilfe bei Österreich und Frankreich suchen, sosehr beide Großmächte auch an der Aufrechterhaltung der Mainlinie interessiert waren und eben deshalb den Südbund-Artikel 4 des Prager Friedens durchgedrückt hatten.

Aber Österreich schien nicht nur durch die Niederlage von 1866 für neue Allianzen noch allzu geschwächt, es hatte auch durch seine Unzuverlässigkeit im Kriegsjahr seinen moralischen Kredit in Bayern derart verausgabt, daß es hier für lange noch bündnisunfähig blieb.

Was Frankreich anging, so war zwar Napoleon von der Illusion beherrscht (Beust nennt sie einen »Köhlerglauben«), die Rheinbundpolitik seines großen Oheims — der Zusammenschluß also der deutschen Mittelstaaten mit Frankreich gegen die Vormächte Preußen und Österreich — könne noch einmal erneuert werden: eine schicksalsschwere Illusion und gerade bei dem Manne so merkwürdig, der seine außenpolitischen Erfolge als Vorkämpfer des Nationalitätenprinzips eingeheimst hatte. Aber Tocqueville sagte von ihm, er verstehe nicht zwischen Denken und Träumen zu unterscheiden, und so sah er auch jetzt nicht, daß das gleiche Nationalitätenprinzip inzwischen auch in Deutschland siebzig Jahre Zeit gehabt hatte, sich der Seelen zu bemächtigen. In Wirklichkeit erlebte ja gerade damals der nationaldeutsche Gedanke seine populärste Blüte, und jeder deutsche Staat hätte durch ein Kriegsbündnis mit Frankreich gegen Preußen sich zuallererst der Gefahr innerer Zerreißung ausgesetzt. Selbst ein Vertreter konservativsten Altbayerntums, Sepp, fand jetzt für die Versuche des neuen Napoleon, zur Bündnistradition des alten zurückzukehren, nur die groben Worte: »Das Ferkel grunzt der Sau nach.«

Überhaupt: daß Napoleon von Bayern her in seinen Allianzplänen bestärkt worden sei, läßt sich nicht sagen. Sein Gesandter in München, Marquis de Cadore, ursprünglich Marineoffizier, hatte zwar schon im Januar 1867 mit seemännischer Kühnheit den König befragt, wie er sich bei einem preußisch-französischen Konflikt stellen werde, und da die Antwort »mehr niedergeschlagen als resigniert« ausfiel, gefolgert, Ludwig sei keineswegs fest entschlossen, Preußens Partei zu ergreifen. Da ihm Hohenlohe jedoch auf die gleiche Frage zu verstehen gegeben hatte, Bayern werde in jedem Fall, ganz gleich, ob es sich um Angriff oder Verteidigung handle, zu Preußen stehen, berichtete er nach Hause, entweder müsse man sich den Gedanken einer bayerischen Allianz aus dem Kopf schlagen oder, wenn man das nicht wolle, sich zunächst einmal daranmachen, Hohenlohe zu stürzen.

Diese gewiß nicht optimistische Auskunft aber vermochte die weitläufigen, Süddeutschland, Österreich und Italien umfassenden Bündniskonzeptionen Napoleons nicht zu beeinflussen. Vielmehr trat der Kaiser gerade jetzt seine Reise zur Salzburger Konferenz an, passierte also auch Bayern und übernachtete in Augsburg — seiner Jugenderinnerungen wegen, da er hier das St.-Anna-Gymnasium besucht hatte. Hier machte auch Ludwig als Landesherr die Honneurs und begleitete das Kaiserpaar auf der Weiterreise über München bis zur Grenzstation Rosenheim. Die Begrüßung war gegenseitig nicht ohne Herzlichkeit[5] und das Gespräch die ganze Zeit über lebhaft, wobei übrigens Napoleons sehr geläufiges, obwohl augsburgisch-schwäbisch gefärbtes Deutsch auffiel. Über den Inhalt der Unterredungen ist man, bei der großen Verschlossenheit Ludwigs, auf Vermutungen angewiesen. Sicher ist jedenfalls, daß Napoleon, ebenso wie zuvor in Paris, auch jetzt wieder den

[5] Da Eugen Beauharnais, der Onkel Napoleons, mit einer Schwester Ludwigs I. verheiratet gewesen war, bestand sogar eine Verschwägerung der beiden Herrscher.

schönen, jungen Riesen in sein politisches Kalkül hineingesponnen hatte. Bescheidene Rückschlüsse auf den Themenkreis ihrer Gespräche läßt ein Bericht Hohenlohes zu, der bei der Rückreise Napoleons den König auf dem Münchener Hauptbahnhof vertrat: ihm gegenüber äußerte sich der Kaiser zunächst über die schwierige Lage der deutschen Mittelstaaten, durch die auch Frankreich irritiert sei; viel hänge davon ab, ob Preußen den Norddeutschen Bund noch weiter ausdehnen wolle; Bismarck beteure zwar seine Mäßigung, behaupte aber auch, gerade die Mittelstaaten zwängen ihn, immer weiter zu gehen; endlich mit halb fragendem Blick: er bedaure, daß Bayern den Bund der süddeutschen Staaten nicht habe zustande bringen können; aber das sei wohl unmöglich gewesen – »je regrette que n'avez pu former la confédération des Etats du midi de l'Allemagne. Mais c'était impossible?«

Zweifellos hat Napoleon sich mit dem jungen König viel Mühe gegeben. Aber er konnte jetzt ebensowenig sein Vertrauen gewinnen wie in Paris – nicht allein nur, weil sein usurpatorisches Regime für den starren Legitimisten Ludwig immer etwas wie Anmaßung bedeuten mußte; vor allem vielmehr, weil die bayerische Pfalz, uralter wittelsbachischer Besitz und Stammland des Königshauses, links des Rheins lag, innerhalb der französischen »Grenzen von 1814« also, deren Wiederherstellung, mehr oder weniger offen eingestanden, zu den Aspirationen Napoleons gehörte.

Ludwig selbst äußerte über seine Gäste, Eugenie sei, »liebenswürdig wie wenige«, Napoleon »interessant«, doch allzu wenig herrscherlich im Benehmen. Über Napoleons Allianzpläne soll er sich etwa dahin ausgesprochen haben, daß Bayern, auch wenn es ein neues Bündnis mit Österreich schlösse, unter das Protektorat Napoleons geriete; denn dem schwachen, in sich selbst beschäftigten Österreich fehle die Macht, seine Alliierten zu schützen. Frankreich aber würde für diesen Schutz die Abtretung deutscher Gebiete fordern[6]. Die napoleonische Rheinpolitik also wirkte hier als unüberwindliches Hindernis[7].

[6] Nach Bitterauf in »Allgemeine Deutsche Biographie«, Bd. 55.

[7] Übrigens ist bereits während der Salzburger Entrevue eine Verstimmung zwischen Napoleon und Ludwig eingetreten, die sich darin äußerte, daß die für die Rückreise in Bayern vorgesehenen Festlichkeiten ausfielen und das Kaiserpaar schnellstens und in strengstem Inkognito nach Frankreich zurückkehrte.

Diese Lage der Dinge in Bayern aber, die Unmöglichkeit, Bündnisse zu schließen, sei es mit wem auch immer, war genau das, was Bismarck wollte. Allzusehr noch von der keineswegs einfachen Organisation des Norddeutschen Bundes beansprucht, genügte es ihm zunächst einmal, dieses bis zur Mainlinie reichende staatliche Gebilde zu schaffen, sicher, daß die Südstaaten vor jedem europäischen Gewitter doch nur bei ihm Zuflucht suchen konnten. Er sagte damals zu Bluntschli: »Wir wollen den Bayern Zeit lassen ... Sie müssen inzwischen an den Wänden herumtasten und nach einem Ausweg suchen, sie werden keinen finden. Dann werden sie sich schließlich in ihr Schicksal fügen.« Vor einer einfachen Eingliederung des Südens in den Norddeutschen Bund scheute er zurück: einmal aus seiner damaligen föderalistischen Grundgesinnung[8], zweitens weil er bezweifelte, daß das süddeutsch-katholische Element Bayerns sich von Berlin aus gutwillig regieren lassen werde, endlich weil ihm die lange Grenze Süddeutschlands gegen Frankreich strategisch unwillkommen war.

Vorläufig hielt Bismarck die Ausdehnung des erneuerten Zollvereins auf das ganze außerösterreichische Deutschland für hinreichend, um — als Gegenstück der militärischen Schutz-und-Trutz-Bündnisse — die deutsche Einheit auch wirtschaftlich zu demonstrieren. Damit allerdings fuhr er auch in Hohenlohes, auf Ludwigs Geheiß immer noch mühselig hingeschleppte Südbund-Verhandlungen wie ein Windstoß in Spinnengewebe zerstörend hinein ...

Obwohl der König somit von Hohenlohe eigentlich allenthalben nur enttäuscht sein konnte, ließ er ihn ungehindert gewähren. Hier kam dem Minister der persönliche Stolz — oder: der knabenhafte Trotz — Ludwigs zu Hilfe. Denn gerade weil er diesen Minister gegen so viele Warnungen und Widerstände berufen hatte, ganz auf eigene Verantwortung, scheute er jede Korrektur seines Entschlusses, die ja eingestan-

[8] Er sagte am 16. April 1869 im Reichstag: »Die Zentralisation ist mehr oder weniger eine Gewalttat und ist ohne einen, wenigstens am Geiste der Verfassung sich versündigenden Bruch kaum durchzuführen; und ein solcher Bruch, mag er auch in der Form gedeckt oder gerechtfertigt sein, hinterläßt Stellen, die innerlich bluten und wie lange sie nachbluten, das weiß kein Mensch... Ich glaube, man soll sich in den germanischen Staaten nicht fragen, wenn man es der Bevölkerung recht machen will: Was kann gemeinsam sein? Wie weit kann der große Mund des Gemeinwesens hineinbeißen in den Apfel? Sondern man muß sich fragen: Was muß absolut gemeinsam sein?«

den hätte, daß auch der König sich irren kann. Es war das eine so bekannte Schwäche Ludwigs, daß seine Umgebung sich ihrer auch in den Banalitäten des Alltags bediente: Man legte ihm etwa die Liste der zum Diner Einzuladenden vor, wenn er schon einen Fuß zum Ausritt im Bügel hatte; er sah sie dann so gut wie gar nicht an und genehmigte sie; worauf jede Einladung aber, mochte der betreffende Gast ihm noch so unangenehm sein, sein Befehl war, nie zurückgenommen, sondern, wenn nötig, sogar heftig von ihm verfochten wurde.

Sicherlich also geschah es auch gegen sein eigenes Empfinden und Wissen, wenn er jetzt dem Präsidenten der Reichsratskammer sagte, Hohenlohe sei preußisch gesinnt gewesen; er habe sich aber bekehrt und sei es nicht mehr. Ebenso gewiß auch hatte er längst durchschaut, daß Hohenlohe, wenn er etwas von ihm erreichen wollte, ihn durch plan- und phantasievolle Gespensterseherei gefügig zu machen suchte[9]. Aber scheinbar sah er das alles nicht, ebensowenig, daß die Ära Hohenlohe allmählich auch einen ganz neuen Beamtentyp in Bayern an die Macht brachte. Denn mit von der Pfordten, Pfistermeister, Neumayr, Hofmann und schließlich Bomhard war eine Generation verschwunden, die vielleicht fachmännisch begrenzt gewesen war, dafür aber auch nichts gekannt hatte als ihren Dienst in unbedingter Treue zur Krone. Mit Hohenlohe und seinen Mitarbeitern, wie dem Grafen Tauffkirchen und dem Freiherrn von Völderndorff, tritt ein neuer Typ auf: es sind, gleich Hohenlohe selbst, Aristokraten, die nicht der Beamtenkarriere entstammen, wirtschaftlich unabhängige Herren, die in der Politik zeitweilig dilettieren, unbürokratisch gewiß, geistreich, gebildet, doch auch in einem oberflächlich von außen übernommenen Vulgär-Liberalismus befangen und ohne inneren Zusammenhang mit den geschichtlichen Gegebenheiten des damaligen bäuerlich-konservativen Bayern[10]. Ludwigs Instinkte lehnten sich zuweilen heftig gegen sie auf: »Den Völderndorff

[9] Er redete dem König etwa im April 1868 ein, das Endziel der bayerischen Ultramontanen sei eine republikanische Föderativverfassung Süddeutschlands mit Anschluß an die Schweiz (Ruville, 85), oder kurz darauf, am Fronleichnamstage, sie beabsichtigten, »Bayern an Österreich zu bringen« (Böhm, 214).

[10] Von der Garnitur Pfistermeisters blieb nur Johannes Lutz übrig, den die neuen Herren zum Justizminister machten – »ganz blaß vor innerer Aufregung« war er, als Hohenlohe ihm seine Ernennung mitteilte – und der sie alle doch amtlich lange überleben sollte.

mag ich auch nicht«, sagte er, »aber lieber ist er mir doch als der Tauffkirchen.«

Dennoch, wie gesagt, unternahm er nichts, was wie Gegenwehr aussähe. Diese Zeit, in Schloß Berg und seiner etwas unordentlichen Junggesellenwirtschaft vergraben, ist für ihn ein trübes Übergangsstadium, zwischen »Noch« und »Nicht mehr«, eine Zeit pessimistischer Lässigkeit und Schlaffheit: als König eines Staates, der kaum noch bündnisfähig scheint, ja manchmal schon ins geschichtslose Dunkel zu entgleiten droht.

XII
MEISTERSINGER UND PATRIOTEN

Es fügt sich gut in diese ungewisse Zeit, daß auch Richard Wagner nun zwar nach München zurückkehrt, doch niemals mehr für lange, und daß auch seine Beziehungen zum König nicht mehr die alten werden, sondern, wie alles jetzt, ungeklärt und rasch wechselnden Spannungen und Entspannungen unterworfen sind: Immer zwar bleibt es dabei, daß das mittelalterlich-metaphysische Element in Ludwig von der Bühne Wagners her unwiderstehlich angerufen wird; aber ebensooft auch fühlt er sich in seinen konservativen Lebensfundamenten durch Wagners Freigeisterei im Politischen und in der Lebensführung abgestoßen.

Wagner kehrte viel später nach München zurück, als man nach dem Sturz Pfordtens erwartete. Dem vorsichtigen Hohenlohe lag nichts daran, daß der Kausalzusammenhang zwischen seiner Ernennung und dem immer noch heiß umstrittenen Verbannten allzu stark betont werde. Deshalb sorgte er dafür, daß Wagners Rückreise erst um Tage, dann um Wochen verschoben wurde, und als Wagner endlich am 9. März ankam, wurde es auch nur ein kurzer und unerquicklicher Aufenthalt für ihn. Immerhin konnte Hohenlohe nicht umhin, ihn eines Abends zu empfangen, wobei ihm sein Gast alsbald, unter Beteuerungen, er wolle sich dessen nicht rühmen, erklärte, er sei es gewesen, der ihn dem König zum Minister empfohlen habe; für den hierin liegenden Wunsch, Hohenlohe seinerseits möge sich nun um Wagners dauernden Aufenthalt in München bemühen, blieb jener aber völlig taub[1]. Irgend etwas wie Aufopferung war seine Sache nicht, und überdies wird er damals schon bemerkt haben, daß auch Ludwigs Verhältnis zu Wagner nicht mehr das alte war.

Denn das Wiedersehen zwischen König und Künstler, das beide, wollte man ihrer Korrespondenz glauben, aufs leidenschaftlichste er-

[1] Von dem kühnen Vorschlag, den der Verbannte ihm einige Wochen zuvor durch Schanzenbach hatte machen lassen – er solle durch seine Demissionsdrohung die Rückkehr Wagners erzwingen –, war jetzt keine Rede mehr. (Nach Stemplinger, 53.)

sehnt hatten, widersprach durchaus allen solchen Erwartungen. Am 11. März zwar schrieb Ludwig an Wagner: »Sie hier zu wissen, dem ganz ich zu eigen bin, das ist heilige Wonne, mit nichts zu vergleichen.« Und trotzdem wich er gleichzeitig so scheu vor ihm zurück, daß Wagner am 16. klagte: »Mein Schlaf ist verloren: ich habe Sie in einer Woche nur einmal sehen können«; darum bitte er nun »demütig«, ihn »in sein stilles Asyl« zurückkehren zu lassen. Und tatsächlich verließ er auch München schon wieder am 18. März.

Ärger noch mißlang ein längerer Aufenthalt im Mai und Juni, als unter Wagners Mitwirkung »Lohengrin« neu einstudiert wurde. Auch jetzt wieder ließ sich der König in drei Wochen nur einmal sehen und auch das allein, weil er plötzlich »bei Nacht und Sturm« einen Ritt nach Starnberg unternahm, wo Wagner eine Villa bewohnte. Dann aber war mit der Rolle des Lohengrin der Dresdner Tenorist Tichatschek betraut worden, ein alter Freund Wagners, inzwischen freilich *zu* alt, dreiundsechzig Jahre nämlich, geworden. Und während auf der Generalprobe, beim Auftritt des Schwanenritters, der Komponist mit inniger Rührung wahrnahm, daß die Stimme des Freundes immer noch den alten Silberklang hatte, verdüsterte sich das Gesicht des Königs; er hob das Lorgnon zum Auge, dann das Opernglas: Nicht nur daß Tichatschek nicht den vom König befohlenen blauen Mantel trug, nein, statt der Lanze umklammerte er, etwas unsicher auf den Beinen, eine im Boden des Nachens fest eingesetzte Stange, und im Gesicht nun gar durchbrachen die Furchen des Alters alle Schminke.

Ludwig schwieg, und erst in Berg draußen entlud sich der Sturm: Nie wieder solle Tichatschek, dieser »Ritter von der traurigen Gestalt«, sich blicken lassen; höchstens dürfe er sich Ostern zur Fußwaschung melden (der frommen Sitte der bayerischen Herrscher, alljährlich nach dem Vorbild Christi den zwölf ältesten Männern des Landes symbolisch die Füße zu waschen). Sofort müsse der Lohengrin umbesetzt werden. Und da Wagner, für den Freund eintretend, schließlich mit Abreise drohte, fiel von den königlichen Lippen das hochmütige Wort: »Nun, so reisen Sie zu.« Tatsächlich reiste Wagner unverweilt und der Gegensatz zwischen optischer und akustischer Empfänglichkeit, einer der grundlegenden Gegensätze zwischen ihm und dem König, hatte sich wieder einmal offenbart.

Die Entfremdung wuchs noch zum Jahresende. Die bayerische Regierung hatte — auch dies bezeichnend für die Liquidationspolitik Hohenlohes — ihr eigenes Presseorgan, die »Bayerische Zeitung«, eingehen lassen; als eine Art Ersatz wurde die von Fröbel herausgegebene »Süddeutsche Presse« subventioniert und außerdem zur Unterstützung Wagners verpflichtet, was praktisch bewirkte, daß sie seine Abhandlung »Deutsche Kunst und Politik« fortsetzungsweise veröffentlichte. Ende November schrieb Ludwig noch, »wahrhaft hingerissen« sei er von ihr; am 19. Dezember jedoch erschien ein Ministerialrat bei Fröbel, mit einem königlichen Erlaß, wonach die Veröffentlichung sofort einzustellen sei, die »S. Majestät als selbstmörderisch bezeichne«. Dieser plötzliche Meinungswandel ist nie ergründet worden. Möglicherweise empfand man im amtlichen München die feindseligen Auslassungen Wagners gegen Frankreich unter gleichzeitiger Verherrlichung Preußens, anonym veröffentlicht in einer Zeitung, die als bayerisches Regierungsorgan bekannt war, als unerträglich — doppelt in der delikaten Situation, in der ganz Europa und mit ihm Bayern sich damals befand. Jedenfalls aber unterbrach diese Maßregel des Königs seinen Briefwechsel mit Wagner für mehr als ein Vierteljahr.

Dann allerdings, am 9. März 1868, schreibt er ihm plötzlich wieder. »Ich halte es nicht mehr aus«, beginnt der Brief, »so ganz ohne Nachricht von Ihnen zu sein.« Wagners Antwort aber bebt nun von gekränktem Selbstgefühl, ist so berückend gemischt aus Klage und Anklage und der Erinnerung an die glückliche Vergangenheit, die »göttliche Königshoffnung von einst«, trifft mit so magischer Sicherheit den wirksamen Beschwörungston[2], daß der nächste Brief Ludwigs unter allen andern hervorsticht: denn endlich einmal schreibt er nicht mehr in seinem sonst so schwer zu fassenden, begeisterungschwülstigen und immer wieder täuschenden Stil, sondern ein junger, einsamer Mensch de-

[2] »Wozu mir das?« so beginnt das lange, sehr kunstvolle Schreiben vom 12. März. »Was wecken Sie die alten, hoffnungsvollen Seelenklänge, die nun verklungen sein sollen? ... Mein hoher Freund! Mein letzter, schönster Weltenraum! Solange Sie als Hoffnung in meinem Herzen blühten, da lebten alle Trümmer meines Lebens neu in mir auf ... Daß ich der Hoffnung entsagen muß, weil Sie Ihr eigenes Heil zertrümmern, weil ich Sie mit unwiderstehlichem Zug in den Strudel Ihrer Selbstvernichtung hingerissen sehe und meine Stimme verhallt, ohne an Ihr Herz zu dringen – das ist's, mein König, warum ich klage.«

maskiert plötzlich einfach sein Ringen zwischen Einsamkeit und Stolz, Enttäuschung und Majestät: »Wenn ich hinter Wolken mich zurückzog, so bin ich doch der Alte, nicht so elend und machtberaubt, wie es scheinen mag ... O mein Freund, rosig erschien mir damals die Welt, edel die Menschen; ich habe seitdem so unsäglich bittere Erfahrungen gemacht, daß es mir ganz unmöglich wurde, diese namenlos elende Welt mit Liebe zu umfassen ... Nun ist es vorüber, es war ein Läuterungsprozeß, eine Episode in meinem Leben ... Ich will reißen, mächtig reißen an dem Freundesherzen, bis die trennende Scheidewand einsinkt, der düstere Trauerflor verweht, der sich zwischen uns gelagert hat ...«

Und wirklich folgen nun Zeiten, in denen die königliche Freundschaft ihre früheren Höhen wieder zu gewinnen scheint, der Mai 1868 vor allem, mit der Erstaufführung der »Meistersinger«, die Wagner selbst einstudiert. Alles ist fast wie im »Tristan«-Jahr. »Welcher Tag! Welches Leben! Welche Erinnerung! Seien Sie gesegnet und gepriesen!« Das ist der ganze Inhalt des Billets, das Wagner nach der ersten Audienz zu Ludwig noch hinüberjagt.

Und am 21. Juni dann, als der ganze kostbare Reichtum der »Meistersinger« sich zum erstenmal auf einer Bühne ausbreitet — auch der Aufwand und die unendliche Sorgfalt, mit der die Aufführung vorbereitet war, gleicht der beim »Tristan« —, da feiert der zurückgekehrte Verbannte einen beispiellosen Erfolg: An der Seite des Königs in der großen Mittelloge — ein Bruch mit aller Etikette, eine Herausforderung fast ist diese Intimität im Angesicht der Welt —, so wohnt er der ganzen Aufführung bei. Nach dem zweiten Akt aber nötigt ihn nicht nur der jubelnde Applaus, sondern auch der König selbst an die Logenbrüstung: Aus dem zerfurchten Kämpfergesicht mit der kühnen Nase und dem herrschsüchtigen Kinn blitzen die hellen Augen eines Triumphators hinweg über die nun endlich, endlich unterworfene Menge, indes Ludwigs dunkle Riesengestalt im Hintergrund der Loge fast verschwindet. »Horaz neben Augustus«, telegraphiert Bülow nichtsdestoweniger stolzgeschwellt nach Berlin.

Und dennoch, kurz nach diesem Gipfelerlebnis sinkt das luftige Gebilde der erneuerten Freundschaft wieder in sich zusammen: jetzt nämlich erst erkennt Ludwig die wahre Natur der Verbindung Wagners mit Cosima.

Zwei Jahre schon war es her, daß Malwine von Schnorr, die erste Isolde und Witwe Ludwigs von Schnorr, des ersten Tristan, die zufällig in Triebschen das Geheimnis um Cosima entdeckt hatte, ihm Eröffnungen darüber gemacht hatte, voll entrüsteten Unglaubens hatte er sie abgewiesen. Doch Frau von Schnorr war nicht abzuschrecken; sie hatte ihrem sterbenden Mann das Versprechen geben müssen, Wagner stets vor Feinden und unzuverlässigen Freunden zu schützen, worunter sie, vielleicht nicht frei von Eifersucht, vor allem Cosima verstand. Und diesem Auftrag aus dem Jenseits wurde sie rücksichtslos gerecht.

Selbstverständlich, daß Wagner und Cosima alles taten, um Malwine bei Ludwig zu diskreditieren. Cosima schrieb ihm im Tone schmollender Gekränktheit, jene »böse Frau« streue »Gehässigkeiten« gegen sie aus; deshalb sei sie »scheu geworden und zaghaft«, obschon sie in Wirklichkeit ja nichts weniger als gerade das war. Wagner seinerseits empfahl dem König, »größte Strenge in der Zurückweisung der Dame« als »gebührend und heilsam«; unter Androhung der Ausweisung, vielleicht auch des Verlustes ihres Ehrengehaltes, sei ihr Schweigen aufzuerlegen. Doch Frau von Schnorr war nicht zu zügeln: sie bestürmte Ludwig mit Briefen und beschimpfte schließlich Cosima auf offener Straße, worauf sie wirklich ausgewiesen wurde, allerdings nur für einige Zeit.

Ob es diese Aktion der Frau von Schnorr war oder was sonst, was dem König endgültig die Augen öffnete, ist nicht genau bekannt. Fest steht nur, daß er kurz nach den »Meistersingern« vollkommen und unwiderleglich unterrichtet war.

Die Entdeckung ist offenkundig niederschmetternd für ihn gewesen. Völlig glaubhaft ist, daß er, wie Cornelius berichtet, »diese jahrelange Hintergehung sein allerschmerzlichstes Erlebnis« nannte. Denn nun stellte sich ja auch das Moralitätszeugnis, das er 1866, nach Wagners Konzept, für Cosima öffentlich ausgestellt hatte, als Vertrauensmißbrauch heraus: Unterschrift und Bürgschaft der Majestät standen unter einer Unwahrheit, die als Unwahrheit – wer weiß wie lange schon! – nicht nur den Beteiligten, sondern weitum im ganzen Lande bekannt gewesen war. Welche Demütigung für seinen Unfehlbarkeitsglauben, für sein Erlesenheitsgefühl!

Es war ein für Ludwig unbegreiflicher Verrat, ja, für seine mittelalterliche Vorstellungswelt das Kapitalverbrechen der Felonie, des Treubruchs gegen den Lehensherrn. Und alle Milderungsgründe, die bestanden, die sich etwa auf Macht und Recht der Leidenschaft berufen hätten, sie verfingen gerade bei diesem König nicht, dem die Leidenschaft zwischen den Geschlechtern wenig oder nichts besagte. Noch ehe er volle Gewißheit besaß, hatte er geäußert: »Ich kann und will es nicht glauben, daß Wagners Beziehungen zu Frau von Bülow die Grenzen der Freundschaft überschreiten. Das wäre furchtbar!« oder an Düfflipp geschrieben: »Sollte das traurige Gerücht also doch wahr sein, ... sollte also wirklich Ehebruch im Spiel sein! – Dann wehe!«

In der Tat bricht sein Briefwechsel mit Wagner jetzt ab. Zwischen dem 14. September 1868 und dem 10. Februar 1869 schweigt der König vollkommen. Zwar enthalten Briefe Wagners gewisse Sätze, in denen sich Geständnisse andeuten. Aber sie kamen, nachdem Ludwig schon alles wußte, viel zu spät. In den seltenen und knappen Briefen, die Ludwig später wieder an Wagner richtete, erwähnte er diese Rechtfertigungsversuche mit keiner Silbe. Unterredungen, die Wagner schließlich erbat, ließ er ablehnen. Acht Jahre lang hat er ihn sich auf diese Weise ferngehalten. Noch weniger hat er sich je mit Cosima innerlich versöhnt, obwohl er auch mit ihr den Briefwechsel wieder aufnahm. Doch ihr Haus hat er nie mehr betreten, weder in Triebschen noch später in Bayreuth, und selbst als sie nach Wagners Tod um eine Audienz bat, wurde sie ihr abgeschlagen.

*

Allerdings, die Entfremdung zwischen Ludwig und Wagner bedeutete keineswegs auch die zwischen seiner Kunst und dem König. Im Gegenteil, fast mit Gewalt begann er jetzt sich ihrer zu bemächtigen. Denn da seine vertraglichen Unterhaltszahlungen an Wagner unverändert weiterliefen, blieb er auch Eigentümer seiner fortschreitenden musikalischen Produktion, ein Recht, das er aufs unbekümmertste ausnutzte. Denn die ersten Teile der »Ring«-Tetralogie, die nun allmählich der Beendigung zureiften, wollte Ludwig, süchtig wie nur je nach den Werken des alten Zauberers, so rasch wie möglich auf der Bühne sehen. Wohingegen für Wagner die isolierte Erstaufführung des »Rheingold«, die der

König für Mitte 1869 befahl, ein barbarisches Attentat gegen die organische Einheit des »Ring« bedeutete. Er selbst setzte in München Himmel und Hölle in Bewegung, um zu verhindern, daß, was er als ein Ganzes konzipiert hatte, stückweise in den »Pfuhl« der Theater-Routine geworfen werde, vergeblich: Ludwig, juristisch gedeckt, empfing ihn überhaupt nicht und schwieg auf seine Briefe und Telegramme. Ja, in einer Depesche des Königs an Düfflipp heißt es: »Den nichtswürdigen und ganz unverzeihlichen Intrigen von Wagner und Konsorten muß schleunigst ein Ende gemacht werden ... Wagt Wagner sich neuerdings zu widersetzen, so ist ihm der Gehalt für immer zu entziehen und nie mehr ein Werk von ihm auf der Münchener Bühne aufzuführen.«

Am 22. September endlich ging »Rheingold« in Szene, im feierlichen Rahmen von »Tristan« und »Meistersinger«, nur daß der König heute allein in seiner Loge saß, während Wagner ostentativ in Triebschen blieb. Der große szenische Apparat, den er vorgeschrieben hatte – schwimmende Nixen, farbige Nebel und Dämpfe, Regenbogenbrücke und Götterburg – und der seit Wochen schon fanatisch umstrittener Lieblingsgesprächsstoff der Stadt[4] gewesen war, arbeitete noch nicht fehlerlos. Doch setzte sich die kühne Neuartigkeit des Musikalischen durch, je weiter die Aufführung vorschritt. Der Schlußapplaus überwand den Widerspruch.

Ganz ähnlich im nächsten Jahr, als die »Walküre« vorlag. Schon im Februar schrieb Wagner ahnungsvoll an Klindworth: »Mein junger König in München macht mir wieder große, große Not: Sie werden's bald erfahren, daß die Sauereien des »Rheingold« sich nun auch an der »Walküre« wiederholen sollen.« Und als in den folgenden Verhandlungen Wagner den Einwand erhob, es fehle an ihm genehmen Dirigenten, da sowohl Bülow wie Hans Richter ausgeschieden seien, fuhr der König unwirsch dazwischen: daran sei Wagner selbst schuld (was sachlich zutraf); dafür solle er nun auch büßen; er, der König, wolle es nicht. Und er ordnete an, nunmehr ohne Rücksicht auf Wagner mit der »Walküre« zu beginnen. Am 26. Juni 1870 fand die Uraufführung

[4] Das »Bayerische Vaterland« – ein Beispiel nur für die Tonart, in der gestritten wurde – nannte die Szene der Rheinstöchter »das reinste Hurenaquarium. Die unterwässerigen Weibsleut sind splitternackt; nicht einmal ein Hemdchen hat's ihnen gelitten, den armen Wassertierchen.«

Arbeitszimmer Ludwigs II. in Schloß Herrenchiemsee

Sogenannter Nymphenschlitten des Königs

statt. Zu den Sensationen gehörte diesmal, daß der Walkürenritt von maskierten Reitknechten auf Rossen des Marstalls ausgeführt wurde.

Kaum verwunderlich, daß in solcher Lage auch die Pläne um das Münchener Wagner-Festspielhaus sich verflüchtigten, obwohl Semper die Entwürfe beendet und dem König in einem Riesenmodell vorgeführt hatte. Die Legende will wissen, die Ausführung sei unterblieben, weil die Stadt München oder die bayerischen Behörden die hohen Kosten gescheut hätten, und es hat nicht an Spott und Klagen über so viel Spießbürgerei gefehlt. Tatsächlich aber hat man von staatlichen oder städtischen Instanzen eine Willensäußerung über das Festspielhaus niemals eingeholt, die darum auch gar nicht imstande waren, ihre Zustimmung zu verweigern. Vielmehr hat der König niemals anderes beabsichtigt, als das Theater durch seine Kabinettskasse zu finanzieren, die dazu eine Anleihe aufnehmen sollte[5]. Er hatte auch bereits die Grundsteinlegung für den März 1867 angeordnet, als er plötzlich aus Triebschen um Aufschub ersucht wurde: »So schwer es mir fällt«, schrieb Cosima, »so unbeschreiblich schmerzlich es mir ist, ich glaube dem hohen Gnädigen sagen zu müssen, daß dieses Jahr bei der herrschenden Stimmung des Landes es mir nicht rätlich erscheint, an ein solches Unternehmen zu gehen ...«

Daß Wagners Interesse an dem Münchener Bau erlosch, je mehr seine Stellung zu Ludwig sich veränderte, ist ja auch durchaus verständlich: denn war das königliche Wohlwollen, von dem das Riesenunternehmen in München vollkommen abgehangen hätte, angesichts der wandelbaren Stimmungen der Majestät, nicht ein allzu unsicherer Baugrund? So trug sich Wagner damals schon mit den Verselbständigungsideen, die viel später in Bayreuth Gestalt gewannen. Bald nach den »Meistersingern« war das Münchener Projekt jedenfalls erledigt; übrig blieb nur Sempers gespenstisch weißes Gipsmodell, das heute ein Museumsobjekt ist.

Semper selbst übrigens war überzeugt, Wagner habe den Festspielbau hintertrieben, um die beginnende Baulust des Königs nicht noch

[5] Scharf formuliert Stemplinger (S. 86) das folgendermaßen: »Wer in Kenntnis des wirklichen Hergangs in Zukunft noch behauptet, der bayerische Staat, die Stadtverwaltung oder Bevölkerung Münchens, Preßtreibereien oder die ultramontane Partei habe das Sempertheater in München vereitelt, ist ein Verleumder.«

weiter anzueifern, von der er befürchtete, sie könne Ludwigs Interesse für die Oper und für ihn selbst vollends verdrängen. Ob er damit recht hatte, läßt sich nicht sagen. Richtig ist jedenfalls, daß um 1868 die ersten Regungen jener Betätigungssucht bei Ludwig auftraten, die später, hypertrophisch wuchernd, den ganzen Menschen in ihren Bann schlagen und die Schlußkatastrophe herbeiführen sollte.

*

Tief im oberbayerischen Graswangtal, wo das rasche Flüßchen Ammer entspringt, lag seit uralter Zeit ein bäuerliches Anwesen, der Linderhof. Jetzt unterhielt hier das königliche Gestüt Schwaiganger eine Fohlenkoppel, und Maximilian II. hatte in der Nähe eines seiner Jagdhäuser errichtet. Auch Ludwig II. hielt sich immer gern hier auf, nicht zum wenigsten auch aus seiner Vorliebe für seinen Vorfahren und Namensvetter Kaiser Ludwig den Bayern, der hier zu jagen pflegte und dessen Stiftung der unweit dem Wald entragende Kuppelbau des Klosters Ettal ist.

Nun aber, belastet von den Enttäuschungen der letzten Jahre und den daraus entstandenen Einsamkeitsgefühlen, ergab sich dem jungen König aus der völligen Entlegenheit und berückenden Anmut des Platzes der Wunsch nach Dauer und Bleiben. Ursprünglich wollte er nur »einen kleinen Pavillon« hier gebaut haben, »einen nicht zu großen Garten ... alles nach bescheidenen Dimensionen ... nur drei etwas reicher und eleganter ausgestattete Zimmer.« Aber der Plan wuchs, als bekäme er allmählich eigenes Leben, dem Bauherrn weit über den Kopf, zehn Jahre lang; immer wieder wünschte er neue Vergrößerungen, Anbauten, Erweiterungen; höchste Eile verlangte er ebenso wie erlesenstes Material, während er Rücksicht auf die Kosten bald nicht mehr kannte. Da eine Eisenbahnstrecke noch nicht in der Nähe war, bedeckten jetzt Züge von Lastwagen die Landstraßen, bevölkerten Arbeiterkolonnen die umliegenden Dörfer. So begann Ludwigs erster Schloßbau, Linderhof, zu entstehen, andere folgten ihm; von ihnen wird zu ihrer Zeit noch die Rede sein.

Zur gleichen Zeit, in der im Graswangtal der Bauplatz vermessen wurde, kam es in München, aus ähnlichen Motiven der Menschenscheu und Einsamkeitssehnsucht, zu den ersten der sogenannten Separatvorstellungen. Unter dem 28. September 1867 berichtet der österreichische Legationssekretär Zwierzina, offenkundig schwer erstaunt, es fänden im Hoftheater bei hellerleuchtetem, aber vollständig leerem Hause Vorstellungen statt, denen der König allein beiwohne; nicht eine einzige unbeschäftigte Person dürfe außer ihm zu sehen sein.

An sich dürfte der Wunsch, im Genuß einer dramatischen Leistung nicht durch ein indiskretes Angestarrtwerden aus Operngläsern gestört zu werden, nicht so unverständlich sein, wie er dem Wiener Diplomaten vorkam, namentlich nicht in jener Zeit, in der Ludwig kurz vor seiner Entlobung stand und daher Klatsch und Neugier ihn womöglich noch hemmungsloser umwogten als sonst. »Ich will selbst schauen«, sagte er zu Possart, »aber kein Schauobjekt für die Menschen sein« – also etwa die gleichen Gründe, aus denen Bismarck später die Berliner Philharmoniker ins Reichskanzlerpalais zu bestellen pflegte.

Die Vorstellungen begannen auch keineswegs, wie die Legende wissen will, um Mitternacht, sondern zwischen neun und zehn Uhr abends und waren, mit Ausnahme des ungekürzten »Don Carlos«, vor zwölf Uhr beendet. Zuschauerraum, Treppen und Gänge waren wie sonst beleuchtet. Der König saß meistens in der Mittelloge, darunter, für ihn nicht sichtbar, einzelne Gäste und ein kleines Gefolge. Gerüchte über kolossale Ausstattungskosten der von ihm verfügten Neueinstudierungen seien, so berichtet wenigstens Possart, der das wissen muß[6], »lächerlich übertrieben«. Von eigentlicher Verschwendung könne keine Rede sein, da die Anschaffungen auf Jahre hinaus den Fundus bereicherten. Überdies wurde ja jedes Defizit der Hoftheater aus der Zivilliste, also vom König persönlich gedeckt, so daß die Separatvorstellungen rechtlich nicht anfechtbar waren und auch der Staat durch sie unmittelbar nicht geschädigt wurde.

*

Im Frühjahr 1869 lief die Landtagsperiode ab und die Neuwahlen brachten einen radikalen Umschwung: der Liberalismus verschiedenster Schattierungen, der bisher die Mehrheit der Kammer gebildet hatte, geriet plötzlich in die Minorität; seinen insgesamt 74 Abgeordneten

[6] Er gehörte der Münchener Hofbühne von 1864 bis 1905 fast ununterbrochen als Schauspieler, Regisseur und Intendant an.

(darunter 63 der Fortschrittspartei) standen jetzt 80 einer neuen Partei gegenüber, der konservativ-katholischen Bayerischen Patriotenpartei. Ihr Wahlsieg war das Ergebnis sowohl einer stürmischen Selbstbesinnung Altbayerns als auch der Intoleranz, mit der der jugendlich unkluge Liberalismus von damals seine Macht ausgenutzt hatte, ganz besonders seiner blinden Kirchenfeindschaft und des intellektuellen Hochmuts, in dem er seine Gegner als bigott verdummte Masse unterschätzt hatte. Ein weiteres zum Erfolg der Patrioten tat ihre ausgezeichnete, das ganze Königreich und seine historischen Stände, Adel, Klerus, Bauernschaft umfassende Organisation: die »Bauernvereine« auf dem flachen Lande, in denen hoher und niederer Adel sich eifrig betätigte, und die katholischen »Kasinos« in den Städten. Hier wie dort wirkte mit Leidenschaft ein zumeist dem heimischen Bauernstand entwachsener, volksnaher Klerus. Das Programm der Patrioten führte an der Spitze die Selbständigkeit Bayerns. Demzufolge verfochten sie ein föderalistisches Deutschland mit Anschluß Österreichs, bekämpften grundsätzlich den Liberalismus, den sie mit »spezifischem Preußentum" gleichsetzten und erstrebten den freien deutschen Rechtsstaat. Den bayerischen König wünschten sie sich »frei, unbeeinträchtigt nach außen in seinen Souveränitätsrechten erhalten, ohne daß er sein Haupt vor einer andern Krone in mutloser Vasallenhuldigung beugen müsse«.

Schwer erklärbar ist, daß Ludwig II. mit einer Partei, deren Programm dergestalt geradezu auf ihn zugeschnitten schien, nie auch nur in engere Fühlung kam, ja, sich eigentlich immer in Gegnerschaft zu ihr befand. Doch war auch den Patrioten selbst der König schon dank seiner persönlichen Extravaganzen zum mindesten etwas unheimlich, durch seine Neigung also zu Wagner, seine Entlobung, seine Menschenscheu und natürlich auch sein Festhalten an der Regierung Hohenlohe, deren einseitige Parteinahme für die Fortschrittspartei und gegen die Patrioten offenkundig war.

Es liegt nun einmal an Ludwigs Unzeitgemäßheit, daß er, naturnotwendig, zwischen den beiden parlamentarischen Grundrichtungen seiner Zeit stehend, keiner zugehören konnte. Man kann zwar zuweilen lesen, er sei »liberal« gewesen. Tatsächlich aber sympathisierte er nur mit der kulturellen Toleranz der Liberalen, die sich ja auch zugunsten Wagners auswirkte. Ihr Drängen zum kleindeutschen Reich, ihre Agitation gegen die dem Einheitsstaat im Wege stehenden deutschen Monarchien erkannte er aber als Existenzbedrohung, die jedes Vertrauen von vornherein ausschloß.

Ebenso aber war er auch von der Patriotenpartei getrennt, obwohl sie mit der ganzen Wucht ihrer Volkstümlichkeit für die bayerischen Kronrechte eintrat. Doch störte ihn zunächst die geschlossen konservative Kulturauffassung der Partei, aus der heraus sie auch Wagner unerbittlich bekämpfte. Zweitens fürchtete Ludwig stets, der hier politisierende Klerus werde vom Religiösen her auf die Seelen der Staatsbürger Ansprüche erheben, die in die Rechte des Staates eingriffen. Endlich war ihm die Patriotenpartei als eine parlamentarische Partei zuwider und weil der mittelalterlich-feudale Staatsbegriff in Parteien nur Hindernisse sehen kann, die sich in den natürlichen Zusammenhang von Volk und Fürst einschieben, nicht von Gott geschaffen, sondern nur von Menschen organisiert. Ludwig selbst hat einmal gesagt, er kenne nur eine Partei, »jene der wahrhaft edlen Menschen, die durch reine Gesinnungen, nützliche Tätigkeit und Wissen dem Gemeinwohl dienen ... Diese alle und nur diese sind von meiner Partei.«[7]

Doch auch in der Patriotenpartei fehlte es an Feinfühligkeit, um in die Gedankenwelt des jungen Königs einzudringen. Dazu reichte die derb-schlaue Diplomatie des Münchener Erzbischofs von Scherr nicht aus. Man trieb vielmehr den König nur immer tiefer in seinen Trotz hinein, der ihn an Hohenlohe festhalten ließ, bis die Patriotenpartei sich so erhitzte, daß man in ihr sogar die Frage zu erörtern begann, ob Ludwig nicht die Dynastie gefährde und man daher an einen Thronwechsel denken müsse.

Wirklich war es auch die Opposition innerhalb des Hauses Wittelsbach, die Hohenlohe stürzte. Nachdem er als Ministerpräsident eines katholischen Staates sich von seinem hastigen Reformeifer in einen Streit mit der römischen Kirche hatte verwickeln lassen, dem protestantische Regierungen wohlweislich fernblieben[8], richtete die neue Kammer an

[7] Bitterauf in »Allgemeine Deutsche Biographie«. Bd. 55.

[8] Bereits im April 1869 forderte Hohenlohe alle Regierungen zu einem vorsorglichen Protest gegen das päpstliche Unfehlbarkeitsdogma auf, das erst für das kommende Jahr erwartet wurde. Er hatte keinerlei Erfolg damit. Bismarck beispielsweise antwortete, man dürfe nicht protestieren, wenn man nicht auch die Macht habe, das zu verhindern, wogegen man protestiere.

den König die Bitte, ein Ministerium zu berufen, das das Vertrauen des Landes besitze[9]. Doch da in Bayern nicht strenge nach parlamentarischem System regiert wurde, brauchte das Hohenlohes Stellung noch nicht zu erschüttern. Unhaltbar aber wurde sie, als auch die Reichsratskammer, also das bayerische Oberhaus, eine Adresse annahm, die sich gegen den Fürsten wandte[10], und zwar mit den Stimmen fast aller Prinzen des königlichen Hauses. Und da der König ihnen zuvor hatte bedeuten lassen, er wünsche, daß sie sich der Stimme enthielten, war auch der beabsichtigte Affront gegen ihn unverkennbar. Ludwig beantwortete ihn, indem er seine ungehorsamen Familienmitglieder zeitweilig vom Hofe verbannte — was bei seiner ungeselligen Hofhaltung nicht viel bedeutete — und die zwölf Reichsräte, die gegen die Adresse gestimmt hatten, zur Tafel einlud. Die Adresse selbst weigerte er sich anzunehmen.

Noch in der Abschiedsaudienz Hohenlohes aber machte der König sich Gedanken darüber, ob die Entlassung dieses ungeliebten Ministers nicht etwa dennoch Schwäche und Nachgiebigkeit kundgebe; über die Patrioten äußerte er sich »entrüstet«; keinesfalls wolle er jetzt »ultramontane Minister«; wen Hohenlohe selbst als seinen Nachfolger vorschlage? Worauf der Fürst den Gesandten in Wien, Graf Bray, nannte, obwohl er ihn im Grunde des Herzens für eine »Nullität« hielt. Tatsächlich wurde auch Bray berufen, und die Wiener Sympathien, die man ihm nachsagte, verschafften ihm in München rasch eine sehr günstige Position.

Denn die Wahlerfolge der Patrioten und der Sturz Hohenlohes waren nichts Isoliertes, sondern Symptome einer umfassenderen Entwicklung: eines neuen Aufraffens des bayerischen Staatsbewußtseins. Die Folgen der Niederlage von 1866 — und vielleicht jeder Niederlage? —, Schwächegefühl, Kapitulationsbereitschaft, Charaktererweichung, La-

[9] »Die Verträge mit Preußen«, so hieß es hier, »sind der Deutung fähig, und die möglichen Deutungen verbreiten Beängstigung im Volke. Daraus entspringt unwillkürlich das Verlangen nach einem Leiter unserer auswärtigen Angelegenheiten, dem das Vertrauen des Landes entgegengetragen werde.«

[10] »Ein wirkliches Vertrauen wird nur dann zurückkehren, wenn es Ew. Majestät gelingt, Männer als Räte der Krone zu finden, welche den entsprechenden Willen mit der Festigkeit des Handelns vereinen und die in gleicher Weise das Vertrauen Ew. Majestät wie des Landes besitzen.«

mentiersucht und Sündenbocksuche verflüchtigten sich allmählich und ließen die Substanz des alten Landes wieder zum Vorschein kommen. In den Untergründen des Unbewußten entfesselte sich hier ein letzter Aufstand eines in sich gefestigten großbäuerlichen Gebiets gegen die ringsum anwachsende Expansion einer wirtschaftlich und kulturell ganz gegensätzlichen Epoche; es ging, wie Jörg schrieb, um den »Widerstreit der alten historischen Stände gegen die gefährliche Suprematie jenes modernen Gebildes, welches unter dem Namen der Bourgeoisie ... in Bayern wie überall entstanden ist«. Da die Bewegung konservativ war, war sie auch großdeutsch; und schon im August 1868 führte das deutsche Bundesschießen in Wien, in Anwesenheit des ganzen österreichischen Ministeriums, zu Verbrüderungsszenen, bei denen »Wiedervereinigung« das große Losungswort war und die süddeutschen Abgeordneten des Zollparlaments, die sich in Berlin gar nicht kühl genug betragen konnten, von Begeisterung auf loderten. Die französische Diplomatie konnte berichten, die süddeutsche Volksstimmung werde immer preußenfeindlicher – wozu allerdings auch die ungeschickte preußische Verwaltungspraxis in den annektierten Provinzen nicht wenig beitrug. Das altbayerische Sprichwort »Es gibt nur einen Weg, sich mit einem Preußen zu verständigen: tritt ihm auf die Zehen, bis er sich entschuldigt« wurde aufs neue volkstümlich, und die Frage, ob das Schutz- und Trutzbündnis von Bayern aus kündbar sei, griff gefährlich um sich. Im Januar 1870 bereits äußerte sich ein Regierungsvertreter im Landtag recht zweiflerisch hierüber, während die Kammermehrheit die Abschaffung des stehenden Heeres und die Einführung des Milizsystems forderte, wodurch von selbst schon das Schutz- und Trutzbündnis stark entwertet worden wäre.

Ludwig II. stand mitten in dieser Entwicklung, anscheinend von ihr unberührt. Doch gewisse Symptome verraten mehr. Als beispielsweise Emanuel Geibel, einst von Maximilian II. nach München berufen, jetzt ein Gedicht an König Wilhelm richtete, in dem es heißt:

»Und sei's als letzter Wunsch gesprochen,
Daß noch dereinst dein Aug' es sieht,
Wie übers Reich ununterbrochen
Vom Fels zum Meer dein Adler zieht«,

in dem also dem Preußenkönig die Herrschaft über Bayern gewünscht wurde, da strich Ludwig dem unvorsichtigen Poeten das Ehrengehalt. Und als der preußische Kronprinz Friedrich Wilhelm in Bayern erschien, um mit seiner allbekannten Liebenswürdigkeit die Besiegten von 1866 zu freudigen Bundesgenossen umzustimmen, da ließ der König zwar den Gast durch Prinz Otto mit allem schuldigen Pomp, Kürassiereskorte, gepuderten Pagen und Vorreitern, am Bahnhof empfangen, war selbst aber, angeblich krank, nur im verdunkelten Zimmer auf der Chaiselongue liegend für ihn zu sprechen. Mit Genugtuung vielleicht hat er bemerkt, daß dieser Preuße mit dem wehenden Vollbart, aus dem die eilfertige Legende bereits einen blonden Recken gemacht hatte, tatsächlich um einen Kopf kleiner war als er selbst. Denn hier entstand nun zwischen antipodischen Menschen eine lebenslange Feindschaft: schien doch dem preußischen Thronerben in nächster Zukunft alles das und noch viel mehr an Herrschergewalt mühelos zuzufallen, was dem bayerischen König immer unaufhaltsamer entglitt. Ja, wer wußte, ob nicht der mittelalterliche Kaiserpurpur jenen noch einmal schmücken würde? War er besser als Ludwig, klüger, edler — dieser Abkomme der brandenburgischen Markgrafen, die ihren preußischen Königstitel von einem Lande empfangen hatten, das dem alten Reich überhaupt nicht angehörte[11]? War er nicht vielleicht nur ein vom Zufall des Schlachtenglücks begünstigter Dilettant? Freilich, er besaß die Selbstverständlichkeit des Allgemeingültigen, die Ludwig so völlig fehlte — der kühlköpfige Berliner, der die gleiche knappe, preußische Sprechweise hatte wie sein Vater, auch wenn er Gewinnendstes sagte, und für den es bereits entschieden war, daß die gegenwärtige liberalnationale Zeitströmung von nun an Lebensgesetz der Welt sein werde. Gewiß, heute war Friedrich Wilhelm noch ein Niemand, von einem strengen Vater und einem allmächtigen Minister gebändigt, aber tagtäglich konnte sich das alles ändern. Ludwig begann ihn zu hassen.

Schon bei dieser ersten Begegnung mit dem Kronprinzen versperrte sich Ludwig gegen ihn so gut es ging, und obwohl ihre Gespräche insgesamt fünf Stunden dauerten, entschlüpfte er jeder Berührung der eigentli-

[11] Der Königstitel, den die Hohenzollern 1701 annahmen, bezog sich nur auf das Herzogtum Preußen, das immer außerhalb des Reiches und bis 1660 unter polnischer Lehenshoheit gestanden hatte.

chen Tagesfragen: Bayern, Preußen, Deutschland. Allerdings, als der Kronprinz mit Hohenlohe sprach, zeigte sich, daß Ludwig richtig gesehen hatte, indem Friedrich Wilhelm tatsächlich schon als völlig fraglos voraussetzte, daß das bayerische Königtum keine Lebensberechtigung mehr habe. Man war in München, so schrieb der preußische General Stosch nach Hause, überall zwar äußerst höflich und freundlich, aber ebenso zurückhaltend; als »einzigen Mann bei Hofe, der sich beflissen und für Preußen interessiert zeigte«, nennt er Holnstein.

Im hellhörigen Berlin hatte man diesen süddeutschen Umschwung zeitig schon erkannt und zu bekämpfen versucht. Im Frühjahr 1870 bereits ging das Gerücht um, Bismarck werde Wilhelm I. zum Kaiser, sei es Deutschlands, sei es Norddeutschlands proklamieren, um die Stimmung zu heben und zu zeigen, daß er etwas für die Einigung tue. Gleichzeitig etwa beklagte Bluntschli dem Großherzog von Baden gegenüber die Unerträglichkeit der Situation, worauf dieser erwiderte, auch Bismarck sehe ein, daß hier »etwas geschehen müsse«. Und Stosch schrieb am 25. Mai desselben Jahres, man müsse sich immer wieder sagen, freiwillig kämen Nord- und Süddeutschland nicht zusammen; »dazu gehört eine große Krise innerer oder äußerer Art«.

Mancherlei Gründe ließen es Bismarck 1870 geraten erscheinen, die kleindeutsche Einigung durch das gewaltige Medium des Französischen Krieges abzuschließen; unter ihnen aber war ohne Zweifel auch der, die zunehmende Entfremdung Süddeutschlands vom Norden rechtzeitig noch aufzuhalten.

XIII

DER BÜNDNISFALL

Als der Krieg von 1870 heraufzog, schien es daher noch keineswegs ausgemacht, daß Süddeutschland sich an ihm beteiligen würde. Auch war sein Anlaß, die Kandidatur eines Hohenzollernprinzen auf den spanischen Thron, ja rein dynastischer Natur und daher außerstande, die nationaldeutschen Empfindungen des Südens zu aktivieren. Eben dies aber, daß hiernach die Neutralität Süddeutschlands nahezu sicher schien, machte die französische Diplomatie so starr und verbissen und ließ sie (nachdem sie bereits erreicht hatte, was billigerweise zu verlangen war, den Verzicht des Prinzen Hohenzollern) noch überspitzte Zusatzforderungen nach preußischen Garantien gegen eine Wiederkehr solcher Kandidaturen stellen — was dann zur Katastrophe führte. Man konnte sich allerdings auch in Paris schlechterdings nicht ausmalen, wie die hurtige Kombinationskraft Bismarcks hier arbeiten würde: daß er die »Emser Depesche« (ursprünglich nur die amtsinterne Mitteilung, König Wilhelm wünsche, daß seine Verhandlungen mit dem französischen Botschafter Benedetti, deren er überdrüssig geworden war, zwischen den Außenämtern fortgesetzt würden) zu einem Sprengmittel umredigieren könnte, das nach zwei Seiten zugleich wirkte: denn nun empörte sich Deutschland ebenso über die vermeintliche Beleidigung des alten Königs, wie Frankreich über die ebensowenig tatsächliche Demütigung Benedettis. Und so wurde Napoleon zu einer Kriegserklärung verleitet, durch die Preußen die Stellung des Angegriffenen gewann, und die Schutz- und Trutzbündnisse mit den Süddeutschen in Bewegung gesetzt wurden.

Damit aber war der wichtigste Teil der Kriegs-Konzeption Napoleons bereits ausgeschaltet. Denn sie bestand wesentlich darin, daß er sofort, mit 100 000 Mann den Rhein überschreitend, sich in Süddeutschland mit österreichischen und italienischen Heeren vereinigen wollte; München sollte von Italienern besetzt und die fränkischen Provinzen

Bayerns eine Operationsbasis gegen Norden werden. Die süddeutschen Regierungen spielten in diesem Plan keine große Rolle mehr: Man rechnete damit, daß der rapide Einmarsch der Franzosen ihrer Mobilmachung zuvorkommen und so das Schutz- und Trutzbündnis illusorisch machen würde. Somit hing das Gelingen zuallererst davon ab, ob Napoleon imstande war, im Augenblick des Kriegsausbruchs schon eine starke, schlagfertige und der preußischen gleichwertige Armee ins Herz Süddeutschlands zu werfen; denn nur ein auf glänzende Weise siegreiches Frankreich konnte Hoffnungen auf die Bundesgenossenschaft so unkonsolidierter und wankelmütiger Mächte wie Österreich und Italien hegen.

Daß jedoch die französische Armee von 1870 zu derart kühnen Vorstößen durchaus unfähig war, mußte der Kaiser wissen[1]. Eben deshalb ist es so schwer verständlich, daß er trotzdem an seinen Projekten festhielt und die Schuld an seiner Niederlage später auf Italien und Österreich schob, mit denen ihn tatsächlich nichts weiter verband als freundschaftliche Briefe Franz Josephs und Victor Emanuels und unverbindliche, wenn auch schon weit ins Detail reichende Generalstabsbesprechungen. Ganz in seinem optimistischen »Köhlerglauben« hatte er noch Ende 1869 gesagt: »Man wird das Bündnis mit Italien als gewiß, das mit Österreich als moralisch, wo nicht tatsächlich gesichert betrachten dürfen.«

Die bayerische Regierung sah die Lage nüchterner und richtiger. Graf Otto Camillus von Bray-Steinburg, ihr neuer Vorsitzender, war ein Mann von dreiundsechzig Jahren, lang, hager, starkknochig, mit einem kurzen Backenbart, der ihm etwas vom reisenden Lord oder auch vom Jesuiten der damaligen Witzblätter gab. Er war ein vorsichtiger, bedächtiger Arbeiter, der sich nicht für ein Genie hielt, doch ein zuverlässiger Charakter. Er trug nicht einen einzigen Tropfen bayerischen Blutes in sich, da sein Vater ein Emigrant aus uraltem normannischem Geschlecht, seine Mutter eine Livländerin gewesen war. Dennoch war er kein Hohenlohe, kein geistreicher Liquidator Bayerns, und bei aller seiner vernünftigen Einsicht in die Unabwendbarkeiten des historischen

[1] Allerdings rechnete auch ein so guter Soldat wie Erzherzog Albrecht mit einem französischen Rheinübergang vor Beendigung der preußischen Rüstungen und einer Entscheidungsschlacht an der sächsischen Grenze Anfang September.

Werdens stand doch die Existenz des Staates, dessen Ministerpräsident er nun einmal war, im Mittelpunkt seines Denkens und seiner Verantwortung.

Freilich, die Situation dieses Staates war schon so mißlich eingeengt, daß ihm nur noch eine sehr geringe Anzahl politischer Möglichkeiten übrigblieb. Das Schutz- und Trutzbündnis an sich sah Bray nicht als unbedingt zwingend an: Notfalls wäre eine bayerische Neutralität formal immer damit zu rechtfertigen gewesen, daß das Bündnis nicht »ewig«, somit also jederzeit kündbar und außerdem in einer Zwangslage Bayerns geschlossen worden sei, die heute nicht mehr bestand[2]. Aber er sah (wie er damals seinem jungen Mitarbeiter Lerchenfeld anvertraute), den Bestand Bayerns praktisch am besten gesichert, wenn es sich auf Preußens Seite schlug; denn siege Preußen, dann sei es doch wohl gezwungen, Bayerns Integrität zu achten; unterliege es, so verliere Bayern höchstens die Pfalz, da Frankreich immer die Selbständigkeit der deutschen Einzelstaaten begünstigen müsse; wenn man jetzt aber Preußen im Stich lasse und es siege, so erwarte Bayern danach das Schicksal Hannovers. Eben deshalb suchte er lavierend eine deutliche Parteinahme möglichst noch so lange zu verzögern, bis Preußen eine solide Garantie für den Weiterbestand Bayerns gegeben hätte, eine Hoffnung, die sich allerdings nicht erfüllte. Noch übler erging es einem mit Hilfe des englischen Gesandten unternommenen Vermittlungsversuch Brays, den der preußische Gesandte zwar billigte, Bismarck aber, der sich sein kunstvolles Gespinst nicht von Bayern her verwirren lassen wollte, so schroff ablehnte, daß Bray schon an Rücktritt dachte.

Die Volksstimmung in Bayern war zwiespältig. An der Oberfläche sah es aus, als verlange sie stürmisch nach Krieg an der Seite Preußens. Aber dabei handelte es sich vornehmlich doch um die städtischen Oberschichten, die die Träger der liberal-nationalen Impulse waren und die Möglichkeit hatten, sie weithin vernehmbar zu machen. Auf dem Lande, dem es schwerer fiel, sich zu äußern, sah es anders aus. Hier rechnete man, wohl noch in Erinnerungen an den ersten Napoleon befangen, mit schnellem Rheinübergang und Einbruch der Franzosen; vielerorts

[2] Auch Bismarck spricht ja in »Gedanken und Erinnerungen« im Kapitel »Der Dreibund« davon, daß alle Bündnisse, die zu Leistungen verpflichten, unter der stillschweigenden Annahme der »clausula rebus sic stantibus« geschlossen seien.

kam es zu Panikszenen[3]; aus Unterfranken etwa konnte man vernehmen, die Felder seien grün geschnitten worden, ehe der Feind sie zerstampfen könne, wobei aber unter »Feind« nicht die Franzosen, sondern die Preußen verstanden wurden[4].

Der König hatte sich beim Beginn der Krise aus München zurückgezogen. Er gab an, die entlegeneren Jagdhütten auf dem Hochvogel und dem Kramer aufsuchen zu wollen, wohin ihm nur in allerdringlichsten Fällen eine Stafette nachgeschickt werden sollte. Er blieb aber tatsächlich in Linderhof, also bedeutend leichter erreichbar als im Hochgebirge: Offenbar wollte er zwar ungestört sein, trotzdem aber die Möglichkeit unvermutet raschen Eingreifens behalten.

Es ist, als ob sein Instinkt ihm sagte, daß er in diesen Stunden und Tagen sehr wach, sehr klaren Kopfes sein müsse — sein ererbter Instinkt, aus dem die Väter um so vernehmlicher zu ihm sprechen, je deutlicher es jetzt um die Existenz des von ihnen allen ererbten Königsreichs geht.

Am 15. Juli — es ist der Tag, an dem sich Paris zur Kriegserklärung entschließt, an dem Bismarck nach München mitteilt, Preußen mobilisiere und an dem der bayerische Ministerrat beschließt, beim König gleichfalls die Mobilmachung zu beantragen — da sitzen in einem Wirtshaus des Fleckens Murnau der königliche Kabinettssekretär Düfflipp und der Baumeister von Linderhof, Dollmann, beisammen, in schweren Sorgen wegen der drohenden Gefahren des Kriegs, der nicht geringeren der Neutralität und der Unauffindbarkeit des Königs. Da läßt plötzlich vielfacher Hufschlag und Wagenrollen sie aufblicken: in jagendem Tempo übersiedelt die Hofhaltung nach Schloß Berg, also in nächste Nähe der Hauptstadt. Die beiden in Murnau atmen auf: der König hat einen Entschluß gefaßt und kehrt in die Welt zurück.

[3] Ottokar Lorenz berichtet aus eigener Anschauung, am 15. und 16. Juli seien in ganz Bayern Gerüchte verbreitet gewesen, daß die Franzosen schon in der Pfalz seien; auf der Straße Schweinfurt–Kissingen hätten die Flüchtlinge das Bild einer Völkerwanderung geboten. Postbeamte erklärten, die Verbindung zwischen nördlichem und südlichem Mainufer könne nur noch wenige Tage dauern (Lorenz 281).

[4] Nach Feder, »Bismarcks großes Spiel« (Frankfurt 1932), 135. Der zitierte Briefschreiber, »ein trockener Mensch, der nichts erfindet«, fährt fort: »Lieber hundert Jahre französisch als ein Jahr preußisch, sagen die Bauern hier, und wenn man widerspricht, riskiert man totgeschlagen zu werden.«

Auch in Berg wird Ludwig mit Erleichterung empfangen. Die Akten haben sich gehäuft und Eisenhart, der neue Kabinettschef, hat, als die Emser Depesche einlief, bereits die Absendung eines reitenden Boten an den König befohlen; soeben hat auch noch Bray aus München mitgeteilt, er schicke den Ministerialsekretär Graf Berchem mit einem wichtigen Schreiben an die Majestät.

Um elf Uhr abends beginnt Eisenhart, ein biederer, nicht allzu bedeutender Beamter von liberal-nationalen Grundauffassungen, seinen Vortrag. Es ist im großen Balkonzimmer von Schloß Berg, an dessen dunkelblauen Wänden Statuetten und Gemälde an »Tannhäuser« und »Lohengrin«, »Tristan« und »Meistersinger« erinnern, während durch die hohen Fenster die Fläche des nächtlichen Starnberger Sees hereindämmert. Der König, ernst, angestrengt, erregt, dennoch von außergewöhnlicher innerer Sicherheit, durchmißt das Zimmer mit großen Schritten, wirft sich für Augenblicke auf die Chaiselongue, wandert wieder weiter. Er erwägt noch einmal alles, konfrontiert jedes Für und Wider.

Am weitaus liebsten natürlich sähe er den Frieden erhalten. »Gibt es denn kein Mittel, den Krieg zu vermeiden?« fragte er immer wieder. Aber nach Brays mißlungenem Vermittlungsversuch sind die Möglichkeiten mittelstaatlicher Diplomatie erschöpft. Bayern kann nur noch in dem an sich unvermeidlich gewordenen Konflikt die eigene Stellung wählen. Zu einer Bundesgenossenschaft mit Frankreich fehlen alle realen und ideellen Voraussetzungen. Gegen Neutralität sprechen Brays Argumente: ein neutral bleibendes Bayern hätte nach einem französischen Sieg zwar nicht viel Übles, nach einem preußischen hingegen die Vernichtung zu befürchten. Demnach bliebe nichts übrig als Krieg an Preußens Seite, also Anerkennung des Bündnisfalles? Das hieße aber: Das bayerische Heer von vornherein aus der Hand geben und damit auch alle Entscheidungen nicht nur über den Krieg, sondern auch über den Friedensschluß, Verzicht also auf die höchsten der Kronrechte — um sie noch dazu vielleicht nie zurückzuerlangen.

Eisenhart wirbt dennoch warm um diesen Entschluß — der wahrscheinlich schon feststand, als der König nach Berg zurückkehrte; trotzdem aber kostet es noch stundenlangen Kampf, bis er sich, tief in der Nacht, zu den Worten durchringt: »Ja, der Bündnisfall ist gegeben.«

Es ist der entscheidende Augenblick. Was danach kommt ist eigentlich nur Konsequenz daraus: die Fortsetzung der Unterhaltung mit Eisenhart bis zum Grauen des frühen Sommermorgens, bis Ludwig sich endlich um halb vier ins Schlafzimmer zurückzieht. Doch zwei Stunden später schon tritt Berchem vor das blaue Himmelbett. Er überbringt den Mobilmachungsantrag des Ministerrats und die Bitte Brays und Pranckhs um Audienz am gleichen Tage. In einem letzten, schweren Schweigen überlegt der König. Dann ist sein Entschluß gefaßt. »Bis dat, qui cito dat« sagt er, »doppelt gibt, wer schnell gibt«, und dann kommt der Befehl an Eisenhart: »Entwerfen Sie die Mobilmachungsordre.«

Gewiß war, realpolitisch gesehen, diese Entscheidung die einzig mögliche. Dennoch hat Ludwig sie nicht mit Resignation getroffen, nicht mit zusammengebissenen Zähnen sich in Unabwendbares gefügt. Von allen Seiten vielmehr wird bestätigt, daß jetzt eine unverkennbare Freudigkeit von ihm ausging. Pranckh erklärte nach der Audienz dieses Tages: »So befriedigt wie heute habe ich den König noch nie gesehen.« Auf die Glückwünsche des Adjutanten von Sauer erwiderte er: »Ja, ich habe das Gefühl, eine gute Tat getan zu haben.«

Trotzdem ist es irrig, wenn eine wohlmeinende, gutgläubige Legende berichtet, daß Ludwig, als er die Mobilmachung verfügte, sich den populären liberal-nationalen Wünschen gebeugt habe. Denn »Volk«: Das waren für ihn immer nur die Millionen einzelner Individuen, die die Vorsehung dem Schutz der bayerischen Krone unterstellt hatte, und von denen jedes seine eigenen Meinungen und Wünsche hatte. Daß es darüber hinaus etwas wie eine kollektive Volks-Individualität geben könne, mit eigenem Recht auf Selbständigkeit und gar mit eigenen Wünschen – dieser begründende Kernsatz des damals allmächtig werdenden Nationalitätenprinzips – es war ein Gedanke, der dem Autokraten Ludwig ganz fern lag, und für den die in sich geschlossene Erscheinung des geborenen Königs auch keinen Platz hat. Eine öffentliche Meinung nun gar, die von ihm Berücksichtigung verlangte, war ihm nur eine der auch sonst nicht wenigen Erfindungen des zeitgenössischen Liberalismus. Und kaum kannte er Verhaßteres als die Presse, so genau er auch seine Zeitungslektüre betrieb. Nein – weder die nationale noch die liberale Zeitstimmung war es, die Ludwigs Entschluß letztlich bestimmte.

Seine wirklichen Motive können sinngemäß nirgends anders gesucht werden als in seinem Innern, das nun einmal das des mittelalterlichen Menschen blieb. Das Staatssystem des Mittelalters aber, der Feudalismus, beruht auf dem Begriff der Treue zum gegebenen Wort, einer Treue, von der die Ehre abhängt, einer Treue auf schlechthin jedes Risiko hin. Sie war es auch, die Ludwig gar nicht erst auf den Gedanken kommen ließ, das Schutz- und Trutzbündnis etwa je nach Bedarf auszulegen. Jenes Bündnis mochte vielmehr noch sosehr unter Druck zustande gekommen sein, mochte noch so viele Gefahren mit sich bringen: ein Wort blieb für ihn trotzdem immer ein Wort. Vielleicht, daß in seiner Erinnerung jetzt jenes sagenhafte Versprechen auftauchte, das Kaiser Ludwig der Bayer einst von seinem Kriegsgefangenen Friedrich dem Schönen von Österreich erhielt: er wolle, wenn man ihn nach Hause entließe, dort für den Frieden wirken, falls er aber erfolglos bliebe, in die Gefangenschaft zurückkehren – ein Versprechen, das er wirklich hielt, und woraus dann, immer der Legende zufolge, Freundschaft und glückliche Doppelherrschaft beider Fürsten folgte.

Wieder einmal begann in diesen Tagen der ja immer noch junge König zu hoffen, und das erklärt die gehobene Stimmung, in der er sich befand. Denn spürbar lag bereits in der Luft, daß dieser Krieg, wenn er glücklich verliefe, nicht anders enden könne, als in einer neuen Einigung Deutschlands, für die wiederum keine andere Form denkbar war, als die älteste, die kaiserliche. Würde dann aber nicht auch für Ludwigs alte Dynastie der Aufstieg zu dieser höchsten, nie vergessenen, mystisch umstrahlten Würde der deutschen Geschichte geöffnet sein, die ja schon mehr als einen Kaiser aus dem Hause Wittelsbach gekannt hatte? Und hatte ihn selbst nicht Wagner den »inkorporierten und potenzierten deutschen Volksgeist« genannt, hatte nicht Cornelius ihn, nach der ersten Begegnung, »im stillen zum Kaiser von Deutschland« ernannt?

Noch ein zweiter Gedanke war jetzt in ihm rege geworden, auch er mittelalterlich dynastischer Natur. Die Erinnerung an die nie vergessenen, einst wittelsbachischen, jetzt badischen Lande um Heidelberg und Mannheim meldete sich, an die territoriale Brücke, die hier die bayerische Pfalz mit dem rechtsrheinischen Königreich verbunden hätte. Denn wenn man jetzt gegen Frankreich siegte, konnte dann nicht das Haus Baden im Elsaß entschädigt werden, Wittelsbach aber sein altes Familiengut zurückerhalten[5]? Ausgesprochen hat der König diese Gedanken erst später; sicherlich aber beschäftigten sie damals schon seine Phantasie.

*

Inzwischen nahm das Kriegsverhängnis abrollend seinen Lauf. Am Ende der Audienz, die Pranckh, zusammen mit Bray, am Tage der Mobilmachung beim König hatte, bemerkte der Kriegsminister in seiner lässig-grandseigneuralen Art, jetzt habe er noch eine Bitte an die Majestät: daß sie alsbald nach München komme. Sofort hatte Ludwig stirnrunzelnd geantwortet: »Das tue ich nicht.« Kaum aber war Pranckh nach München zurückgekehrt, als ein königlicher Lakai ihm »einen Guten Abend vom König« bestellte, der also noch schneller als der Minister in die Stadt gekommen war.

Am nächsten Tag — es ist der 17. Juli, ein Sonntag — sammeln sich trotz Regenwetters, von den liberalen Bezirksvereinen aufgeboten, ständig wachsende Menschenmengen auf dem Odeonsplatz. Ein weißbärtiger Bürgersmann, Raila mit Namen, steht plötzlich auf dem Treppenvorsprung der Feldherrnhalle unter dem gepanzerten Standbild des alten Tilly, alle Hüte verschwinden, alle Gespräche schweigen und es erhebt sich die greise Stimme Railas: »Seine Majestät, der deutschgesinnte König Ludwig II. lebe hoch!« Der Ruf, von der Menge tausendfach aufgenommen, wiederholt sich, bis an einem Fenster seiner Wohnung der König sichtbar wird. Die bayerische Hymne wird gesungen und immer wieder muß Ludwig erscheinen. Und merkwürdig: er tut es heute offenbar nicht unwillig, sondern tatsächlich freudig bewegt; immer wieder fragt er die Suite, ob er sich noch einmal zeigen solle und zwar »in ungewöhnlicher Heiterkeit«. Fast sieht es aus, als ließe sich sein Anschluß an die Allgemeinheit, jetzt, im jähen Anstieg der großen Erregung, doch noch gewinnen. Abends, als die »Walküre« gegeben wird, die er noch nicht gesehen hat, wird er dennoch im Theater vergeblich erwartet. Er hat sich selbst überwunden und arbeitet bis zwei Uhr nachts mit den Ministern.

[5] Pläne dieser Art lagen damals allgemein in der Luft. So äußerte Bismarck schon am 7. August zu Bamberger, er wolle das Elsaß mit Baden verbinden, »aber Baden darf auch nicht größer werden«.

Am 18. Juli fordert Pranckh von den Kammern die Mobilmachungskredite, rund 27 Millionen. Sehr geschickt begründet er sie damit, daß eben die Erhaltung des selbständigen Bayern die Beteiligung am Kriege unumgänglich mache; als »bewährter Partikularist« sagte er: »Halten wir zu Deutschland, sonst sind wir verloren, sonst sind wir das Objekt, über das die Streitenden sich sehr leicht einigen werden.« Sollte aber nach einem siegreichen Kriege irgend jemand der bayerischen Selbständigkeit zu nahe treten, »dann rufen Sie mich, dann mache ich dahin Front, von wo man diese Selbständigkeit antasten will«. Es war eine eindeutige Rede, die so sehr den Beifall des Königs fand, daß er den Minister ausdrücklich beglückwünschen ließ. Trotzdem waren die Patrioten nicht befriedigt: sie bestanden auf Beratung der Kredite in einem neungliedrigen Ausschuß.

Am nächsten Tag, vor gedrängt vollem und militärisch besetztem Hause — die Abgeordneten der Patriotenpartei waren mit Lynchjustiz bedroht worden —, gab der Ausschuß seinen Beschluß bekannt: Er lautete auf bewaffnete Neutralität, verneinte also den Bündnisfall. Der spanische Thronstreit, so rechtfertigte Jörg unter betäubendem Zischen der Opposition den Beschluß, berühre zwar die Dynastie Hohenzollern, liege aber außerhalb des Gebiets deutscher Ehre und deutscher Nationalität.

In diesem dramatischen Augenblick aber wurde die französische Kriegserklärung an Preußen erst bekannt. Und sie brachte den Umschwung, eine Spaltung nämlich quer durch die patriotische Fraktion. »Zwischen gestern und heut liegen zehn Jahre«, sagte jetzt ihr Führer Sepp; er habe für die Neutralität sprechen wollen; aber nun komme er sich vor »wie der Prophet, der ausgezogen war, um zu fluchen, aber er mußte segnen; . . . gestern war der Friede noch möglich, heute ist der Krieg erklärt.« Mit neunundachtzig gegen fünfundfünfzig Stimmen wurde der Neutralitätsantrag des Ausschusses verworfen, wurden die Kriegskredite angenommen.

*

So enthüllte die bayerische Armee aufs neue die verblichene weißblaue Seide ihrer Fahnen. Aufs neue, wie vor vier Jahren, setzten ihre langen Kolonnen sich in Marsch, die lichtblaue Infanterie, die stahlgrünen Reiter, die schwarz-blaue Artillerie, nun aber nicht mehr nordwärts, sondern nach Westen, als Verbündete ihrer Besieger von damals und unter ihrem Oberkommando. »Nach erhaltenem Telegramm von Ihrem Ministerium«, so hatte König Wilhelm dem bayerischen Neffen mitgeteilt, »habe Ich sofort das Kommando über Ihre Armee übernommen und dieselbe der unter Meinen Sohn gestellten III. Armee überwiesen.«

Nichts ist davon bekannt, daß Ludwig sich dieses Mal wieder persönlich von seinen Truppen verabschiedet hätte. War es nur seine alte Abneigung gegen alles Militärische, was ihn fernhielt? Oder regte sich jetzt nicht doch auch etwas wie Bangigkeit seines verletzlichen Stolzes, jetzt, nachdem er sein Heer fremdem Kommando unterstehen sah? Zweifelte er bereits wieder an der Richtigkeit der Entscheidung, die er getroffen hatte? Er wurde schweigsam und nachdenklich, und an Düfflipp schrieb er am 19. Juli, er solle seine Angelegenheit gut besorgen. »Bedenken Sie, daß Sie mir dadurch Freude machen, der ich sonst so viel Schweres und Ernstes zu erleben habe.«

In sich gekehrt trat er deshalb auch am 27. Juli dem preußischen Kronprinzen entgegen, der zur Übernahme des Kommandos nach München kam. Wieder war feierlicher Empfang und Einzug: Neben dem Preußen, der auffallend ernst aussah, bemühte sich Ludwig um ein Lächeln, während der zierliche Otto harmlos vergnügt auf dem Rücksitz saß. Zum ersten Male, ein unerhörter Anblick, wehten in München vereinzelt die schwarzweißroten Fahnen des Norddeutschen Bundes. Die Bevölkerung zeigte sich nicht gerade leidenschaftlich begeistert[6]. Der Kronprinz selbst fand den König stark verändert. »Seine Schönheit hat sehr abgenommen, er hat die Vorderzähne verloren, sieht bleich aus und hat etwas Nervös-Unruhiges in seiner Art zu sprechen.« Auch richtete der König sonderbare Fragen an ihn, die selbst dann, wenn sie als Spötterei gemeint waren, mißglückt erscheinen und wohl auch nur aus der lastenden Peinlichkeit zu erklären sind, die die Situation nun einmal hatte – so etwa, ob es wahr sei, daß jeder preußische Soldat

[6] »Das Publikum«, so berichtet Hohenlohe, »grüßte freundlich und schrie Hurra, aber nicht besonders stark. Die untere Klasse, Arbeiter usw., waren vorzugsweise vertreten und diese sind in München weder für den Krieg besonders begeistert noch geneigt, einem preußischen Prinzen ein Hoch auszubringen.«

sein Liebchen mit ins Feld nehme oder ob man Schiller wegen seiner demokratischen Tendenzen in Berlin kein Denkmal errichte.

Abends im Theater – »Wallensteins Lager« wurde gegeben – bat der König schon beim Betreten der Loge seinen Gast an die Brüstung, um sich dem begeisterungstosenden Parkett zu zeigen. Die Jubelouvertüre rauschte vorüber, deren Schlußakkorde, wie für dieses Verbrüderungsfest gemacht, sich ebenso in der preußischen wie in der bayerischen Hymne wiederfinden. Dann stand Possart mit einem selbstverfertigten Prolog auf der Bühne, und als er zu den Versen kam:

»Der König rief: ›Mag denn das Schicksal walten,
Ich will dem Bundgenossen Treue halten‹«,

erhob sich Ludwig und zog in höflich andeutender Umarmung seinen blondbärtigen Gast an die breite Brust – diesen trotz allem doch recht unheimlichen Gast, von dem niemand genau wußte, ob er nun als Feldherr des eingesessenen Königs gekommen war oder schon als sein Zwingherr.

Auch dem Kronprinzen war nicht behaglich zumute. Schon das »Familiendiner mit Musik« vor dem Theater war, wie er notierte, »in beklommener Stimmung der Herrschaften« verlaufen. Und auch nun, bei Possarts Prolog, horchte er scharf hin: Es war eine gereimte Seiltänzerei, die, im Bemühen, die immer wache Eifersucht der beiden Dynastien zu schonen, auch leise Umbiegung der Tatsachen nicht scheute, so wenn es etwa hieß, die deutschen Völker seien jetzt »geführt von einem königlichen Paar: von Bayerns Löwen und von Preußens Aar«. Doch der menschenfreundliche Hohenzoller sah darüber hinweg, ja, sagte ein paar Tage später zu Possarts Bruder: »Ich habe gefürchtet, der junge Mann könnte Dummheiten machen, aber er hat sich sehr anständig herausgebissen.«

Nach dem Theater, am Teetisch der Königinmutter, der Preußin, erst ging er mehr aus sich heraus. Aber er sagte nichts Angenehmes: Eine engere Verbindung der deutschen Stämme, meinte er, werde künftig doch wohl unvermeidlich sein. Da aber war Ludwig plötzlich aus der Gesellschaft verschwunden; er saß in seiner Wohnung am Schreibtisch. Und als der Kronprinz endlich, es war nachts zwei Uhr, den Wagen bestieg, der ihn zum Bahnhof brachte, wurde ihm in der letzten Sekunde noch ein Brief Ludwigs überreicht. Es war ein Schreiben, das scharfsichtig und nicht ohne Staatsklugheit abgefaßt ist: Es vermeidet zu bitten, sondern stellt das, was er erreichen will, als selbstverständlich hin. Dennoch gestattet es dem, der sehen will, einen Blick in die Abgründe, an deren Rand der bayerische König sich bewegte. Der Brief spricht nämlich »die sichere Hoffnung« aus, König Wilhelm werde die Vertragstreue Bayerns zu würdigen wissen, indem er dafür sorge, daß es auch nach dem Kriege »seine Stellung als selbständiger Staat, gestützt auf seine langjährige Geschichte«, behalte. »Ich glaube von der erleuchteten Einsicht Deines erhabenen Vaters ... annehmen zu dürfen, daß es auch sein Wille ist, daß Bayerns staatliche Integrität – gegenüber der deutschnationalen Richtung – aus jenem Kampfe unversehrt hervorgehe und fortan erhalten bleibe.«

Dem Kronprinzen mißfiel das Dokument. »Die Handschrift«, meinte er, »ist grob und unschön und bewegt sich in schrägen Zeilen.« Doch gab er den Brief an seinen Vater weiter, der ihn im Hauptquartier in Mainz empfing. Hier kam es darüber im Erkerzimmer des großherzoglichen Schlosses zum ersten Konflikt dieses Krieges zwischen Bismarck und seinem alten König, welch letzterer, schon wieder von Annektionslust beseelt, am liebsten seinem verbündeten bayerischen Neffen die Zusage verweigert hätte, daß er nach dem Krieg nicht mediatisiert werden sollte. »Ich sagte ihm«, so hat Bismarck späterhin Busch erzählt, »daß König Ludwig dann wahrscheinlich seine Truppen zurückziehen würde und daß er dabei in seinem Recht wäre ... Es ging hart her.«

Unterdessen trat die bayerische Armee in den Krieg, zwei Korps stark und unter ihren eigenen Generälen von der Tann und von Hartmann; und mit Genugtuung bemerkte man in München, daß die übrigen süddeutschen Kontingente preußischen Generälen unterstellt wurden. Die Mobilmachung der ungefähr 150000 Mann ging dank den Pranckhschen Reformen fast ebenso rasch vor sich wie die preußische. Die stärkste Kraft des preußischen Heeres, die Organisation, hatte man sich freilich noch nicht voll angeeignet; man konnte beispielsweise nicht, wie das in Preußen geschah, die ganze Armee beim Ausrücken neu einkleiden, so daß die bayerischen Monturen nach den ersten Kriegsmonaten schon bejammernswert aussahen. Das Infanteriegewehr war dem französischen klar unterlegen. Die höhere Führung genoß geringes Vertrauen; von der Tanns Versagen als Generalstabschef 1866 war noch nicht vergessen, und der ihm an ursprünglicher militärischer Begabung wahrscheinlich überlegene Troupier Hartmann hatte schon unter Napoleon I. gekämpft und war jetzt fünfundsiebzig Jahre alt. So setzte sich die Armee mit bescheidenen Erwartungen in Marsch, die auch auf der preußischen Seite geteilt wurden, wo beispielsweise die Kronprinzessin ihrer Mutter schrieb, die Bayern und Schwaben seien »so untauglich und undiscipliniert, daß sie nur wenig nützen können«. Doch auch höhere bayerische Offiziere wagten nicht mehr zu versprechen, als daß ihre Leute, wenn sie »feuernd in einem Graben liegen, auch gegen starke Übermacht aushalten werden, bis die letzte Kugel verschossen ist«[7].

Hier aber wucherte doch wohl die alte süddeutsche Untugend der Selbstverkleinerungssucht, unter dem Eindruck der Niederlage von 1866, allzu üppig. Denn als zum ersten Mal eine bayerische Truppe ins Feuer kam – es war die 4. Infanteriedivision bei Weißenburg –, griff sie einen tapferen und gut verschanzten, wenn auch zahlenmäßig schwachen Gegner mit nicht geringem Elan an und warf ihn schließlich; der preußische Kronprinz bescheinigt ihr im Tagebuch, sie habe »ihre Schuldigkeit getan« und »ihre nicht leichte Aufgabe gelöst«. Und wenige Tage später, als die ganze kronprinzliche Armee mit beiden bayerischen Korps bei Wörth in eine ursprünglich nicht beabsichtigte Schlacht geriet, zeigten sich im Apparat der höheren bayerischen Führung zwar noch mancherlei schwere Hemmungen und bei den bäuerlichen Infanteristen viel Unbeholfenheit; »entsetzlich langsam« nennt sie jetzt der kronprinzliche Feldherr. Doch auch hier glückte das Gesamtunternehmen: die Armee MacMahons zu schlagen und damit die Vogesenpässe zu öffnen. Und beim Sturm auf Fröschweiler und Elsaßhausen war es immerhin das bayerische Infanterieregiment Kronprinz, das den ersten französischen Adler erbeutete.

[7] Äußerungen zu Gustav Freytag, der sich im Gefolge des preußischen Kronprinzen befand. (Freytag, »Der Kronprinz und die deutsche Kaiserkrone«, Berlin 1889, 7.)

XIV

SIEGE UND IHRE SCHATTEN

Der Augenblick bereits, der das Funktionieren der preußischen Bündniskonzeption und das Versagen der französischen enthüllte, entschied den Krieg und damit den Schlußakt der großen innerdeutschen Machtverlagerung zugunsten Preußens. Unabwendbar wurde jetzt die ganze deutsche Lebensbasis eine andere, auch in Bayern.

Zunächst ließen hier die Siege in Frankreich die nationale Einigungsströmung mächtig anschwellen. Ja, soweit man die Oberflächen sah, schien eine riesige Mehrheit für rückhaltloses Aufgehen im Norddeutschen Bund vorhanden. Die eroberten französischen Kanonen vor der Residenz Ludwigs II. waren ständig von Menschenmassen umlagert, und als die ersten gefangenen Turkos eingeliefert wurden, nahm ein Schuster, der Fensterplätze vermietete, 79 Gulden ein. Gelegentlich sogar geriet das für München typische Kleinbürgertum in so lärmende und unangemessene Begeisterungsformen, daß sie selbst einem überzeugten Kleindeutschen wie Hohenlohe auf die Nerven gingen[1].

Indessen hoben andrerseits die kriegerischen Erfolge auch das seit 1866 sehr gedämpfte, spezifisch bayerische Selbstgefühl. Man sah in ihnen — so notiert mißmutig Bismarcks Mitarbeiter Busch — eine »Probe der Kraft Bayerns« und »Befestigung seiner alten Selbständigkeit«. Und wirklich auch: außerhalb der Stadt, in den menschenfernen Weiten und entlegenen Tälern des Landes, wußte man kaum etwas von den kleindeutschen Einheitsbestrebungen. Hier, vielmehr auf den Märkten, wo seit Jahrhunderten die Bauern einander trafen, aber auch in den halbdunklen Hallen der kleinstädtischen Bierkeller freute man sich der Siege von Weißenburg und Wörth, die die Feldpostbriefe der Söhne

[1] Von einem »patriotischen Gartenfest« berichtet er: »Alle diese Spießbürger, die bei Bier und Kalbsbraten unter Fahnen Hurra schrien, kamen mir widerwärtig vor, und in den Klang des Liedes ›Die Wacht am Rhein‹ mischte sich der Ton der Stimme des verwundeten Franzosen, den ich im Spitalgarten auf dem Rasen liegend fand, und der ›mon Dieu, mon Dieu‹ rief.«

gemeldet hatten, als bayerischer Siege, blieb im übrigen aber bei dem alten Gemurr gegen alles »Preußisch- und Lutherischwerden« und widersetzte sich, nach wie vor, jedem Gedanken an Minderung der eigenen Staatlichkeit.

Einer derart gespaltenen Öffentlichkeit gegenüber konnte Graf Bray, im Einverständnis mit dem König, sich nur abwartend verhalten, also seine alten Verbindungen zu Österreich nicht abbrechen lassen und erwägen, wenn erst der französische Angriff abgewehrt wäre, in eine Art Neutralität zurückzukehren. Der König selbst war gleich nach der Verabschiedung Friedrich Wilhelms wieder in die Berge geflohen. Die übergroße Spannung der Mobilmachungstage löste sich auf, um so größere Skrupel blieben zurück. Und während im Felde bayerische Offiziere preußischen Besuchern erklärten: »Unser König läßt sich eher töten, als daß er den kleinsten Teil seiner Herrschermacht aufgibt«, kämpfte dieser König selbst schon mit der Angst, ob er nicht durch die Hergabe seiner Armee unabänderlich den Weg zur Mediatisierung eingeschlagen habe.

Doch über die Absichten Bismarcks war nichts zu erfahren. Jeder Frage verstand er auszuweichen und mit vollendeter Höflichkeit alles im Ungefähren zu lassen, solange der Krieg noch nicht entschieden war. Zwar hatte er durch seinen Vertreter von Thile dem bayerischen Gesandten von Perglas seine »Entrüstung« darüber ausgesprochen, daß die Berliner Presse die Kaiserwürde für König Wilhelm forderte; er habe Auftrag gegeben, solche Äußerungen zu unterdrücken; die Selbständigkeit Bayerns werde von niemandem geschmälert werden, und die Einheit Deutschlands brauche nicht erst gemacht zu werden; sie sei schon da. Gleichwohl meldete Perglas bald darauf, man spreche in Berlin von der »Notwendigkeit eines stärkeren und gesicherteren Deutschland«. Und auch als man nun in München beschloß, durch den Prinzen Luitpold im Großen Hauptquartier tiefer sondieren zu lassen, erhielt man von Bismarck — da sich eben die große Schlacht entspann, die bei Sedan die Entscheidung brachte — eine abgleitende Antwort[2]. Etwa jetzt war es, daß der König mit langem Blick aus den Fenstern Hohen-

[2] Preußen und der Nordbund würden bereitwilligst diejenigen Vorschläge akzeptieren, die der König von Bayern »nach Allerhöchstseiner Bequemlichkeit im Interesse einer engeren nationalen Einigung« machen würde.

schwangaus äußerte: »Die kalten Fluten des Alpsees ziehen mich an.« Und schon am Tage von Wörth verletzte er den braven Eisenhart tief, als er seinen Wagen zur Spazierfahrt besteigen wollte und der Kabinettschef ihm nachgeeilt kam: soeben beginne der telegraphische Bericht über eine große Schlacht einzulaufen; der König müsse also noch warten. Doch Ludwig sah ihn nur böse an: »Ein König muß niemals«, erwiderte er sehr scharf, gab Befehl zum Vorfahren und blieb absichtlich eine Stunde länger als gewöhnlich aus.

Am 1. September, dem Tag von Sedan, an dem die bayerischen Truppen in den verzweifelten Kämpfen um Bazeilles und Balan schwer litten, kam Ludwig nach München, um eine durchreisende russische Großfürstin zu empfangen. Bis zum 3. September, dem Tag der offiziellen Siegesfeier, zu bleiben, konnte er sich nicht entschließen; Geschrei, sagte er, auch Jubelgeschrei, mache ihm Kopfschmerzen. Und als wegen der Beflaggung bei Ludwig angefragt wurde, antwortete er, die sogenannten deutschen Farben seien, da es keinen deutschen Staat gebe, in Wahrheit nur »die Farben eines geographischen Begriffs«; daher sollten die Regierungsgebäude »nur bayerische oder gar keine Fahnen« zeigen. Da es am 3. September regnete, konnte sein Wunsch erfüllt werden, ohne allzuviel Mißfallen zu erregen.

Doch gewann jetzt erst, nach Sedan, die Einheitsbewegung auch im Süden richtig Tempo und Schärfe. Der zwingende Schwung der bismarckschen Unternehmungskraft griff immer tiefer in die Empfindungswelt hinein, teilte sich indirekt immer weiteren Volksschichten mit: Eingaben und Adressen, Entschließungen politischer Versammlungen, Leitartikel der Presse, die alle, wenn auch noch abstrakt und ungefähr, den Anschluß Bayerns an einen neuen Reichsbau forderten, häuften sich wie winterliches Schneegestöber im königlichen Sekretariat, und im Zwischenbereich der halboffiziellen und halbprivaten Vermittler, in dem so oft große Entscheidungen vorbereitet werden, spann sich ein immer intensiveres Kreuz-und-Quer-Verhandeln an. Überall schürten die Liberalen die Bewegung, vornehmlich die Fortschrittspartei: Ihre preußischen Abgeordneten Forckenbeck und Lasker tauchten jetzt auch in München auf.

Und da der Vorwärtsstürmende ja meistens recht zu haben scheint, auch wenn er sein Ziel noch nicht weiß, der Überrannte aber unrecht, so genau er auch wissen mag, was er will, so sah es aus, als habe das alte, beharrungssüchtige, konservative Bayern, von dem keinerlei Gegenwirkung kam, bereits ausgespielt.

Kein Wunder daher auch, daß Bray bedenklich wurde, ob seine hinhaltende Reserve noch lange am Platze sei, zumal er wußte, daß man im Großen Hauptquartier bereits sehr schlecht auf Bayern zu sprechen war[3]. Wenn jetzt aber, so spekulierte er, dem preußischen Bundeskanzler beizeiten noch gelinde Zugeständnisse gemacht würden, ließe sich dafür nicht sein mächtiger Schutz gegen die viel weitergehenden Forderungen des inner- und außerbayerischen Liberalismus eintauschen? Unter dieser Fragestellung trat das Ministerium am 9. September zusammen, und zum ersten Male schien den Herren aufzugehen, wieweit die Ereignisse schon abgerollt waren, was alles auf dem Spiel stand: sie waren daher jetzt für möglichst raschen Friedensschluß ohne französische Landabtretungen; doch hielt man eine fernere selbständige Existenz Bayerns, nach dem Muster Belgiens, noch für möglich. Am 12. September war man weit genug, um sich an den König mit dem Antrag wenden zu können, er möge Verhandlungen über ein Verfassungsbündnis mit dem Nordbund gestatten — nicht aber etwa über einen Eintritt in ihn.

Ludwig hatte eben jetzt den Grafen Tauffkirchen empfangen, den er einst, als Mitarbeiter Hohenlohes, kaltgestellt hatte. Als der Graf sich jetzt aber, Kommissar in den besetzten Gebieten geworden, bei Bismarck gemeldet hatte, war der Kanzler, gewiß nicht unabsichtlich, zum ersten Mal über seine Stellung zu Bayern deutlicher geworden: die politischen Verhältnisse zwängen ihn, demnächst die deutsche Frage in die Hand zu nehmen; dabei könne Bayern, wenn es rechtzeitig komme, die besten Bedingungen erhalten; doch auch wenn es draußen bliebe, werde es keinen Zwang zu fürchten haben. Freilich, zwei Drohungen hatte er schon angedeutet: Ein vollkommen selbständiges Bayern werde dem deutschen Zollverein nicht länger angehören können und auch ob die Rheinpfalz dann »im Interesse der Sicherheit« noch bayerisch blei-

[3] König Wilhelm sagte jetzt dem Herzog von Koburg, auf Bayern sei nicht zu rechnen; auch wolle er bei seinem Alter niemanden mehr zu etwas zwingen, was er nicht freiwillig wolle; auch ohne Bayern und Württemberg werde er die Stellung Preußens in der Welt aufrechterhalten können (Lorenz 333).

ben könne, müsse geprüft werden. Selbstverständlich, daß diese so äußerst geschickte Mischung aus Verheißung und Drohung den Antrag des Ministerrats bei Ludwig unterstützte, so daß er ihn unverweilt genehmigte.

Niemand in München ahnte jedoch, daß inzwischen in Reims, in einem stillen Gartenhaus, schon der Chef des norddeutschen Bundeskanzleramts, Delbrück, saß, um im Auftrag Bismarcks einen Plan zur Neugestaltung Deutschlands auszuarbeiten. Und tatsächlich ist aus dem, was hier in sonnigen Spätsommertagen unter der Feder dieses ernsten, gemessenen Beamten entstand – während über den alten Garten hinweg die Statuen vom Dach der französischen Krönungskathedrale zu ihm hineinblickten – die Verfassung des Deutschen Reiches von 1871 geworden.

Sobald der bayerische Antrag erwartungsgemäß bei Bismarck einlief, wurde Delbrück nach München entsandt, unmittelbar gefolgt vom Vertreter des mißtrauischen Württemberg, dem Minister von Mittnacht. Und hinter der hübschen, gelben Empirefassade des Außenministeriums saß nun den mehr oder weniger beunruhigten bayerischen Herren der Preuße mit dem angelsächsisch rasierten Gesicht und dem kühlen Blick des staatsrechtlichen Strategen gegenüber. Delbrück hatte strikte Ordre, keine Vorschläge zu machen, sondern nur diejenigen Bayerns entgegenzunehmen, und so ergab sich eine Woche lahmer Diskussionen darüber, wie der deutsche Neubau lebensfähig zu machen sei, ohne daß die Einzelstaaten ihm mehr als die wirklich unentbehrlichen Rechte abträten. Welche aber waren das? So wurde die Verfassung des Norddeutschen Bundes artikelweise durchberaten und auf ihre Anwendbarkeit in Bayern geprüft; mehr als achtzig Differenzpunkte wurden schließlich niedergeschrieben. Die Verhandlungen endeten also höflich, doch sachlich unergiebig.

Der König sah Delbrück und Mittnacht am 23. September bei sich in Berg und ihre Berichte stimmen in der Schilderung einer unsicheren und nervösen Atmosphäre überein, die sie vorfanden. Und wie dem preußischen Kronprinzen erst bei der Abreise der Brief des Königs überreicht worden war, der das enthielt, was Ludwig selbst nicht über die stolzen Lippen gebracht hatte, so war er auch jetzt nicht imstande, von dem zu sprechen, was ihn wirklich bewegte, was Delbrücks Mission und Thema des Tages war: die Neuordnung Deutschlands. Keine Silbe äußerte er davon; zweifellos, der Gedanke schon an die Möglichkeit nur einer Mediatisierung war ihm so entsetzlich, daß er ihn nicht einmal zu berühren wagte. Er sprach fast ausschließlich über das Vatikanische Konzil, das kurz zuvor die päpstliche Unfehlbarkeit verkündet hatte und zwar, wie der nüchterne, nicht schmeichelnde Delbrück sagt, »in klarem und elegantem Vortrag und mit staunenswerter Kenntnis des Kirchenrechts«, und machte ihm überhaupt den Eindruck »einer ungewöhnlich begabten und überaus gewinnenden Persönlichkeit«.

Ganz anders indessen, als er, nach Delbrück, den Süddeutschen Mittnacht empfing: »Aber nicht wahr«, so rief er ihm sofort entgegen, »in den Norddeutschen Bund treten wir nicht ein?« Doch als Mittnacht mit hinhaltenden und etwas doppeldeutigen Erklärungen der württembergischen Haltung antwortete, schrak der König enttäuscht zurück und begann ihn gleichfalls mit kirchenrechtlichen Erörterungen zu unterhalten. Auch dieser Gast nannte ihn später eine »ungewöhnlich begabte, unterrichtete, gewinnende und imponierende Persönlichkeit«.

Beim Diner danach waren Delbrück und Mittnacht allein mit dem Flügeladjutanten. Dem König genügte es, an der Glaswand der Orangerie, in der sie speisten, vorbeizureiten und sich von seinen beiden Gästen durch ehrfurchtsvolles Aufspringen von den Sitzen begrüßen zu lassen. Sie waren vorher gebeten worden, wegen der kühlen Herbstwitterung ihre Paletots mitzubringen.

Damit war der erste Versuch, das alte Bayern in den deutschen Neubau einzufügen, an der Frostigkeit der Atmosphäre, die er vorfand, zugrunde gegangen. Er sollte freilich nicht der letzte sein.

*

Die Frage eines Besuches des Königs im Felde, die Delbrück berührt hatte, lag, da es sich um einen Monarchen in der Fülle der Jugendjahre handelte, in der Tat nicht fern.

Ludwigs Abneigung gegen alles Militärische zwar wäre, nach dem Beispiel von 1866, zu überwinden gewesen. Unüberwindlich aber war jetzt, 1870, sein Gefühl — das Gefühl nämlich, ein Monarch, der auf sein Erbamt als Oberster Kriegsherr verzichtet habe, habe auch bei der Armee nichts zu suchen; oder, wie er selbst es ausdrückte: es sei nicht angängig, daß ein König von Bayern im Gefolge eines Königs von Preußen reite[4]. Auf die Stufe jener vielen deutschen Fürsten, die jetzt gar nicht eilfertig genug im Lager der neuen Macht zusammenströmen konnten, ein schillernder Pfauenschweif hinter der schlichten Figur Wilhelms I.[5], konnte er sich nicht herabdrücken lassen. Aus dem Distanzgefühl des geborenen Königs hat er schließlich alle Einladungen des preußischen Onkels abgelehnt.

Denn Bismarcks Menschenkenntnis hatte verstanden, die Frage dieses Besuchs mit einer ganz anderen zu verknüpfen, mit der der deutschen Kaiserkrone. Zuerst durch Tauffkirchen hatte er Ludwig bedeuten lassen: wenn er die Reise benutzte, um dem preußischen König die kaiserliche Würde anzubieten, würde dieser zu größten Zugeständnissen an Bayern bereit sein. Auch von seinen Ministern sah sich der König daher unaufhörlich zum Reisen gedrängt.

Zu seinem ablehnenden Entschluß mußte er sich also ganz allein hindurchfinden. Wieder einmal aber sah sein echter Herrscherinstinkt schärfer als die bloße Ratio seiner Beamten. Denn so gewiß sein damals noch nicht erloschenes monarchisches Pflichtgefühl die Peinlichkeiten der Reise auf sich genommen hätte, wenn er dadurch realpolitische Werte für Bayern hätte erwerben können, so klar fühlte er schließlich doch, daß sie ihm gar nicht gewährt werden konnten, einfach weil innere Natur und äußere Lage der Dinge das ausschlossen. Zwar läßt er jetzt beispielsweise bei Bismarck anfragen: ob er auf bestimmte Forderungen eingehen würde, die der König, wenn er selbst nach Frankreich käme, stellen würde und ob er Garantien dafür haben könne. Doch fährt er fort: »Wahrscheinlich gibt man doch die gewünschten Garantien nicht; die Reise hätte dann auch nicht den geringsten Sinn«, eine Auffassung, die von der späteren Entwicklung durchaus bestätigt wurde.

Schließlich versuchte es Bismarck sogar mit der damals eben deutlicher hervortretenden Vorliebe des Königs für das französische Ancien Regime, indem er ihn einlud, seine Residenz im Versailler Trianon aufzu-

[4] Übrigens war hier auch Hohenlohe der gleichen Meinung; er schreibt am 29. September in sein Tagebuch: »Ich würde ihm abraten ... Er würde sich vor Europa lächerlich machen.«

[5] Der Schlachtenmaler Bleibtreu berichtet: »Man hätte diese Fürsten bei Sedan sehen sollen, wie sie auf dem sicheren Hügel hinter dem König standen, fraßen und durch die Lorgnette guckten.« Auch wären sie damals so »klein« gewesen, daß sie froh gewesen wären, wenn jemand mit ihnen gesprochen hätte.

schlagen. Doch vergeblich: auch vor diesem anmutigen Bau scheute Ludwig jetzt zurück wie vor der Löwenhöhle, in die viele Spuren hineinführen, keine aber hinaus. Tief in den Herbst und Winter hinein reichten alle diese Verhandlungen. Immer entwand er sich ihnen, unter fadenscheinigen Vorwänden, einer Fußverstauchung, einer Sehnenzerrung, eines Bruchs, der ihm das Reiten bei Truppenrevuen verwehre.

*

Auch seiner Hauptstadt entzog er sich, wo man vielleicht imstande gewesen wäre, ihn in das Gestöhn und den Wundgeruch der oft noch recht primitiven Lazarette hinabzunötigen. Immer ausschließlicher unternahm er es, das Leben seines Staates aus der Ferne mit Hilfe des kühlen Aktenpapiers zu leiten. Im Schloßpark von Berg war es, wo in diesem Herbst das müde Herabwehen altersbrauner Blätter und das dumpfe Geräusch, mit dem reife Kastanien auf den Rasen fallen, den einsamen Spaziergänger begleitete, ein Schauspiel, nur allzusehr dem verwandt, das sich in seinem Innern vollzog.

Freilich, nicht den politischen Vorgängen allein entwuchsen seine sorgenvollen Skrupel. Er mußte auch an sich selbst Erscheinungen entdecken, die wohl nur als Anzeichen des Niedergangs zu deuten waren. Zwar war er nun ein Mann von riesigem Wuchs geworden, breitschultrig und breitbrüstig; schon war es nicht mehr ganz leicht, für seine Schwere die geeigneten Reitpferde zu finden. Auch sein Gesicht hatte sich vermännlicht. Die Zusammenstellung von Schnurrbart und Knebelbart, die damals, nach dem Vorbild Napoleons III., besonders bei Militärs beliebt war, gab ihm, bei der tiefen Schwärze auch seines Barthaares, ein eigentümlich düsteres Aussehen. Dieser äußerlich kraftstrotzende noch nicht Fünfundzwanzigjährige aber hatte unter einem auffallend rapiden Zahnverfall zu leiden, dem die Medizin von damals jedenfalls nicht gewachsen war. Die unablässig notwendige Behandlung indessen machte den an sich Sensitiven noch reizbarer; vor allem aber wußte er selbst, wie ungünstig seine Zahnlücken wirkten, sobald er den Mund öffnete. Deshalb hielt er sich von nun an auch Fremde möglichst weit vom Leibe, obgleich seine ohnehin nicht leicht verständliche Sprache dadurch noch undeutlicher geworden war. Je weniger Menschen er zu sehen bekam, um so lieber war es ihm.

Seinen Reitpferden gönnte er allmählich Ruhe und bevorzugte Wagenfahrten, weit ausgedehnt, in starkem Tempo und immer häufiger nachts. Die Einsamkeit, in die sein Leben ihn so drängte, begann er zu bejahen, nicht ohne Trotz sogar. Wie ein Symbol dafür soll er, während seine Truppen in Frankreich standen, in einem Grenzgasthaus am Fernpaß, wo er sich ein paar Zimmer eingerichtet hatte, ein Bild der Übergabe Straßburgs an Louis XIV. aufgestellt haben.

Tagebücher — von jeher Surrogat der Gemeinschaft für den Einsamen — sind von ihm vorhanden, jedoch nur in Bruchstücken bekannt[6]. Sie verraten einiges von dem, womit sein Geist sich beschäftigte, sobald er sich den Staatsgeschäften entzog. Allerdings sind es nur stichworthafte Notizen, Monologe und, wie alle Dokumente dieser Art, die als Gedächtnisstützen für den Schreibenden entstanden sind, für den, der die fehlenden Zwischenglieder nicht kennt, schwer zu deuten: Bemerkungen also über seine Lektüre, die sich damals schon auf entlegene Werke zur französischen Geschichte des 17. und 18. Jahrhunderts zu verlagern begann, über seine Ausflüge und Spazierfahrten, seine Theaterbesuche. Gewisse Zahlenzusammenstellungen lassen vermuten, daß er sich auch mit magisch-astrologischen Experimenten abgab.

Vor allem aber führen diese Fragmente in die bitteren Kämpfe hinein, in denen der König damals mit den Anfechtungen lag, die ihm aus seiner psychisch-physischen Anormalität erwuchsen. Die Notbehelfe, die ihm das nun einmal unzulängliche weibliche Element ersetzen mußten, empfand er, aus seiner katholischen Tradition, als tief unmoralisch, und darüber hinaus noch als Entwürdigung der Majestät — um dennoch der Macht des Triebs immer wieder unterliegen zu müssen. Und weit mehr noch als das lückenhafte Gebiß erfüllte ihn dieser, wie er meinte,

[6] Die betreffende Veröffentlichung (»Tagebuchaufzeichnungen von Ludwig II. Herausgegeben von Edir Grein. Schaan/Liechtenstein 1925«) bezeichnet sich als »Erstes Tagebuch« und »Zweites Tagebuch«, sucht also den Schein einer gewissen Vollständigkeit zu erwecken. Tatsächlich aber handelt es sich nur um eine verschwindend geringe Anzahl von aus dem Zusammenhang gerissenen Fragmenten einzelner Blätter. (Vgl. »Zeitschrift für bayerische Landesgeschichte« 1935, 486–7.) Auch die Kommentierung durch Grein ist mangelhaft und strotzt von Irrtümern. Doch da die veröffentlichten Bruchstücke selbst authentisch sind, kann man an ihnen nicht vorübergehen. Der Herausgeber, der in Wirklichkeit Riedinger hieß – »Edir Grein« ist die Umstellung der Buchstaben seines Namens – war mit der Familie des Ministers Lutz verwandt.

ethische Defekt mit Scham und immer neuen Abseitigkeitsgefühlen. Keine Spur von der Gelassenheit, mit der etwa die Antike diese Lebensgebiete betrachtete, findet sich bei ihm, der vielmehr ganz von den düsteren Verworfenheitsgefühlen des Mittelalters und der Gewissenspein beherrscht war, die sie erzeugten.

Rettung aus diesen letzten Endes doch religiös begründeten Gefühlen suchte er zunächst – was schon der abgenutzte Sammet seiner Betstühle bezeugen könnte – wiederum im Religiösen. Doch da es auch bei ihm – soweit war er immerhin Kind seines Jahrhunderts – nur flach verwurzelt war, rettete er sich vor der Schmach, die er sich selbst antun mußte, lieber noch ins Zentrum seines Ich, ins Herrschergefühl. Es war diese alles tragende Säule, an die er sich anklammerte, wenn er seinem Tagebuch nun immer neue Edikte an sich selbst einverleibte, feierlich mit »De par le Roy« eingeleitet; sie befehlen der Majestät strengste Enthaltsamkeit und enden zuweilen mit der altspanischen Formel »Yo el Rey« – ich, der König. Und in seltsamer Mischung aus Kühnheit und Naivität folgert er daraus: »Die Unmöglichkeit wirklichen Falles ist somit ausgesprochen.« Doch um die Selbstbezauberung aufs alleräußerste noch zu verstärken, ruft er den Geist desjenigen Königs als Schwurzeugen und Bürgen an, den er für den echtesten, stärksten und vorbildlichsten Monarchen überhaupt hält, Louis XIV[7].

Die meisten Namen der Günstlinge auf diesen unteren Ebenen seines Wesens sind im Dunkel wieder verschwunden, aus dem sie stammen und in das sie gehören. Eine wesentlichere Persönlichkeit ist hier nur ein Stallbediensteter aus Mecklenburg, ein auffallend schöner, athletenhafter Mann mit einem klassischen Antinoosgesicht und prachtvollem dunklem Vollbart. Der König lernte den fünf Jahre Älteren, namens Richard Hornig, im Mai 1867 kennen, machte ihn zum Stallmeister und ließ ihn allmählich seinen ständigen Begleiter auf Fahrten und Ritten werden. Er war ein gewandter, taktvoller und nicht ungebildeter Mann und an menschlichen Werten durchaus nicht der ärmste an diesem Hof. Das bescheidene Haus, das er sich am Starnberger See erbaute, nannte Ludwig zwar »eine geschmacklose Bude«, schenkte ihm dafür aber ein

[7] So heißt es etwa im Juni 1871: »Feierlicher Schwur vor dem Bilde des großen Königs. Während 3 Monaten Enthaltung jeglicher Aufregung. Es ist nicht gestattet, sich mehr als 1½ Schritte zu nähern.«

prächtiges Anwesen mit vierzehn Zimmern und parkartigem Garten. Hier, wo der Stallmeister ein normales, glückliches Familienleben führte, besuchte ihn auch der König nicht selten, obwohl er auf die Frau des Hauses immer eifersüchtig war. Die großen Möglichkeiten, die sich für diesen Günstling aus seiner ganz außerordentlichen Stellung ergaben, hat der schlichte Mensch in achtzehn langen Dienstjahren nie mißbraucht, sondern dem König viel Anhänglichkeit bewahrt, auch später noch, als der geistige Verfall Ludwigs sich in Launenhaftigkeit und Quälsucht bekundete.

Dergestalt also häuften sich im Herbst des für sein Heer so rühmlichen Jahres um den König von Bayern die Düsternisse. Und es ist kaum überraschend, daß er, der ja immer noch ein junger Mensch war, plötzlich zur Mutter zurückverlangte, zur Königin Marie, von der er sich sonst schon sehr weit entfernt hatte. Er schrieb ihr am 31. Oktober: »Seit dem 27. bin ich hier, im unseligen München, wo ich mich einige Tage aufhalten muß, da es jetzt viel Wichtiges, Ernstes und Trauriges zu besprechen geben wird. Ich sehne mich zurück nach den geliebten Bergen, wo es so wohltuend ist, wenn auch nur auf kurze Zeit, die Leiden der politischen Lage, die oft unerträglich sind, vergessen oder doch gemilderter fühlen zu können.«

XV

VERSAILLES

Freilich weilten damals seit einer Woche schon Ludwigs Bevollmächtigte im deutschen Hauptquartier in Versailles, nunmehr unausweichlich vor den Zwang gestellt, den Einbau Bayerns in ein neues Reich und unter seine Souveränität zu vollziehen.

Nach Delbrücks Abreise hatte man in München den unitarischen Angriff so weit für abgeschlagen gehalten, daß Bray beruhigt auf seine Güter ging. Tatsächlich aber war Bismarcks überlegenes Spiel unablässig weitergelaufen, bis es ihm im Lauf des Oktober allmählich gelungen war, erst Baden, dann Hessen, endlich auch Württemberg zum Eintritt in den Norddeutschen Bund grundsätzlich geneigt zu machen. Damit aber sah auch Bayern sich plötzlich – wenn es nicht, völlig isoliert, die ganze populäre Macht des nationaldeutschen Gedankens innerhalb und außerhalb seiner Grenzen gegen sich aufbringen wollte – zu neuem Handeln genötigt.

So machte sich, als württembergische und badische Unterhändler zum Vertragsabschluß nach Versailles abgingen, auch eine bayerische Abordnung, bestehend aus Bray, Pranckh und Lutz, auf den gleichen Weg – ein sonderbares Dreigespann: Bray und Pranckh, die beiden konservativen Aristokraten, mit sorgenvollen Falten im Gesicht, und neben ihnen Lutz, soeben geadelt, dennoch in seiner untersetzten Korpulenz ganz bürgerlich geblieben, beweglich, aufmerksam und jovial und bei der ersten Mittagstafel in Versailles bereits seine eindringliche Wissenschaft in Bierfragen bekundend.

Die bayerische Verhandlungsposition war besser als nach Sedan. Denn zwei deutsche Armeen lagen jetzt vor Metz fest, eine nur umschloß notdürftig Paris, und die junge französische Republik war dabei, ihre eigentliche Volkskraft in Massenheeren zu mobilisieren; jeden Tag drohte überdies die Intervention bisher Neutraler; und zweifellos war auch, daß gerade Bayern am ehesten noch von allen deutschen

Staaten eine selbständige Existenz hätte fortsetzen können[1]. Um so weniger konnte das deutsche Hauptquartier auf die bayerische Armee verzichten, deren 1. Korps unter von der Tann in und um Orleans die Sicherung der Belagerung gegen Süden fast allein zu tragen hatte.

So kam es, daß Ludwig anfangs günstigste Berichte aus Versailles erhielt: Pranckh etwa sei von Bismarck sofort gebeten worden, von Opfern, die Bayern bringen wolle, überhaupt nicht zu sprechen, sondern nur die bayerischen Interessen im Auge zu behalten. Kein Wunder, daß er auf gute Verhandlungsergebnisse zu hoffen begann und daß, als Metz endlich fiel, zum ersten Mal seit Kriegsbeginn über dem Flügel der Residenz, den er bewohnte, die königliche Hausflagge emporstieg.

Doch eben durch den Fall von Metz gewann die deutsche Heeresleitung wieder Luft und Bismarck demgemäß so viel an Handlungsfreiheit, daß er konkreter werden konnte: Am 27. Oktober meldete Bray, heute habe der Kanzler den Eintritt ganz Süddeutschlands in den Norddeutschen Bund angeregt; Bray habe darauf mit dem Vorschlag eines Doppelreiches geantwortet, zusammengesetzt einerseits aus Bayern, andrerseits aus allen übrigen Staaten unter Führung Preußens, dessen König den Kaisertitel erhalten und die gemeinsamen Angelegenheiten zusammen mit dem bayerischen König leiten sollte — der Entwurf einer Zweiteilung der Zentralgewalt also und damit sehr nach dem Herzen Ludwigs: denn welch kleiner Schritt war dann nur noch zu einem seiner mittelalterlich durchleuchteten Wunschbilder, dem eines erblichen Wechsels des Kaisertitels zwischen Hohenzollern und Wittelsbach! In der vorsichtigen Amtssprache Brays hieß das zwar, »neben dem deutschen Kaiser den König von Bayern als Repräsentanten des Deutschen Reichs erscheinen zu lassen, nachdem jeder dieser Souveräne einen Teil Deutschlands selbständig, beide gemeinsam dagegen das Ganze repräsentierten würden«. In Ludwigs Empfindungen aber handelte es sich hier — nachdem König Wilhelm ein Greis, er selbst aber ein Mann in den zwanziger Jahren war — um nichts weniger als um

[1] Auch der württembergische Rivale Mittnacht gestand, Bayern könne »außerhalb eines deutschen Verfassungsstaates noch unbestimmt lange Zeit eine selbständige staatliche Existenz aufrechterhalten; ... für Deutschland blieb es stets ein wertvoller Alliierter, und auch sonst in Europa hätte es ihm an Freunden und Beschützern ... nicht gefehlt« (Mittnacht I, 23).

ein Aufglühen alter Erinnerungen seines Hauses, das dreimal schon die Kaiserkrone getragen hatte.

Auch von der Wiederherstellung der uralten Einrichtung des Reichsvikariats (wie sie Bluntschli schon 1868 angeregt hatte) war nun die Rede: Ähnlich wie im Mittelalter der Herzog von Sachsen und der Pfalzgraf bei Rhein im Falle der Behinderung oder vor der Neuwahl des Kaisers automatisch seine Stellvertreter, »Reichsvikare« waren, dachte man daran, die gleiche Ausnahmestellung der bayerischen Dynastie in der Reichsverfassung festzulegen[2].

Die Ausschließlichkeit allerdings, mit der preußisch-patriotisches und persönliches Machtstreben sich in Bismarck verbanden, machte – wie man heute weiß – alle Gedanken an irgendeine Teilung der neuen deutschen Zentralgewalt von vornherein aussichtslos. Schon jetzt schrieb ja Stosch, die Frage: »Wie befindet sich Bismarck?« werde »in Zukunft die erste und bedeutendste in aller Politik sein.«

Vorläufig jedoch hütete der Kanzler sich sorgsam, jene Erwartungen Ludwigs zu enttäuschen; vielmehr stellte er sich, als ob er die Träume des naiven, jungen Riesen mit den ja auch sonst recht extravaganten Liebhabereien – denn mehr als Träume bedeuteten sie für ihn nie – ganz ernst nähme. Höchstens, daß er höflich daran zweifelte, wie die abwechselnde Erbfolge in der Kaiserwürde, dieser »unpraktische Gedanke praktisch zu machen« sei. In Wirklichkeit kam es ihm darauf an, Zeit zu gewinnnen, bis die Stimmung, die nach dem berauschenden Siegeszug des Spätsommers ein wenig herbstlich flau geworden war, sich wieder gehoben hätte und die kriegerischen Entscheidungen, die jetzt noch in der Schwebe hingen, gefallen wären.

Die gleiche hinhaltende Taktik befolgte er dort, wo es sich um einen zweiten Herzenswunsch des bayerischen Königs handelte, um Gebietsvergrößerung als Ersatz für die Minderung seiner Souveräni-

[2] Vielleicht nicht ganz zu Unrecht bemerkt Böhm, daß diesen Plänen, in denen die liberal-unitarische Geschichtsschreibung bisher nur Romantik, ja Ausgeburt des Wahnsinns sehen wollte, ein Kern gesunder Tradition durchaus nicht fehlte: Hätte beispielsweise 1918, so meint er, statt der überstraffen Konzentration des Reichs auf die Hohenzollern ein verfassungsmäßiger Auffangapparat existiert, der automatisch an ihre Stelle die Dynastie Wittelsbach eingeschaltet hätte, so wären vielleicht nicht nur beide Monarchien gerettet, sondern Deutschland auch vor dem völligen Zusammenbruch bewahrt worden (Böhm, 274).

tät. Zunächst hatte Bismarck diesen Wunsch als leicht erfüllbar hingestellt, ja, Bayern sogar ermuntert, territoriale Forderungen zu stellen[3]. Ludwig fühlte sich deshalb vollkommen in seinem Recht, wenn er Bray jetzt fortgesetzt mahnen ließ, jene Verhandlungen rührigst zu betreiben[4]. Im Laufe der Zeit konzentrierten sie sich dann immer deutlicher auf die längst schon erstrebte Landbrücke zwischen der Pfalz und dem Stammland, wofür Baden, das sie abzutreten hätte, im Elsaß und durch die Königskrone zu entschädigen wäre.

Mitten in diese Hoffnungen hinein freilich schlug am letzten Oktobertag enttäuschend ein Telegramm Brays: Die Verhandlungen mit Bismarck seien überhaupt noch nicht über Vorbesprechungen hinaus gediehen, da dieser, ehe er mit Bayern verhandle, mit Baden, Hessen, Württemberg abschließen wolle; Bayern sei also isoliert. Und am 3. November teilte der Minister mit, daß er nach Hause zu kommen beabsichtige.

Auch aus anderen Quellen kamen alarmierende Mitteilungen: Die Verbindung zwischen Bismarck und der bayerischen Delegation sei abgebrochen, in welch letzterer es überdies zu heftigen Auseinandersetzungen mit Lutz gekommen sei; niemand wisse, ob überhaupt noch einmal verhandelt werden würde. In der Tat war die Delegation völlig beschäftigungslos, ihre Lage höchst unbehaglich und Bray vertrieb sich nur noch in endlosen Spazierritten mit seinem jungen Attaché Graf Lerchenfeld einigermaßen die Zeit.

Seinerseits allerdings hatte Bray, der immerhin auch ein gewiegter alter Diplomat war, inzwischen eine Intrige am Stuttgarter Hof zu entfesseln vermocht; und während Bismarck hinter Brays Rücken die übrigen süddeutschen Delegationen verhandlungsreif machte, hatte

[3] Thile zu dem bayerischen Gesandten Perglas: Bismarcks Wunsch sei, daß das Elsaß erobert und mit der Pfalz vereinigt werde, so daß Bayern dann dort zur Vormacht Deutschlands werde. – Bismarck zu dem bayerischen Militärbevollmächtigten von Bothmer: wer in den Besitz der eroberten Gebiete trete, sei ihm gleich; Bayern könne das an die Pfalz stoßende, Baden das angrenzende Land erhalten. – Bismarck zu dem Abgeordneten Bamberger: er wolle das Elsaß und Metz als Reichsland mit Baden verbinden, aber Baden dürfe auch nicht größer werden. – Bray gegenüber stellte Bismarck als Ersatz für die Landverluste Bayerns von 1866 »ein bedeutendes Stück des Elsaß mit Weißenburg in sichere Aussicht«.

[4] Bray selbst vertrat jene Forderungen nicht allzu gern, da sie ihm dem Verteidigungscharakter des Krieges zu widersprechen schienen.

Bray hinter Bismarcks Rücken eine Ordre des Königs von Württemberg erwirkt, durch die er seine schon unterschriftsbereiten Bevollmächtigten plötzlich nach Hause berief. Das Ergebnis war unabsehbare Verwirrung und völliger Stillstand der Versailler Verhandlungen.

Mit welchen Mitteln sie gleichwohl wieder in Gang gebracht wurden, ist nicht ganz klar. Daß aber Bismarck in seinem tausendfältigen Instrumentarium die richtigen, bald lockenden, bald drohenden Beschwörungsformeln fand, zeigen die Tatsachen. Möglich ist, daß er sich jetzt jenes Briefwechsels Napoleons bediente, der im Landhaus des kaiserlichen Ministers Rouher in Cerçay versteckt, von mecklenburgischen Truppen entdeckt worden war und nun, ganze Kisten voll diplomatischer Akten, in Bismarcks Versailler Quartier stand. Mit der Drohung, aus diesem zweifelhaften Schatz Schriftstücke zu veröffentlichen, die sie kompromittiert hätten, soll Bismarck eine plötzliche neue Verhandlungsbereitschaft der Süddeutschen erzwungen haben. Zwar ist sachlich nicht einzusehen, inwiefern die Korrespondenz zwischen Napoleon und den damals noch ganz souveränen süddeutschen Regierungen kompromittierend hätte sein können; andererseits freilich war für sie vielerlei zu befürchten, wenn jene Dokumente jetzt, zielbewußt redigiert und kommentiert, in Deutschland unter die großen Massen geworfen worden wären, die ohnehin schon kriegerisch aufs äußerste erregt waren und deren Fähigkeit zu ruhiger Überlegung entsprechend gelitten hatte. Denn was, als es geschrieben wurde, ganz in der Ordnung war, konnte jetzt allzuleicht als Verrat an der Nation hergerichtet und, da Volksabstimmungen immer nur eine Gegenwart und keine Erinnerung an die Vergangenheit kennen, bereitwilligst geglaubt werden[5]. Als zusätzliches, obwohl sachlich nicht überzeugendes Druckmittel können daher die Aktenkisten von Cerçay wohl immerhin gewirkt haben.

Jedenfalls also sah sich Ludwig, als er Anfang November in Hohenschwangau ankam, in einer dunklen, bedrängenden Situation: Bray hatte angekündigt, daß er mit leeren Händen heimkehre, und vor ihm

[5] Zu den in Cerçay gefundenen Briefen des sächsischen, später österreichischen Ministers Beust beispielsweise hat Bismarck selbst 1871 geäußert, er hätte an Beusts Stelle »das nämliche getan«.

noch traf Prinz Otto aus Versailles ein, dessen weinerlich exaltierte Klagen über die preußische Politik gewiß nicht imstande waren, den Bruder aufzuheitern.

Am 10. November dann kam eine weitere Unglücksnachricht: Von der Tann war von der neu aufgestellten französischen Loire-Armee, allerdings mit fast dreifacher Übermacht, bei Coulmiers geschlagen worden und hatte Orleans räumen müssen. »Die Bayern konnten positiv nicht mehr«, schreibt Stosch, der Generalstabschef der zu spät abgesandten Hilfstruppen.

In Bayern selbst häuften sich inzwischen die Unmutskundgebungen der Liberalen, die an dem schleppenden Tempo in Versailles Anstoß nahmen. Sie versuchten, durch einen im Kabinett einflußreichen Geistlichen, den Kanonikus Trost, den König zu beeinflussen, was freilich nur unvollkommen gelang. Vielmehr wurden jetzt wiederholt liberale Zeitungen in Bayern konfisziert, worauf die Berliner Presse in ahnungsloser Arroganz die bayerische Armee gegen den König aufzuwiegeln versuchte; der preußische Kronprinz, so schrieb etwa die »Börsenzeitung«, habe »die braven Bayern zu oft zum Siege geführt, als daß sie sich jetzt von ihm möchten losreißen, um dem Schwanenritter zu folgen oder mit dem Thannhäuser nach Rom zu pilgern«.

In dem alten Schloß Hohenschwangau, in dessen Kaminen Herbststürme polterten, dessen Garten, einst der Ort von Ludwigs und Ottos Kinderspielen, schwarz triefend im eisigen Regen lag, saßen nun die beiden Brüder einander gegenüber. Wieder regte sich in dem Älteren der Wunsch, die Last des Amtes loszuwerden. Wieder äußerte er, er sehe seinen Bruder schon als König an; an einem dünnen Faden hänge es, dann werde es heißen: »Le roi Louis II est mort, vive le roi Othon I.« Dann aber fiel sein Blick wohl wieder auf den Jüngeren, von dem der preußische Kronprinz eine Woche zuvor in sein Tagebuch notiert hatte, er habe ihn »bleich, elend, wie im Fieber schauernd« besucht und es sei nicht herauszubekommen, ob er das, was man ihm sage, begreife oder überhaupt höre – auf ihn, der zwei Jahre später schon lebenslänglicher Einsperrung verfiel. Und Ludwig wird gewußt haben, daß auf den Bedauernswerten nicht mehr zu rechnen war.

Eben deshalb, als Bray am 16. November endlich meldete, die Verhandlungen begännen wieder, warf der König noch einmal alle Ermattung ab und suchte persönlich einzugreifen: er erinnerte die Delegation sofort telegraphisch an seine territorialen Wünsche, verlangte genaue Darlegung der noch vorhandenen Differenzpunkte und Spezialberichte über die zahlreichen Einzelfragen der militärischen und diplomatischen Umorganisation, die jetzt zur Debatte kommen mußten.

Nun aber geschah es, daß die bisher so zögernd geführten Verhandlungen sich derart überstürzten, daß Brays Berichterstattung an den König mit ihnen nicht mehr Schritt halten konnte. Am 19. November schon unterzeichnete Bismarck endgültig mit Baden und Hessen, wurde gleichzeitig aber auch schon aus Stuttgart unterrichtet, daß man dort jetzt zum Abschluß bereit sei. Und am gleichen Tage stellte er den nunmehr ganz isolierten Bray vor die nüchterne Alternative: Wenn Bayern als Reservatrechte seine diplomatischen Vertretungen behalte, das eigene Heer in Friedenszeiten, eigene Eisenbahn-, Post- und Telegraphenverwaltung, eigenes Biersteuer-, Heimat- und Niederlassungsrecht, ob es dann einem Bund beitreten wolle, dessen Verfassung freilich mit der des Norddeutschen Bundes so gut wie identisch war (womit man der Berufung eines verfassunggebenden Parlaments auswich), und seine Mitwirkung bei der Herstellung von Kaiser und Reich verspreche? Eine Gebietserweiterung entweder im Elsaß oder die Rückgabe der Abtretungen von 1866 sagte er in Geheimbestimmungen zu[6]. Außerdem zeigte er sich, zur Beruhigung der alten großdeutschen Gefühle Bayerns, einer Annäherung an Österreich geneigt.

Was konnte Bray tun, wehrlos, wie er war und isoliert? Die militärische Lage hatte sich durch den Fall von Metz entscheidend gebessert, die Möglichkeit einer Intervention der Neutralen hingegen verringert, da Rußland sich soeben vom Pariser Frieden von 1856 losgesagt und damit die Aufmerksamkeit der Großmächte zersplittert hatte; und schließlich vielleicht, daß auch Bray sich vor der hintergründigen Drohung der Papiere von Cerçay nicht ganz sicher fühlte? Die Unterschrift, die er, vorbehaltlich der Genehmigung des Königs, endlich leistete, am 23. November, zehn Uhr abends, ist dem alten Edelmann sehr sauer geworden. Er schrieb darüber an seine Frau: »Dies ist der Anfang des neuen Deutschland und, wenn unsre Ent-

[6] Nach Ziekursch, »Politische Geschichte des neuen deutschen Kaiserreichs«, 316 ff.

würfe genehmigt werden, das Ende Altbayerns. Es wäre nutzlos, sich darüber täuschen zu wollen.«[7] Sicherlich auch war er jeden Augenblick noch auf einen Gegenbefehl aus München gefaßt. Aber der ihn allein hätte geben können, der König, schwieg.

Im Schlußstadium der Verhandlungen nur lückenhaft unterrichtet, wußte Ludwig dennoch zweifellos, um was es ging: daß ihm die entscheidenden Kennzeichen der Souveränität genommen wurden, das Heer und die Selbständigkeit internationaler Politik; die bayerischen Gesandtschaften, die neben denen des Reichs weiterexistieren sollten – »bibelots«, Spielzeug nannte sie Bismarck –, änderten daran nichts. Und auch daß die Vertragsform ihn weit stärker band, als ein gemeinsames Verfassungsgesetz es vermocht hätte, war ihm klar, indem ein Verfassungsgesetz ja immer geändert werden kann, ein als »ewig« erklärter Vertrag aber nur mit Zustimmung aller Vertragschließenden.

Doch er blieb stumm. Wie bei allen entscheidenden Schicksalsschlägen, die er erlitt, bei der Niederlage von 1866 oder bei der Entdeckung des Wagnerschen Vertrauensbruchs – kein Wort, das sich unmittelbar darauf bezöge, ist von ihm bekannt. Sein allmächtiger Stolz scheint ihn dann immer in eine Art Erstarrung oder Vereisung zu versetzen, und Tage und Wochen kann es dauern, bis seine Zunge sich wieder löst.

*

Eine Hoffnung blieb noch, die auf Landgewinn. Aber als Bray nun wegen der Landbrücke in die Pfalz dringlicher wurde, verwies ihn der Kanzler an den badischen Großherzog Friedrich unmittelbar. Der jedoch wollte, als der Bayer ihn aufsuchte, von nichts wissen, von keinerlei Gebietsaustausch, noch von einer Königskrone; »die Zeit des Länderschachers« sei vorbei, warf er sich in die Brust (wobei er nur vergaß, daß er 1866 sehr gern die bayerische Pfalz annektiert hätte). Doch ließ Bray sich nicht abschrecken: Außer den Scheinzugeständnissen des Vertrages wollte er wenigstens, als einzigen realen Gewinn, einen territorialen Zuwachs heimbringen; und was den Großherzog anging, so war er überzeugt, daß er sich einem Machtwort seines Schwiegervaters

[7] Brays Attaché Lerchenfeld erhielt jetzt von seiner Mutter einen Brief, in dem es hieß: »Recht werdet ihr es niemand gemacht haben; heulen werden sie alle.«

König Wilhelm ohne weiteres beugen würde. Daher wurde um das elsässisch-badische Austauschprojekt noch monatelang verhandelt. Doch um diese letzten Aussichten sollte Ludwig sich selbst bringen.

Seit Mitte September ungefähr hatte Bismarck sich entschieden, den deutschen Neubau, der nun sichtbar dem Abschluß entgegenwuchs, mit dem Kaisertum der Könige von Preußen zu krönen, nachdem er bisher nur von »Kaiserei« und »Kaiserscherz« gesprochen hatte. Von demselben Zeitpunkt an suchte er zu erreichen, daß der König von Bayern, als zweitmächtigster der Verbündeten, den preußischen Oheim zur Übernahme der Kaiserkrone auffordere, und zwar in einer Form, der jener, trotz seiner instinktiven Abneigung gegen die Krone (die seinem Haus ja wirklich auch kein Glück gebracht hat), nicht widerstehen konnte. Wenn Bismarck ihn so unermüdlich ins Hauptquartier einlud, stand immer dieser Wunsch im Hintergrund. Auch zögerte er nicht, als Gegenleistung reale Zugeständnisse wenigstens andeutungsweise in Aussicht zu stellen, weshalb ja auch die Minister den König immer wieder zu reisen bestürmten. Noch am 21. und 24. November telegraphierte Bray ihm aus Versailles: Die Kaiserwürde sei unaufhaltsam; doch könnte die Reise entbehrlich werden, wenn der König »die Initiative zur Übertragung des Kaisertitels schriftlich zu übernehmen geruhe«. Allerdings daran, daß Ludwig dieses schriftliche Angebot schließlich ohne Wissen Brays und hinter seinem Rücken machen könnte, hatte der Minister nicht gedacht.

Dem König wurde der Entschluß, dem hohenzollerschen Rivalen zu einer Rangerhöhung zu verhelfen, die ihn selbst unter ihn stellte, unbeschreiblich schwer. »Selbst der bayerisch-monarchische Bray«, so schrieb er an Otto, »beschwor mich ... sobald als möglich jenem König die deutsche Kaiserkrone anzubieten ... Jammervoll ist es, daß es so kam ...« Und der Bruder bestärkt ihn nicht nur in seiner Abneigung, sondern versucht, in einer kindlichen, ahnungshaft an die Zukunft rührenden Weise, ihn umzustimmen: »Ich beschwöre Dich, das Schreckliche nicht zu tun! ... Mögen wir auch für den jetzigen Augenblick Vorteile und Zugeständnisse erlangen ..., mögen sie auch vielleicht für zwanzig bis dreißig Jahre erhalten bleiben, so wird doch gewiß immer mehr davon abgezwackt werden, und in fünfzig bis hundert Jahren ... sind sie uns vielleicht sämtlich abgerungen.«

In ihrer Ratlosigkeit nun aber, schwankend im Stolze ihres schweren, alten Blutes, verfallen die Brüder darauf, sich dem entschlossensten Mann ihrer Umgebung anzuvertrauen, dem Grafen Holnstein.

Immer mehr nämlich hatte sich inzwischen die merkwürdige Figur des »Roßober« in den Vordergrund gespielt. Teils hatte das äußerliche Gründe: denn bei dem häufigen Ortswechsel des Hofes war das Stallpersonal auf etwa zweihundert Mann angewachsen und konnte nur von einer energischen Hand, die notfalls vor Ohrfeigen nicht zurückschreckte, in Ordnung gehalten werden. Teils auch kam Holnstein die geschmeidige Beflissenheit zustatten, mit der er dem König überall bedenkenlos den Willen zu tun verstand; er war nicht nur imstande, »auf die höchste Alphütte goldene Möbel zu bringen«, sondern hatte sich auch in verschiedenen heiklen Vermittlermissionen bewährt: zwischen dem König und Wagner, Sophie[8], Hohenlohe; ja, dieser sagt ihm sogar nach, er habe sich Anfang 1870 als künftiger Ministerpräsident betrachtet.

An diesen starken Mann also klammert sich nun die Hoffnung der beiden späten Wittelsbacher. Er soll nach Versailles gehen, angeblich um, seinem Amtsbereich gemäß, die Unterbringung des Marstalls bei einem etwaigen Besuch Ludwigs vorzubereiten, tatsächlich aber, um, Brays Angaben nachprüfend, zu erkunden, ob das Angebot der Kaiserkrone tatsächlich unumgänglich und wie weit Bismarck mit Zwangsmaßnahmen zu gehen bereit sei.

Am gleichen Tage, an dem Bray die Verträge unterzeichnet, trifft Holnstein in Versailles ein; bereits am 27. gelingt es ihm, von Bismarck empfangen zu werden (und die Leichtigkeit, mit der er sich, der weder Politiker noch Diplomat ist, bei dem arbeitsüberlasteten, leidenden und nahezu schlaflosen Kanzler einzuführen vermag, verstärkt in der Tat die Wahrscheinlichkeit der Welfenfonds-Theorie). Augenscheinlich finden beide rasch Gefallen aneinander und erkennen die Gunst des Augenblicks. Nach einem »scharfen Pokulieren«[9] sagt Holnstein – so lautete sein eigener, später gern wiederholter Bericht: »Wissen S' was, Exzellenz, schreiben S' gleich selbst einen Brief auf, so wie er sein soll, sonst gibt es hintennach doch wieder Anstand.« Dem Kanzler leuchtet

[8] Briefwechsel zwischen Ludwig II. und Richard Wagner, II, 139 u. 144.

[9] Nach Mittnacht, »Erinnerungen an Bismarck«, II, 21.

diese urwüchsige Klugheit ein; er läßt sich an dem abgeräumten Eßtisch nieder und wirft auf durchschlagendes Papier mit widerstrebender Tinte rasch zwei Briefe, jeder in seiner Art ein Meisterstück. Der eine ist der von Holnstein verlangte Entwurf, eine Mitteilung des bayerischen Königs also an den preußischen: er habe bei den deutschen Fürsten angeregt, dem Träger des Präsidiums in dem neuen Bunde den Kaisertitel zu verleihen. Der zweite ist ein persönliches Schreiben Bismarcks an Ludwig selbst: die Konzessionen, die der König durch die soeben in Versailles unterzeichneten Verträge auf sich genommen habe, könne er schicklicherweise nur einem Deutschen Kaiser, nicht aber einem König von Preußen machen; an das Würdegefühl Ludwigs appellierend, benutzt Bismarck also die Zugeständnisse, die der König bereits gemacht hat, um weitere von ihm zu erlangen. Und dann, um Vertrauen für sich selbst werbend, spricht er von dem uralten Vasallenverhältnis, das ihn mit dem Haus Wittelsbach seit jenen mittelalterlichen Zeiten verbände, in denen die bayerische Dynastie einige Jahrzehnte in Brandenburg regierte.

Wirklich, virtuos wie kein anderer Zeitgenosse, weiß Bismarck auf dem kompliziertesten Instrument dieser königlichen Seele zu spielen. Denn von seiner mittelalterlichen Beweisführung erwartet er sich sehr realpolitische Wirkungen: Unterzeichnet der König das Bismarcksche Konzept, so bedeutet das nicht nur das Angebot der Kaiserkrone an König Wilhelm. Nein, darüber hinaus ist das Schreiben so abgefaßt, daß der königliche Namenszug zugleich auch die Ratifikation der Bundesverträge ausspricht, die Bray bisher ja erst unter Vorbehalt der königlichen Zustimmung abgeschlossen hat[10]. Verzichtet Ludwig somit auf die Möglichkeit, die Ratifikation zu verweigern, so hat er – die alte Wahrheit vergessend, daß der, der nichts zu geben, auch nichts mehr zu erhoffen hat – die letzte Kompensation, für die der ersehnte Gebietszuwachs vielleicht noch einzutauschen gewesen wäre, aus der Hand gleiten lassen.

Zwei Stunden später ist Holnstein schon unterwegs nach München. Gleichzeitig mit den heimkehrenden bayerischen Ministern trifft er

[10] Der hierfür maßgebende Satz lautet: »*Ich habe mich* zu deren« (der Präsidialrechte) »Vereinigung in einer Hand in der Überzeugung *bereit erklärt,* daß dadurch den Gesamtinteressen ... entsprochen werde.«

hier ein, eilt aber, während jene zurückbleiben, sofort nach Hohenschwangau weiter. In dem einsamen Gebirgsschloß, an dessen Fenster trostlos der Regen schlägt, trifft er Ludwig im Bett, unter den Nachwirkungen einer schmerzhaften Zahnbehandlung, halb noch im Chloroformrausch, mit dick verbundenem Gesicht. Doch der »Roßober« kennt keine Schonung; fast mit Gewalt erreicht er eine Audienz, liest dem König Bismarcks Briefe vor und muß ihm die Sätze, in denen von der Vasallität die Rede ist, wiederholen. Er sieht, wie ungewöhnlich günstig wiederum die Lage sich für ihn gestaltet: Ludwig krank und allein in dem entlegenen Schloß, kein Minister in der Nähe, kein Berater, Otto ebensowenig wie Eisenhart, der gerade heute nach München geschickt wurde. So entschließt Holnstein sich zu einem verwegenen Coup: Er erklärt, der König müsse sich sofort entschließen, denn am gleichen Abend noch, Punkt sechs Uhr, müsse er nach Versailles zurückfahren. Bis halb sechs Uhr vermag sich der König gegen ihn zu wehren, der, die Taschenuhr in der Hand, zu immer massiverer Bedrängung übergeht. Denn als Holnstein gewahrt, daß die üblichen, auch von Bismarck gern geäußerten Drohungen, die übrigen deutschen Fürsten oder gar der Reichstag würden den Kaiser proklamieren, wenn Ludwig sich versage, nicht mehr verfangen, greift er zu eigenen Erfindungen: Würde das vom deutschen Volk verlangte Kaisertum, so sagt er jetzt, durch Übelwollen des Königs von Bayern in Frage gestellt, dann könnten die bayerischen Truppen vielleicht den Kaiser ohne Befehl ausrufen und Ludwig in eine Lage bringen, der er sich am besten durch einen Aufenthalt in der Schweiz entzöge[11].

Es waren das, nüchtern gesehen, leere Drohungen, wie ja übrigens auch diejenigen Bismarcks, daß die übrigen Fürsten oder der Reichstag den Kaiser proklamieren könnten: denn in diesem Falle hätte Ludwig nur die Ratifikation der Bundesverträge zu verweigern brauchen, und der Kaiserproklamation wäre die Grundlage, das Kaiserreich, entzogen gewesen; auch hätte König Wilhelm eine nicht einstimmige Proklamation sofort als Vorwand benutzt, um sich der unwillkommenen Würde überhaupt zu entwinden.

[11] Holnsteins eigene Erzählung, nach Aufzeichnungen des Hofmarschalls des preußischen Kronprinzen, Grafen August zu Eulenburg. (Kaiser Friedrich III., »Das Kriegstagebuch von 1870/71«, 466 ff.)

Trotzdem gibt Ludwig schließlich nach, läßt Papier und Feder bringen, schreibt Bismarcks Konzept fast wörtlich ab und unterzeichnet es, und eigentlich ist nie ganz klargeworden, was ihn, der damals eher argwöhnisch als leichtgläubig und auch nicht ängstlich war, dazu bewogen hat. Möglicherweise will er in seinem augenblicklichen körperlichen und seelischen Tiefstand den lästigen Besucher einfach nur loswerden. Sein Gewissen, das sich gegen diese allzu leichtherzige Unterschrift gesträubt haben mag, sucht er dadurch zu beruhigen, daß er Holnstein befiehlt, den Brief zunächst Eisenhart vorzulegen und ihn nur, wenn dieser zustimme, weitergehen zu lassen. Er selbst wirft schnell ein paar Zeilen an Eisenhart hin, der ja heute die aus Versailles heimgekehrten Minister gesprochen hat, also die Lage aufs genaueste kennen muß: »Sollte ein anders gefaßter Brief als besser und angemessener sich herausstellen, sollten die Opfer, die man ... von mir verlangt, zu groß sein, gut, so zerschlägt sich die Sache, und ich ermächtige Sie, den Brief an den König von Preußen zu zerreißen ...«

Holnstein eilt, sobald er das kostbare Dokument in der Hand hat, nach München. Er läßt Eisenhart, der im Residenztheater sitzt, aus der Loge rufen und reicht ihm die Briefe des Königs. Eisenhart überfliegt sie und fühlt sich durch die hochpolitische Entscheidung, die ihm hier plötzlich übertragen ist (wie seine Frau, Luise von Kobell, berichtet), »hoch geehrt«, obschon sie seine amtlichen und persönlichen Kompetenzen natürlich weit überschreitet. In seiner ehrlichen national-deutschen Begeisterung billigt er den Brief des Königs zwar vollkommen, glaubt trotzdem aber, sich decken zu müssen, indem er das Schriftstück noch dem Justizminister Lutz vorlegt. Dieser wiederum prüft es nur »vom juristischen, nicht vom politischen Standpunkt« und findet es demgemäß korrekt. Den als Ministerpräsidenten, Außenminister und Minister des königlichen Hauses tatsächlich zuständigen und auch anwesenden Grafen Bray umgehen beide, wohl weniger aus Unachtsamkeit als mit Absicht. Am nächsten Morgen jedenfalls kann Holnstein mit dem Kaiserbrief davonstürmen, in solcher Eile, daß er eine Lokomotive für sich requiriert.

Zu spät erst erfährt Bray davon; zu spät daher kann er den König darüber aufklären, daß er jetzt seine letzten Trümpfe verspielt und damit jede Aussicht auf territoriale Entschädigung verloren hat. Ludwigs Reue ist groß, aber ergebnislos; er versucht, Holnstein einholen und zurückrufen zu lassen; aber auch dazu ist es zu spät.

Am 3. Dezember ist Holnstein wieder in Versailles, nachdem er unterwegs beinahe in das Gefecht bei Villiers hineingeraten wäre. Bismarck empfängt ihn sofort in seinem Schlaf- und Arbeitszimmer; bald darauf bestellt er Champagner. Busch gegenüber nennt er den bayerischen Oberststallmeister einen »sehr geschickten Mann, auch gar nicht vom Hofwesen eingenommen und verdorben«[12].

Der Brief Ludwigs wird am gleichen 3. Dezember noch durch den Prinzen Luitpold dem preußischen König überreicht. Er liest ihn sofort, ohne natürlich zu ahnen, daß er hier ein Erzeugnis seines eigenen Ministerpräsidenten in der Hand hält. Seine in diesen Tagen ohnehin sehr schlechte Laune hebt sich dadurch keineswegs, vielmehr erklärt er dem Prinzen recht ungnädig, der Antrag des bayerischen Königs überrasche ihn sehr; gerade von ihm habe er ihn am wenigsten erwartet, da sich ja gezeigt habe, wie schwer er sich entschlossen habe, in den neuen Bund einzutreten.

*

Die Folgen des Kaiserbriefes waren trotzdem so, wie Bismarck sie berechnet hatte, unaufhaltsam und unabänderlich. Eisenhart selbst hat später berichtet, Ludwig habe von ihm verlangt, den Brief von König Wilhelm zurückzufordern; er solle ihm vorstellen, unter welchen Pressionen er ihn geschrieben habe und von seiner Loyalität verlangen, daß er die Folgen nicht ausbeute. Und der »nichtsnutzige Lutz«, wie er sagte, der ihn »dupiert« habe, durfte sich lange nicht mehr in seine Nähe wagen.

Die öffentliche Meinung Bayerns wurde durch den Kaiserbrief förmlich auseinandergerissen. Während der Liberalismus und seine Presse triumphierte (ein sehr maßvoll urteilender Chronist wirft ihm »Übertreibungen, Überschwenglichkeiten, aber auch Überhebung, selbst einen gewissen Terrorismus, namentlich auf kirchlichem Gebiet«, vor)[13], schien

[12] Die Beziehungen zwischen Bismarck und Holnstein blieben von nun an lange ausgezeichnet. Bei den parlamentarischen Bierabenden des Kanzlers etwa stammte das Getränk zumeist aus Holnsteinischen Brauereien, und auch Bismarcks berühmte Dogge »Sultl« war ein Geschenk des Grafen.

[13] Doeberl, »Entwicklungsgeschichte Bayerns«, III, 533.

das konservative Altbayerntum jetzt erst wirklich zu gewahren, was geschah. »Unser bis jetzt souveräner König«, so schrie die Patriotenpartei auf, »hat das Recht, Krieg zu erklären und Frieden zu schließen, Verträge mit andern Staaten einzugehen, ja selbst das Recht, die Kriegsbereitschaft der bayerischen Armee anzuordnen ... verloren.« Die Führer der Partei, Jörg, Ruhland, Mahr, erklärten: »Die Verfassung kennt keinen Ober- und Unterkönig, sie kennt keinen andern als unsern König.« In ihrem wichtigsten Organ, den »Historisch-Politischen Blättern", las man, das neue Kaisertum sei nicht »der Nachfolger des universellen römisch-deutschen Kaiserreichs«, sondern »das Geisteskind des napoleonischen Cäsarismus«. Und da die Patrioten im Landtag die absolute Mehrheit hatten, mußte Bismarck dem parlamentarischen Schicksal der Versailler Verträge mit großer Sorge entgegensehen. Für den Fall der Ablehnung verlangte er von Bray die Auflösung der Kammer, was jener aber verweigerte.

Eben diese Sachlage jedoch veranlaßte anscheinend den König, Anfang Januar 1871 noch einmal einen verzweifelten Versuch zur Revision des Geschehenen zu machen. Prinz Luitpold mußte in einer Audienz dem preußischen König vortragen, Ludwig habe nicht beabsichtigt, dem Hause Hohenzollern die erbliche Kaiserwürde zu übertragen; nichts davon stehe in seinem Brief (womit er, wörtlich genommen, recht hatte); sein Angebot habe nur eine persönliche Ehrung des greisen Monarchen bezweckt; er fände es daher angemessen, daß die alte bayerische Forderung einer Aufteilung der Kaiserwürde zwischen Hohenzollern und Wittelsbach erneut erwogen werde; zum mindesten aber solle bei der bayerischen Armee der Fahneneid auf den preußischen König als Bundesfeldherrn fortfallen. Doch alle diese Nachtragsforderungen verfielen, da man ja nun den Rohbau des Reiches immerhin gesichert sah, einer Ablehnung, die einigermaßen schroff war. »König Ludwig lebt im Reich der Träume«, ließ sich Bismarck vernehmen.

Der Meinungskampf in Bayern ging nichtsdestoweniger in hohen Wogen weiter, bis endlich am 11. Januar der zur Vorberatung gebildete Ausschuß der Abgeordnetenkammer mit zwölf gegen nur drei Stimmen das ganze Versailler Vertragswerk ablehnte und den Beginn völlig neuer Verhandlungen verlangte. Der Abgeordnete Jörg be-

Exotische Szenerie im Wintergarten der Münchner Residenz

Nächtliche Schlittenfahrt Ludwigs II.

Spiegelgalerie in Schloß Herrenchiemsee

antragte ein Plebiszit des bayerischen Volkes, aber drang damit nicht durch. Die Redeschlacht im Plenum, die darauf folgte, erstreckte sich durch zehn Tage. Die Patriotenpartei, für die es klar war, daß die Versailler Verträge den Weg zum zentralisierten Einheitsstaat eröffneten, suchte den alten föderalistischen Charakter Deutschlands zu bewahren[14] — vergeblich. Dreiunddreißig ihrer Abgeordneten schwenkten schließlich ab, wenn auch unter Bekundung stärksten Unbehagens. Trotzdem wurde die zur Annahme der Verträge erforderliche Zweidrittelmehrheit schließlich mit nur zwei Stimmen überschritten (102 gegen 48) und auch das nur, weil einige Abgeordnete der Patriotenpartei der Sitzung fernblieben. In der Kammer der Reichsräte stimmte auch Prinz Ludwig, der spätere König Ludwig III., gegen die Verträge. »Consummatum est — es ist vollbracht«, schloß Jörg seinen Bericht über die Verhandlungen. Und am Abend des gleichen Tages schrieb der alte, fast vergessene von der Pfordten in sein Tagebuch: »Heute haben die Abgeordneten Bayerns ihren König und ihr Land unter die preußische Militärherrschaft mediatisiert. Finis Bavariae!«

Er hatte nicht ganz unrecht. Denn tatsächlich wurde die Geschichte des Landes bereits nicht mehr hier, sondern im Versailler Hauptquartier gemacht, und auch die Münchener Parlamentskämpfe waren insofern bereits ein irrealer Akt gewesen, als das Reich, um das man sich hier bis zum 21. Januar stritt, tatsächlich schon am 18. im Versailler Spiegelsaal proklamiert, die Abstimmung also bedeutungslos gemacht worden war, ehe sie stattfand. »Ach, Ludwig«, hatte freilich über jenen Feierakt der Repräsentant Bayerns, Prinz Otto, seinem Bruder geschrieben, »ich kann dir gar nicht beschreiben, wie unendlich weh und schmerzlich es mir ... zumute war.«

Ludwig selbst sah man in München erst wieder, als Paris kapituliert hatte: Als die freudig erregten Massen am nebligen Abend des 2. Februar die illuminierten Straßen erfüllten, bahnte sich sein geschlossener Wagen langsam durch sie hin den Weg, und man gewahrte, neben dem tränenglitzernden Gesicht der leicht gerührten Königinmutter, das dunkle des Königs, ernst und im Flackerlicht der Illumination von gänzlich ungewissem Ausdruck.

[14] »Nie haben die Deutschen sich einen Erbkaiser gefallen lassen«, sagte der Abgeordnete Ruland, »selbst ihre Könige haben sie gewählt.«

Als die Deutschen dann in Paris einzogen, mußte Ludwig erfahren, daß es nur bei der bayerischen Infanterie – die sich als »ces soldats bleus« inzwischen besonders gefürchtet gemacht hatte – zu Zwischenfällen gekommen war. Seine Bauernsoldaten hatten sich, in irgendeinem Mißverständnis, von den Parisern bedroht gefühlt und plötzlich am Runden Platz Karrees gebildet und mit ungeladenen Gewehren in die Menge gezielt. Gleichzeitig liefen aber auch über ihren König unfreundliche Berichte in Versailles ein. Er sei, so ließ insbesondere Holnstein mitteilen, aufgehetzt worden von dem »mit Jesuitismus gefütterten Wittelsbacher Hochmut«; er behauptete, die Verträge nur gezwungen unterschrieben zu haben, trinke vor Hofdiners und Audienzen schweren Wein und rede dann »ohne Ansehen der Person die seltsamsten Dinge«. Aber was will man? Was blieb ihm jetzt weiter übrig, als – und das ergibt sich aus andern Berichten – Demonstrationen der Ohnmacht: etwa, nur noch Manschettenknöpfe aus schwarzem Trauerjaspis zu tragen oder sich bei Tische laut zu erkundigen, wann wohl der König von Preußen hier zum Besuch »seiner neuen Provinzen« zu erwarten sei?

Endlich aber, am 16. Juli, ließ es sich nicht umgehen, die heimkehrenden Truppen in München zu begrüßen, »was mich geradezu zur Verzweiflung bringt«, schreibt Ludwig an Otto. Denn zum ersten Male hatte er nun öffentlich als Kriegsherr der Armee aufzutreten, die nicht mehr die seine war, nicht mehr ihm allein den Fahneneid geschworen hatte; zum ersten Male, so murmelte er, als er morgens den Rappen bestieg, tat er einen »Vasallenritt«.

Die Straßen seiner Hauptstadt sah er voll hingegebener Begeisterung. Auf dem Exerzierplatz Oberwiesenfeld nahm er Revue ab; dann preschte die riesenhafte Kavalkade, an deren Spitze er ritt, rasch im flutenden Sommerlicht durch die strahlende Klassik der Ludwigstraße bis hinunter zum Odeonsplatz. Und hier dann wurde im Jubel der Marschmusik, hinter den Ulanen und Jägern der Avantgarde, der ruhmreiche Rivale sichtbar, der schöne, ritterliche Mensch mit dem wehenden Blondbart und dem unaufhörlich zum Gruße sich senkenden Marschallstab, Friedrich Wilhelm, der Hohenzoller.

Abends sah man sich wieder, in der gleichen golden-weinroten Theaterloge, in der vor dem Ausmarsch die beiden Fürsten sich umarmten, in der lange zuvor Ludwig ganz allein zum erstenmal den »Tristan« gehört, aus der Wagner nach den »Meistersingern« sich verneigt, in der Sophie als seine Braut neben ihm gesessen hatte. Wie weit entfernt lag das alles heute schon! Wieder sprach Possart einen von ihm selbst verfaßten Prolog (und sah allerdings gleich danach den preußischen Gesandten in seine Garderobe dringen, mit lauter Beschwerde, daß er den Kronprinzen nicht deutlich genug gerühmt habe). Dann folgte ein Festspiel Heyses, »Der Friede«, und wieder auch ließ sich eine symbolische Schlußumarmung nicht vermeiden.

Den nächsten Nachmittag war man, in brütender Julisonne, auf der Roseninsel. Und hier nun endlich muß die alte, lange verhehlte Antipathie der beiden Vettern offen ausgebrochen sein. Der Anlaß ist nicht genau bekannt. Wahrscheinlich handelte es sich darum, daß der König den Prinzen zum Chef eines bayerischen Ulanenregiments machen wollte, worauf jener — ein unbedachtsamer Fehlgriff — statt eines Dankes erwiderte, daß dazu die Genehmigung des Kaisers erforderlich sei, auch daß er selbst schwerlich in die knappe Ulanenuniform passen werde. Möglich, daß dann noch in der stechenden Mittagshitze die Rede auf die deutsche Neugestaltung kam, kurzum, die Gegensätzlichkeit der beiden Charaktere offenbarte sich derart, daß Ludwig, nach der Rückkehr von der Insel, zu Eisenhart sagte: »Ich werde auf keinen Fall zu dem Bankett im Glaspalast gehen.«

Der Kabinettschef erschrak tief. Denn dieses Bankett, mit neunhundert Gedecken, zu Ehren der Armee gegeben, war der Glanzpunkt der Feier — ein unmöglicher Gedanke also, daß der Oberste Kriegsherr dabei fehlte. Eisenhart bestürmte den König, seinen Entschluß zu ändern, Pranckh drohte mit Demission — vergeblich. Das Bankett vollzog sich ohne Ludwig und in allgemeiner leiser Verstimmung.

Kurz nach Sonnenaufgang des nächsten Tages hörte man in den inneren Höfen der Residenz Hufgeklapper. Und wer rasch genug ans Fenster lief, konnte noch sehen, wie der König, ohne von seinem Gast Abschied genommen, ja, ohne ihn noch einmal gesehen zu haben, in die Bergeinsamkeit zurückfuhr. Vielleicht, daß er die bescheidene Genugtuung mit sich nahm, demjenigen Vertreter der neuen Ordnung, den er mit ihr am vollkommensten identifizierte, wenigstens unmißverständlich den Rücken gekehrt zu haben.

XVI

DAS SYSTEM LUTZ

Nachdem Papst Pius IX., als weltlicher Fürst entthront, um so souveräner im geistlichen Bereich waltend, die ganze katholische Welt auf das Unfehlbarkeitsdogma verpflichtet hatte, wiederholte Bayern den Fehlgriff Hohenlohes: als einziger deutscher Staat, in dem der Katholizismus nicht in der Minderheit war, der erste zu sein, der das Dogma bekämpfte. Schon am 9. August 1870, in den ersten aufgeregten Kriegstagen, hatte Lutz, als Justiz- und Kultusminister, den Bischöfen verboten, das Dogma ohne königliches Placet zu verkünden; und als sie sich daran nicht kehrten, hatte er den Altkatholiken, also denjenigen Katholiken, die, unter Berufung auf Döllinger, das Dogma ablehnten, Schutz und Anerkennung des Staates gewährt, tatsächlich also eine Kirchenspaltung in Bayern eingeleitet.

Der alte, weltkundige Bray, der es nicht für Sache des Staates hielt, sich auf Prinzipienstreit mit der Kirche einzulassen, sondern nur jeden tatsächlichen Übergriff des Klerus zurückzuschlagen, benutzte die willkommene Gelegenheit, um, 1871, zu demissionieren und nach Wien zurückzukehren. An seine Stelle berief der König – nachdem der sich eilfertig aufs neue anbietende Hohenlohe enttäuscht worden war – den Grafen Hegnenberg-Dux, der aber nach einem Jahr schon starb, worauf Außenministerium und Vorsitz im Ministerrat auf den bisherigen Finanzminister von Pfretzschner überging, der in Berlin »Finanz-Adonis« hieß und von dem Bismarck sagte, er gehöre zu denen, »die nicht selbst reiten«.

In der Tat war dem so. Mit andern Worten: Durch die Ernennung Pfretzschners war Lutz die absolut maßgebende Persönlichkeit im Kabinett geworden und damit fast am Ziel seiner Wünsche. Es begann das »System Lutz«, nach dem nun im Bayern Ludwigs II. bis über den Tod des Königs hinaus regiert wurde.

Der Charakter dieses Systems ergibt sich aus seinem Ursprung. Wie es im Kulturkampf entstanden war, so wurde es auch weiterhin von der kulturkämpferischen Fragestellung beherrscht. Für Lutz bestand im Grund der Dinge immer nur eine Alternative: Staatsgewalt oder »Priesterherrschaft«. Seine Gottheit war die Autorität des Staates, von der er die eigene ableitete und der er mit einem Eifer diente, wie ihn nur je ein Priester der seinigen erwiesen haben kann. Und wie er sich als junger Mensch schon, aber eben »als Beamter«, befugt gefühlt hatte, den zwanzig Jahre älteren Richard Wagner abzukanzeln, so empörte ihn auch jetzt noch jeder Versuch, der Staatsmacht entgegenzutreten, sei es auch auf der Ebene des Kirchendogmas. Daß es aussichtslos war, den immateriellen Dogmenbau einer Universalkirche mit den materiellen Mitteln erschüttern zu wollen, über die ein halb mediatisierter deutscher Mittelstaat von fünf Millionen Einwohnern verfügte, wollte ihm nicht einleuchten. Dazu war er allzusehr Kind seiner rationalistischen Zeit und als solches mindestens im Unbewußten überzeugt, daß jede Bindung an das Immaterielle nur Verdummung und Aberglauben verrate, also von Staats wegen bekämpfenswert sei. Möglicherweise hing dem Minister hier seine Herkunft aus einem Dorflehrerhause an, da der Klerus in Bayern seine grimmigsten Feinde immer in der Lehrerschaft hatte, die ihrerseits freilich auch, Generationen hindurch, unter der geistlichen Schulaufsicht arg zu leiden gehabt hatte. So erbittert war diese Feindschaft, daß Lutz nie zögerte, seine innerbayerischen Gegner ohne weiteres als »Reichsfeinde« zu verdächtigen, um sich so eine Rückensicherung auch bei Bismarck zu schaffen, der ihn seinerseits zwar benutzte, aber doch einen »streberischen Bürokraten« nannte. Er hatte nicht ganz unrecht: Tatsächlich war Lutz vor allem Beamter, Liberaler erst in zweiter Linie und eben nur, weil er seine Politik allein auf die Liberalen stützen konnte. Im übrigen ähnelte sein Liberalismus eher dem, mit dem Montgelas um 1800 unter der Devise »Alles für das Volk, nichts durch das Volk« das Königreich Bayern geschaffen hatte.

Die unbestreitbaren Vorzüge des Ministers waren jedoch sein geschliffener Verstand, seine schneidende Formulierungs- und Debattierkunst, sein stets bereites juristisches Wissen und eine angriffslustige Tapferkeit, die man der äußeren Erscheinung des kleinen Mannes, dessen großer, kahler Kopf tief zwischen breiten Schultern saß, nicht ohne weiteres ansah.

Technisch beruhte das System Lutz darauf, daß sich im Parlament ein Zweiparteienverhältnis zwischen den föderalistisch-konservativen und den unitarisch-liberalen Elementen herausgebildet hatte. Die Mehrheit der ersteren im Lande war groß und unzweifelhaft, im Parlament selbst jedoch bestenfalls geringfügig, dank einer an sich nicht ungesetzlichen Wahlkreisgeometrie, auf deren immer neue Verfeinerung das Kabinett sich ausgezeichnet verstand. Im übrigen berief Lutz sich darauf, daß das Mißtrauensvotum in der bayerischen Verfassung ein unbekannter Begriff sei; nur das Vertrauen des Königs brauche er. Und da ihm dieses zwar kaum bewiesen, aber auch nicht gekündigt wurde, hielt sich das System Lutz viele Jahre hindurch – typisch also das, was ein Wortführer Altbayerns wie Jörg verabscheute: ein Beamtenregiment, ein »Platzhalter der Bourgeoisie« und ihrer »Hauspolitik« des Liberalismus.

Die Erfolge des Lutzschen Kulturkampfes waren übrigens gering. Die Altkatholiken versagten vollkommen[1]. Und als die innerbayerische Opposition weit über Erwarten stark gegen den kulturkämpferischen Minister emporbrauste, blieb ihm nichts übrig, als ein nicht eben rühmliches Entweichen nach Berlin; der stolze bayerische Löwe flüchtete sich, wie Windthorst höhnisch sagte, aus Furcht vor selbstgemachten Gespenstern unter die Fittiche des preußischen Adlers. Hier nun aber, in der Reichstagssitzung vom 23. November 1871, beantragte Lutz im Namen der verbündeten Regierungen eine von ihm selbst stammende Ergänzung des Reichsstrafgesetzbuches, den »Kanzelparagraphen«[2], dessen Annahme den ersten Schritt zum Kulturkampf auch im Reich und in Preußen bedeutete. Womit Lutz das fragwürdige Verdienst gewann, auch Bismarck in eine Problematik verstrickt zu haben, deren ganzen Umfang der protestantische Preuße

[1] Die Gründe dieses Versagens hat Burckhardt 1873 schon klar gesehen: »Jede einzelne (altkatholische) Gemeinde, die sich auftun will, hat schon den Todeskeim eines schweren Widerspruchs in sich: nämlich eine kleine Quote wirklicher Katholiken und eine Überzahl an Aufgeklärten.«

[2] Der »Kanzelparagraph«, § 130 a des Reichsstrafgesetzbuchs, bedroht einen Geistlichen, der bei der Amtsausübung Staatsangelegenheiten in einer Weise erwähnt, »welche den öffentlichen Frieden zu stören geeignet erscheint«, mit Gefängnis bis zu zwei Jahren, ist also ein Ausnahmegesetz gegen einen bestimmten Personenkreis und gestattet außerdem sehr weitgehende Auslegungen.

nicht völlig zu übersehen vermochte; um so richtiger beurteilte sie der geistige Vater des Kulturkampfes, Döllinger, als er die Regierungen mit einem Manne verglich, »der in einen Fluß geht, ohne dessen Tiefe zu kennen und bei jedem Schritt auf unerwartete Untiefen trifft«.

Daß Ludwig II. anderthalb Jahrzehnte lang mit dem System Lutz auskam, mag rätselhaft erscheinen. Gewiß auch liebte er den kleinen, regsamen Minister nicht, der überhaupt keinen Überfluß an Freunden hatte, dessen kulturelle Bedürfnisse gering waren und der seine einzige Erholung in der Ludwig so unsympathischen Jagd suchte. Doch da er es verstand, dem immer stärkeren Hang des Königs zum Ausweichen entgegenzukommen, ihn von Amtsobliegenheiten zu entlasten (ganz anders also als von der Pfordten, der unter seine Pflichten auch die gerechnet hatte, den Monarchen zu den seinigen anzuhalten), schien Lutz immer wieder seine besondere Brauchbarkeit gerade für diesen Regenten zu erweisen.

Objektiv gesehen bleibt das Bündnis zwischen König und Minister trotzdem unnatürlich: Der König war nichts weniger als ein Liberaler jener kalt und intolerant aufklärerischen Art, zu der Lutz gehörte, während diesem wiederum für die metaphysischen Elemente in Ludwig, eben weil sie in ihren Begründungen denen der Kirche gar nicht sehr fern waren, jedes Verständnis fehlte. Infolgedessen stand der König auch nur halben Herzens im Kulturkampf; nur so weit fühlte er sich daran beteiligt, als er seine eigenen Herrschaftsansprüche von denen der Kirche bedroht glaubte.

Aber wie schwer war es, hier die Grenze zu sehen! Wenn er daher auch seine Minister amtlich immer deckte, so blieb seine persönliche Haltung doch überaus schwankend. Er lud etwa am Tage, ehe Döllinger exkommuniziert wurde, den Münchener Erzbischof zu Gaste und versicherte ihn ausdrücklich seiner fortdauernden Huld, um danach dem inzwischen exkommunizierten Döllinger den Wunsch auszusprechen, er möge weiter die Messe lesen. Oder als das Generalkommando anordnete, die Truppen hätten zur Fronleichnamsprozession nur auszurücken, wenn der König daran teilnehme, stieß er diesen Befehl um, worauf 1400 Münchener eine Dankadresse an ihn unterzeichneten. 1875 in der Fastenzeit blieb er zwar demonstrativ dem Schluß des Vierzigstündigen Gebets fern, verweigerte aber gleich darauf die Unterschrift eines Protestschreibens an den Erzbischof, weil der Klerus »doch eine zu große Macht« sei.

In Wahrheit geriet er hier wohl immer wieder in Konflikt mit seiner ursprünglichen Religiosität, die unzweifelhaft vorhanden war, und sicherlich auch hat die mystische Kraft seiner Kirche immer stark zu ihm gesprochen, so wenig Tatsächliches davon bekannt ist. Denn sehr frühe in seinem Leben taucht ja schon das lange, knochige Gesicht Döllingers auf – von dem Jörg sagt, er habe »vor lauter Kopf kein Herz gehabt« – und die Absolutheit des Kinderglaubens, der einfache und übersichtliche Regelbau der Scholastik mag ihm daher zeitig schon erschüttert worden sein, zumal er den Zusammenhang mit diesem seinem einstigen Lehrer nie abreißen ließ; bis in seine letzten Jahre ging er ihn immer wieder um dogmatische Aufklärungen an. Wohl aber ist denkbar, daß unter dieser Einwirkung die Frömmigkeit Ludwigs stiller, zurückhaltender, individueller wurde als bei vielen seiner Vorfahren, den stolzen Herrschern der »Bavaria sancta«. Ludwigs Religion war kein Prunkstück mehr für den Staatsgebrauch, obwohl er auch bei den Gelegenheiten, an denen der Katholik sich öffentlich bekennt, den Fronleichnamsprozessionen beispielsweise, bis 1874 niemals fehlte. Jugendlich libertinistische Anwandlungen – wenn er etwa Wagners Geburtstag »mein Osterfest, mein Weihnachten« nannte[3] – hat er später überwunden. Allabendlich wurde ein kleiner Tragaltar entfaltet und auf sein Nachtschränkchen gestellt, wo auch immer er sich aufhalten mochte. In allen seinen Wohnungen mußten Betschemel stehen. Bis in die Mitte der siebziger Jahre erschien er sonntags regelmäßig zu Messe und Hochamt, in Berg auch in der Dorfkirche, wobei niemandem der Zutritt verwehrt wurde. Als 1875 in der mitternächtigen Christmette der König neben der Mutter kniete, legte er plötzlich das Gebetbuch nieder und verbarg schluchzend das Gesicht in den Händen. Die tief erschrockene Königin rief leise den Prinzen Luitpold herbei, der in der Nebenloge kniete. Er beugte sich zu Ludwig hinab und suchte beruhigend auf ihn einzureden, doch der König antwortete lange nicht, bis er plötzlich aufstand und sich dem alten Prinzen weinend an die Brust warf. Dabei aber fiel der Name Battistella – der Name eines zwanzigjährigen Raubmörders, den der König gern be-

[3] Brief an Wagner vom 21. Mai 1867.

gnadigt hätte; nach sehr langwierigen Debatten mit dem Justizminister erst hatte er sich bestimmen lassen, das Todesurteil zu bestätigen. — In den folgenden Jahren hat der König aber auch immer wieder gänzlich unerkannt in München an Mitternachtsgottesdiensten in der Frauenkirche teilgenommen — ein Zufall, ein vergessener Regenschirm, den ein königlicher Lakai abholte, verriet ihn. Noch am letzten Karfreitag seines Lebens pilgerte er in schwarzer Kleidung auf den Kalvarienberg bei Füssen und betete an allen vierzehn Kreuzwegstationen. Und so schwer es fallen mag, man wird ihn sich auch in der Beichte vorstellen müssen, den mächtigen Körper in das schwärzliche Gestühl gezwängt, den dunklen lockigen Kopf an das Holzgitter geschmiegt, hinter dem jemand saß, der Untertan des Königs war und dennoch imstande, ihn von Sünden freizusprechen.

*

Zwischen so viel echter Gläubigkeit und dem kühlen, rein opportunistischen »Staatskatholizismus« des Systems Lutz mußte ein tiefer Zwiespalt bestehen, zunächst im Geistigen, dann aber auch im Politischen. Denn da die Lutzsche Kulturkampfpolitik ihre parlamentarischen Stützen allein bei den Liberalen suchen konnte, entfremdete sie sich und damit dem König diejenige Partei, die allein für die königlichen Rechte eintrat, aber eben gleichzeitig auch die katholisch-konservative war, die Patriotenpartei. Lutz konnte also gar nicht anders, als, aus kulturkämpferischen Gründen, den König in seinen eigentlichsten Interessen, die an der Erhaltung Bayerns hingen, im Stich zu lassen. Der König selbst hoffte immer wieder, das ihm sehr peinliche Zweiparteiensystem werde sich mit der Zeit durch eine Mittelpartei aufheben lassen, die zwar bayerisch und katholisch, aber nicht klerikal sei, oder, wie der französische Gesandte Lefebre de Béhaine das ausdrückte: »Le roi veut bien des particularistes, mais pas des ultramontains« — der König wünsche sich Partikularisten, nur keine Ultramontanen. Doch seine Hoffnungen erfüllten sich nicht und waren wohl auch bei der Lage der bayerischen Dinge von damals unerfüllbar.

Denn tatsächlich entwickelte sich, nachdem der erste Einigungs- und Siegesjubel verrauscht war, nicht alles so, wie die nationale Überschwenglichkeit erwartet hatte. Im Materiellen zwar hatte auch Bayern am Milliardensegen der Kriegsentschädigung und an der hitzig einsetzenden Blüte des so viel geräumiger gewordenen Wirtschaftsgebietes seinen Anteil. Aber wenn die neue Lebensform auch sehr viel ertragreicher war als die alte, es ließ sich doch nicht übersehen, daß sie, dieser straffe imperialistische Staat preußischer Prägung, der nun emporwuchs, einer Neuerweckung des alten deutschen Reichs der Einheit durch Vielfalt, des Reiches, das eben auf der Vielfalt der Deutschen beruhte, des Reiches, das der Süden sich erträumt hatte, kaum ähnelte. »Die Stimmung in Bayern, ja selbst in München ist flau«, berichtete 1873 der preußische Gesandte von Werthern, »die Aristokratie verhehlt nicht ihre Freude über die demonstrativen Höflichkeiten des Hofes für Österreich ... Die Bürokraten sind in Aufregung über die Arbeit, der kleine Mann über die Lasten, welche das Reich mit sich bringt ... Die Klagen über die speziell bayerischen Zustände sind nicht mehr so laut wie früher, und der Klerus nützt ohne Wahl der Mittel mit größter Geschicklichkeit die unbedeutendsten Kleinigkeiten gegen uns aus.« Freilich war auch Werthern ein so ungeduldiger Dränger zum Einheitsstaat, daß Bismarck ihn immer wieder zügeln mußte; außerdem ein bewährter Intrigant, der bereits bei der Organisierung der Hohenzollern-Kandidatur in Spanien, die 1870 den Krieg gegen Frankreich herbeiführen sollte, seine Hand stark im Spiel gehabt hatte; überdies war er ein offener Gegner nicht nur des Klerus, sondern jeder Kirchlichkeit, weshalb er auch kaum in der Hofgesellschaft, sondern nur im liberalen Bürgertum und in der politisch naiven Künstlerschaft verkehrte. Unter ihm wurde die preußische Gesandtschaft zu einer Art Nebenregierungssitz, wo sich Zwischenträger aus allen Parteien trafen – auch Überläufer aus dem Lager der Patrioten. Holnstein ging fast wie ein Sohn vom Hause ein und aus. Hier skandalisierte man dann etwa darüber, daß der König den englischen Gesandten drei Viertelstunden lang gesprochen habe, den italienischen hingegen nur eine Viertelstunde. Oder der bayerische Justizminister von Fäustle beklagte sich bei Werthern, wenn er sich in seiner Stellung bedroht fühlte (1875), und bat um Bismarcks Schutz, der ihm dann auch gewährt wurde; worauf Fäustle vor dem französischen Gesandten prahlte, ein »ultramontanes« Ministerium werde Bismarck »sofort niederschlagen«. Kurzum, das Gefühl der Mediatisiertheit verbreitete sich und machte das politische Leben undurchsichtig und verdrossen. Alljährlich etwa kam es nun wegen der Feier des kaiserlichen Geburtstages und des Sedantages zu unerquicklichen Auseinandersetzungen. Der in seiner Mehrheit liberale Münchener Stadtrat suchte jene Feiern möglichst laut zu gestalten, wohingegen seine Gegner spöttisch vom neuen Heiligen »St. Sedan« sprachen.

Für den König sammelte und personifizierte sich die Lage daher in einer immer lebhafteren Abneigung gegen das Haus Hohenzollern. Als ihm, auf besonderen Wunsch Kaiser Wilhelms, am alten hohenzollerschen Festdatum des 18. Januar die Kette des Schwarzen Adlerordens überreicht werden sollte, brachte er es sehr geschickt zuwege, daß dieses Datum versäumt wurde. Zur goldenen Hochzeit des Kaiserpaares verhinderte er die Beflaggung. Als Kronprinz Friedrich Wilhelm den Sommer 1872 in Berchtesgaden verbringen wollte, war Ludwig nicht dazu zu bewegen, ihm seine dortige Villa zur Verfügung zu stellen, und am Königssee verweigerten die königlichen Jäger dem Kronprinzen den Eintritt in das Forsthaus. Allerdings handelte es sich hier ja um eine gegenseitige Abneigung: denn zweifellos wird Ludwig inzwischen darüber unterrichtet worden sein, daß Friedrich Wilhelm, nach eigenem Geständnis, 1870 im Notfall ohne Skrupel bereit gewesen wäre, die süddeutschen Verbündeten auch mit Waffengewalt dem Reich einzugliedern. Jahrelange Bemühungen kostete es, um eine persönliche Begegnung des Königs mit Kaiser Wilhelm zustande zu bringen; doch endlich traf man sich, familiär wie einst, vor dem Krieg von 1866, in Hohenschwangau. Die Königinmutter strahlte wie damals. Draußen glühten Bergfeuer zu Ehren des neuen Kaisers, der sich die erdenklichste Mühe gab, den wortkargen Neffen aus sich herauszulocken. Doch umsonst: der König erhob sich schließlich, ging auf den Söller hinaus und blickte allein in die prachtvolle Mondnacht, bis ein kaiserlicher Adjutant ihn auch hier störte und vertrieb. Drei Jahre später ging der Kaiser so weit, ihm in einem Geburtstagsbrief schriftlich zu versprechen, daß er sich »die Einheit Deutschlands zugleich in der Vielfältigkeit seiner Fürsten nur denken könne«. Aber auch das blieb auf Ludwig wirkungslos: Vielleicht ahnte er damals schon etwas davon, daß die Entwicklung schließlich auch über die Herrschermacht der Hohenzollern hinweggehen würde und damit über ihre Möglichkeit, Versprechungen zu halten.

War Ludwig als Feind der Hohenzollern auch ein Feind der deutschen Einigung, ein Reichsfeind? Gewiß nicht. Wie im mittelalterlichen Reich der Aufstieg seines Hauses auf der Treue der Wittelsbacher zur kaiserlichen Zentralgewalt beruht hatte (als deren Gegner man auch späterhin weit öfter ja die Welfen, Wettiner, Hohenzollern findet, als die bayerische Dynastie), so hätte auch Ludwig nie die Hand dazu geboten, den nun einmal erreichten Zustand in Deutschland mit Gewalt oder Tücke rückwärts zu revidieren, sosehr er auch unter ihm leiden mochte. Denn genau wie im Schutz-und-Trutz-Bündnis von 1866 sah er in den Versailler Verträgen sich persönlich gebunden, seine Ehre engagiert, und zwar in jener mittelalterlich-legalistischen Strenge, daß ein Wort immer ein Wort bleibt, ganz gleich unter welchen Umständen, ja unter welcher Nötigung es gegeben ist. Seiner Begründung nach, in der persönlichen Ehre, ist Ludwigs Reichstreue demnach das gerade Gegenteil des zeitgenössischen Nationalismus, wie ihn Cavour in dem bekannten Spruch formuliert, sein Name und sein Ruf könnten untergehen, wenn nur Italien lebe[4]. Die Wirkung aber ist die gleiche; denn nur voller Deutlichkeit hat Ludwig ausgesprochen, er könnte und würde nie zugeben, »daß die Schritte, die zu Deutschlands Einigung geschehen sind, zurückgenommen werden«. Und auch über die mittelalterlichen Motive, die ihn leiten, ist man durch ihn selbst unterrichtet. »Nein«, so hat er 1874 erklärt, »die Weltgeschichte soll mein Gedächtnis nicht mit jenem Fluch belastet auf die Nachwelt bringen, welcher auf dem Andenken Heinrichs des Löwen ruht« – des mächtigen Welfenherzogs, der dem Kaiser Friedrich Barbarossa die Heeresfolge nach Italien verweigerte, damit die beschworene Lehenstreue brach und die Niederlage von Legnano mittelbar verursachte.

Wenn Ludwig also auch nie daran gedacht hat, das, was er nun einmal zugestanden und verbrieft hatte, umzustoßen, so saß doch der Stachel in ihm fest, daß Bayern in Versailles ungebührlich schlecht behandelt worden sei[5]. Und natürlich mußte er auch, wenn er sich nicht blind

[4] Perisca il mio nome, perisca la mia fama, purchè l'Italia sia.«

[5] Aus einem Brief an die Mutter: »Die Opfer, die von Preußen gefordert und aufgedrungen wurden, sind viel zu bedeutend. Gerade Bayern, welches vermöge seiner Größe auch mehr leisten und dem Gesamtdeutschland zu nützen imstande war, hätte besser behandelt werden sollen« (1871).

stellte, sehen, daß es mit jenen Zugeständnissen nicht sein Bewenden hatte, daß sich vielmehr in Versailles eine Automatik eingeschaltet hatte, die auf immer tiefere Einebnung der Einzelstaaten hinzielte. Denn nur äußerlich fußte das Reich ja auf den Dynastien, tatsächlich aber in der vorwärtsdrängenden liberal-zentralistischen Zeitströmung, weshalb es auch den altpreußischen Konservativen im Grunde nicht weniger unheimlich war als den süddeutschen[6]. Der föderalistische Charakter, den seine Gründungsurkunden trugen, mußte sich je länger je mehr verflüchtigen und mit ihm auch das, was sie an alten und neuen Rechten Bayerns noch enthielten.

War aber nicht Ludwig auf eben dieses Bayern und seine Rechte verpflichtet, mit heiligem Schwur wie nur je ein Gralsritter auf sein Gelübde? Mehr noch: Hatte er seinen Eid nicht allein auf den konkreten Staat Bayern geschworen und sonst auf nichts in der Welt, niemals also auf eine Vereinigung der außerösterreichischen deutschen Staaten, die, später erst entstanden, sich seit neuestem Deutsches Reich nannte? Wo also lag die ursprünglichere, echtere, stärkere Verpflichtung?

Wenn Ludwig sich nun aus dem Alltag immer mehr zurückzog, so war das, in seiner Sehweise, die einzig denkbare Konsequenz der Tatsachen; mochten die Entwicklungen, die er nicht zu entwirren vermochte, wie er sie auch nicht zu verantworten hatte, ihren Lauf nehmen, ohne ihn! Und da alle wirklichen Entscheidungen jetzt in Berlin fielen, da die Fürsten des Reichs nur noch eine Art erbliche Chefs von Selbstverwaltungsbehörden waren, da aber Verwaltungsarbeit von jeher nicht Sache des Souveräns, sondern die seiner Beamten ist, mochte sie ihnen also auch überlassen bleiben! Jetzt erst, früher nie, findet sich in Ludwigs Wortschatz für die amtlichen Geschäfte der Ausdruck »Staatsfadaisen« – Staatsalbernheiten –, die Äußerung seiner hoch-

[6] Roon schreibt 1871: »Ein alter Kerl, wie ich, kann sich auch nur schwer in dem neu auf-, aber noch nicht ausgebauten kaiserlichen Schauspielhaus zurechtfinden, in welchem Dekorationen, Bühne, Stichworte, Licht, Luft usw. dem bisher Gewohnten und erträglich Befundenen widersprechen ... Ich vermisse den Boden, auf dem eine konservative Partei der Zukunft fußen könnte, nachdem die bisherigen Vorkämpfer derselben wissend oder unwissend mit Blut und Leben dahin gewirkt haben, die alten Heiligtümer zu zerstören.« Und auch Bismarck selbst scheint ja unter diesem Zwiespalt zwischen dem Einst und dem Jetzt gelitten zu haben, bis er ihn 1879 dadurch zu beenden versuchte, daß er mit den Nationalliberalen brach und seine Schutzzollpolitik wieder mit konservativer Unterstützung begann.

mütig-bitteren Meinung, daß das, was von seinem Staate für ihn noch übrig ist, nur noch Komödie und nicht einmal geistreiche sei. Hier hat man auch die Erklärung dafür, daß er, zeitweilig mindestens, dem Ministerium Lutz volle Freiheit ließ, das für ihn eine Sammlung bequemer Flachköpfe bedeutete, aber immerhin noch imstande, die »Staatsfadaisen« reibungslos zu erledigen.

Er stand damit freilich vor der Zerstörung seiner Lebensaufgabe[7], seines Selbst, ja, vor dem Zerfall einer ganzen Welt, deren Kern dieses Selbst bisher gebildet hatte. Und da dem Einsamen inzwischen alle mitmenschlichen Stützen abhanden gekommen waren — Freunde, Geliebte, Familie —, wäre er ins völlig Leere gestürzt, wenn er sich nicht selbst in instinktiver Gegenwehr eine eigene Welt erbaut hätte, die allerdings auch ihrerseits im Leeren schwebte.

[7] Schon im Juli 1871 schreibt er an Otto, seit dem vorigen Jahre sei ihm das Regieren »verhaßt«. Das Herrscheramt sei »das Schönste und Erhabenste auf Erden. Wehe mir, daß ich in eine solche Zeit hineingeschneit wurde, in der mir alles vergällt wird!«

XVII

SELBSTERBAUTE WELT

Im buchstäblichen Sinn des Wortes hat der König sich seine neue Welt erbaut: denn genau parallel mit der fortschreitenden Verdrängung seines Staates und seiner selbst aus der Realität entwickelten sich seine Bauten, die ihm zu einer eigenen Realität verhelfen sollten.

1868 schon, gleichzeitig mit Linderhof, hatte er die Ritterburg Neuschwanstein geplant. Nach dem Kriege aber erst begann sich, in nächster Nähe des alten Hohenschwangau, doch hoch über ihm, dieses romantische Schloß Ludwigs zu erheben, das von allen seinen irdischen Spuren am deutlichsten seinem Wesen entspricht: Abweisend steil und glatt wachsen silbergraue Mauern und Türme aus einem ringsum von der Welt getrennten, von einem Wildbach, der Pöllat, umbrausten Felskegel empor. »Der Punkt ist einer der schönsten, die zu finden sind, heilig und unnahbar“, hatte Ludwig an Wagner geschrieben, und tatsächlich damit ein erstaunlich blicksicheres Landschaftsgefühl bewiesen.

Man hat, wenn man des Baues aus großer Weite schon ansichtig wird, den Eindruck, seine zackige Silhouette mehr als einmal bereits auf mittelalterlichen Bildern, vom Goldhimmel des Hintergrunds sich abhebend, gesehen zu haben: Der königliche Wohnbau steigt fünfstökkig unmittelbar aus dem Fels; Strebe- und Stützpfeiler, spitzwinklige Dachgiebel und Türme richten sich in strengem Aufwärts empor; Tannenwald reicht uralt und schwarz fast bis an die Grundmauern; dazu rauscht unablässig der Wildbach in der Tiefe.

Und wie das Äußere der Burg schon etwas von der weltfernen Ritterlichkeit, der scheuen Einsamkeit und dem ein wenig künstlich Gereckten im Wesen des jungen Königs spiegelt, so ist ein Gang durch ihr Inneres wie ein Öffnen seiner Seelenkammern. Noch einmal belebt sich hier die Knabenwelt von Hohenschwangau – aber so wie dieses alte Schloß Maximilians tief unter dem neuen seines Sohnes im Tale zurückbleibt, so ist nun hier auch das Mittelalterliche in ganz andere Dimensionen gewachsen und vor allem durch das Erlebnis Wagners riesenhaft ausgeweitet. An ihn selbst schrieb Ludwig: »Auch Reminiszenzen aus Tannhäuser (Sängersaal mit Aussicht auf die Burg im Hintergrunde), aus Lohengrin (Burghof, offener Gang, Weg zur Kapelle) werden Sie ... finden.« So schwelgte der optische Mensch, schwärmte der Theaterfreund. In der Tat hätte er auch auf Neuschwanstein mittelalterliche Hofhaltung spielen können: Ein riesiger Thronsaal wäre dagewesen, ein Ort feierlicher Regierungsakte wie für einen salischen oder staufischen Kaiser und ein Sängersaal, wie man sich den der landgräflichen Wartburg denkt, weit, heiter und fast ein ganzes Stockwerk einnehmend, mit Fenstern nach drei Seiten und einem wirklich königlichen Fernblick – nordwärts in das fruchtbare Grün des Allgäu, südwärts über Wälder und tief gebettete Seen bis zu den flimmernden Steinwänden des Hochgebirges. Nur daß eben Ludwig selbst der einzige mittelalterliche Mensch war, der hier lebte, so daß alle diese weiten Räume leer blieben und er allein verurteilt, sie zu durchwandern – Hallen, Säle, Galerien, Gemächer – in ihrer Gesamtheit ein Stilgemisch, das vom byzantisch Starren bis zum lebendigen Rankenwerk spätester Gotik reicht. Die Wände sind überflutet von Freskenmalereien: Sigurd und Tannhäuser, Tristan und Walther von der Vogelweide, Lohengrin, Gudrun und Parsifal.

Am aufschlußreichsten bleibt der Thronsaal, der ganz nach Ludwigs Angaben entstand: durch zwei Geschosse reichend und – mit blauer, sternenübersäter Himmelskuppel, Säulenreihen und starren Bildern von Heiligen, Engeln und Gesetzgebern auf dem Goldgrund der Wände – einer byzantinischen Basilika gleichend; nur daß die Stelle des Altars, über breiten Marmorstufen, der königliche Thron einnehmen sollte. Die Thronnische blieb allerdings immer leer; ehe das mächtige Gestühl geliefert werden konnte, brach das Verhängnis über Ludwig herein. Nun schauen die Apsismalereien einigermaßen beziehungslos ins Leere – sie, die in ihrer sorgsam erdachten Anordnung die unmittelbare Herkunft der Monarchie aus dem Göttlichen dartun sollten: Christus, in den Wolken schwebend, darunter, zwischen archäischen Palmbäumen, sechs heiliggesprochene Könige und zur Seite, fromme Ratgeber der Majestät gleichsam, die zwölf Apostel. Der ganze Fußboden, ein einziges Steinmosaik, in sich verschlungene Tier- und Pflan-

Ludwig II. als Großmeister des Hubertus-Ritterordens

Bankett des Georgi-Ritterordens

zenornamentik, versinnbildlicht, vor den Thronstufen hingebreitet, das dem König von Gott anvertraute Land.

Dann aber schon wieder, während sich hier eine so streng durchdachte Auffassung des Herrscheramtes verkörperte, sprach unmittelbar neben dem Arbeitszimmer aufs neue der Weltflüchtling, öffnete sich im vierten Stockwerk die Tür in eine halbdunkle, künstliche Tropfsteinhöhle, die ein Wasserfall durchrauschte und ein Mond beschien, der die Phasen des wirklichen Gestirns treu begleitete; und an das Dämmer dieser Grotte schloß sich ein helles, glasgedecktes Gärtchen, das völlig im freien Raum über der tief drunten klaffenden Pöllatschlucht schwebte; Schlinggewächse bedeckten die Wand; Orangen und Jasmin blühten; Kolibris flogen frei umher. –

Ganz anders jedoch das gleichzeitig im Graswangtal entstehende Linderhof. Hier baute nicht mehr der junge, an seine Mission kindhaft gläubige König, sondern der aus dieser Mission herausgedrängte, halb schon Mediatisierte, der aber gerade deshalb dort, wo er noch souverän war, als Bauherr, zu den ausgeprägtesten Formen des Gottesgnadentums griff, zu denen des französischen Ancien Regime. Einen eigenen verspielten Namen fand er für dieses Schloß: »Meicost Ettal« – worin nur der Kundige »l'état c'est moi« zu lesen vermochte.

Linderhof ist der einzige der großen Schloßbauten Ludwigs, den er abgeschlossen sah. Der ausführende Architekt, Dollmann, ein Schüler Klenzes, war nicht durchaus qualitätslos, und so hat auch das Schloß, obwohl überall Rokoko zweiter Hand und trotz aller während des Baues verfügten Planerweiterungen, etwas vom Landhaus behalten, als das es ursprünglich gedacht war: seine klar gegliederte Fassade steht nicht ohne Anmut in der grünen Tallandschaft.

Die Anordnung der Gemächer hält sich ganz an die Weise des Ancien Regime, in der einzigen Zielrichtung also, alle Spannung auf den Anblick des Souveräns vorzubereiten. Allerdings, die imposante Kostbarkeit wirkt mehr als Überschwemmung denn als Überwältigung: Gold, Marmor, spiegelndes Fußbodengetäfel allenthalben, Massen von Leuchtern an Decken und Wänden, Millionen von funkensprühenden Prismen und Facetten, unzählige Büsten und Statuetten aus Bronze, Majolika, Porzellan; die Kamine im Spiegelsaal sind aus Lapislazuli, die Möbel überall aus Rosenholz, mit schillernden Seiden bespannt;

Portieren, von massiver Metallfädenstickerei beschwert, beschränken das Außenlicht; posaunenblasende Amoretten schwingen sich über den Baldachin des Prunkbettes, Straußenfedersträuße überragen den des Schreibtisches, dessen Geräte und Leuchter aus grünem Malachit sind.

An den Garten, der mit mächtigen Terrassen, Blumenparterres, Wasserkünsten tief in die Landschaft eindringt, schließen sich drei seltsam verspielte Bauwerke. Die »Blaue Grotte« ist eine künstliche Tropfsteinhöhle mit einem kolossalen Hintergrundgemälde »Tannhäuser im Venusberg« und einem See, auf dem sich der König gern in einem muschelförmigen, vergoldeten Kahn schaukelte und in dem er zuweilen auch badete, während eine raffinierte Beleuchtungsanlage die Farbe der Flut ständig wechseln ließ. Der »Maurische Kiosk« mit bunten Fenstern, perlmutteingelegten Wänden und Möbeln, Marmorfontäne, Diwanen, dicken Teppichen, Weihrauchgefäßen, Wasserpfeifen wurde zum großen Teil aus der Konkursmasse eines verunglückten Spekulanten erworben und war demgemäß nicht viel mehr als eine schwül-banausische Kinderei. Weiter entfernt, ganz im Walde schon, lag die »Hundingshütte«, in Walküren-Erinnerung benannt, ein aus mächtigen, oberflächlich nur behauenen Stämmen gefügter, vermeintlich altgermanischer Bau; Felle lagen am Boden, Trinkhörner standen auf hölzernem Tisch, Auerochsenschädel hingen an der Wand.

Ähnliche Traumgemächer hatte Ludwig allerdings früher schon in der Münchener Residenz anlegen lassen, ja, als er hier seine Wohnung im dritten Stock des Nordpavillons neu ausstattete, lernte er wohl überhaupt erst den Reiz der Bauleidenschaft kennen. Hier geriet er auch zum ersten Male an jenes erneuerte Rokoko, das dann sein kennzeichnender und – abgesehen von Neuschwanstein – bevorzugter Ausdrucks- und Gebrauchsstil wurde; mit der bestrickenden Fülle des echten Rokoko hält es freilich keinen Vergleich aus, sondern behält immer etwas Surrogathaftes, Lebensfremdes und auch Vulgäres[1]. Hier, in der Residenz, hatte er auch an sein Bibliothekzimmer den legendenumrankten Dach-Wintergarten angeschlossen, der insofern nichts Ungewöhnliches war, als bereits Maximilian II. am Gegenflügel der Residenz

[1] Dennoch besteht sicherlich eine Verbindung von Ludwigs Neu-Rokoko zu der später in München sehr beliebten Formenwelt des Seidl-Barock, einem der reizvollsten aller eklektischen Stile.

einen »schwebenden Garten« mit Grotten, Hügeln, Bosketts und mancherlei magischen Attrappen angelegt hatte. Der Bau seines Sohnes war allerdings viel größer, eine mächtige Glaseisenhalle, die die Deckenkonstruktion gefährlich belastete, mit einem künstlichen See, auf dem zwischen Lotosblumen ein vergoldeter Lohengrinkahn schwamm; nicht wenige Gäste und Lakaien sind in das Gewässer hineingestolpert, wobei es Ludwig jedoch als Taktfehler ansah, wenn einer der Anwesenden zu lachen wagte.

Ludwigs Bauleidenschaft, die den zweiten Teil seines Lebens ähnlich beherrschte wie die Wagnerverehrung den ersten, stammt aus den gleichen Motiven wie diese, aus dem Drang des optischen Menschen nach Konkretisierung: Auch Abstraktes, längst abgelaufene, historisch gewordene Tatsachenreihen will das königliche Machtgebot ins Konkrete zurückzwingen, den deutschen Feudalismus also oder das Zeitalter Louis' XIV. Es kam dem König bei seinen Bauten allein auf die Rekonstruktion einer bestimmten Umwelt an, architektonisch gesprochen also auf den stimmungsgebundenen Allgemeineindruck; was nicht heißt, daß Ludwig sich um Einzelheiten nicht gekümmert hätte. Ganz im Gegenteil: Die künstlerische Qualität der massenhaft verwendeten Malerei zwar war ihm gleichgültig, weil sie für ihn nur als Farbwert im Gesamtbild etwas bedeutete, aber er war unerbittlich in seinen Ansprüchen an die technische Durchführung. Wie er sich in alle Grundrisse, unaufhörlich ändernd und experimentierend, versenkte, so gab es unter den Tausenden kunstgewerblicher Einrichtungsstücke kaum eines, das er nicht selbst geprüft und dem er nicht den Platz angewiesen hätte, objektiv eine gewaltige Arbeitsleistung. Er war imstande, das Muster eines Stoffes, die Fassung eines Edelsteins so genau anzugeben, daß Handwerker danach arbeiten konnten, und da er sein Gefühl für dekorativen Schwung in jahrelanger Übung geschult hatte, läßt sich von manchen dieser Objekte zwar sagen, sie seien ungelenk und unelegant, von wenigen aber nur, daß sie stilwidrig seien[2].

[2] Da Ludwig, schon aus Geldgründen, wenig aus Frankreich bezog – eigentlich nur Boulemöbel und etliche Textilien – und fast alles in München anfertigen ließ, hat er auf das Kunstgewerbe seiner Hauptstadt zweifellos erzieherisch und darum fruchtbar gewirkt. In Doeberls »Entwicklungsgeschichte Bayerns« schreibt Hans Rose: »Die königlichen Aufträge führten zur Gründung von Kunsthandelsfirmen, die inzwischen Weltruf erlangt haben.«

Immer bleibt Ludwig II. der ursprünglich optische Mensch. Um so erstaunlicher daher, wie karg seine Beziehungen zur Malerei waren, entgegen allen Traditionen seines Hauses. Die Pinakotheken, der Stolz der Wittelsbacher, waren ihm gleichgültig, und er scheint sie als König überhaupt nicht betreten zu haben. Kunstausstellungen haßte er, weil ihre Eröffnung möglicherweise seine Anwesenheit erforderte. Bei seinen Bauten waren zeitweise fünfzig Maler beschäftigt, aber ihre Tätigkeit bedeutete ihm eben nur die Erzeugung bestimmter Farbeffekte, die die Räume brauchten, und die Verbildlichung gewisser Inhalte – Sagenszenen, Porträts, Staatsaktionen –, an denen ihm lag; eine rasche und ungefähre Pinselei genügte ihm, und was an kritischen Äußerungen von ihm bekannt ist, richtete sich immer nur auf das Gegenständliche, so wenn er bemängelt, auf einem Historienbild seien die Farben der Fahnen unrichtig oder »die Haare der Damen sollen gepudert sein«. Eben deshalb konnte er in seinen Bauten nur Maler mäßigen Ranges verwenden, während er bei wirklichen Künstlern wie Kaulbach oder Schwind bald auf erbittertste Widerstände stieß. Anselm Feuerbachs »Medea« hat er zwar für die Pinakothek angekauft und dem Maler einen Orden verliehen, jedoch nur, weil er von seinen materiellen Sorgen wußte, über die er ihm hinweghelfen wollte; für das Bild selbst konnte er sich, wie er sagte, »nicht erwärmen«. Als sein Lieblingsgemälde soll er eine Madonna Murillos bezeichnet haben.

Die Gründe dieser Fremdheit mögen in der Abgeschlossenheit, in dem endgültigen Insichberuhen des großen malerischen Kunstwerks liegen, in seinem stillen Eigenleben, das neben dem souveränen Egozentrismus Ludwigs nicht zu Worte kommen konnte und zu dem er seinerseits daher auch keinen Zugang hatte. Was ihn interessieren sollte, mußte in Verbindung mit seiner eigenen Existenz stehen: In seinen Schloßbauten konnte er sich körperlich ergehen, genauso wie er im Theater die höchsten Erlebnisse dort hatte, wo er, wie im Werke Wagners, die über den Alltag erhabenen Geschehnisse der Bühne als seine eigene, ihm offenstehende Welt empfand.

Denn über der neuen Leidenschaft des Bauens verlor er nicht die alte des Theaters. Nur ihr Inhalt änderte sich.

Zwar war Ludwig, was das Repertoire anging, niemals einseitig gewesen; er hatte auch in der Hochblüte seiner Wagnerschwärmerei sich an Glucks »Armida« und Webers »Oberon« begeistert und war immer wieder bei allen Werken des geliebten Schiller erschienen. Er verbot hier alle theaterüblichen Änderungen und Kürzungen des Textes, und es kostete heftige Kämpfe mit Mutter und Erzbischof, ehe er wenigstens auf die Beichtszene in »Maria Stuart« verzichtete. 1866 ließ er Byrons »Manfred« mit der Schumannschen Musik einstudieren. Grillparzer wurde von ihm immer wieder zur Beendigung seiner »Esther« aufgefordert. Gern sah er auch Shakespeare; nur gegen »Hamlet« hatte er eine untergründige Abneigung. Ja, seine Weitherzigkeit duldete Ende der siebziger Jahre das damals unerhörte Wagnis seines Hoftheaters, Werke Ibsens, etwa »Nordische Heerfahrt« und »Nora«, zum ersten Mal auf die deutsche Bühne zu bringen[3].

Auch in der Oper blieb er unbefangen und machte Wagners Antipathien keineswegs zu den seinigen: Sehr oft hörte er »Aida« und scheute auch vor Meyerbeer, Auber, Goldmark nicht zurück.

Doch konzentrierte sich seine Anteilnahme mit der Zeit immer deutlicher — hier also wie in seinen Bauten — auf Themen des Ancien régime; immer mehr wandte er sich dem großen höfischen Theater zu: Corneille, Racine, Molière und dem prachtvoll zeremoniösen Calderon. Doch auch ein bedenkenlos seichtes Werk wie Brachvogels »Narziß« befahl er immer wieder, weil es im Milieu Louis' XIV. spielte. Von hier war ein weiterer Schritt nur noch klein: Wenn er nämlich bei seiner historischen Lektüre auf Einzelheiten stieß, die ihn interessierten, so ließ er nachforschen, ob darüber schon etwas in der dramatischen Literatur existiere; fand sich etwas, wurde es einstudiert; fand sich nichts, so wurde einer der sehr gewandten Literaten, die er sich herangezogen hatte — Heigel vor allem, dann Hermann Schmid und Schneegans —, mit der Abfassung von Theaterstücken über jene Gegenstände beauftragt. Und wie er schon früher zur Inszenierung der »Jungfrau von Orleans« und des »Tell« Theatermaler nach Frankreich und in die Schweiz entsandt hatte, so ging ihm auch hier historische Echtheit über alles — ein Forderung, die nicht leicht zu erfüllen war, da er es übel vermerkte, wenn ein regierender Herr eine unvorteilhafte Rolle spielte, und vor allem nicht duldete, daß er auf der

[3] »Gespenster« freilich mußten in Augsburg aufgeführt werden, wohin die Münchener Ibsen-Gemeinde sich mit der Eisenbahn begab.

Bühne stürbe. Sonst aber mußte alles, bis zur letzten Schuhschnalle, authentisch sein. Oft hatte der König während der Aufführung die Skizze des von ihm genehmigten Bühnenbildes und der Figurinen vor sich liegen und kontrollierte durch die rechteckigen Gläser des diamantenblitzenden Lorgnons sorgsam die Übereinstimmung[4]. Diese Welt der Zuflucht und des Trostes wenigstens sollte nicht eitler Schein, sondern echt sein, so daß er eigentlich auf der Bühne das Gegenteil dessen suchte, was zu geben ihr Beruf ist.

Allerdings, das Münchner Publikum teilte diese Vorliebe des Königs keineswegs, was zur Folge hatte, daß die Separatvorstellungen immer mehr zunahmen: Zweihundertacht fanden im Laufe von fünfzehn Jahren statt, darunter fünfundvierzig eigens für Ludwig einstudierte und eine erhebliche Anzahl nur für ihn verfaßter Werke.

Da saß der König nun allein in der großen Mittelloge, in der er so vielerlei Gäste schon gehabt hatte – Wagner, Sophie, Friedrich Wilhelm – und von denen jeder eine Enttäuschung für ihn geworden war. Heute aber war das Haus zwar wie stets erleuchtet, sonst aber wohltuend leer. Niemand saß neben ihm und wollte nichtssagend unterhalten sein, und kein Glotzen, Hälserecken, Operngruckerblitzen aus den Rängen belästigte ihn; seine kleine Suite saß in den mittleren Parterrelogen, unsichtbar für ihn. So träumte es sich gut hinüber in das Spiel, das unmerklich, doch immer mächtiger an die Stelle der Wirklichkeit trat.

Zunächst wurden dabei seine Umgangsformen mit dem Theater autokratisch, selbst wenn es sich um Beifall handelte. Zu unzähligen Malen kam es vor, daß nachts um zwei, drei Uhr in den Wohnungen von Schauspielern geläutet und rauh befohlen wurde: »Öffnen! Hier ist der Adjutant des Königs!«, worauf dann den Erschreckten Blumen oder Schmucksachen überreicht wurden. Oder Ludwig ließ sich sofort nach einer Vorstellung die halbe Nacht hindurch in eine Korrespondenz mit Possart ein, der Regie geführt hatte und dabei einen Verstoß

[4] Die Liste solcher Stücke ist beträchtlich; man findet hier allein aus dem Jahre 1872 »Die Gräfin Dubarry«, »Graf von Saint-Germain«, »Ein Minister unter Ludwig XV.«, später dann »Das Alter eines großen Königs«, »Ein Ball unter Ludwig XV.«, »Die Jugend Ludwigs XIV.«, »Die Erzählungen der Königin Navarra«, »Racines Esther in Saint Cyr«, »Der Genius des Ruhms« mit der Pompadour als Hauptperson – und so fort.

gegen die zeremoniöse Sitzordnung des Versailler Hofes begangen haben sollte; um drei Uhr endlich schickte der König ein dickleibiges historisches Werk, das ihm recht gab, und schrieb dazu: »Es ist mir vollkommen gleichgültig, ob Ludwig XIV. und die Königin von England in dieser Szene von mir gesehen werden oder nicht; ich will nur den historischen Vorgang wahrheitsgetreu dargestellt wissen.«

Seine Belesenheit wurde tatsächlich staunenswert. »Viel habe ich schon gelesen«, schrieb er 1873 an Wagner, »wie überhaupt Lektüre mein höchster Genuß ist, ein Genuß, den ich fast zu häufig mir gönne, da ich ihn selbst im Wagen beim Durchfahren der herrlichsten Gebirgstäler nicht entbehren kann.« Gerade deshalb aber entdeckte er immer neue Lücken seines Wissens und hielt Bibliotheken, Antiquare, Buchhändler ständig in Bewegung. Was von zeitgenössischen Autoren erschien, nahm er fast alles zur Hand, obschon sehr vieles nach wenigen Minuten schon für immer beiseite gelegt wurde[5]. Er war von den Klassikern ausgegangen – Schillers Geburtstag blieb ihm immer ein heiliger Tag – und war dann, unter Wagners Einfluß, an die mittelalterliche deutsche Dichtung geraten. Später nennt er sich einen »großen Freund altspanischer Literatur«[6]. Tasso vermochte er, mit Döllingers Hilfe, italienisch zu lesen. Schließlich bevorzugte er Reisebeschreibungen, Memoiren und alles Historische. Seine Kabinettschefs hatten es auch mit dem König als Leser nicht leicht: Sie mußten Klassikerzitate, die er im Gespräch gebrauchte, schlagfertig fortsetzen, aber auch immer wieder umfangreiche Literaturzusammenstellungen ausarbeiten, ja, Bücher, die ihn langweilten, lesen, und in Exzerpten darüber berichten. Er konnte ganze lange Dialoge aus den Klassikern frei rezitieren, war aber auch imstande, Schriftstellern für ihre Arbeiten Quellen nachzuweisen oder einem Schauspieler zu empfehlen, seine Darstellung des Königs Philipp nicht nur auf Saint Real, sondern auch auf Brantôme zu stützen. Seine Studien umfaßten beispielsweise mittelalterlich-welfische Geschichte neben hohenzollern-bayreuthischer,

[5] Es ist wenig bekannt, daß er für Ehrenbesoldungen von Schriftstellern, Reise- und Druckkostenbeiträge erhebliche Summen ausgab; auch dem damals in München lebenden Schweizer Leuthold gewährte er ein Stipendium.

[6] »Ich nahm einen Band, Stücke von Moreto und Rojas enthaltend, mit ins Gebirge«, schreibt er am 22. Mai 1875 an Wagner.

Hans Sachs neben Cromwell, vor allem aber das Frankreich der Bourbonen – bis er am Hofe von Versailles nicht weniger zu Hause war als am eigenen: Von Rangordnung, Zeremonial, Umgangsformen, Lebenssitten, Kostümen wußte er so viel, daß er seine Baumeister und Theaterregisseure sachverständig kontrollieren und anregen konnte[7].

Wie aber ist es erklärbar, daß dieser typisch deutsche Mensch und Zeitgenosse einer nationalen Hochflut einen französischen König derart offen ins Zentrum seines Lebens stellen konnte, einen König dazu, dessen Verwüstungsstrategie gerade in der bayerischen Pfalz unvergessen war? Wie konnte Ludwig Stoffe und Möbel der Wohnräume jenes Louis kopieren lassen, ein Tafelservice mit dem (ihm zugeschriebenen) Ausspruch »l'état c'est moi« verzieren und in der Vorhalle in Linderhof auf schwarzem Sockel sein Reiterstandbild errichten, während an der Decke sein Wahlspruch erglänzte: »Nec pluribus impar« – »auch der Übermacht gewachsen«?

Gewiß, die Verbindung der Häuser Wittelsbach und Bourbon war alt. Louis XIV. selbst war Bundesgenosse des bayerischen Kurfürsten Max Emanuel gewesen, Louis XVI. Taufpate König Ludwigs I. Und Schloß Nymphenburg, das Geburtshaus Ludwigs II., riesig und schattenlos vor den Toren Münchens gelegen, war ohne Versailles nicht denkbar. Zwar sagte Ludwig zuweilen, eines Tages werde er ebenso überraschend und tatkräftig hervorzutreten wissen wie Louis XIV. Aber natürlich wußte er, wie wenig er dazu imstande war, daß ihm dazu nicht nur der ganz eigenartige Komplex von Herrschertalenten

[7] W. von Rummel, der Schwiegersohn des Kabinettschef von Ziegler, berichtet, über welche Gegenstände dieser, neben allen seinen sonstigen Verrichtungen, Vortrag zu halten hatte: »Das gesamte prunkhafte Hofleben jener Zeit wird heraufbeschworen, diese in Versailles und Fontainebleau abgehaltenen fêtes galantes, Kavalkaden, Karussells, Ringstechen, große Messen, Aufzüge, Illuminationen, Feuerwerke, Konzerte, Allegorien und ländlichen Schäferfeste. Dann das Theater, die tausend Tragödien und Komödien, bald lyrisch und bald heroisch, die divertissements, ballets héroïques, comédies héroï-féeries, ballets pantomimes, proverbes dramatiques, ballets tragi-pantomimes, pastorales. Da soll ferner über die Orden vom heiligen Michael, vom Heiligen Geiste, vom heiligen Lazarus und vom heiligen Ludwig berichtet werden, über die Kirchengänge, Prozessionen und Te Deums, über Gesandten- und Kardinalempfänge, über Hirschjagden, über die Truppenrevuen der französischen Könige ... Auch die unzähligen Balladen und Oden, die auf die französischen Könige gedichtet worden sind, die Bilder, die sie verherrlichen, die Statuen, die ihnen errichtet worden sind, kommen an die Reihe.«

des Bourbonen fehlte, sondern vor allem die reale Macht, die jener in seiner Hand vereinigt hatte. Tatsächlich glich er ihm nur in der Unbedingtheit des Majestätsgefühls.

Hier aber sah er die entscheidende Parallele. Die irreale Verwandtschaft der geborenen Könige, die unabhängig ist von ihrer realen Macht, gleichsam hinausposaunen, aus Trotz, verletztem Stolz – »justament nun gerade«, wie man in Altbayern sagen würde – aufzutrumpfen vor dem Bewußtsein der Welt, und sich damit selbst das wankende Ichgefühl immer wieder stützen – das war es, was er wollte, wenn er seine Umgebung, seine Wohnräume, die Livreen seiner Lakaien denen anglich, die das große Vorbild für sich ausgewählt hatte.

Daß jener König ein Franzose gewesen war, beachtete er nicht. Er stand zu Frankreich noch in jenem Verhältnis selbstverständlichen Zusammenhangs, ohne politische Konsequenzen, wie es im Deutschland der ersten zwei Drittel des 19. Jahrhunderts die Regel gewesen war: In München war sogar bis lange nach Ludwigs Tod noch die französische Sprache die der Diplomatie und Gesellschaft, und auch Wagner hatte ja, bis zur Tannhäuser-Katastrophe von 1861, in Frankreich kaum weniger Verständnis gefunden als in Deutschland[8].

Ludwig war aber niemals frankophil, und die Dritte Republik war ihm innerlich kaum weniger fremd als Napoleon III. es gewesen war. Trotzdem erklärte er bereits 1874, also drei Jahre nach dem Krieg, er wolle »nach Versailles reisen, um dort während vier, fünf Tagen das Schloß und die beiden Trianons zu besichtigen«. Im Berliner Auswärtigen Amt vernahm man diese Ankündigung mit demselben Unbehagen wie im bayerischen Ministerium, und auch die französische Regierung war nicht ganz sorgenfrei; die »soldats bleus« waren nicht überall in bester Erinnerung geblieben. Aber da es unmöglich war, wie auch Bismarck einsah, diese Bedenken dem König nahezubringen, ließ man ihn reisen.

In Paris erwartete ihn, nunmehr Botschafter des Reichs, Fürst Hohenlohe, sein ehemaliger Ministerpräsident, nachdem ihm als Cicerone der Legationssekretär Lindau, der als Novellist einen Namen hatte,

[8] Baudelaire, Barbey d'Aurévillle, Gautier verehrten ihn; der franzosisierte Deutschungar Liszt wurde sein tatkräftiger Vorkämpfer, die Halbfranzösin Cosima endlich seine Frau.

bis zur Grenze entgegengeschickt worden war. Ludwig logierte in der Botschaft, und Hohenlohe berichtet mit seinem immer etwas mesquinen Humor, wie er sich hier das diplomatische Personal vom Leib zu halten wußte. In den nächsten Tagen durchfuhr er die Stadt kreuz und quer, streifte etwas flüchtigen Blicks ihre Bauten und Monumente, besuchte die Läden der Kunsthändler und Antiquare und abends die Theater. Weit öfter galt sein Besuch dem Schloß Versailles, den Trianons, Fontainebleau; und die Aufsichtsbeamten staunten nicht wenig, daß er die ihnen anvertrauten Räume nicht schlechter als sie selbst zu kennen schien.

Die Bemühungen der republikanischen Regierung um den König gingen so weit, als es dessen Inkognito nur irgend zuließ, und standen denjenigen Napoleons vor sieben Jahren nicht nach. Am Geburtstag Ludwigs, den er in Versailles beging, sprangen ihm zu Ehren die Großen Wasser. Der Außenminister, Herzog von Decazes, machte ihm seine Aufwartung, obwohl Ludwig selbst, um nur den Präsidenten der Republik, Marschall MacMahon, nicht besuchen zu müssen, die Reise bereits in eine Zeit verlegt hatte, zu der dieser nicht in Paris war – gewiß nicht, wie der Präsident argwöhnte, aus Aversion gegen ihn, sondern in der gleichen Ungeselligkeit, die ihn ja auch nie zu Besuchen in Berlin oder Wien kommen ließ. Die tatsächlich riskante Reise verlief ohne Zwischenfall, abgesehen von einigen Bissigkeiten der Presse[9] und ein paar Versailler Straßenjungen, die sich damit vergnügten, den eigentümlich stelzenden Gang Ludwigs hinter ihm nachzuahmen und arretiert wurden.

Dem König selbst hatte die Reise derart behagt, daß er auch seinen nächsten Geburtstag in Frankreich verleben wollte: Reims, dessen Domportal auf der Bühne so oft in der »Jungfrau von Orleans« vor ihm erschienen war, wollte er in Wirklichkeit sehen. Aber es wurde eine Enttäuschung: Zwar reiste er wieder inkognito, wieder auch erwartete ihn Lindau mit drei von der französischen Regierung zur Verfügung gestellten Waggons an der Grenze; in Reims aber wurde er alsbald von den die mittelgroße Stadt überfüllenden Lourdes-Pilgern

[9] »Er ist kein schlimmer Fürst«, schrieb der »Figaro«, »er hat seine Soldaten nie anders begleitet als auf dem Klavier? ... es heißt, Bayern habe ihn aus einem Feenmärchen entliehen.«

erkannt und durch ihren höflichen, doch beständigen Andrang vor seinem Hotel so gestört, daß er nur noch eine Ausfahrt machte, um dann heimzukehren.

Aber es kommt nun allmählich überhaupt eine große Unruhe über ihn, ein Drang nach Aufenthaltswechsel, der ihn zwar kaum jemals noch über die Landesgrenze, wohl aber in dem engen Bezirk zwischen Isar und Lech, München und dem Alpenkamm unaufhörlich umhertreibt. In seiner »unseligen Hauptstadt« hielt er sich seit ungefähr 1875 nur noch in den Monaten Februar bis April auf; er habe, so schrieb auch Kaiserin Elisabeth, jetzt »den Zappel« und sei »beständig unterwegs«.

Zwischen den alten und den neuen Schlössern, den Jagdhäusern und Berghütten und viel im Freien spielt sich nun sein Dasein ab. So weit die Schienenstränge schon reichen, trägt ihn der Hofzug. Dann aber warten, von Holnstein zuverlässig organisiert, Reitpferde und Kolonnen seiner blaulackierten Reise- und Verpflegungswagen. Zwischendurch wird erledigt, was von Staatsgeschäften noch unumgänglich ist. Luise von Kobell, die Gattin Eisenharts, schildert, wie sich das beispielsweise vor dem Forsthaus Altach am Walchensee abspielte: »Der Förster hatte Stühle und Tische in eine Wiese gestellt, eine rote Wolldecke darüber gedeckt, mit einem riesigen Blumenstrauß darauf, seine Dachshunde in die Hundehütte verbannt... Im Hintergrund der Wiese lagerten die Reitknechte und reihten sich die Fahrzeuge aneinander. Der König setzte sich, die schottische Mütze auf dem Kopfe, im Reisekostüm, an den Tisch, rückwärts von ihm, stramm aufrecht, zwei Lakaien; vor ihm stand sein Kabinettschef im schwarzen Frack, den Claquehut unter dem Arm, und berichtete mit lauter Stimme...; dann und wann mischte sich das Tönen einer Kuhglocke darein oder das Gekläff der über ihre Haft erbosten Hunde.«

Mit der Zeit genügten dem König die traditionellen blaulackierten Hofkutschen nicht mehr; und wie in seinen Wohnräumen floh er nun auch zuweilen unterwegs in die Verkleidung des Ancien régime. So sah man ihn sein bäuerliches Land in barocken Prachtkarossen durcheilen, wie sie einst den französischen Hof von Paris nach Versailles getragen haben mochten: hochrädrige, reich geschnitzte und vergoldete Gefährte, über deren Dach Puttenfiguren die Krone emporhoben, mit blauem Sammet gepolstert, vier, manchmal sechs fleckenlose, federbuschgezierte Schimmel davor, die von Pikören aus dem Sattel gelenkt wurden. Im Winter saß der König, tief in Pelze vergraben, in muschelförmigen Goldschlitten; Nymphengestalten hielten die Laternengehäuse, Tritonen die Dienersitze; die Pferde trugen silberne Schellenbehänge und Kutscher, Piköre, Stallmeister gepuderte Perücken und Livreen des französischen Barock. Nachts sprengten Reiter voran, die die reichverzierten Schäfte flackernder Windlichter auf die wildlederbekleideten Schenkel stemmten ...

Doch wird auch von einsamen und sehr anspruchslosen Gängen berichtet, die der König zu Fuß tat: in der Morgendämmerung zuweilen von einem der Jagdhäuser aus durch den Hochwald, wenn das Aroma der Nadelhölzer am stärksten, das Rauschen und Rieseln der Quellen am lautesten zu sein scheint. Oder gegen Sonnenuntergang findet die Majestät sich bei einem einsamen Waldhüter ein und betrachtet wortlos mit ihm zusammen das Kreisen der Adler über den Abgründen. Oder der König wandert auch ganz allein nachts mit einem Laternchen von Berg bis Ambach, stundenweit durch unübersichtliches Ufergelände, und eine Gruppe Lakaien hat strengen Befehl, sich in mindestens zehn Minuten Abstand hinter ihm zu halten. Die Suite sieht diese Gänge ungern, obwohl Ludwig in seinem tief schlafenden Bauernland wohl niemandem begegnet als aufgescheuchtem Wild oder höchstens einem verspätet heimtorkelnden Wirtshausgast.

Wirklich gefährlich waren dagegen manchmal die nächtlichen Ausfahrten, vornehmlich durch ihr scharfes Tempo. Einer der Kavaliere des Königs stürzte hierbei so schwer mit dem Pferd, daß er eine dauernde Augenverletzung behielt, und einmal im Schneegestöber verlor der Vorreiter derart die Orientierung, daß er um ein Haar mit der Laterne in einen Abgrund gesprengt wäre, hätte der begleitende Stallmeister ihn nicht im letzten Moment noch zurückgerissen.

Kein Zweifel: der König dieses selbsterbauten, gegenwartsfernen Reiches ist nicht mehr der liebenswerte, gutwillige, beeinflußbare Jüngling, der einst den Thron Bayerns bestieg. Jetzt steht an seiner Stelle ein unzugänglicher, trotziger, harter, ja rücksichtsloser Mann, und aus der instinktiven Menschenscheu des halben Knaben von damals ist eine bewußte Menschenverachtung geworden. Allzu gut hat Ludwig inzwischen gelernt, den Phrasenschwall zu durchstoßen, der gewöhnlich von hoch und niedrig der Majestät entgegengebracht wird, und zu gewahren, was sich dahinter verbirgt: krasse Karrieresucht, stete Bereitschaft zu Abfall, Kapitulation, Verrat und große seelische Armut. Auch die Wertlosigkeit von Volksstimmung und Massenmeinung hält er für erwiesen; »Servilität nach unten« ist eine seiner Lieblingsformeln. Versprechungen, Versicherungen, Treueschwüren, von wo auch immer sie kommen, setzt er nun eine kalte, stumme, ja offen höhnische Skepsis entgegen. Der Begriff, den er von Unwert und Stupidität der Umwelt in sich trägt, wächst langsam ins Grenzenlose.

Seinen Verkehr mit ihr schränkte er immer weiter ein. München berührenden Fürstlichkeiten ließ er bedeuten, sie sollten sich nicht an sein »entferntes Hoflager in Hohenschwangau bemühen«. Waren Hoftafeln unvermeidlich, so ging er »wie zum Schafott« zu ihnen, saß mit wütendem Gesicht dabei, versteckte sich hinter möglichst großen Tischdekorationen und befahl laute Musik, um die Gespräche ringsum nicht hören zu müssen.

Trotzdem war er übrigens nicht ohne Humor. Als der Sänger Nachbaur, zum erstenmal bei ihm zu Abend, vor Befangenheit kaum einen Bissen aß, wurde ihm darauf mitten in der Nacht von königlichen Lakaien noch einmal die ganze große Speisefolge mit Wein und Früchten ins Haus gebracht: »Als Nachtrag der heutigen Tafel.« Oder als ein Kavalier Prinz Ottos, der sich unbeliebt gemacht hatte, vom Hofe verschwinden sollte, hielt der König ihn lange noch, weil, wie er sagte, zu einem Hof auch ein Intrigant gehöre. Possart wiederum berichtet, er habe einmal seine Rolle schlecht gelernt und sich auf den Souffleur verlassen, sei dann aber bei der Aufführung so nahe an eine lärmende Wasserfallmaschine geraten, daß er von dessen Geflüster nichts mehr verstand, und habe daher verzweifelt »Manfred« rezitiert; darauf habe der König ihm sagen lassen, er beabsichtige eine Neueinstudierung des »Manfred« erst für den nächsten Herbst. Auch war Ludwig zur Selbstironisierung immerhin so weit imstande, daß er zu seinem Kabinettschef von Ziegler äußern konnte, um nichts in der Welt möchte er sein eigener Kabinettschef sein.

Menschenmengen waren dem König vor allem wegen ihres Lärms unangenehm, wie ihn überhaupt die Stille seines einsamen Lebens immer geräuschempfindlicher machte. So spricht er vom »modernen politischen Ovationsgebrüll«, ja, er behauptet, Ovationen seien ihm unangenehmer als Attentate. Eben wegen ihrer unvorhersehbaren Lärmmöglichkeiten mied er die Nähe von kleinen Kindern und von Hunden.

Um so mehr hielt er auf die Pferde seines Marstalls, insgesamt Hunderte an der Zahl. Oft besuchte er sie, wenn sie auf den Alpenwiesen frei weideten. Bei längeren Fahrten mußte stets Relais vorbereitet sein, um die edlen Tiere zu schonen. Der Rappe Ralf wurde oft, wenn der König im Freien aß, zu ihm geführt und von ihm gestreichelt, gefüttert und mit »behüt' dich Gott« entlassen. Und seinem Lieblingsschimmel, Cosa rara, ließ er sogar einmal ein ganzes Diner servieren, Suppe, Fisch, Braten, Wein, und zeigte sich finster amüsiert, als das Geschöpf, immer wieder an den gedeckten Tisch geführt, beunruhigt zu schnauben und zu steigen begann und schließlich das Porzellan zerschlug.

Oder als einmal ein wilder Ziegenbock in seinen »Maurischen Kiosk« geraten war und dort zwischen Spiegeln und Möbeln erheblichen Schaden anrichtete, sagte er: »Laßt ihn in Ruhe; er lügt wenigstens nicht.«

Seine Lieblingstiere aber blieben immer Schwan und Pfau. Am Landungssteg in Berg, der allen fremden Fahrzeugen verboten war, fraßen Schwäne ihm aus der Hand; und über die goldgelben Kieswege aller seiner Gärten schleppten Pfauen ihre prunkenden Schweife. Es ist eine leise verräterische Neigung: denn beide, Pfau und Schwan, leben ungesellig und abseits, zeigen alle äußeren Merkmale des Stolzes und der Schönheit, bewegen sich jedoch schwer – wie selten sieht man sie im Fluge! – und haben einen Charakter, von dem man wenig weiß; so gelten sie für herzlos, sind aber tatsächlich wohl nur sehr verschlossen.

Die Umwelt, das schließlich auch über die Krise der »Gründerzeit« kräftig hinwegblühende Deutschland, begnügte sich fürs erste noch damit, die unüblichen Lebensformen des bayerischen Königs achselzuckend zur Kenntnis zu nehmen und leichthin für Narretei zu halten. Wie hätte diese vom unaufhaltsamen Fortschritt der Vernünftigkeit überzeugte, optimistische Welt auch sehen können, daß hier ein Mensch, dem das Leben in ihr unmöglich geworden war, sich mit der Gewalt des Erstickenden eine andere erbaute – daß ein völlig logischer Vorgang sich vollzog?

XVIII
LETZTE FLÜGELSCHLÄGE

Doch war dieses Sichverlieren nicht endgültig. Mehrmals noch, wenn auch stets schwächer, drängte das Gefühl ererbter Verpflichtung den König in die Wirklichkeit zurück, versuchte er, der Rangordnung gemäß, die er in sich trug, auch die äußeren Dinge zurechtzurücken.

Schon nach dem Tode von Hegnenberg-Dux, 1872, berief er als Nachfolger den Gesandten in Stuttgart, von Gasser, den Sprößling einer frisch geadelten deutschrussischen Bankiersfamilie, einen international gewandten, energischen, wenn auch zu politischer Phantastik neigenden Mann. Wochenlang bemühte sich Gasser um ein neues Kabinett, das ein antiliberales, katholisch-altbayerisches geworden wäre, den Kulturkampf abgeblasen und, parlamentarisch gestützt auf die sichere Mehrheit der Patrioten, die föderalistischen Möglichkeiten der Reichsverfassung, die das System Lutz unbedenklich preisgab, zu bewahren gestrebt hätte. Vornehmlich rechnete Gasser mit Ministern aus der Maximilianszeit, Bomhardt, Schrenck, Bray[1]. Dennoch zerschlug sich alles, nicht ohne Mitschuld des radikalen Flügels der Patrioten, und Ludwig wählte schließlich Pfretzschner zum Regierungschef.

Drei Jahre später, 1875, machte er nichtsdestoweniger einen neuen Versuch zu einem grundsätzlichen Kurswechsel, und zwar jetzt mit Hilfe des Barons Franckenstein, eines im ganzen Süden sehr einflußreichen fränkischen Magnaten, Reichsrats der Krone Bayerns, Reichstagsabgeordneten des Zentrums und späteren Reichstagspräsidenten. Des ewigen Kampfes um Lutz und seine Minderheitsregierung herzlich müde, erwartete der König sich von Franckenstein eine Mehrheitsregierung der Rechten, die »Reichstreue mit Partikularismus glücklich vereinte« und durch ihren Katholizismus bewies, daß die Religion in Bayern nicht gefährdet sei. Die Aussichten Franckensteins schienen gut: Nicht nur daß ein so mächtiger Mann wie Holnstein das Projekt unter-

[1] Bei der Stuttgarter Intrige, die Bray während der Versailler Verhandlungen angesponnen hatte, war Gasser seine rechte Hand gewesen.

stützte, auch die Volksmeinung war mit ihm; hatten doch die vorjährigen Reichstagswahlen dem bayerischen Liberalismus von seinen dreißig Mandaten vierzehn entrissen. Ebenso ermutigten Dresden und Stuttgart das Unternehmen – König Albert von Sachsen stand in steter, enger Verbindung mit Gasser –, da man auch dort dem wachsenden Zentralismus des Reichs sorgenvoll zusah und den zweitgrößten deutschen Staat gern als föderalistischen Sturmbock vorangeschickt hätte.

Doch zog Franckenstein sich aus den schon weit gediehenen Verhandlungen plötzlich zurück: Er fühlte sich, weil er 1871 gegen die Versailler Verträge gestimmt hatte, allzusehr mit dem Odium des »Reichsgegners« belastet – wahrscheinlich eine überflüssige Bedenklichkeit, da Bismarck den klugen und charaktervollen Mann sehr hoch schätzte[2]. Franckenstein empfahl statt seiner als Ministerpräsidenten wiederum Gasser, der nun auch aufs neue energisch ans Werk ging. Aber es scheint, als ob gerade der phantasie- und temperamentvolle Eifer Gassers den König bedenklich gemacht habe – in einer Eingabe vom 16. Juli muß der Ministerkandidat sich gegen auch nur den Anschein von »Reichsfeindschaft« verwahren, um dann allerdings fortzufahren, jetzt eben sei der richtige Augenblick, um die Mittelstaaten um Bayern zu scharen und eine europäische Stellung zu gewinnen, wie noch kein bayerischer Regent. Wahrscheinlich hatte der König das richtige Gefühl, daß es für eine derartige Politik mindestens zehn Jahre zu spät war, so daß er die Fäden dieser Verhandlungen, die sich vom April bis tief in den Spätsommer hinzogen, allmählich entgleiten und verlorengehen ließ.

Vorher freilich, im August 1875, während Gasser rege an der Kabinettsbildung arbeitete, hat der König selbst ihn auf eine merkwürdige Art unterstützt: Er, der von Grund aus Unmilitärische, setzte eine Truppenparade an, von einem, für damalige Verhältnisse, riesenhaften Umfang, die zugleich ein Volksfest, ja eine Volkskundgebung werden sollte. Denn auf die bloße Ankündigung, der König werde sich endlich einmal zeigen, strömten, trotz drängender Erntearbeit, gewaltige bäuerliche Massen kindlich vertrauensvoll in München zusammen.

[2] 1879, als Bismarck zur Schutzzollpolitik überging, arbeitete er in enger Verbindung mit Franckenstein – § 7 des Zollgesetzes hieß daher die »Franckensteinsche Klausel« –, den er »einen Ehrenmann, Gentleman«, nannte, »mit dem man reden kann«.

Sie wurden nicht enttäuscht. An einem prachtvollen Sonntagsmorgen defilierten 14 000 Mann schönster bayerischer Truppen. Alle Prinzen des Hauses Wittelsbach erschienen zu Pferde, und sogar die inzwischen sagenhaft gewordene Brautkutsche der unglücklichen Sophie war zu sehen; ein blutjunges Frauenwesen saß in dem goldenen Gehäuse, Prinzessin Gisela, die soeben mit Ludwigs Vetter Leopold vermählte Tochter der Kaiserin Elisabeth.

Der König selbst, in großer Marschalluniform, prächtig in Lichtblau und Silber, hielt lange vor dem Hofgartentor. Der breitschultrige Riese auf ausgesucht schwerem Pferd hatte nichts mehr von dem geschmeidigen Jüngling von einst. »Eine Reckenfigur«, sagte man wohl noch, übersah dabei aber die gelbliche Gesichtsfarbe und den starken Ansatz von Korpulenz. Und nicht mehr ein schwärmerischer, sondern ein scharfer und gebietender Blick war es, der heute unterm weißblauen Federgeflatter des Generalshutes hervorschoß. Ganz selten nur gewahrte man ein Lächeln; schwermütig und wissend aber bezauberte es dann die Unwissenden ringsum mehr noch als das unbeschwerte des Achtzehnjährigen von damals.

Ein Orkan von Begeisterung, unverständiger, doch unwidersprechlicher, erbverbundener Liebe, die Militärmusik fast überbrausend, begleitete den König. Ja, heute konnte er sich als Sieger fühlen, nicht mehr Friedrich Wilhelm (vor dem, als dem Generalinspekteur für Süddeutschland, die gleichen Truppen trotzdem wenige Tage später bei den Herbstübungen schon stehen sollten). So glänzend verlief die Popularitätsprobe, daß der König in einem besonderen Erlaß seinem Volke dafür dankte, auch hiermit also offenbar die Förderung der Gasser-Franckensteinschen Pläne betreibend.

Denn ohne diesen Zusammenhang würden die Gründe der merkwürdigen Parade – die nie wiederholt wurde – dunkel bleiben. So indessen sollte sie doch wohl demonstrieren, wie sehr man in Bayern, trotz der Verträge, trotz des Armeeinspektorats Friedrich Wilhelms, sich immer noch Herr im Hause fühlte und wie sehr gesonnen, seine Hausrechte zu wahren.

Dennoch, alles das waren doch nur Anläufe eines Regentenwillens, denen kein wirklicher Absprung mehr folgte. Stieß sich der Dynastenstolz Ludwigs schließlich doch an der in der Patriotenpartei, trotz allem Konservativismus, waltenden urwüchsigen Demokratie? (Denn in Altbayern konservativ zu sein, bedeutete ja, an der Bauerndemokratie des Landes festzuhalten.) War sie ihm also doch zu fremd, diese Welt der kleinen Dorfkapläne, die sich kaum durch das schwarze Gewand von ihren Vettern unterschieden, die neben ihnen mit schwerem Tritt geschmierter Stiefel und biederem Bauernlärm das gelbe Landtagshaus in der Prannerstraße erfüllten und die, Kavalieren wie Franckenstein gegenüber, doch stets die Mehrheit waren?

Aber auch das alte, von jeher in der Natur der menschlichen Dinge liegende Mißtrauen der Könige gegen Machthunger und Herrschsucht der Kirche regte sich immer aufs stärkste in Ludwig, zumal seine liberale Ministerialbürokratie alles tat, um es zu nähren. Überdies zeigten sich in der scheinbar so festgefügten Patriotenpartei jetzt auch Niedergangszeichen, Abspaltungen, Zwischenträgereien, Disziplinlosigkeiten und »die Seuche des Servilismus«, wodurch ihr Wert als Bundesgenosse beträchtlich litt.

Oder vielleicht lähmte den König doch die Sorge, das Projekt Franckenstein-Gasser könne ihn, trotz allen Willens zur Reichstreue, in Konflikt mit Bismarck bringen und ihn auch noch die Reste seiner Selbständigkeit kosten? Franckenstein mußte ihn beruhigen: Bayern werde bestimmt immer die Vertragstreue wahren; deshalb seien alle düsteren Warnungen vor einer »Reichsexekution«, die dem König zugeflüstert wurden, nur »lächerliche Drohung«. Wahrscheinlich hatte er recht; denn mancherlei Symptome sprechen dafür, daß Bismarck ein Kabinett der Rechten in Bayern nicht unbedingt abgelehnt hätte[3], ja, vielleicht ganz gut mit ihm ausgekommen wäre, namentlich nachdem im Reiche, seit 1879, wieder ohne die Liberalen, mit Konservativen und Zentrum regiert wurde und der Kulturkampf verebbte. Viel später hat Bismarck

[3] Hohenlohe, obwohl Botschafter in Paris, trieb immer noch gern bayerische Kulissenpolitik und hatte daher jetzt dem Reichskanzler ungefragt geraten, ein »katholisches« Kabinett in Bayern zuzulassen, damit es desto augenfälliger abwirtschaften könne. Bismarck erwiderte jedoch, König Ludwig sei ihm »immer gnädig gewesen«; deshalb wolle er »gegen ihn persönlich zu nichts die Hand bieten, was ich ihm nicht vorher sagen und was ich nicht auch für seines Dienstes halten könnte« – eine ebenso höfliche wie massive Belehrung Hohenlohes über Loyalitätspflichten, aus der eine unbedingte Ablehnung der Franckenstein-Gasserschen Projekte keineswegs hervorgeht. Zu Mittnacht sagte Bismarck etwa gleichzeitig, »ein ultramontanes Ministerium in Bayern« wurde er »nicht eben fürchten«.

selbst erzählt, Ludwig habe ihn um Rat gebeten, ob er Lutz durch Franckenstein ersetzen solle; wie er diese Frage beantwortete, hat er zwar nicht gesagt, doch zweifellos ist, daß es ihm fernlag, eine Fehdeansage in ihr zu sehen.

*

Immer hat Ludwig, so gering er von der zeitgenössischen Umwelt als Gesamtheit dachte, nach Beziehung zum Einzelmenschen, nach unamtlicher Freundschaft verlangt, um so dringlicher vielleicht, je mehr er aus der Tageshelle des Amtlichen zurückwich. Für den Bewegungsraum, den er hier verlor, suchte er dort Ersatz. Natürlich spielt seine anormale physisch-psychische Verfassung dabei mit, jedoch so scheu, daß sie so gut wie niemals offen erkennbar wird.

Seine Freundschaften entzünden sich oft mit reißender Geschwindigkeit, stiegen zu einer den Betroffenen am meisten verblüffenden naiven Schwärmerei an und konnten in einer ebenso jähen Verabschiedung enden. Der Entschluß, sich von jemandem zu trennen, war stets unabänderlich; doch kümmerte der König sich meist um das fernere Los der Verstoßenen.

Durchweg ablehnend verhielt er sich allerdings zu seinen fürstlichen Standesgenossen, denen er, notfalls auf verletzendste Weise, aus dem Wege ging — mit einziger Ausnahme des Kronprinzen Rudolf von Österreich. Hier wirkten die Verwandtschaftsgefühle untergründig weiter, die ihn mit Elisabeth verbanden; »niemand auf Erden«, schreibt er Rudolf, »ist mir so teuer als Du und sie«. Aber auch die frühreife Skepsis, mit der der zwölf Jahre Jüngere das damals noch unbekannte Leben meistern zu können wähnte, traf bei Ludwig, den erst dieses Leben selbst skeptisch gemacht hatte, auf traurige Sympathien. Und in gemeinsamer Abneigung gegen die Hohenzollern, die Nürnberger Burggrafen, die jetzt plötzlich Deutsche Kaiser sein wollten, begegneten sich natürlich Habsburg und Wittelsbach. Ja, Ludwig spielte mit dem Gedanken — hier wieder ganz im Mittelalter — Bayern an Rudolf zu vererben; es sei sein großer Wunsch, schrieb er ihm gelegentlich, »daß Du nach meinem Tode Bayern erhältst«.

Sonst aber waren ihm Fürsten lediglich »Leute, mit denen gepappelt werden muß« und von denen er sich am liebsten durch Gendarme absperren ließ[4]. Auch die Wittelsbacher hielt er in möglichstem Abstand. Bei ihnen besonders argwöhnte der junge Kinderlose Erbschleichergelüste und Überhebung, welch letztere er »prinzlichen Gickel« nannte. Seinen Onkel Luitpold, der ihn bei einer Familientafel ungefragt anredete, ließ er danach durch den Generaladjutanten auf das Unschickliche solchen Benehmens aufmerksam machen. Seinem Vetter Ludwig ließ er sagen, er »dränge sich ein bißchen vor«, das dürfe nicht vorkommen. Und als sein Vetter Arnulf, Kommandeur des Leibregiments, ein barscher und überstraffer Soldat, in einen Ehrenhandel mit dem eigenen Adjutanten, Graf Dürckheim, geriet, verhinderte der König das Duell und beförderte den Grafen, den Arnulf in die Provinz versetzen lassen wollte, zum Hauptmann und nahm ihn als Flügeladjutanten zu sich. Er tat damit einen guten Griff: denn nicht nur, daß dem unpopulären Prinzen diese Maßregelung allgemein gegönnt wurde – in Dürckheim gewann Ludwig sich auch einen wirklichen Freund, einen Mann von vielleicht nicht überragender Intelligenz, vital, frohmütig, derb sogar, doch von unfehlbarem, tapferem Anstandsgefühl, den einzigen, der auch in Unglück und Untergang den König nicht verlassen hat.

Flackriges Strohfeuer hingegen blieben seine Freundschaften mit einigen jugendlichen Aristokraten, einem Baron Hirschberg etwa, dessen Photographie ihm bei der Suche nach einem Kabinettschef in die Hände fiel. Phantastisch loderte alsbald seine Neigung auf: Zum Kabinettschef sei Hirschberg viel zu schön, sagte er; denn als solcher werde er ihn doch nur ärgern; er sei sein »ami idéal«. Zum König zu Gaste geladen, bewahrte der ungewöhnlich kluge, zurückhaltende und gar nicht gewinnsüchtige Hirschberg die beste Haltung; unmäßige Geschenke, den Grafentitel, eine Villa, ein Lehen wehrte er ab; nur ein Reitpferd und die Versetzung ins Außenministerium nahm er an. Tatsächlich war ein größerer Gegensatz auch kaum denkbar, als der zwischen dem der Wirklichkeit allmählich entgleitenden König und dem völlig realistischen, korrekten, jung verheirateten Beamten. Unermüdlich zwar, voll zärtlicher Rücksicht, suchte der König sich ihm zu nähern,

[4] Brief an Wagner vom 12. August 1876. Am 11. Januar schon hatte er ihm geschrieben, er wolle nicht »die mehr oder weniger verhaßten Fürstlichkeiten ... empfangen und ihr Geschwätz anhören«.

ihn zu gewinnen und in sein Seelenleben einzudringen, das nicht vorhanden war. Doch mußte er immer wieder auf den Widerstand des jungen Rationalisten stoßen, der beispielsweise der mittelalterlichen These Ludwigs, daß es einem Monarchen gegenüber kein Privatrecht, also auch kein Eigentum geben könne, entschlossen entgegentrat. Noch schwerer — »wie Keulenschläge«, sagte er selbst — traf es den König, als Hirschberg bei einem Souper zu zweien erklärte, ihm würde es gar nichts ausmachen, wenn außerdem noch drei Flügeladjutanten anwesend wären. Diese Wahrheitsliebe verriet dem König allzu brutal, wie unerwidert seine Neigung blieb, wie sehr er sie verschwendete. Und an dieser Kränkung ging nun geräuschlos, doch unaufhaltsam die Freundschaft mit Hirschberg zugrunde.

Viel rascher hatte zuvor schon eine ähnliche Beziehung geendet, die zu einem jungen Kavallerieoffizier, de Varicourt, bestand. Sein Name, mit irgendwelchen bourbonischen Traditionen verknüpft, hatte es dem König angetan. »Heil dem Träger eines solchen Namens«, schrieb er in sein Tagebuch. Mehrmals soupierte er mit ihm; immer länger dehnten sich die Einladungen, und als Ludwig schließlich darauf verfiel, Varicourt aus seiner eigenen Familiengeschichte vorzulesen, da begann der junge Mensch, vom Kasernenhofdienst des Tages, der Reise und den schweren Weinen ermüdet, im Kerzenschimmer sanft zu schnarchen. Das Buch fiel Ludwig aus der Hand. »Varicourt«, rief er empört, »du schläfst bei deinem König?« Er sah ihn niemals wieder.

Eine Verbindung echterer und tieferer Art, die zeitweise vielleicht wirklich eine Freundschaft war, verband den König mit seinem Kabinettschef Friedrich von Ziegler, der 1876 Nachfolger des plötzlich ungnädig verabschiedeten Eisenhart[5] wurde. Zunächst sah Ludwig in ihm nur einen Platzhalter, um sehr rasch aber den hübschen, brünetten, lebensfrischen Mann derart schätzen zu lernen, daß er sich in wahren Begeisterungsausbrüchen über ihn äußerte. Mit Ziegler nämlich war nicht ein Bürokrat wie Pfistermeister und Eisenhart in das Kabinett eingezogen, sondern ein Mann, der neben viel Wissen und regem Ver-

[5] Der König ließ eines Tages bei der Übersiedlung des Hoflagers nach Berg dem bereits Reisefertigen einfach keinen Wagen schicken und äußerte zu Düfflipp, der sich für Eisenhart verwenden wollte: »Lassen Sie mich; ich begreife nicht, wie ich das dumme Gesicht so lange um mich sehen konnte.«

antwortungsgefühl viel auch vom urwüchsig künstlerischen Temperament seiner oberbayerischen Rasse in sich trug. Die Folge war, daß der König in dem ihm amtlich am nächsten stehenden Funktionär jetzt zugleich auch einen Menschen um sich hatte, der für seine persönlichsten Interessen eigenes geschmacksicheres Verständnis besaß, ein Zustand, den er als großes, unverhofftes Glück empfand. Seine Briefe an Ziegler erinnern zuweilen an den maßlosen Stil der ersten Wagnerschwärmerei[6], ja, was damals nie geschehen ist, er bietet dem Umschwärmten das »Du« an. Und ebenso wie einst an Wagner richtet er nun an Ziegler Gedichte, die an Holprigkeit ihren Vorgängern nicht nachstehen[7].

Die Gefühle Ludwigs für seinen Kabinettschef wurden von diesem zwar keineswegs mit der gleichen Heftigkeit erwidert, waren aber trotzdem nicht verschwendet. Denn sie trafen einen Mann, der für die Belastung, unter denen der König nach Herkunft und Schicksal stand, instinktives Verständnis hatte und der als Gegenleistung eine Pflichterfüllung bis zur Kraftverzehrung bot. Denn jetzt bekamen allmählich ja nicht nur sämtliche Ressorts des Staates in der Person des Kabinettschefs ihre eigentliche Spitze, auch alle Privatliebhabereien des Königs, Bauten, Lektüre, Theater, vergrößerten Zieglers Geschäftslast – um so lawinenartiger, je mehr Ludwig sich vom Politischen zurückzog. Dazu wurde die Schwärmerei des Königs immer häufiger von Mißtrauensregungen schroff durchbrochen, von Anfällen ratloser Haßliebe und offenkundiger Quälsucht – so etwa, wenn er Ziegler ungebührlich lange stehen ließ oder ihn zwang, beim Vortrag auf die peinlich blendende Fläche des Starnberger Sees hinauszusehen, oder ihn, wenn er ihn amtlich allzusehr langweilte, spielerisch mit einem Revolver bedrohte, um dann freilich zu sagen: »Sehen Sie nur, was man heute alles macht: Thermometer in Form von Revolvern.« Jedoch

[6] Er schreibt ihm am 12. September 1878: »Ihr lieber Brief hat mich so unendlich gefreut, so wahrhaft mich beglückt, daß es mir ganz unmöglich ist, dem mächtigen Drange meines treu für Sie schlagenden Herzens zu widerstehen und Ihnen nicht noch heute zu schreiben, dem unvergeßlichen Tage, dessen erste Stunden so himmlisch schön und poesiedurchhaucht für mich gewesen sind.« Am 9. Dezember nennt er ihn »ohne Ausnahmen den besten und vollkommensten der Menschen«.

[7] »Von allen, allen Menschen, die ich kenne,
Hat keiner deinen Geist und deinen Wert,
Und wenn ich über Hunderte dir nenne,
Wie du hat noch kein einz'ger sich bewährt ...«

war Ziegler weder robust noch simpel genug, um eine solche Situation längere Zeit ertragen zu können. Der ungeheure Einfluß, den er ungewollt hatte, je mehr der König die Staatsgeschäfte vernachlässigte, belastete sein Verantwortungsgefühl mehr, als er seinen Nerven zumuten konnte, so daß er schließlich aus Gesundheitsrücksichten seine Entlassung erbat. Doch erst nachdem er ärztliche Zeugnisse beigebracht hatte, gewährte sie Ludwig, verletzt und in liebloser Form. Auf dringende Bitten des Königs hat Ziegler dann 1880 sein Amt noch einmal übernommen, doch wieder nur für ein Jahr. Dann hatte er sich völlig ausgegeben.

Daß der Raum, den Frauen an diesem Hof einnahmen, immer kleiner wurde, ist klar. Einem Herrn seines Gefolges sagte der König eines Tages auf dem Lande: »Ich habe das Gesicht Ihrer Frau gesehen«; und da jener, ungewiß, was damit gemeint sein könne, sich nur stumm verneigte, wiederholte Ludwig seine Worte so drohend, daß der Gatte nun allerdings wußte, er dürfe ihn diesem Anblick ein zweites Mal nicht aussetzen.

Das unmittelbar Erotische war aus dem Leben der dreißigjährigen Majestät völlig verschwunden. Wo Frauen ihr noch nahe kamen, waren es Erscheinungen, in denen ein mütterlich-autoritäres (vielleicht auch ließe sich sagen: männliches) Element beruhigend wirkte und Vertrauen weckte. Unabänderlich blieb daher seine Verehrung für die Kaiserin Elisabeth – so sehr, daß es (sofern man der scharfen Zunge ihrer Hofdame, Gräfin Festetics, glauben will) zuweilen in Zudringlichkeit ausartete und ihr Verhältnis zu ihm größere Stimmungsschwankungen durchmachte.

Ein erstaunliches Zutrauen jedoch erwies er der etwa zwölf Jahre älteren Schauspielerin Maria Dahn-Hausmann, die schon der knabenhafte Kronprinz als Thekla in »Wallenstein« bewundert hatte. Die Beziehungen zu ihr überdauerten viele Jahre und reichten weit ins Familiäre: Der König nahm an ihren Sorgen um einen kranken Mann und eine wahnsinnig gewordene Tochter schlicht und aufrichtig teil, und auch in der Gewissenfrage, ob sie zum Protestantismus übertreten solle, suchte er ihr beizustehen. Aus ihren Briefen, so schrieb er ihr, wehe »wohltuende Wärme, ein nur Ihnen eigener Zauber«. Zu ihr kann er sich auch über die Königinmutter aussprechen (1876), die er verehre und liebe, »wie es sein muß«; doch »daß ein intimes Verhältnis absolut unmöglich ist, bei einer *solchen* Natur, wie die ihrige ist, dafür kann ich nichts«. Und erschreckend tief reicht schon das Geständnis, das er ihr etwa gleichzeitig macht: »Daß ich oft von einem wahren Fieber des Zornes und des Hasses erfaßt und befallen werde, mich voll des Ingrimmes abwende von der heillosen Außenwelt, die mir so wenig bietet, ist begreiflich. Vielleicht mache ich einstens meinen Frieden mit der Erdenwelt, wenn alle Ideale, deren heiliges Feuer ich sorgsam nähre, zerstört sein werden. Doch – wünschen Sie das nie! – Ein ewiges Rätsel will ich bleiben mir und anderen.«

Eine Ähnlichkeit hiermit zeigen seine Beziehungen zu Elisabeth Ney, eine Verwandte des napoleonischen Marschalls, eine schöne, hochgewachsene Frau, Rebellin in ihrer Zeit, da sie auf eine herbe Art die männliche Kunst der Bildhauerei ausübte. Als sie Ludwig porträtieren sollte, erschien er in so schlechter Laune in ihrem Atelier, daß sie, in weißem Griechengewand, goldene Sandalen an den Füßen, ihm aus »Iphigenie« vorlas, bis der Wohlklang der vertrauten Verse seine Züge geglättet hatte. Auch später griff sie immer zum Buch, wenn es ihr nötig schien, bis der König sich an sie gewöhnte und schließlich sogar die Zirkelmessungen im Gesicht duldete, vor denen ihm besonders gegraut hatte[8]. Als die Künstlerin endlich, vor die Wahl gestellt, sich Blumen oder Schmuck zu wünschen, jene vorzog – »unweiblich«, wie er fand –, hatte sie vollends seine Sympathien gewonnen[9].

Wenn freilich von den Freundschaften Ludwigs II. die Rede ist, muß derjenigen gedacht werden, die ihn seltsamerweise mit einem Manne verband, den er nur einmal im Leben gesehen, der ihm aber, unterm Zwange seiner geschichtlichen Aufgabe, das Bitterste angetan hatte: mit Bismarck. Denn wahrscheinlich hat Ludwig in seinem einsamen letzten Jahrzehnt niemandem so vertraut wie dem Reichskanzler.

Allerdings auch Bismarck war nach 1870 nicht mehr der von 1866. Der großpreußische Durchbruch zum kleindeutschen Reich war geglückt. Nun begann Bismarcks neue Aufgabe, das Bauwerk zu sichern,

[8] Zwei ungewöhnlich geglückte Porträts waren das Ergebnis, eine Statue in der Tracht des Hubertusordens und eine Büste, Werke, denen insbesondere alle die Süßlichkeit fehlt, zu der Ludwigs Erscheinung andere Künstler leicht verführte.

[9] Sogar der Frauenfeind Schopenhauer berichtet, daß Elisabeth Ney ihn auf seinen Spaziergängen begleitet habe und daß sie wundervoll harmoniert hätten.

die gewiß nicht leichter war als die erste und an der seine Nachfolger daher auch versagten. Er aber, im Besitz der seltenen Gabe, im rechten Augenblick einhalten zu können, machte zur Quintessenz seiner Politik nun die Vermeidung weiteren europäischen Umsturzes. Zu gut nur wußte er, nicht allein aus der nahen Geschichte der beiden Napoleone, daß es keine größere Gefahr für siegreiche Staaten gibt als den Drang nach ununterbrochenen Erfolgsserien. So kennt er jetzt nichts Wertvolleres als den Status quo, und der Alpdruck der nunmehr gegen Deutschland möglichen Koalitionen nimmt ihm oft den Schlaf: Aus dem revolutionären Bismarck also ist ein Konservativer geworden – ein Konservativer, der eben deshalb auch der Freund Ludwigs sein konnte.

Gewiß war dem schweren Siegerschritt des Preußen die Machtstellung des deutschen Südens und damit auch Sinn und Inhalt des bayerischen Königtums zum Opfer gefallen; durch ihn war Ludwig um seine Lebensaufgabe, vielleicht um den Frieden seines Lebens gebracht worden. Dennoch, neben dem Dämonischen und Umstürzlerischen in der Erscheinung Bismarcks erkannte der König doch auch das Großartige dieses Menschenlebens, das vom kleinen pommerschen Landjunker und halb entgleisten Beamten zum Schöpfer und Beherrscher der mächtigsten Kontinentalmacht geführt hatte. Und Zorn und Schmerz über die eigene Entmächtigung, Gefühle, deren Berechtigung niemand so gut begriff wie eben wieder Bismarck selbst, verbanden sich allmählich mit Verständnis und Bewunderung.

Langsam entstand so ein seltsam balancierendes Vertrauensverhältnis zwischen beiden. Immer wenn Bismarck im Sommer nach Kissingen kam, überhäufte der König ihn mit Aufmerksamkeiten, schickte ihm die besten Wagenpferde seines Marstalls und der Fürstin Blumensträuße von fast Meterumfang. Nie aber, so oft Bismarck sich auch in Bayern aufhielt, äußerte der König den Wunsch, ihn zu sehen. Und als Bismarck seinerseits – 1874 – bei Ludwig anfragte, ob er um einen Empfang bei ihm »alleruntertänigst nachsuchen« dürfe, wich Ludwig aus: Es würde mit Rücksicht auf die Gesundheit des Fürsten »vermessen« sein, wollte er ihn ersuchen, »sich demnächst zu mir zu bemühen, der ich jetzt mitten in den Bergen verweile«. Dafür aber entwickelte sich zwischen beiden eine Korrespondenz, die Bismarck selbst »verhältnismäßig rege« nennt und die bis jetzt nur teilweise bekannt ist[10]. Doch lassen auch diese Ausschnitte schon erkennen, wie vielschichtig der Briefwechsel war, über was alles der vielbeschäftigte Kanzler dem bayerischen Herrscher Aufschluß gab. Anfangs mußte er ihm immer wieder versichern, daß wenigstens die föderalistische Grundlage der Reichsverfassung unverletzlich sei. Das föderative Prinzip entspreche, so schrieb er ihm, »nicht nur der historischen Gerechtigkeit, sondern auch der politischen Nützlichkeit«, und vorher schon den Fundamentalsatz: »Der Zweck des Deutschen Reiches ist der Rechtsschutz.« Später werden seine Briefe zu kleinen Denkschriften über die Weltlage; die Orientfrage taucht auf, die zum Berliner Kongreß führte, und sogar die Problematik des Rückversicherungssystems wird keimhaft erkennbar[11]. In den Antworten Ludwigs aber ist keine Spur der kaum verhehlten Mißachtung, die er gegen die eigenen Minister hegte; vielmehr ließe sich vermuten, daß dem König zwar die »Staatsfadaisen«, der Verwaltungskleinkram, gleichgültig und widerwärtig geworden war, auf den er sich nach 1871 beschränkt sah, nicht jedoch das weltpolitische Getriebe, in dessen Mitte Bismarck stand.

Gleichzeitig aber verharrte Ludwig in seiner allmählich ins Extravagante entarteten Preußenfeindschaft: Er duldete nicht einmal einen preußischen Musiker in seiner Armee und lehnte ab, sich von einem preußischen Zahnarzt berühren zu lassen. Und auch gegen die preußische Reichsgründung versteifte sich seine Abneigung nur immer mehr. In seinen Briefen an Wagner etwa heißt es, »die Folgen von 70 und 71 verbittern mir die Existenz, die sich wahrlich anders hätte gestalten sollen«, und endlich steigert er sich in Haßausbrüche hinein, in denen auch Bismarck nur noch als »jener märkische Junker« figuriert[12].

[10] Von den Briefen Ludwigs an Bismarck sind nur diejenigen veröffentlicht worden, die seine Kabinettschefs entworfen haben; was er eigenhändig schrieb, liegt vermutlich noch in den Bismarckschen Archiven. Auch die Briefe des Fürsten an ihn sind nur zum Teil bekannt. (Nach Böhm, 311–12, und Walther von Rummel, 60.)

[11] Am 6. Juni 1885 schreibt er ihm: der Bund, in welchem das Reich gegenwärtig mit den beiden östlichen Kaiserstaaten stehe, habe nur *eine* schwache Seite, »die Schwierigkeit, das gute Einvernehmen zwischen Rußland und Österreich, namentlich Ungarn, zu erhalten«.

[12] Er schreibt ihm am 9. August 1878: »Auch mich ekelt das elende deutsche Reich, wie es sich leider dank dem nüchternen, ideallosen Preußentum unter jenem märkischen Junker gestaltet hat, im höchsten Grade an.« Und als Wagner ihm (19. Septem-

Und trotzdem immer wieder dieses grenzenlose Vertrauen zu ihm? Hat etwa auch ihn der riesenhafte Erfolg des Mannes so geblendet, daß er, der Unglücksverfolgte, dem scheinbar immer Glücklichen zustrebt wie der Nachtschmetterling dem Licht? Oder ist wirklich Bismarcks schlagfertige Versailler Erfindung — er selbst nannte sie »Narrheit« —, er fühle sich immer noch als wittelsbachischer Vasall, von so tiefer Wirkung auf das romantische Gemüt Ludwigs gewesen? Oder verhielt es sich so, daß, wie getuschelt wurde, der König um die ständig latente Gegnerschaft zwischen Bismarck und dem preußischen Kronprinzen wußte, den ja auch er als Feind empfand?

Von diesen Erklärungsversuchen mag jeder ein Körnchen Wahrheit enthalten, sie bleiben doch an der Oberfläche. In der Tiefe der Wirklichkeit vielmehr sprachen hier zweifellos echte Verwandtschaftsgefühle. Auch Bismarck schien ja vielen Zeitgenossen eigentlich in ein anderes Jahrhundert zu gehören, und seine Gegner nannten ihn gern abschätzig einen »mittelalterlichen Menschen«. Tatsächlich auch enthält sein Wesen — unbeschadet seiner blitzhaften Intelligenz und seines haarscharfen Verstandes — dunkle, nur metaphysisch wertbare Elemente: seinen Sinn für das Imponderable, seine schöpferischen Instinkte, seinen Schicksalsglauben — Elemente, mit denen der gangbare Rationalismus seiner Zeit wenig anzufangen wußte, die Ludwig aber sicherlich klopfenden Herzens wahrzunehmen vermochte. Das Unbürokratische bei Bismarck, das Herrenmäßige und Ritterliche, das Individualistische, das er sich mitten im Kollektivismus eines von ihm selbst mit heraufgeführten Imperialstaats vorbehielt, das alles war Ludwigs Welt; und auch Bismarck geriet ja, je mehr er ins Einmalig-Historische emporwuchs, in die kühlen Regionen der Einsamkeit. »Mein Gewerbe ist ein solches«, hatte er schon 1872 grimmig an Roon geschrieben, »in dem man sich viele Feinde gewinnt, aber keine neuen Freunde, sondern die alten verliert.«

ber 1881) berichtet, er suche abzuwenden, daß sein kleiner Siegfried »einmal Soldat werden und in einem der elenden Kriege, welche die preußische Politik uns einbringen dürfte, von einer stupiden Kugel getroffen hinsinken sollte«, antwortete der König (11. Oktober): »Ich kann nicht daran zweifeln, daß es Ihren Bemühungen gelingen werde, die so wünschenswerte Befreiung des kleinen Siegfried vom Militär zu erreichen; wie sehr begreife ich, wie Ihrem Vaterherzen diese Angelegenheit nahegehen muß.«

Bismarck seinerseits wußte schon 1870 um die Wirkungsmöglichkeiten, die er bei Ludwig hatte; nur zwei Menschen gebe es, sagte er damals, auf die der bayerische König »was halte«; das seien Richard Wagner und er[13]. Nie hat er gezaudert, diese Gunst des Zufalls bis zum äußersten und mit aller seiner schlagenden Vehemenz auszuspielen, wo immer die preußische Staatsraison das zu erfordern schien.

Aber darüber hinaus ist er auch nie gegangen. Er hat Ludwig geschont, wo er konnte. Er, dem sonst fremdes Leid ziemlich gleichgültig war, hat dem bayerischen König das bittere Los, zu den Unterlegenen der innerdeutschen Machtumwälzung zu gehören, nach Möglichkeit erleichtert. Ist es nur eine Bestätigung des Wortes des ersten Napoleon, wonach wahrhaft große Männer nie ohne Not grausam seien? Oder handelt es sich allein um die opportunistische Überlegung, daß man den Unberechenbaren drunten im südlichsten Bayern besser nicht zum Feind hätte? Doch wohl nicht. Auch in Bismarck wirkte echte Neigung. Vieles, was über Ludwig erzählt wurde, war ihm sicherlich fremd und sogar peinlich; auch seine Begeisterung für das Wagnersche Werk teilte er nicht. Aber da, wo andere nur etwas zum Lachen fanden, schwieg er, und Lerchenfeld, der sehr nüchterne Gesandte in Berlin, stand »immer unter dem Eindruck, daß die romantisch-phantastische Natur des Königs selbst auf den großen Realpolitiker einen gewissen Zauber ausübte«. Auch er also unterlag der Gleichgestimmtheit, die zwischen ihm, dem Mächtigsten des Kontinents, und dem von ihm entmächtigten König trotz allem bestand. Zu Bismarcks Selbstgefühl, das keinen Herren über sich duldete als zur Not den angestammten König, sprach der verwandte Stolz jenes geborenen Souveräns, zu Bismarcks Verwurzelung in ländlicher Lebenssphäre das Urgesund-Organische des bäuerlichen bayerischen Staates[14]. Gewiß, er konnte nicht daran denken, ihm deswegen in der Sache irgendwelche Konzessionen zu machen, seinetwegen irgendwelche Lücken in dem mühsam genug zustande gebrachten Reichsbau zu dulden. Wenn er indessen jetzt im Bundesrat erklärte, die nationale Einheit dürfe nicht durch politische

[13] Feder, »Bismarcks großes Spiel«, 239.

[14] Preußische Historiker haben ihm das schwer verdacht. Ottokar Lorenz z. B. schreibt, die »Schwäche«, die Bismarck »in den größten Momenten seiner Unternehmungen schicksalsmäßig zu verfolgen schien, hieß Bayern«. (56–57.)

Mißgriffe wieder gefährdet werden, und daß er solche Mißgriffe »in jeder Überschreitung der Bedürfnisgrenze in unitarischer Richtung« sähe, so waren das zwar nur Worte, Worte jedoch, die sich unmittelbar an Ludwig richteten und ihm zweifellos sehr wohltaten.

Auch von der ursprünglichen politischen Veranlagung des Königs, die, von der Ungunst der Zeit verschüttet, kaum noch erkennbar war, dachte er nicht gering. »Der beste in den oberen Regionen« Bayerns, hatte er schon in Versailles gesagt, »ist noch immer der König«, und an seinen Gesandten in München einige Monate zuvor geschrieben, er habe an Ludwigs Regierung »wohl ein Zögern mit politischen Entschlüssen, aber nicht ein Schwanken in der Ausführung derselben bemerkt«. Und viele Jahre später, nach dem Tode Ludwigs, sagte er: »Sein königliches Bewußtsein war nicht bloße Eitelkeit, sein mehrseitiges Wissen nicht blendende Allwisserei, sein staatsmännisches Tun keine Torheit.« Er zeigte damals auch volles Verständnis für den unlösbaren Konflikt, in dem Ludwig sich stets befand: zwischen seiner bayerischen und seiner deutschen Verpflichtung; die preußischen Vorwürfe gegen ihn, er habe seine Stellung als souveräner Fürst nicht aufgeben wollen, seien »unsinnig«; könne man denn glauben, daß ein Hohenzoller auf dem bayerischen Thron »gleich mit beiden Füßen in die neue Reichsordnung hineingesprungen wäre«[15]? Solange Bismarck im Amte war, hing in seinem Arbeitszimmer eine kleine Zivilphotographie Ludwigs II., familiär schlicht, wie die eines guten Freundes mit einer Goldleiste eingefaßt.

Denn freilich ist ja auch Bismarck mit wirklicher Freundschaft nie verwöhnt worden. »Die Kälte von oben wächst«, so klagte er, alt und verbittert, seiner Frau, »wie das die Naturgeschichte der Fürsten, auch der besten, so mit sich bringt; alle Zuneigungen aber bedürfen der Gegenseitigkeit, wenn sie dauern sollen.«

Gerade darum aber wird er so unzweifelhafte Sympathien, wie sie von Ludwig kamen, zu würdigen gewußt haben. Darum auch hat er keinen der sehr vielen deutschen Fürsten, die ihn, als er in der Macht war, emsig und schmeichelnd umdrängten (um ihn, als er fiel, freilich ebenso einhellig zu fliehen), auch nur annähernd so tief in sich hineinschauen lassen wie diesen, der niemals vor ihm sichtbar wurde.

[15] Äußerungen zu Memminger (171 und 174).

Das bayerische Volk als Kollektivbegriff bedeutete im Bewußtsein Ludwigs nicht viel. Es war ihm eine so selbstverständliche Voraussetzung einer königlichen Existenz, daß er es nicht stärker wahrnahm, als ein Mensch mit gesunder Lunge die Luft, so unentbehrlich sie für ihn auch ist. Und je mehr er sich vom Staat entfernte, um so mehr entschwand ihm auch das Volk als überindividueller Block – um so näher jedoch kam es ihm als Summe der Individuen, aus denen es sich real zusammensetzt.

Gegen Hof, Gesellschaft, Beamtenkorps allerdings verschloß er sich nach wie vor – ebenso jetzt auch gegen die bürgerliche Mittelklasse, die liberale Bourgeoisie, die, im haltlosen Fortschrittsglauben des wirtschaftlich florierenden Reichs befangen, ihn nicht mehr zu verstehen vermochte, während ihre Presse – namentlich außerhalb Bayerns – sich in billigen Witzeleien über ihn gefiel und den gegen dergleichen sehr Empfindlichen nur immer weiter noch zurückstieß.

Dafür aber entstand von nun an zwischen ihm und der oberbayerischen Bevölkerung, dem uralt verwurzelten Bauernstamm zwischen Donau und Alpen, eine echte, herzliche Verbindung – mit Ausnahme allerdings ihres verstädterten Zweiges, der Münchener, die ihm unerträglich blieben. Ihnen verargte er sogar ihren Bierkult, die Andacht, mit der sie die grauen Tonkrüge des Hofbräuhauses, die das blaue Abbild seiner Krone trugen, zum Munde hoben. »Entsetzlich, entsetzlich«, erwiderte er einem Marstallbeamten, der ihm auf die Frage, wieviel er täglich trinke, geantwortet hatte: »Zwei Halbe, Majestät.« So bekam seine Residenzstadt tatsächlich kaum mehr von ihm zu sehen als den plötzlich vorbeisausenden Silberbeschlag am Geschirr seiner Gespanne, die Goldschärpe des Leibjägers und nur, wenn ein glücklicher Zufall es wollte, den Schimmer eines blassen Gesichts im Dunkel des geschlossenen Stadtcoupés.

Ganz anders aber draußen auf dem Land. Wenn hier der Wagen des Königs, glänzend im Sonnenlicht, von barocken Reitern umgeben, eilends die Bergstraßen entlanggerollt kam, konnte es geschehen, daß irgendwo, wo vielleicht Bauern das Heu wendeten oder Holz schlugen oder Vieh zur Alm trieben, wo ihm eine Hochzeit begegnete, eine Kindstaufe gefeiert wurde, schließlich auch dort, wo sich der zerbrechliche Prunk eines Wanderzirkus aufgebaut hatte, die Eskorte plötzlich absaß, die goldene Wagentür sich auftat und der König die Staunenden ansprach, so als ob sie und ihre Sorgen ihm längst bekannt wären. Immer verstand er dann überlegen, väterlich-majestätisch zu sprechen, mit dem unerlernbaren Takt des geborenen Königs; er fragte nach Feldbestellung, Wetter, Ernteaussichten, nach Wildschaden und Viehfütterung und betrachtete sich ernst die Neugeborenen im Stall. In der arbeitsarmen Zeit und wo er sonst Not traf, sorgte er für Hilfe; meilenweit ließ er Wege regulieren, aufkiesen und im Winter vom Schnee räumen, um Arbeit zu schaffen. Viele Bauern und alle seine Förster kannte er samt ihren Familien beim Namen.

Sie bemerkten nichts an ihm von Menschenscheu oder gar Menschenverachtung, noch weniger von seiner großen, zuletzt krankhaft quälenden Attentats- und Sozialistenangst. Allerdings, vor seinen bayerischen Untertanen fürchtete er sich nie; »Revolution machen sie ja doch nicht«, sagte er. Seine Besorgnisse bezogen sich auf von außen kommende sozialistische Funktionäre, die, wie er behauptete, sich in Schwabing, einer nördlichen Vorstadt Münchens, sammelten[16].

Die Menschen des bayerischen Oberlandes antworteten ihm mit der Großzügigkeit ihres Temperamentes. Zwar zwang ihnen das Ungewöhnliche seines Auftretens eine gewisse Zurückhaltung auf (undenkbar etwa wäre ihm gegenüber eine Antwort, wie sie sein Vater Maximilian empfing, als er einer Dorfgemeinde seine Zufriedenheit ausgesprochen hatte: »Mir san mit dir a scho recht zufrieden von derent wegen«) — aber es erschreckte sie auch nicht. Der Unabhängigkeitssinn des oberbayerischen Bauern, der damals oft noch selbst wie ein kleiner König auf seinem Hofe saß, verwehrte auch dem angestammten Herrscher nicht, nach seinem Geschmack zu leben. Wenn etwa das eisige Schweigen einer Winternacht vom schrillen Schellengeläut des königlichen Schlittens unterbrochen wurde und die Kavalkade vorüberjagte — vier galoppierende Schimmel vor der goldenen Muschel und in ihr, von reitenden Laternenträgern flackrig beleuchtet, das dunkle Gesicht des Königs, Vision einer Sekunde nur für die erschreckt Er-

[16] Eine merkwürdige Schicksalsfügung wollte es, daß seine Dynastie 1918 tatsächlich einer Revolution unterlag, die von nichtbayerischen Arbeitern der im Norden Münchens neu entstandenen Rüstungsindustrien unter Führung des Berliners Eisner getragen wurde.

wachenden in den einsamen Gehöften –, so war ihnen das dennoch nicht, wie den klugen Städtern, die nur vom Hörensagen davon wußten, ein Anlaß zum Kritteln und Skandalieren, sondern eine Selbstverständlichkeit: Es war einfach nur die Pracht des Auftretens, die von jeher zum König gehörte.

Gerade der Gegensatz aber zwischen ihr und der Schlichtheit, mit der eines andern Tages dann wieder aus der goldenen Gloriole heraus die Majestät plötzlich mit den Simpelsten ihrer Untertanen zu reden vermochte – dieser Gegensatz war es, der dem König unfehlbar die Herzen gewann. Die einsamen und daher skeptischen und witzigen bayerischen Gebirgler, die sich äußerst langsam nur entflammen lassen und zu denen der Zeitgeist stets zuletzt kommt, haben immer, wenn sie erst einmal gepackt waren, eine schlechthin unzerstörbare Anhänglichkeit bewiesen. Niemals haben sie sich daher auch überzeugen lassen, daß König Ludwig ein Geisteskranker gewesen sei.

Ein sonderbares Phänomen gleichwohl: Ein König, der, sachlich gesehen, seine Regierungspflichten immer widerwilliger erfüllt und positiv weniger als irgendein anderer tut, um die Liebe des Volkes zu verdienen, er gerade wird geliebt wie keiner vor ihm und nach ihm. Wirklich, in seinen letzten Jahren ähnelt er immer mehr einem jener Fürsten der Volksmärchen, die, mit der Welt zerfallen, in Wäldern leben und nur vor dem bescheidenen Volk der Holzhacker und Reisigsammler zuweilen überraschend dastehen wie etwas Überirdisches. Und den dunklen Mantel faltenreich um sich schlagend, ähnelt nicht auch Ludwig dann einem Heiligen aus irgendeinem barocken Altarbild? Und von der Agraffe aus Gold und Diamanten, die von seinem Hute blitzte, ist ja dann auch nur ein Schritt bis zu der Legende, er habe die Krone auf dem Haupte getragen ...

Dennoch, auch er wird immer dabei gewußt haben, daß alle seine Versuche, dem allzu beklemmenden Ich zu entkommen, Berührung wieder nach außen zu gewinnen – mit dem Staat, den Mitmenschen, den Freunden, endlich dem Volke –, daß sie immer matter, erfolgloser wurden, wie die Flügelschläge eines gefangenen Vogels gegen die Glasscheibe, die ihn unerbittlich vom Draußen trennt.

XIX

DÄMMERUNGSZEIT

Das letzte Jahrzehnt Ludwigs II. scheint, je länger man es betrachtet, um so mehr ins Ungefähre zu geraten, ins Halbwirkliche, schattenhaft Vorüberschwebende. Nicht nur, daß der König selbst für die Umwelt zum entpersönlichten Begriff wird – auch das, was um ihn und mit ihm selbst geschieht, beginnt sich aus aller konkreten Bindung zu lösen, ins nur noch Erdachte und Erträumte zu geraten.

Die Nacht wird ihm immer mehr zum Tage. Anfangs der achtziger Jahre wartet gegen sechs Uhr abends seine Badewanne auf den Erwachenden, ein großes, rundes Gefäß, in dem er stehend mit lauem, dann mit kaltem Wasser übergossen wird. Ein Frühstück, Kaffee und frische Hörnchen, schließt sich an. Zwischen ein und zwei Uhr nachts diniert er, nimmt das Souper zwischen sechs und sieben Uhr morgens und geht gegen acht zu Bett. Sechs Köche und ein Küchenmeister haben die Nacht hindurch zu arbeiten, denn jede Mahlzeit des starken Essers umfaßt acht bis neun Gänge, und zwar gleichgültig, ob man sich in München befindet, auf einem der Bergschlösser, im Hofzug (immer wenn der König ins Theater fährt, muß unterwegs serviert werden) oder auf einem entlegenen Jagdhaus; die Aufgabe ist nicht leicht, bei dem immer häufigeren Ortswechsel und der minuziösen Pünktlichkeit, die Ludwig verlangt. Trotz aller seiner Unrast aber hält er auch in seinem Jahresprogramm pedantischst auf Ordnung: Immer am gleichen Datum alljährlich bezieht er dieses oder jenes Jagdhaus, sieht er auch die gleiche Theateraufführung. Er erklärt das einmal mit viel Selbsterkenntnis: »Würde ich mein Leben nicht wie ein Uhrwerk geregelt haben, ich würde die Einsamkeit nicht ertragen können, die so schwer auf mir lastet und die ich doch nicht entbehren kann.« Wozu vielleicht auch gehört, daß er in der Betrachtung kunstvoll ausgeklügelter Uhrwerke Stunden verbringen kann.

Das, was von Staatsgeschäften noch übrig war, wurde ihm immer mehr zur Nebensache. Den »Einlauf«, die seine Unterschrift unbedingt erfordernden Schriftstücke, ließ er sich in den letzten Jahren nur noch einmal wöchentlich bringen und arbeitete sie in zwei, drei Stunden durch; alles andere hatte dann zu warten, auch die Mahlzeiten, bis er die »Staatsfadaisen«, je schneller je lieber, hinter sich gebracht hatte. Übrigens mußten auch oft, wenn ihn irgendeine Lektüre sehr fesselte, die Speisen auf Spiritus warmgehalten werden.

Tatsächlich also wurde die Regierungstätigkeit von einem Ministerium ausgeübt, das den Souverän fast niemals zu Gesicht bekam; es arbeitete korrekt und bieder, wenn auch vor allem inspiriert von der Sorge um die eigene amtliche Existenz. 1880 schied Pfretzschner aus; an seine Stelle als Minister des Äußeren und des Königlichen Hauses trat der fränkische Protestant von Crailsheim, ein höflich kalter, humorloser Weltmann, während Lutz den Vorsitz im Ministerium übernahm, nun also auch formal das wurde, was er tatsächlich schon lange war. Immer zwar noch regierte er ohne parlamentarische Mehrheit, und in unendliche Fehden mit den Patrioten verwickelt. Um ihn zu stützen und auch wohl um, im Interesse der eigenen Ungestörtheit, einen Ministerwechsel zu vermeiden, erließ Ludwig im Februar 1882 ein Handschreiben an ihn, worin er die »bestimmte Erwartung« aussprach, daß die »Räte der Krone« auch »fernerhin ausharren« und »mit aller Kraft« für die Rechte seiner Regierung eintreten würden. Es war seine letzte politische Handlung aus eigener Initiative. Dann überließ er dem Minister allein das Feld.

Lutz hat, objektiv gesehen, und innerhalb der Tätigkeitsgrenzen, die ein an Naturschätzen armer deutscher Mittelstaat nach 1871 noch hatte, schließlich mit keiner schlechten Bilanz abgeschlossen. Die zweiundzwanzig Königsjahre Ludwigs II. gehören, was materielle und kulturelle Entwicklung angeht, zu den glücklichsten der bayerischen Geschichte: Der Wohlstand hob sich, wenn auch, in diesem von jeher bescheidenen Agrarland, in viel geringerem Umfang als gleichzeitig in preußischen und sächsischen Industriegebieten; die eigene Industrie entwickelte sich, so gut es bei der weiten Entfernung von Kohle und Erz gehen wollte; die Münchener Universität wurde zur zweitgrößten Deutschlands, die Akademie der Künste blühte, und schließlich auch konnte der Kulturkampf hier, in mehrheitlich katholischer Bevölkerung, niemals so erbitterte Formen annehmen wie in Preußen.

Die Entpolitisierung Bayerns freilich, die Aushöhlung des Staates, schritt unwiderstehlich fort. Die 1871 nun einmal eingeleitete Entwicklung war unaufhaltsam: Das mit dem Kaisertitel verbundene Bundespräsidium der preußischen Krone mußte mit der Zeit unfehlbar zur Reichsmonarchie werden. Schon 1875 war für einen Unitarier wie Hohenlohe »die Forderung, die dem bayerischen Staate vorbehaltenen Rechte ungeschmälert zu bewahren«, identisch mit »reichsfeindlicher Gesinnung«[1]. 1879 erklärte Bismarck, die preußischen Gesandten bei den süddeutschen Staaten hätten hier als »kaiserliche Kommissare« zu dienen; Diplomaten seien sie nur der Form nach[2]. Und 1886 umzeichnete der preußische Gesandschaftssekretär Graf Philipp Eulenburg (in einem Brief an Holstein, die »graue Eminenz« des Auswärtigen Amtes) als gemeinsames Willensziel, »daß das Haus Wittelsbach schließlich wie die Merowinger, von Ochsen gezogen, auf der Oktoberwiese erscheint, während die Hohenzollern-Pipine die Armee inspizieren«[3].

München gewann so allmählich den zweifelhaften Ruhm des »deutschen Kapua«. Denn man lebte hier, da die traditionelle Genügsamkeit befriedigt war, still dahin, des Glaubens, das verlorene politische Gewicht dadurch ausgleichen zu können, daß man eine Art Athen des neuen Reiches würde. Wobei man freilich übersah, daß jeder staatliche Organismus, dem die Möglichkeiten selbständiger Politik abgeschnitten werden, naturnotwendig zum Zwitter wird[4] und daß auch Athen, wenn es nicht der perikleische Freistaat, sondern etwa eine groß-makedonische Provinzhauptstadt gewesen wäre, nie Athen geworden wäre. Im übrigen gab der Münchener Bürger sich um die Wende der siebziger und achtziger Jahre viel Mühe, Allerweltsgroßstädter zu werden: Er füllte die bisher noch grünen Landschaftsräume zwischen der Altstadt und den klassizistischen Bauten Ludwigs I. mit ganzen Vierteln fader, rein spekulativer Mietskasernen an, war von der Lösbarkeit aller Da-

[1] Hohenlohe, II, 149.

[2] Erlaß an den preußischen Gesandten von Werthern. (Nach Fr. von Rummel, 117.)

[3] Eulenburg, 125.

[4] Als Holnstein 1873 zu den Pfordten äußerte, die Selbständigkeit Bayerns befinde sich auch jetzt noch wohl, antwortete der Alte mit dem drastischen Vergleich: »Ja, wenn eine entehrte Jungfrau auch noch Jungfrau genannt wird« (Doeberl, III, 453).

seinsrätsel ziemlich fest überzeugt[5], so daß er sich mit ihnen nicht weiter abgab, wählte sich zumeist einen mehrheitlich fortschrittlichen Stadtrat und murrte nur noch bescheiden, wie der damalige Schulbub Ludwig Thoma helläugig bemerkte, »über die Neuordnung der Dinge ... über den König und seine Bauten«; und damit war »so ziemlich der Bedarf an Kritik gedeckt«.

Auch die Opposition der Patriotenpartei hatte sich im unendlichen ergebnislosen Kleinkrieg mit Lutz abgenutzt; ein größerer kompromißlüsterner und ein kleiner, intransigenterer Flügel hatte sich abgespalten, wodurch die Partei an Bedeutung sehr verlor.

Die gleichwohl noch lange nicht erledigte stimmungshafte Opposition innerhalb der großen bäuerlichen Massen sah sich weniger in der Patriotenpartei vertreten, als im »Bayerischen Vaterland« des Dr. Sigl, einem derb-demokratischen, unbedingt bayerischen Organ, das eine Zeitlang unbeschreiblich populär war. Sigl, ein urwüchsiger Niederbayer, von jeher großdeutsch-föderalistisch gesinnt, sagte hier ebenso grob und bissig wie subjektiv ehrlich seine Meinung über die Patriotenpartei, aus der er stammte – und wurde dafür vom Vatikan offiziös getadelt –, wie über Freimaurer, Liberale und Juden, vor allem aber über die »Militärpreußen«, die Reichsgründung (für ihn »eine Zulassung Gottes«) und über Bismarck persönlich, was ihm empfindliche Gefängnisstrafen einbrachte[6].

So aber konnte es auch kommen, daß in diesen Jahren Eulenburg, statt die Wittelsbacher auf dem Ochsenkarren zu sehen, fürs erste noch verblüfft notieren mußte, bei Bergpartien könne man von den bayerischen Oberländern Redensarten hören, wie: »Dumm san mir g'wesen, daß wir mit den Preußen gegen die Franzosen geschlagen haben« oder »die Preußen san halt unser gefährlichster Feind«[7].

Von diesen Wandlungen der Zeit bemerkte der König nicht mehr viel. Ja, vielleicht, um sie nicht bemerken zu müssen, verlor er sich ganz

[5] Im Jahre der Uraufführung der »Meistersinger« war ja auch schon Haeckels »Natürliche Schöpfungsgeschichte« erschienen, sein erster großer populärer Erfolg.

[6] Sigl hatte seit 1875 insgesamt nicht weniger als vierunddreißig Monate Gefängnis abzusitzen, was seine Popularität freilich wenig schädigte. 1887 formierte er den intransigenten Flügel der Patriotenpartei zur »Katholischen Volkspartei«.

[7] Eulenburg, 118.

tief in die selbsterbaute Welt – als deren sichtbares Symbol jetzt Herrenchiemsee entstand.

Die einsame, mitten im Chiemsee gelegene Insel Herrenwörth hatte er schon 1873 gekauft, um ihren alten Waldbestand vor Holzspekulanten zu retten, die bereits mit der Verwüstung kräftig begonnen hatten. Nun verstummten Sägen und Äxte wieder, und See und Insel sanken in ihre alte Verlassenheit zurück.

Dann aber, 1878 wurde es hier wieder lebendig; aufs neue fielen Bäume, nun jedoch, um eine zweckbewußt errechnete Lichtung entstehen zu lassen. Hier nämlich sollte sich, nachdem Linderhof beendet war, ein neues Schloß des Königs erheben, riesenhaft in den Ausmaßen, ja, allen Ernstes nichts Geringeres als eine Kopie desjenigen von Versailles. Nur daß es eben nicht, wie dieses, Zentrum der ersten zeitgenössischen Weltmacht, sondern nichts als verkörperte Träumerei eines machtlos gewordenen Königs sein würde, abseits aller großen Straßen, mitten in einem umschilften, weithin versumpften See, dessen Südufer die Alpenkette mit riesigen, abweisenden Wänden verschließt.

Tatsächlich ausgeführt wurde aber nur der Mitteltrakt des Versailler Baues. Die guten Proportionen des Originals wirken auch hier, und mit viel Geschick ist die riesige fensterglitzernde Fassade, hinter der, genau wie in Versailles, die Spiegelgalerie verläuft, in die Perspektive weiträumiger Gartenterrassen hineingestellt, zwischen Spaliere grüner Hecken, zielbewußt geschonte alte Baumriesen, Kaskaden und Fontänen.

Auch dem eintretenden König muß beim ersten Blick alles wie in Versailles erschienen sein: das Vestibül mit der weiten Durchsicht nach beiden Seiten und der triumphal ansetzenden Marmortreppe, dann die allmähliche Steigerung von den Vor- zu den Hauptgemächern, vom »Saal der Wachen« und »Salon de l'Oeil de Boeuf« zum Paradeschlafzimmer, weiter zur »Salle du conseil« und endlich zur Gipfelung in der ungeheuren, rot-braun-goldenen Flimmerpracht der »Galerie des glaces« mit ihren, den siebzehn riesenhohen Fenstern genau gegenüberstehenden Spiegeln. Seitwärts geht es dann in die eigentlichen Wohnräume, das Schlafzimmer, von dem eine Wendeltreppe in das Marmorbad hinabführt, den hellblauen Salon, »Jagdzimmer« genannt, eine verkleinerte Spiegelgalerie und ein rotes Speisezimmer mit einem Eßtisch, der, um bedienende Lakaien zu vermeiden, aus einer Versenkung heraufsteigt.

Immer dichter und drückender wird der Prunk, je tiefer man in ihn hineingerät. Alle Farben von Versailles finden sich wieder, Weinrot und Altgold, Pfauengrün und Sammetblau, Rostbraun und blasses Silber, alle Versailler Ornamente auch, gehäuft und gedrängt, diese Trophäen und Embleme, Schnecken, Strudel und Aigretten; selbst die Gemälde zum Ruhme Louis XIV. fehlen nicht, Schlachten, Belagerugen, historische Empfänge, und die Büsten seiner Heerführer. Wie die maßlose Überschwenglichkeit des königlichen Bauwillens sich schon in den Dimensionen äußerte – die Front des Schlosses mißt mehr als hundert Meter, die Spiegelgalerie allein einundsiebzig –, so überschwemmt und überlastet sie den Innenraum mit einer Ornamentik, die bis zur Schreibmappe und dem Federhalter schlechthin alles überkrustet; an den Goldstickereien des Paradebettes allein waren zwanzig bis dreißig Arbeiterinnen sieben Jahre lang beschäftigt.

Sicherlich, Herrenchiemsee ist das monströseste, an Wohn- und Kunstwert ärmste unter den Schlössern Ludwigs – an Aussagewert aber am reichsten: Dieses gewaltsame Sichausrecken ins Grenzenlose, diese ungeheure Kraftanspannung in einem zwecklosen Bauwerk, in der sich die reale Kraftarmut eines mit dem Königsanspruch Geborenen, zum Nebenbei Verurteilten zu verbergen sucht, das ist wirklich Ludwig II. in seiner letzten Zeit. Geschmacksmaßstäbe sind bei dieser Art Baukunst ganz fehl am Platze – sie ist ein psychologisches, kein ästhetisches Phänomen. Herrenchiemsee war für Ludwig ein gewaltiger Notbehelf, ein Ausbruch aus sich selbst, die Flucht in ein neues Reich ohne die Schranken, die ihn in seinem alten, ererbten, von Tag zu Tag peinlicher beengten, Flucht in ein Königtum des Traumes, freilich auch der Leere – denn nur im Leeren hemmen ja keine Schranken mehr.

Eben aber weil das Bauen ihm die Herrschaft ersetzen mußte, betrieb er es mit kompromißloser Leidenschaft, die endlich zur besinnungslosen Bauwut wurde. Oft habe der König ihn bis in die letzte Zeit durch die Präzision seines Gedankenganges verblüfft, so berichtet der Hofsekretär von Bürkel; ungeordnet und verworren sei er ihm nur erschienen, wenn es sich um Bauprojekte gehandelt habe; »da verlor er jedes Maß für die Wirklichkeit«. Stets trieb der König seine Baumeister zu größter Eile: unaufhörlich wollte er sehen, daß etwas nach seinem Willen geschah, daß sein Befehl also doch noch imstande war, die Sichtbarkeit zu verändern. Daß man deshalb – und auch zur Minderung der Kosten – immer mehr Ersatzmaterialien verbaute, beispielsweise also die Wände statt mit Marmor mit einem Gemisch aus feinem Gips, Frauenglas und Leimwasser bekleidete oder daß die Lasurstein-Säulen tatsächlich feingeschliffener, ultramarinblaugefärbter Sandstein waren, übersah er. Kam er freilich dahinter, so konnte das zu einem seiner gefürchteten Zornausbrüche führen: Eine Plastik, die angeblich aus Marmor, in Wirklichkeit aber aus Gips war, zerschlug er mit seinem kräftigen Regenschirm in tausend Stücke.

Dennoch haben seine Bauten den König, soweit dieses problematische Wort überhaupt hier möglich ist, glücklich gemacht. In ihnen schuf er sich ein Territorium, das er nicht nur äußerlich durch Schlagbäume und Gatter wie einen Wildpark gegen das Publikum absperrte, sondern in das auch innerlich eigentlich nur er Zutritt hatte. Früher hatte er zuweilen erwogen, angeregt durch die stets reiselustige Kaiserin Elisabeth und ihre Niederlassung auf Korfu, sich in einer südlichen Meergegend anzusiedeln, auf irgendeiner entlegenen Insel, wo vielleicht auch noch eine Art ganze oder halbe Souveränität dazu zu erwerben war. Es waren vage Pläne gewesen. Immerhin hatte er zu ihrem Studium den Direktor des Reichsarchivs, von Löher, monatelang in den griechischen und kanarischen Archipel geschickt[8]. Nun, im Besitz seiner Traumschlösser, hatte er dergleichen nicht mehr nötig; nun konnte er, ohne seiner Menschenscheu die tausendfachen Unannehmlichkeiten des Reisens zumuten zu müssen, sich in seiner eigenen Welt ergehen: in den hohen, menschenleeren, steinkühlen Räumen, die allein von den Duft- und Farbmassen verschwenderisch gehäufter Blumen – Rosen zumeist und Lilien, doch auch Orangenblüten und Jasmin – treibhaushaft belebt waren und aus denen schwere Vorhänge das Sonnenlicht halb ausschlossen, so daß die erlesenen Farben der Sammete und Damaste immer nur matt zu glühen vermochten. Und obwohl das

[8] Die Legende hat hieraus gemacht, Löher habe den Auftrag gehabt, dem König ein Land zu suchen, in dem eine absolutistische Regierung möglich sei und das sich gegen Bayern vertauschen lasse; Löher wurden daher späterhin schwere Vorwürfe gemacht.

Ganze, diese Kühle, dieses Halbdunkel, diese überquellende Ornamentik, die zuweilen an das groteske Gliedergewirr von Tiefseegeschöpfen erinnerte, etwas von einer Existenz aus dem Meeresgrund hatte – der König war auf seine Art glücklich.

Er war es sicherlich auch die nicht zahlreichen Male – nur zehn Septembertage sah sein Programm alljährlich hierfür vor –, wenn in Herrenchiemsee in der Spiegelgalerie die zweitausendfünfhundert Wachskerzen brannten und er in ihrem honiggelben Schein stampfenden Schrittes auf und ab spazierte, die stets in Schwarz gekleidete Riesengestalt völlig allein. Daß der Daseinszweck der Versailler Spiegelgalerie ein ganz anderer war, der nämlich, dem freien Auf- und Abwandeln einer höfischen Gesellschaft den Rahmen zu geben, berührte den Einsamen nicht. Denn während ihn hier der unscharfe Kerzenschein und die zweideutige Lichtbrechung in Millionen von Prismen umtaumelte, während die geschliffenen Spiegelwände, an ihm vorbeigleitend, alle Konturen auflösten, alles in einen Schimmer von Fragwürdigkeit und Unglaubhaftigkeit geraten ließen, hatte er schon Gesellschaft.

Ungefähr seit 1880 wurden des öfteren, auch wenn er allein speiste, drei, vier Gedecke neben dem seinigen aufgelegt. Dann hatte seine Phantasie sich Gestalten der Weltgeschichte zu Gaste geladen, die Bourbonenkönige vornehmlich, Marie Antoinette oder Figuren ihres Hofes. Er nannte sie seine angenehmsten Gäste, da sie ganz nach seinem Belieben kämen und wieder verschwänden, trank ihnen zu und hatte – zur starren Verblüffung der aufwartenden Dienerschaft – lange, fröhlich angeregte Gespräche mit ihnen. Vor dem Reiterstandbild Louis' XIV. im Vestibül von Linderhof nahm er stets den Hut ab und winkte ihm mit der Hand, wenn er das Schloß betrat. In seinen Gärten gab es einige Statuen, Säulen, Bäume, die er zu umarmen oder liebevoll mit der Hand zu berühren pflegte, so oft er an ihnen vorbeikam. Alles das, auch wenn er sich in der Grotte von Linderhof im goldenen Muschelkahn durch das schwülstig blau beleuchtete Wasser rudern ließ, war ein Komödienspiel eigenster Art, indem es ja ausschloß, was sonst Voraussetzung jeden Theaters ist, den Zuschauer. Ludwig hingegen hatte streng verboten, ihn zu beobachten, was natürlich infolgedessen aus allerhand Verstecken heraus um so mehr geschah. Er wollte sein Szenarium durchaus für sich allein haben.

Während er sich so aber Gespenster in die Wirklichkeit herüberholte, entschwand derjenige Mensch, mit dem er seine Wirklichkeit bisher am längsten geteilt hatte, Otto, allmählich ins Abseitige, Gespenstische. Der gefährlichen seelischen Erbschaft, die der Thronfolger mit dem König teilte, fehlten bei Otto die Ausgleichskräfte der körperlichen Robustheit, der großen Intelligenz und Willenszähigkeit, die Ludwig ihr entgegensetzte. Otto aber, der hübsche, blonde, lustige und etwas geschwätzige Offizier, hatte sich seit etwa 1870 auffallend gewandelt – war melancholisch, weinerlich, furchtsam geworden. Man hielt ihn bereits in Nymphenburg unter einer milden Bewachung, der er sich aber am Fronleichnamstag 1873 entzog, um sich, während in der Frauenkirche der Erzbischof das Hochamt hielt, plötzlich auf die Altarstufen zu werfen und schreiend vermeintliche Sünden zu bekennen. Er wurde darauf in Nymphenburg, später in Schleißheim interniert, bis man 1875 alle Hoffnungen aufgab – es handelte sich um einen Fall jener Geisteskrankheit, die heute als Jugendirresein bezeichnet wird – und das kleine, alte Schloß Fürstenried als lebenslängliches Gefängnis für ihn herrichten mußte –, ein Erlebnis, das den verschlossenen König wahrscheinlich viel tiefer erschüttert hat, als seine Umgebung ahnte. Er verbot aufs strengste jede Androhung von Zwangsmitteln gegen Otto, geschweige ihre Anwendung. Wenn dem Kranken in seinen Erregungszuständen gar nicht mehr beizukommen war, fuhr der König bei Einbruch der Nacht zu ihm hinaus, und tatsächlich soll es seiner ruhigen Stimme und seinem dunkel bannenden Blick immer noch gelungen sein, den Bruder zu beruhigen. Doch griffen ihn diese Besuche derart an, daß er sich in den letzten Jahren, als Otto immer mehr in völlige Stumpfheit verfiel, darauf beschränkte, die Berichte der behandelnden Ärzte zu studieren – welch letztere er somit schon mittelbar kennenlernte, ehe sie in sein eigenes Leben eingriffen.

Dergestalt, in Akten begraben, versank Otto für ihn, der Gespiele seiner frühesten Kindheit, sein nächster Blutsverwandter. Lange und aufs schmerzlichste betrauert, verschwand er dennoch im Dunkel.

*

Unterdessen aber stieg eine andere Figur aus der Jugend wie eine Geistererscheinung vor Ludwig auf, wiederum Freundschaft heischend und um Liebe werbend wie einst: Richard Wagner.

1872 hatte er die Schweiz verlassen, endgültig entschlossen, sein ferneres Schicksal in Bayreuth zu suchen. Ganz war er jetzt wieder wache Aktivität, überzeugt, hier nun endlich unfehlbar dem großen Welterfolg entgegenzugehen[9] — während der König sich gleichzeitig immer mehr aus der Welt verlor. So ließen beider Wege sich schwerlich mehr vereinigen. Und so behält der letzte Teil ihrer Freundschaft immer etwas künstlich Belebtes, etwas von der ungestillten Sehnsucht, mit der die entfärbten Schatten der Unterwelt die Hände nach einander ausstrecken.

Schon die Wahl Bayreuths, der einstigen Hohenzollernresidenz, verstimmte den König, zumal diese verschlafene Hauptstadt des protestantischen Oberfranken für »preußisch gesinnt« galt. Trotzdem übernahm er ohne Schwanken die Kosten für Wagners Wohngrundstück, zeichnete 25 000 Taler Patronatsscheine für das Festspielhaus und überließ ihm die Münchener Dekorationen und Kostüme für »Rheingold« und »Walküre«, endlich auch die Semperschen Baupläne. Immer wieder, auch in den folgenden Jahren, als der viel zu optimistisch unternommene Bayreuther Bau aus Geldmangel ins Stocken geriet, griff der König helfend ein — allerdings nicht mehr so bereitwillig wie in früheren Zeiten, schon weil ja seine eigene Bauleidenschaft inzwischen erwacht war. So kam es zu mancherlei Enttäuschungen und Verbitterung auf beiden Seiten, doch endlich — 1874 — wieder zu einem königlichen Entschluß: »Nein, nein und wieder nein! So soll es nicht enden! Es muß da geholfen werden.« Und kurz darauf war wenigstens ein Vorschußvertrag über 100 000 Taler abgeschlossen, den ganzen Überschuß einer jährlichen Zivilliste. Nach wie vor aber widersetzte sich Ludwig allen Versuchen Wagners, ein persönliches Zusammentreffen herbeizuführen, mit fast störrischer Bestimmtheit.

Erst im August 1876, als das Festspielhaus in Bayreuth fertigstand zur ersten Aufführung des gesamten »Ring«, war die Lockung so stark, daß sie den König seiner Vereinsamung noch einmal zu entreißen vermochte. Er sagte seinen Besuch an, wenn auch nur zur Generalprobe. Er

[9] Burckhardt schreibt um diese Zeit an Preen: »Einstweilen hat Richard Wagner den Vordergrund der Scene völlig inne. Ein Narr, wozu man ihn hat avancieren wollen, ist er nicht, sondern ein rücksichtsloser und kühner Mensch, der den Augenblick meisterlich am Schopfe faßt.«

wollte nicht mit Kaiser Wilhelm und seinem Gefolge deutscher Bundesfürsten zusammentreffen, die zur Erstaufführung erwartet wurden, und erst recht scheute er den Zustrom sensationsbegieriger Fremder, den das große Ereignis naturgemäß anziehen mußte.

Mitten in der Nacht vom 4. zum 5. August 1876 hielt an einem Bahnwärterhaus vor Bayreuth der glitzernde Hofzug; Lakaien sprangen ab, öffneten die Türen und der König erschien, ein breit und schwer gewordener Mann in schwarzem Mantel. Wagner trat ihm entgegen, im Frack, einen hellen Sommerpaletot über den Schultern, klein, mager, greisenhaft, doch noch voller Gespanntheit in jeder Bewegung; Tränen glitzerten in seinen Augen. Eine Umarmung unterblieb auf halbem Wege; nur ein langer Händedruck wurde daraus. Dann wendeten beide sich der leichten Equipage zu, die, von reitenden Laternenträgern flankiert, auf freier Landstraße hielt. Wie im Traum ließ Wagner sich neben Ludwig nieder; er ahnte nichts davon, daß er ihm diesen Formfehler — sich unaufgefordert neben den Souverän zu setzen — noch lange nachtragen würde.

Während seines ganzen Bayreuther Aufenthaltes wohnte Ludwig außerhalb der Stadt, in dem parkumhegten Rokokoschloß Eremitage. Zu den Generalproben ließ er sich über entlegene Feldwege fahren. Bayreuth mied er strenge. Auch Wagners Haus betrat er nicht. Eine Stunde nach dem Vorhangfall der »Götterdämmerung“ saß er schon wieder in seinem südwärts rollenden Zuge.

Noch einmal erschien er, einige Wochen später, als das Getöse der Sensation vorüber und auch keine Fürstenbesuche mehr zu befürchten waren, zur dritten öffentlichen Aufführung des »Ring«. Trotzdem er sich im Dunkel der Loge hielt, bestürmte das Publikum den kaum Sichtbaren mit Ovationen, und als dann gar auf dem Rückweg sein Wagen, gegen seinen Befehl, durch die illuminierte Stadt fuhr, wurde er auf allen Seiten von begeisterten Volksmengen derart umdrängt, daß er kaum vorankam. Überraschenderweise zeigte der König sich nicht verdrießlich; in der gleichen Nacht vielmehr promenierte er bis gegen Morgen mit Wagner auf den Gartenwegen der Eremitage. Nach München zurückgekehrt, ordnete er jedoch an, künftig dürfe wegen Reisen nach Bayreuth keine Anfrage mehr an ihn gestellt werden. Er wünschte also niemals mehr dorthin zurückzukehren. Und so war diese Fahrt durch die lichterfunkelnde, sonst etwas melancholische Grandezza der abgedankten Markgrafenresidenz sein letzter Ausflug in die Öffentlichkeit, sein Abschied von ihr. Von nun an entschwand er ihr völlig.

Die Verbindung mit Wagner dauerte gleichwohl fort – nicht nur, weil dem Bayreuther Unternehmen immer wieder aus der königlichen Kasse aufgeholfen werden mußte (die ersten Festspiele 1876 hatten ein Defizit von 150000 Mark gebracht und erst mit »Parsifal« 1882 begannen die materiellen Erfolge). Aber auch der Briefwechsel belebte sich nun wieder. Sogar die alte schwärmerische Tonart stellte sich aufs neue ein, vielleicht nur etwas zu jener Formelhaftigkeit abgekühlt, mit der Souveräne einander schreiben. Ja, es scheint zuweilen – während das Leben Wagners dem natürlichen Ende entgegensinkt, das des Königs unbewußt der Katastrophe – als entständen zwischen ihnen neue Berührungspunkte. Eben die schweren Mißerfolge der ersten Bayreuther Jahre erzeugten in Wagner eine Menschenmißachtung, die derjenigen, in die Ludwig sich zurückgezogen hatte, kaum nachstand. Auch dem Einsamkeitsbewußtsein Ludwigs antwortete Wagner: »Ich habe, wenn ich heute meine Augen schließe, nicht einen Menschen auf der Welt, dem ich die Pflege meiner Werke vertrauensvoll übergeben könnte.«[10] Und endlich näherte er sich jetzt dem König auch in seiner skeptischen Beurteilung der Zeit und in seiner Sorge um die Zukunft Deutschlands. Seine Begeisterung für das neue Reich war vorbei. Er schreibt jetzt beispielsweise, am 10. Februar 1878, »die deutsche décadence« sei »nicht mehr aufzuhalten; so schnell haben es sich allerdings wohl nur wenige gedacht, daß die Öde des preußischen Staatsgedankens uns als deutsche Reichsweisheit aufgedrängt werden solle!« Und am 15. Juli spricht er vom »rettungslosen Verfall des deutschen Wesens« und dem »langsamen, aber auch unaufhaltsamen Heranreifen der Barbarei«. Doch auch wo er ablehnt, äußert er jetzt nicht mehr die erregte Schärfe früherer Jahre. Nun hat er etwas von der Überlegenheit dessen, der mit dieser Endlichkeit abschloß und nur noch Mitleid übrig hat. Er tritt jetzt in den Bannkreis des »Parsifal«. »Was ist«, schreibt er jetzt an Ludwig, »diese kurze, dürftige Welt gegen das ewige Leuchten des Lichts der Liebe?«

[10] Brief vom 9. Februar 1879.

»Parsifal« beherrschte endlich auch die Abschlußszene dieser seltsamen Freundschaft. Am 12. November 1880 sollte Wagner in München in einer »Privataudition« Ludwigs zum ersten Male das »Parsifal«-Vorspiel dirigieren. Zunächst verspätete sich der sonst so pünktliche König um mehr als eine Viertelstunde, so daß der Vortrag schon unter leiser Spannung begann. Als er beendet war, wünschte der König eine sofortige Wiederholung. Wagner, selbst stark ergriffen vom Klangzauber des Werkes, von dem er ahnte, daß es sein letztes war, gehorchte, wenn auch mit bebenden Nerven. Doch als Ludwig dann noch »zum Vergleich« das »Lohengrin«-Vorspiel verlangte, legte der Greis den Taktstock nieder und verließ wortlos den Saal.

Er hatte in dem Wunsch des Königs nur naive Unersättlichkeit gesehen, den alten, rücksichtslosen »Musik-Hunger«, ein »mehr äußerliches Genießen«, kein »innerstes Mitfühlen[11]. Aber weiß man, ob nicht auch Ludwig etwas davon ahnte, daß die schicksalsschwere Bindung mit Wagner nun vor dem Ende stand, ob er nicht eben deshalb – um sie dem inneren Auge noch einmal ganz überschaubar zu machen – nach den Klängen verlangte, mit denen sie einst angehoben hatte, als der kindliche Prinz tränenüberströmend zum ersten Male den »Lohengrin« hörte?

Nach diesem Tage haben Ludwig und Wagner einander nicht wiedergesehen. Zur Uraufführung des »Parsifal« nach Bayreuth zu kommen, lehnte der König standhaft ab.

Doch als dann eines Februarabends 1883 aus Venedig telegraphiert wurde, der Meister sei einem Herzkrampf erlegen, da sprang in Ludwig doch wieder etwas wie ein dunkel elementares Zusammengehörigkeitsgefühl auf. »Die Leiche Wagners gehört mir«, war das erste, was er, fast drohenden Tones, befahl. Und eine allerdings unwahrscheinliche Legende berichtet, in der plötzlichen Gewalt des Schmerzes habe der riesenhafte Mann eine Fußbodenplatte zerstampft. Alle Klaviere seiner Schlösser sollen von nun an umflort gestanden haben.

[11] Nach Millencovich-Morold, 343. Gleich darauf bei Lenbach eingeladen, beklagte er sich derart heftig über Ludwig und auch über Bismarck, über den »Egoismus der Großen«, daß es zwischen ihm und dem Gastgeber beinahe zu ernstlichem Zerwürfnis gekommen wäre.

Doch als dann, wenige Tage später, der Sarg Richard Wagners, unterwegs nach Bayreuth, einige Stunden im Münchener Hauptbahnhof rastete, da hätte man unter der tausendköpfigen Trauerversammlung, die mit Fahnen und Fackeln die Halle erfüllte, vergeblich nach dem König gesucht. Es genügte ihm, durch den Flügeladjutanten einen gewaltigen Palmenkranz niederlegen zu lassen. Zu mehr konnte er sich nicht mehr aufraffen. Die Einsamkeit, in der er sich verloren hatte, wirkte bereits wie ein Opiat, lähmend und das Gedächtnis verlöschend. Wenn er sich auch nach dem Tode Wagners von seinem Werke nicht getrennt hat, von diesem riesenhaften, einzigartigen kulturhistorischen Phänomen, in dessen nächste Nähe das Schicksal ihn gestellt hatte, ja, das ohne ihn wahrscheinlich nie hätte entstehen können – der Mensch Wagner versank für ihn dennoch so unaufhaltsam wie die ganze Vergangenheit.

Beide, Ludwig wie Wagner, sind der Aufgabe ihres Lebens treu geblieben: Wagner der seinen, die revolutionäre Neuordnung war, Ludwig nicht weniger der seinigen, die immer nur Verteidigung des ehrenvoll Überkommenen sein konnte. Unter der Unvereinbarkeit ihrer Aufgaben hatte die Harmonie ihrer Beziehungen zu leiden. Aber die Treue gegen sich selbst konnten eben deshalb beide bewahren.

*

In der Gegenwart Ludwigs lebten nun Menschen anderer Art. Es waren die Bauleute mit ihrem riesigen Gefolge von Handwerkern und Künstlern, die er brauchte, umherhetzte, aber nicht liebte. Es waren die Beamten des Staates, die er nicht einmal zu brauchen meinte und deren Anwesenheit er möglichst einschränkte. Und es waren endlich Menschen aus den mittleren und unteren Schichten seines Hofes, die er sich erstaunlich nahe kommen ließ, ja, die schließlich fast sein einziger Umgang wurden – der Stallmeister Richard Hornig, der Marstallfourier Hesselschwerdt, Lakaien, Stallbedienstete, zur Pferdepflege abkommandierte Chevaulegers, und bei der großen Sorgfalt, die er immer seinem Haar zuwandte, spielten auch die Friseure eine gewisse Rolle. Es äußerte sich hier zunächst wohl weniger noch seine physisch-psychische Anomalität – obwohl sie untergründig natürlich stark mitspielte – als vielmehr ein wilder Trotz gegen alle höfische Konvention,

Verachtung der Zeit schlechthin und der in ihr Mächtigen, wenn er, der stolzeste aller lebenden Monarchen, offen bekundete, daß er die Gesellschaft von sozial unendlich weit unter ihm Stehenden derjenigen seiner Aristokratie und seiner fürstlichen Vettern gleich bewerte, ja vorziehe.

Allmählich kam es sogar dahin, daß er dem ebenso geschickten wie intriganten und völlig treulosen Hesselschwerdt politische Aufträge gab, etwa Kandidaten für hohe Staatsämter auszuwählen (weshalb der Marstallfourier im Volke alsbald »der Reichskanzler« hieß) und daß er einen großen Teil seiner Geschäfte dadurch erledigte, daß er seine Lakaien in ihrer krausen Orthographie an die höchsten Würdenträger schreiben ließ. War es bewußte Verhöhnung der »Staatsfadaisen« und der Bürokratie, die sich diese Behandlung ja viele Jahre hindurch gefallen ließ, oder einfach nur grenzenlos gewordene Gleichgültigkeit gegen sie? 1883 schon spricht Ziegler von der »stets zunehmenden unwürdigen Lakaienwirtschaft« und der »düsteren Hölle dieses Hofes«.

Wie weit bei solchen Neigungen des Königs sein abseits gehendes Triebleben beteiligt war, ist bis heute offene Frage. Nach seinem Tode hat vermeintliche Pietät und ein Familienstolz, der gänzlich fehl am Platze war, alle dokumentarischen Spuren beiseite geschafft, aber dadurch nur erreicht, daß die völlig frei gewordene Skandalsucht sich erst recht in maßlosem Phantasieren verlor. Und da ja die denkträgen Massen auch das Unsinnigste glauben und weitererzählen, was ihnen im Tone der Überzeugtheit vorgetragen wird, so trifft man heute noch, was die Beziehungen Ludwigs zu seinem Dienstpersonal angeht, auf einen derartigen Wust aus glaubhaften und völlig törichten Überlieferungen, daß es aussichtslos ist, die Grenzen des Tatsächlichen auch nur annähernd erkennen zu wollen.

Mit aller Behutsamkeit wird sich höchstens sagen lassen, daß der König in seinen letzten Jahren immer häufiger den gewaltigen Abstand, der ihn von seinen Dienern trennte, plötzlich für längere oder kürzere Zeit aufzuheben pflegte – ein Vorgang, von dem diese zumeist gutmütig bäuerlichen Burschen, halbe Kinder manchmal noch, kaum wußten, wie ihnen geschah und sich wenig behaglich fühlten. Daß Ludwig ihnen Trinkgelage veranstaltet habe, nächtlich, unter

Zelten, im Walde, bei denen er mit ihnen »Schneider leih' mir deine Scher« und ähnliche Kinderspiele getrieben habe, ist inzwischen[12] darauf zusammengeschrumpft, daß er alljährlich am Dreikönigstag sein gesamtes Dienstpersonal zu einem Feste einlud, bei dem jeder nach Belieben essen und trinken durfte, bei dem wohl auch jene kindlichen Spiele auftauchten, denen jedoch der König lediglich von einem Balkon aus zusah.

Tatsache jedoch könnte sein, daß er, so wie er seine Kutscher und Piköre als die Louis' XIV. maskierte, seine Diener auch sonst zu Statisten seines Traumlebens machte: Es wird etwa berichtet, daß sie im Maurischen Kiosk in morgenländischer Tracht Wasserpfeifen zu rauchen hatten oder in der Hundingshütte auf Fellen lagern und Methörner leeren mußten. Auch trifft zu, daß der König unter diesen jungen Menschen, mehr oder weniger kurzfristig, einzelne Günstlinge hatte, die er verwöhnte, von Arbeiten befreite, mit Geschenken, wie Ringen, Uhren, kostbar geschnitzten Meerschaumspitzen, überhäufte, sie die Separatvorstellungen besuchen ließ. Ja, es soll ihnen zuweilen ergangen sein wie Antinoos, dem Liebling Kaiser Hadrians, daß nämlich auf königlichen Befehl ein Bildnis ihrer imposanten Körperlichkeit als antikische Plastik hergestellt wurde. (Diese Skulpturen, falls sie wirklich vorhanden waren, sollen als schwer kompromittierend nach dem Tode Ludwigs sämtlich vernichtet worden sein.)

Wahrscheinlich auch, obwohl bisher unbezeugt ist, daß jene Maskierungsszenen der Dienerschaft in täppische Lustbarkeiten in der Art altbayerisch-robuster Kirchweihsitten ausliefen, und die Legende will wissen, einem der altgermanisch angetanen Günstlinge sei es widerfahren, im Gedränge einer Rauferei die Majestät selbst in die hinterste Ecke der Hundingshütte zu schleudern.

Für die Beantwortung der Frage aber, wie weit Ludwig selbst sich mit dieser trüben und mißtönigen Geselligkeit identifizierte, fehlt wiederum jede Möglichkeit. Daß er sich in wirklichen Exzessen des Trieblebens verlor, die über äußerliche Gunstbezeugungen hinausgingen, ist gleichwohl unwahrscheinlich, wobei man sich auf den strengsten Beurteiler berufen kann, den Ludwigs Psyche gefunden hat, den Irrenarzt Gudden, der das Entmündigungsgutachten gegen ihn verfaßte; er

[12] Nach Böhm, 646.

Ludwig II. im Jahre 1886 (letzte Aufnahme)

Blaue Grotte in Schloß Linderhof

war der Ansicht, der König habe »in diesem Punkte so wenig gesündigt wie sein Bruder Otto, dem man ja auch alles mögliche nachgeredet hat«[13].

Ob und wie Ludwig sich aber auch verirrt haben mag, er hat es durch die Qual der Reue — das bezeugen schon die wenigen bekanntgewordenen Blätter seiner Tagebücher — überreichlich abgebüßt. Wie hier das völlig mittelalterlich unerbittliche Gefühl der Sündhaftigkeit diesen stolzen Menschen auf die Knie zwingt, wie es sich in abrupt stammelnden Zeilen überstürzt, in Schuldbekenntnissen, Enthaltsamkeitsgelübden, Selbstbedrohungen, das ist kaum ohne Erschütterung zu lesen[14].

In dieser abseitigsten, verschwiegensten Provinz seines Wesens, obwohl auf einer ganz anderen Ebene, spielte auch seine Begegnung mit Joseph Kainz, der damals, kaum dreiundzwanzig Jahre alt, am Münchener Hoftheater die ersten Schritte in den Ruhm tat. An sich war nicht neu, daß der König Mitglieder seiner Bühne für einen Abend an seinen einsamen Hof zog; am Theater immer interessiert, unterhielt er sich gern mit ihnen, hörte ihre Arien und Rezitationen und entließ sie reich beschenkt.

Um Kainz jedoch stand es anders. Zuerst hatte er ihn in Victor Hugos »Marion Delorme« als Didier gesehen und war von seinem unerhört lebensvollen Organ aufs tiefste betroffen gewesen. Als er dann aber in Linderhof im Kerzenlicht seines Tisches die noch jugendlich dürftige Figur und das eckige Gesicht des Gastes vor sich sah, der überdies, der Situation gemäß, seinen Stimmaufwand einschränkte, mißfiel er ihm so, daß ein Appell Bürkels an die Gutmütigkeit des Königs nötig wurde: sonst wäre Kainz sofort zurückgeschickt worden. Ganz allmählich erst begann die Persönlichkeit des körperlich zarten, nicht schönen, doch sprühend lebhaften und auch schon etwas nachdenklichen jungen Menschen auf ihn einzuwirken, gewann vor allem der Reiz seiner Stimme, dieses nervöse, flackernde, lodernde Organ, das jeden Text zu einem akustischen Brillantfeuerwerk aufzulösen ver-

[13] Nach Aufzeichnungen des Assistenten Guddens, Dr. Franz Carl Müller.

[14] Er geht so weit, gegen sich selbst die Strafandrohung der Entthronung auszusprechen: »Noch ein Streifen an jenen Fall, und verwirkt ist das Recht auf die Krone und den Königsthron.«

stand, Gewalt über ihn. Es wurde eine Zuneigung daraus, die sich von Liebe kaum unterschied; ja vielleicht läßt sich sagen, Kainz sei die letzte Liebe König Ludwigs gewesen – eine kurze, schwermütige, von vornherein zum Verzicht verurteilte Leidenschaft, ähnlich jener, in der verstrickt, König Saul sich an Davids Harfe nicht satt zu hören vermochte.

Ludwig hatte Kainz am 30. April 1881 kennengelernt; am 3. Juni war er zum erstenmal in Linderhof sein Gast gewesen. Und in den folgenden Wochen, den ganzen Juni hindurch, ließ er ihn kaum noch von sich. Er war ihm gegenüber von einer Zartheit, Sanftheit, Zurückhaltung, die fast wie Schüchternheit wirkt; nicht einmal in seinem Tagebuch, in dem er vom »Zauber der wundervollen Stimme«, von der »himmlischen Stimme« spricht, wird der Name Kainz genannt; nur vom »Darsteller des Didier« ist die Rede. Er spürte offenbar, daß er die untergründigen Kräfte, die ihn in Wahrheit trieben, vor dem verletzlichen Jungen sorgsam verbergen mußte, wollte er ihn nicht verlieren. So rügte er ihn sogar ernst und hoheitsvoll, wenn er sich unreif und hitzig gehenließ und dem König etwa riet, er solle doch, wenn ihm das Regieren so zuwider sei, das Zepter in andere Hände geben. Dazwischen aber drängte sich doch auch wieder die angstvolle Frage: »Nicht wahr, uns beide kann nichts trennen?« Hatte er tatsächlich zuweilen die unvernünftige Hoffnung, dem Idealbild, das er sich hier geschaffen hatte, Dauer verleihen zu können? Er wollte daher auch nicht, daß Kainz jemals einen »verabscheuungswürdigen Charakter« wie den des Franz Moor auf der Bühne darstellte. »Ich hüte mir meine Ideale ängstlich«, sagte er.

Der harmlose Dreiundzwanzigjährige seinerseits freute sich der überreichen Geschenke des Königs, der glänzenden Theaterlaufbahn, die seine Gunst ihm zu erschließen schien, und endlich auch der Einladung, ihn auf eine Reise in die Urkantone der Schweiz zu begleiten; denn im Herbst sollte »Tell« neu einstudiert werden und Kainz den Melchthal spielen.

Am 27. Juni reiste man im Hofzug ab, der König, Kainz und ein winziges Gefolge, nur aus mittleren Hofbeamten, Lakaien und Köchen bestehend. In den Tunnels tastete Ludwigs Hand zuweilen scheu nach dem Arm des jungen Freundes, was der Naive ihm als Feigheit anrechnete, als Furcht vor Anarchisten nämlich, die vielleicht Bomben unter die Schienen gelegt hätten.

Dann mit dem Dampfschiff von Luzern in Brunnen angelangt, sah die kleine bayerische Karawane sich zunächst zu ständiger Flucht vor der Neugier des internationalen Sommerpublikums genötigt. Endlich aber stellte der Verlagsbuchhändler Benziger dem König seine Villa »Gutenberg« zur Verfügung, die Kantonsregierung das Dampfschiff »Waldstätter«.

Seit 1865, als der König zum erstenmal hier war, schien sich kaum etwas geändert zu haben. Wieder empfand er die bei ihm, dem geborenen Autokraten, so sonderbare Neigung für die Schweiz; immer noch nannte er sie »das Paradies der Länder, das Gott lieb hat wie den Apfel seines Auges«. Vielleicht allerdings auch, daß ihm jetzt erst die stabile Ausgeglichenheit dieser kleinen Demokratie wirklich spürbar wurde, angesichts seines eigenen, halb schon versunkenen Bayern und des trotz äußerer Einigung von inneren Kämpfen hart bedrängten Deutschland? Das Pathos dieser »Landschaft des Tell«, die schwergrünen Berghänge, die sich herrisch in den See senken, die immer neuen Konturen der Vorgebirge, wie sie die langsame Fahrt des Raddampfers nacheinander entfaltete, der ewig unveränderliche Hintergrund der schneeumhüllten Berghäupter und in nächster Nähe dann wieder das schlichte ländliche Leben der Ufer — Obstgärten, Wiesen und blauer Rauch aus weißen, friedlichen Gehöften —, alles das hob den König über sich selbst hinaus. Alles, gewiß, war wie vor sechzehn Jahren und doch heute noch viel mehr, viel kostbarer noch gemacht: durch die Gegenwart des jungen Freundes, durch die Möglichkeit, von seiner Silberstimme die Verse des »Tell« zu hören, so oft man wollte.

Es war eine Gesamtsituation ganz nach dem Herzen Ludwigs, eine Verquickung aus freier Natur, Dichtung und Theater. Er war froh, wie schon lange nicht mehr, und, wie immer in solcher Stimmung, gewann und bestrickte er auch seine Umgebung. Der Gärtner Benzigers etwa meinte treuherzig, wenn die Schweizer je einen König brauchten, so müßte er wohl wie dieser sein. Und mit dem Förster Aschwanden vom Rütli saß er oft stundenlang auf einer Bank und unterhielt sich mit ihm, wie daheim mit den bayerischen Bauern. Wiederholt äußerte er die Absicht, das Bürgerrecht des Kantons Uri zu erwerben, so, wie

Napoleon III. neben dem französischen das des Kantons Thurgau besessen hatte.

Denn in fast allen diesen milden Sommernächten – auch hier behielt der König seine tagferne Lebensweise bei – fuhr die kleine Gesellschaft zum Rütli. Sobald der letzte allgemeine Passagierdampfer die Landungsstelle verlassen hatte, rauschte der »Waldstätter« des Königs heran. Aschwanden erwartete ihn, eine große Stallaterne in der Hand, während Ludwig, am Bug stehend, fröhlich den schwarzen Filz schwenkte und »Guten Abend, Herr Förster« herüberrief. Auf der Bundeswiese droben blieb der König oft stundenlang mit Kainz allein. Und ab und zu hörte man durch die stille Nacht das prachtvolle Organ des jungen Schauspielers in Schillerschen Versen einherwettern.

Doch auf Kainz selbst wirkte die neue Umgebung nicht durchaus günstig. Daß jetzt Wirklichkeit war, was er bisher nur als Bühnendekoration kannte, sagte ihm wenig, schien ihn eher zu bedrücken. Er war kein Elementargeschöpf wie Ludwig, sondern ein naturentwöhnter Großstädter, ein Künstler höchsten Ranges zwar, doch keine Naturbegabung, sondern ein Nervenwunder, das echte Geschöpf einer der Überreife schon bedrohlich nahen Welt.

Auch fehlte es ihm einfach noch an Lebenserfahrung, um das Vertrauen des Königs seinem Werte nach erwidern zu können. Und das gefährliche »Du«, das Ludwig auch ihm anbot, konnte ihn gelegentlich verleiten, dem stolzen Wittelsbacher ebenso salopp zu antworten wie einer Wiener Kaffeehausbekanntschaft. So geschah es etwa, als der König ihn veranlaßte, den Weg über den Surennenpaß, wie ihn Melchthal im »Tell« beschreibt – »Durch der Surennen furchtbares Gebirg' – Auf weit verbreitet öden Eisesfeldern – Wo nur der heisre Lämmergeier krächzt ...« –, in Wirklichkeit zurückzulegen, voll bester Absichten; denn er, der optische Mensch mit dem Drang nach historischer Treue, konnte es sich nicht anders denken, als daß auch Kainz aus einer solchen Wanderung eine unerhört starke Verlebendigung der Rolle des Melchthal gewinnen müßte. Doch weit gefehlt: Als Ludwig dem nach zwei Tagen völlig erschöpft Zurückgekehrten voller Spannung mit der Frage entgegentrat: »Nun, wie war es?« antwortete Kainz grob und einfach: »Scheußlich.« Daß der König über dergleichen hinwegzusehen vermochte, beweist, eine wie tiefe Leidenschaft ihn hier band.

Und als am gleichen Abend noch die kleine Gesellschaft wieder zum Rütli fuhr und der übermüdete Kainz auf dem Dampfer einschlief, deckte der König den Jungen mit seinem eigenen Radmantel zu und stand lange vor ihm, mondbeschienen, in seinen Anblick versunken. Doch als Kainz erwachte, sagte Ludwig, sofort auf Ablenkung ins Banale bedacht: »Sie haben aber geschnarcht.«

Es existiert von dieser Schweizer Reise eine Photographie, die alles verrät, was zu verschweigen Ludwig sich bemühte. Hier steht der König, massig und breit, doch in nachlässiger, fast täppischer Haltung, keineswegs mehr wie sonst auf Wirkung bedacht, vielmehr ungewohnt sanften, hingegebenen, traurigen Ausdrucks in irgendeine Weite schauend, während der junge Freund neben ihm sitzt – sitzt, während die Majestät steht! –, das Gesicht unfroh gespannt und die geschmeidige Figur zusammengerafft wie zum Aufspringen bereit. Es ist ein tragikomisches Bild, doch voller Aufschlüsse: Denn diesem riesigen, gar nicht mehr königlichen Menschen, der einer Leidenschaft unterlegen ist, die er um keinen Preis gestehen will – man glaubt ihm, daß er dem ungeduldigen kleinen Egoisten verzeihen konnte, was er keinem andern je verzieh, daß er den in seiner Gegenwart Schlafenden sogar mit dem eigenen Mantel bedeckte, daß er nun aber auch weiß: Es war ein letztes Erlebnis, und es geht zu Ende.

Denn diese Photographie ist am Tage nach einer Nacht gemacht, in der der König begreifen mußte, daß die Bindung an Kainz unmöglich von Dauer sein konnte. Wieder war man zum Rütli gefahren, und unterwegs schon hatte ihm Kainz zugesagt, dort die Melchthal-Szene zu deklamieren. Aber als man dann auf der nächtlichen Wiese saß und der König ihn um den Vortrag bat, wurde plötzlich die seit langem zweifellos schon angehäufte Nervosität in Kainz übermächtig: Er sei müde, erklärte er, und könne nicht mehr rezitieren.

Der König hatte nichts weniger als diese Weigerung erwartet; einen Augenblick war er völlig verdutzt. Dann bat er nochmals, forderte, befahl endlich; doch Kainz blieb im Grase sitzen.

Da begriff Ludwig: Wenn schon seine eigene tiefe Zuneigung hier nicht erwidert wurde – denn was hätte es Kainz ausgemacht, jene unzählige Male schon wiederholten etwa vierzig Zeilen noch einmal vorzutragen? –, gut, damit konnte er sich abfinden, so schmerzlich es war.

Aber daß der Launenhafte jetzt den Respekt antastete, den auch er immer dem König schuldete, das bedeutete, daß hier die Majestät auf dem Spiel stand, die tragende Säule seines Selbst. Da aber, in solcher Gefahr, hatten auch Freundschaft und Liebe zu schweigen. Denn immer noch weit stärker als sie war Ludwigs Glaube an sein Königtum und sein Wille zu ihm. So war sein Entschluß auch schon gefaßt, radikal und klar: Er stand langsam auf – wie berichtet wird: mit feuchten Augen. »Nun ja«, sagte er, »Sie sind müde, ruhen Sie sich aus«, schritt rasch, ohne sich noch einmal umzusehen, zur Landestelle hinab und ließ den Dampfer sofort abfahren. Kainz blieb verblüfft zurück, langte erst gegen vier Uhr morgens mit einem kleinen Boot in Brunnen an und legte sich schlafen. Als er am späten Nachmittag erwachte, wurde ihm mitgeteilt, der König habe die Villa »Gutenberg« für immer verlassen.

Er reiste ihm nach, erreichte ihn noch in Luzern und verlangte stürmisch, ihn zu sprechen. Ludwig erschien auch, äußerlich unverändert, und als Kainz sich entschuldigen wollte, wehrte er mit einem Satz ab, den der optimistische Künstler für den Ausdruck der Verzeihung hielt, der aber ganz anders gemeint war: »Es ist schon gut« – vier Worte schmerzlich einsichtigen Verzichtes, eines Verzichtes nicht auf eine Zurechtweisung, sondern auf eine Leidenschaft.

Gleich darauf bat ihn Ludwig, mit ihm zum Photographen zu kommen; und jene enthüllende Photographie ist damals entstanden.

Bis zur bayerischen Grenze fuhren sie noch gemeinsam im Salonwagen des Königs; Kainz las ihm vor: Hauffs »Mann im Mond«. Spät nachts erst trennten sie sich, um sich zur Ruhe zu legen. Da, an der Brücke, die die beiden Waggons verband, umarmte der König plötzlich Kainz, sah ihn lange starr an und wandte ihm dann brüsk den Rücken.

Hiernach ist Kainz vom König niemals mehr empfangen worden. Auch auf der Bühne wollte er ihn nicht mehr sehen. Im November ließ er sogar eine Vorstellung absagen, als er seinen Namen auf dem Zettel fand. Jenes »es ist schon gut« bestand ungeschwächt weiter, so einsam es Ludwig auch wieder machte, und wurde mit der ganzen zähen Willenskraft verteidigt, zu der er durchaus imstande war.

Nur einen Briefwechsel mit Kainz gestattete er sich noch. Schwer gekränkt dadurch, daß der König ihn auch als Schauspieler aus seinem

Gesichtskreis verbannt hatte, hatte Kainz es gewagt, ihm ein Geschenk zurückzuschicken, ein Gemälde des Vierwaldstätter Sees, ja, es mit einer Art Ultimatum zu erwidern: Der König solle ihm entweder gestatten, wieder vor ihm zu spielen, oder er müsse sein Geschenk »mit den untertänigsten Dankesworten« zurückgeben. Es war ein Schreiben, wie es Ludwig gewiß noch nie erhalten hatte. »Jetzt werden wir alle geköpft«, meinte Bürkel dazu. Doch ganz im Gegenteil: Der König sagte, man müsse Kainz behandeln »wie einen teuren Kranken« und ließ ihm antworten, das Geschenk sei nicht als »Entschädigungssumme« aufzufassen, sondern als »huldvolles Erinnerungszeichen«.

Aber der Empfindliche war auch hiermit nicht zufrieden. Die Weigerung, ihn auf der Bühne zu sehen, vergaß sich nicht so rasch. Er wolle das Bild zwar behalten, antwortete er nun, und es werde ihn noch in späten Tagen an die Zeit erinnern, die er mit dem König am Vierwaldstätter See verleben durfte, »aber auch zugleich an die schmerzlichste Stunde meines Lebens, an jenen Novemberabend, an welchem ich den edelsten König, für den ich seit meiner frühesten Kindheit geschwärmt, den ich mehr geliebt habe, als er je geahnt, unversöhnlich gefunden habe«.

Der Schluß des Briefes, dieser freimütige Tadel, auch an der Majestät, soll tiefsten Eindruck auf Ludwig gemacht haben. So habe er sich Kainz gedacht, hat er angeblich geäußert. Es war ihm offenbar eine bittersüße Genugtuung, sich im Charakter dieses Lieblings nicht getäuscht zu haben.

Dennoch, die Zeiten der Schweizer Reise kehrten nicht wieder. Das »es ist schon gut« bestand unwiderruflich fort. Zwar lud der König ihn, eine ganz ungewöhnlich hohe Ehre, noch zu einigen Separatvorstellungen ein, bei denen Kainz, für Ludwig unsichtbar, in der Gastloge saß und sah ihn selbst sich noch ein letztes Mal auf der Bühne an, als Rustan in »Der Traum, ein Leben«.

Dann aber verließ Kainz für immer München. Die Abschiedsaudienz, um die er bat, wurde ihm verweigert. Sein Weg führte ihn dann steil bergan, während der Ludwigs sich dem Dunkel zusenkte. Sie trafen sich nicht mehr.

Viele Jahre später jedoch hat Kainz, gereift inzwischen als Künstler und Mensch, über Ludwig II. ein Wort, leuchtend von Richtigkeit, gesprochen: Keineswegs mit Hamlet sei er zu vergleichen gewesen, sondern mit einer ganz anderen Figur Shakespeares, mit Richard II. In der Tat, in diesem stolzen, jähen Monarchen, der, in einem furchtbaren Wust von Irrtümern und Unglück, in äußerster Entmächtigung, ja bis zum elenden Ende im Kerker, den Glauben an sein Königtum nie verliert — in ihm ist der Herrschertyp vorgebildet, dem Ludwig angehörte.

Oder ist es nicht auch sein Los, was hier formuliert wird:

»Doch für die Eintracht meiner Würd' und Zeit
Hatt' ich kein Ohr, verletztes Maß zu hören.
Die Zeit verdarb ich, nun verderbt sie mich.«

Und ähnelt es nicht Ludwigs Flucht in erspielte Existenzen, wenn Richard in der Gefangenschaft vor sich hinträumt:

»So spiel' ich viel Personen ganz allein,
Zufrieden keine. Manchmal bin ich König.
Dann macht Verrat mich wünschen, ich wär' Bettler.
Dann werd' ich's und dann macht der Armut Druck
Mich glauben, daß mir besser war als König.
Dann werd' ich wieder König, aber bald
Bedenk ich, Bolingbroke hat mich entthront,
Und bin stracks wieder nichts . . .«

XX
DAS GUTACHTEN

Am Morgen des 8. Juni 1886 schloß der Direktor der Kreisirrenanstalt von Oberbayern, Obermedizinalrat Dr. Bernhard von Gudden, Professor der Psychiatrie in München, den Entwurf eines Gutachtens ab, an dem er fast die ganze Nacht gearbeitet hatte. Um neun Uhr setzte er sich mit den Irrenanstaltsdirektoren Dr. Hagen und Dr. Hubrich und dem Universitätsprofessor Dr. Grashey an den Konferenztisch, und gegen Mittag trug das Gutachten die Unterschriften der vier hochangesehenen Ärzte. Seine Schlußsätze lauteten folgendermaßen:

»1. Seine Majestät sind in sehr weit vorgeschrittenem Grade seelengestört, und zwar leiden Allerhöchstdieselben an jener Form von Geistesgestörtheit, die den Irrenärzten aus Erfahrung wohl bekannt mit dem Namen Paranoia (Verrücktheit) bezeichnet wird.

2. Bei dieser Form der Krankheit, ihrer allmählichen und fortschreitenden Entwicklung und schon sehr langen, über eine größere Reihe von Jahren sich erstreckenden Dauer ist Seine Majestät für unheilbar zu erklären und ein noch weiterer Verfall der geistigen Kräfte mit Sicherheit in Aussicht.

3. Durch die Krankheit ist die freie Willensbestimmung Seiner Majestät vollständig ausgeschlossen, sind Allerhöchstdieselben als verhindert an der Ausübung der Regierung zu betrachten und wird diese Verhinderung nicht nur länger als ein Jahr, sondern für die ganze Lebenszeit andauern.«

Diese Sätze bedeuteten klipp und klar die Entfernung Ludwigs II. nicht nur vom Thron, sondern aus der Gemeinschaft der Lebenden.

Wie hatte es dazu kommen können?

Zweifellos hat der König nie der theoretischen Konstruktionsfigur des »Normalmenschen« geähnelt, stets vielmehr stärkste Abweichungen von ihr gezeigt. Wann er dabei zuerst die haarfeine und immer schwanke Grenze überschritt, die das nur Anomale vom Krankhaften trennt, wo melancholische Umschattung zu pathologischer Schwermut, bloße Absonderlichkeit zu Geistesstörung wird, ist kaum zu sagen. Sicher ist wohl nur, daß Ludwig diese Grenze im Lauf der Jahre immer häufiger kreuzte, allerdings aber auch immer wieder noch den Rückweg fand; es war, als wohnten zwei Menschen in einem, ein völlig klar denkender und ein sich tief verwirrender, die abwechselnd, wie unter dem auf und ab zuckenden Lichtstrahl eines Scheinwerfers, in freilich immer rascherem Wechsel sichtbar wurden.

Äußerlich gesehen, verliefen diese Jahre, die achtziger Jahre des 19. Jahrhunderts, nicht anders, als sie begonnen hatten. Das Ministerium Lutz regierte. Der König behelligte es nicht mehr und wurde selbst immer unsichtbarer. Deshalb freilich auch wird es jetzt schwer, ein einigermaßen umrißklares Bild von ihm zu gewinnen, da ja auch die Zeugen, die ihn umgeben, immer fragwürdigere Gestalten und ihre Berichte daher immer unzuverlässiger werden.

Denn die Domestikenwirtschaft am königlichen Hofe war nun schon eingewurzelt. Der Stallmeister Hornig hielt sich bis 1885. Dann stürzte er, und an seine Stelle rückte Hesselschwerdt, dessen skrupellose Intelligenz sich immer gefährlicher entwickelte und dessen urwüchsige Frechheit auch vor dem König bald nicht mehr zurückschreckte[1]. Neben ihm kam der Friseur Hoppe einem oft starken Interesse Ludwigs für Münchener Stadtklatsch entgegen; auch wurde er zuweilen, mit Hesselschwerdt zusammen, zu einer Partie des landesüblichen Kartenspiels Tarock herangezogen.

Auch die Qualität der übrigen Dienerschaft ließ nach. Die übergroße Vertraulichkeit, in die Ludwig sich mit so zweifelhaften Erscheinungen wie Hesselschwerdt einließ, konnte auf die Lakaien nicht anders als demoralisierend wirken; in ihrer großen Mehrheit betrogen sie den König, wo nur Gelegenheit dazu war, machten sich über ihn lustig und waren jederzeit bereit, ihn zu verraten. Unter ihnen tauchten jetzt immer häufiger junge Soldaten in der hübschen stahlgrünen Chevau-

[1] Als er den König zur Berufung des Kabinettschefs Dr. Müller bewegen wollte, schilderte er ihn als »ein Profil wie Schiller, eine Stirn wie Wagner«. Als aber Ludwig dann Müller kennenlernte und bemerkte, er sehe doch ganz anders aus, antwortete der Unverfrorene: »Ja, Majestät, ich habe mich selbst gewundert, wie der Mann sich verändert hat.« Eulenburg sagt von Hesselschwerdt: »aus niederem Stande hervorgegangen, ... ein selten kluger Mensch, doch habgierig und gewissenlos, dazu außerordentlich energisch«.

legeruniform auf — was ursprünglich auf ein geschicktes Manöver Holnsteins zurückging; denn da diese Leute als Pferdepfleger abkommandiert waren, gehörten sie zum Marstallpersonal und blieben daher stets vom Oberststallmeister abhängig, auch wenn sie Lakaiendienste taten. Doch sah natürlich der König die hübschen Menschen nicht ungern, selbst wenn sie anfangs noch auf dem Parkett ausglitten und Wein und Speisen weit verspritzten. Freilich wechselte er dieses Hilfspersonal oft, und so konnte es vorkommen, daß Kavallerieoffiziere jetzt ihre Burschen antrafen, wie sie, einen vom König geschenkten Diamantring am kleinen Finger, die Pferde striegelten.

Deshalb aber auch, weil Ludwig über die Minderwertigkeit seiner Umgebung selbst Bescheid wußte, behandelte er sie so, wie sie es zu verdienen schien. Die Erzählungen hierüber sind äußerst vielgestaltig und von altbayerischer Fabulierlust belebt; danach mußte etwa die Dienerschaft die königlichen Befehle durch geschlossene Türen entgegennehmen und mit demütigem Kratzen am Holz erwidern; beim Servieren durften sie die Speisen ebensowenig ansehen wie die Majestät selbst oder wie die Kleidungsstücke beim Anziehen. Des öfteren wurde von einzelnen Bedienten Niederknien verlangt, auf den Knien ins Zimmer zu rutschen oder auch sich der Länge nach auf den Bauch zu werfen; von chinesischem Zeremonial war die Rede, aber auch von königlichen Fußtritten und Ohrfeigen. Und da er nur in seltensten Fällen etwas wie Widerstand erfuhr[2], hatte Ludwig immer mehr das Gefühl, im Recht zu sein und die Hemmungen des gesitteten Normalmenschen, dieser Umgebung gegenüber, ausschalten zu dürfen. Er trieb anfangs sicherlich nur ein traurig-ironisches Theater mit ihr, wenn er, die Lebensformen des absoluten Souveräns grotesk übersteigernd, für mindeste Vergehen an Strafen verhängte, was immer seine menschenfeindliche Phantasie ihm eingab: lebenslängliche Einsperrung im Burgverließ, Verbannung nach Amerika, Verprügelung, Hautabziehen — ohne daß er sich je nach der Vollstreckung seiner Urteile erkundigte oder etwas dabei gefunden hätte, wenn der Verurteilte ihm alsbald unversehrt wieder vor die Augen trat; auch hat es ein »Burgverließ« auf kei-

[2] Man weiß eigentlich nur von einem Chevauleger, der einen tätlichen Angriff Ludwigs mit dem Ruf pariert hat, des Königs Rock dürfe man nicht schlagen.

nem seiner Schlösser gegeben. Manchmal auch scheint die alte Lust absoluter Herrscher an komisch-grausiger Entwürdigung rechtloser Untertanen in ihm aufzutauchen: wenn ein Lakai in einem Narrenkostüm auf einem Esel durchs Land geführt werden sollte, wenn ein anderer, der ein Einfaltspinsel war, ein Siegel an der Stirn tragen mußte oder ein dritter ein Jahr lang nur mit eine schwarzen Maske vor ihm erscheinen durfte. (Freilich, da dieser letztere der Lakai Mayr war, der bei der Katastrophe Ludwigs ein skrupellosestes Doppelspiel trieb — und da möglicherweise die künftige Infamie schon von jeher im Gesicht dieses Mannes spürbar war —, war jene Maske vielleicht doch mehr als cäsarische Tollheit.)

Nicht immer allerdings wird erkennbar, wo diese gespielte Strenge, die mehr eine Form allgemeinen Menschenüberdrusses ist, in echte Wut umschlägt, wo Ludwigs altes, schwer belastetes Blut sich in entfesselten Instinkten austobt und ihn sich, vorübergehend, immer mehr verlieren läßt. Ja, es scheint, daß er, je deutlicher eben er diese Störungen seines seelischen Gleichgewichts spürte — und daß er sie spürte, ist zweifellos —, über Rache- und Vernichtungsplänen gegen diejenigen brütete, die er daran für schuld hielt, die Vorfahren und besonders die Eltern[3], dann aber auch gegen die, die scheinbar gesund und glücklich im Licht wandeln durften — und hier wurde vor allem wieder der preußische Kronprinz das Objekt seines Hasses; er sollte durch Banditen gefangen, in eine Höhle gesperrt und Martern unterworfen werden, die jedoch nicht zum Tode führen dürften.

Auch seine erdachten bourbonischen Besuche waren jetzt wohl nicht mehr reines Spiel, das er in der Hand behielt. Auch hier mischten sich vielleicht Wahnvorstellungen ein, die mächtiger waren als er. Wenigstens will man beobachtet haben, daß er jetzt zuweilen ganz allein lange Gespräche führte, schallend lachte, umhertänzelte oder auch sehr lange unbeweglich stehenblieb, mit einer Locke seines Haares spielend. In der Hand eines Lakaien (freilich ist es wieder Mayr) glaubte er das tückische Blitzen eines Messers gesehen zu haben und

[3] Ludwig soll etwa von Träumen erzählt haben, in denen er seiner Mutter eine Wasserkaraffe auf dem Kopfe zerschlug oder seinen Vater aus der Gruft riß, um ihn zu ohrfeigen, weil er von ihm seine schlechten Zähne geerbt habe; und das habe ihm wohlgetan.

verhörte ihn stundenlang darüber, wo es geblieben sei. Auch soll er nie etwas von Kälte gespürt haben, so daß er bei Schneegestöber im Freien dinierte, während die Bediensteten mit den Zähnen klapperten.

Am lautesten und eindeutigsten sprach gegen seine geistige Gesundheit aber natürlich seine Baulust. Denn nachdem von drei Schlössern erst eines fertig war, plante er schon wieder weitere, eine gotische Riesenburg auf dem Falkenstein, für die Zugangsstraße und Wasserleitung bereits begonnen war, eine Art chinesischen Wasserpalast am Plansee und möglicherweise auch etwas wie einen byzantinischen Kaisersitz im Graswangtal – kurzum Schlösser, für die er, ein Herrscher ohne Hof, keinerlei Verwendung hatte und deren Kosten seine Mittel weit überstiegen. Hier gingen ihm tatsächlich alle Maßstäbe verloren. »Wenn ich nicht mehr bauen kann, kann ich nicht mehr leben«, hat er mehr als einmal geradeheraus erklärt. So tief stürzt er, wenn die Bauten in Frage kommen, ins Besinnungslose, in völlige Verwirrung, daß er sogar dem armen Lakaienvolk ernstlich befehlen kann, die fehlenden Millionen zu beschaffen, sei es durch Anleihen bei wem auch immer, sei es durch Bankraub (immer freilich vorausgesetzt, daß das Domestikengestammel, auf das man hier allein angewiesen ist, die Wahrheit sagt).

Alle diese Dinge nun aber waren in Umrissen, wenn auch nicht in ihrem ganzen Umfang nach, seit Jahren bekannt, und längst schon zweifelte man an der völligen Gesundheit des Königs. Schon bei seiner letzten Begegnung mit Kaiser Wilhelm wollte man bemerken, daß der ungelenke Gang des Königs von dem schnellen, beherrschten Schreiten des sechsundsiebzigjährigen Gastes merkwürdig abgestochen habe und schloß daraus auf Gleichgewichtsstörungen. Eine Wolke trüben Klatsches überhaupt zog immer schon hinter dieser Hofhaltung her, genährt durch die außerbayerische, namentlich die Wiener Presse, wo man allen Ernstes Unnsinnigkeiten lesen konnte wie die, der König pflege als abendliche Belustigung seinen Dienern den kochenden Tee in den Kragen zu gießen. Alle diese Symptome nun aber – die Bausucht also, die Menschenscheu, die Selbstüberschätzung, die Behandlung der Dienerschaft, die Sonderbarkeiten der Lebensführung, der Widerwille gegen die Staatsgeschäfte –, sie bildeten, obwohl sie seit Jahren allgemein bekannt waren, nunmehr aber detailliert über viele Seiten ausgebreitet, die Basis des Guddenschen Gutachtens und begründeten sein hartes Schlußverdikt.

Das Gutachten ist, ungeachtet des hohen Ansehens seiner Verfasser, von vornherein stark angefochten worden; und auch dem Laien scheint es alles andere als ein Meisterstück. Hingehen mag noch, daß alle vier Unterzeichner bayerische Beamte waren, also in ihrer Existenz von der neuen Staatsgewalt abhängig, die durch ihr Gutachten begründet werden sollte. Aufs stärkste bemängelt jedoch wurde stets, daß keiner der vier Ärzte den Kranken gesehen, geschweige denn beobachtet oder untersucht hatte; ihre Erklärung, eine solche Untersuchung hätte zur Folge gehabt, daß »für die nächste Zeit wohl jede Aktion hätte unterbleiben müssen«[4], ist kaum stichhaltig; denn das würde ja heißen, eine frühe, unsichere Diagnose einer späteren, sicheren vorzuziehen, ohne daß die Verspätung mehr bedeutet hätte, als einen schon jahrelang bestehenden Zustand noch etwas länger hinzufristen.

Die indirekten Beweismittel, auf die das Gutachten demzufolge allein angewiesen war, und die es »erdrückend« nennt, sind tatsächlich nichts weniger als zwingend. Sie bestehen erstens aus Protokollen über Zeugenvernehmungen aus der Umgebung des Königs, zweitens aus schriftlichen Äußerungen Ludwigs selbst; es sind das Aufträge, Befehle, Notizzettel, die, wie Bismarck sagte, von Bedienten »aus Papierkorb und Klosett gesammelt, kein Todesurteil über Ludwig bestätigen« können. Von den protokollierten Zeugenaussagen aber können nur die Zieglers und seiner beiden Amtsnachfolger, juristisch gebildeter Männer, die die Tragweite der Situation kannten, als beweiskräftig gelten; diese Äußerungen jedoch sind die zurückhaltendsten: sie bekunden kaum mehr als Ludwigs Menschenscheu und anormalen Argwohn und seine Verehrungsgesten vor gewissen Bildern, Säulen, Bäumen. Die wirklich belastenden Aussagen stammen von den Subalternen, von Hesselschwerdt, Hornig, Mayr und anderen Lakaien. Sie aber sind alles andere als klassische Zeugen. Denn wenn es sie auch verblüffen mochte, daß die absonderlichen Lebensformen Ludwigs, denen sie sich jahrelang gefügt hatten, jetzt plötzlich seinen Wahnsinn beweisen sollten, wenn sie sich auch mitschuldbewußt und verwirrt fühlten, sie mußten gleichwohl schon wittern, daß sie durch recht farbenreiche Auskünfte der

[4] Grashey, 9.

eigenen Zukunft nur dienen konnten. Auch Gudden hielt übrigens nicht viel von diesen Protokollen; wenigstens hat er sich schon im März, lange also, ehe sie vorlagen, zu dem gleichen Gutachten bereit erklärt, das er, nachdem er sie kannte, am 8. Juni unterzeichnete[5].

Gegen dieses Dokument selbst ist eingewendet worden — und wohl nicht ganz mit Unrecht —, es stelle das Belastungsmaterial gegen Ludwig, trotz der offenbaren Ungleichwertigkeit seiner Quellen, undifferenziert nebeneinander, während es entlastende Momente völlig ausschließe. Ja, es scheint, daß man qualifizierte Zeugen nach Möglichkeit ausgeschlossen hat, um dem Lakaiengeschwätz ein desto größeres Gewicht zu geben. Der Kabinettssekretär Schneider beispielsweise, der bis 1885 im Amte war und für seine Zeugenaussage bereits dreihundert schriftliche Befehle aus den letzten drei Jahren zusammengestellt hatte, die angeblich keine Spur von Geistesstörung verrieten, wurde gar nicht vernommen. Darüber hinaus aber sei die Darstellungsform des Gutachtens so, als ob es sich um einen Alltagspatienten aus der psychiatrischen Klinik handle. Der Ausnahmesituation eines Königs, dessen Verwirrung vornehmlich eben dieser Situation entstammten, werde es nicht gerecht. In der Tat ließe sich ja auch sagen, daß ein Teil der Symptome, die das Gutachten aufzählt, Bausucht, überwucherndes Machtgefühl, Menschenverachtung, von jeher für große und kleine Regenten typisch, ja geradezu geistige Berufskrankheiten von Staatslenkern seien: Auch Ludwig I. war ja imstande, auf der Straße Nichtsahnenden mit dem Ruf »Ich der König, ich der König« den Hut vom Kopfe zu stoßen, und auch seine Bauten haben mancherlei Vernachlässigung anderer Verpflichtungen mit sich gebracht. Und der doch als Muster eines gütigen Landesvaters geltende Kaiser Wilhelm I. tat ungefähr zur Zeit des Guddenschen Gutachtens angesichts der Menge, die sich vor seinem Fenster drängte, den bitter verächtlichen Ausspruch: »Dieselben Menschen, wenn ein politischer Umschwung eintritt, zerreißen mich.«

Über die Persönlichkeit Guddens liegen so viele ausgezeichnete Zeugnisse vor, daß man sich unmöglich über sie hinwegsetzen kann; seine Klugheit wird ebenso gerühmt wie seine Güte und sein Eintreten für die unter dem Sammelwort »no restraint« verstandenen gelinden

[5] Lerchenfeld, 167.

Behandlungsmethoden. Eulenburg, freilich ein meistens sehr unzuverlässiger Beobachter, schreibt: »Er war ein sehr großer, starker, blonder Mann. Die Treuherzigkeit eines großen Hundes lag in seinem Wesen.« Dennoch hat man beim Lesen seines Gutachtens den Eindruck, daß kaum ein anderer Mensch der Seele des Königs so wenig nahekam als der, der ihr Arzt sein wollte.

Es mag daran gelegen haben, daß die damals kaum zwanzig Jahre alte Wissenschaft der Psychiatrie noch jene erstaunliche und wahrhaft jugendliche Kühnheit besaß, zu der alle rationalen Errungenschaften neigen, ehe sie noch genügend Zeit zu Zweifel und Selbstkritik fanden. Daher auch der apodiktische Unfehlbarkeitston im Urteilsspruch, diese unbedingte Sicherheit der die ganze künftige Lebenszeit schon umfassenden Prognose[6]. Wahrscheinlich indessen trat hier auch etwas von der grundsätzlichen Feindschaft zutage zwischen den absoluten Rationalisten, die jene Pioniere der Psychiatrie sein mußten, und dem König, der sein Leben immer ausschließlicher aus irrationalen Quellen nährte, eine Feindschaft, die keine Verständigungsmöglichkeiten kannte.

Niemand natürlich kann beweisen, das Guddensche Gutachten habe etwas wie einen vorbedachten Justizmord eingeleitet. Wohl aber läßt sich sagen, daß Gudden und seine Kollegen dem Sonderfall, um den es sich bei Ludwig II. handelte, von vornherein nicht gewachsen waren. Der Aufgabe, vor der sie hier standen, war ihre geistige Ausrüstung durchaus unangemessen — woraus sich eine Behandlung ihres Patienten ergab, deren Fehlerhaftigkeit unbedingt zu der Katastrophe führen mußte, die dann auch binnen kurzem eintrat.

[6] Inzwischen scheint allerdings der Begriff der Paranoia, der in jenem Gutachten »den Irrenärzten aus Erfahrung wohl bekannt« heißt, in Auflösung geraten zu sein. So schreibt etwa Lange im »Handbuch der Psychiatrie« (1926), es sei in diesem Werk ursprünglich als Unterabteilung ein Band »Paranoia« vorgesehen gewesen. In den letzten Jahren sei jedoch »der Paranoia als einem wohl umschriebenen Krankheitsbegriff besonders arg mitgespielt worden« und vielfach werde die Berechtigung, die Paranoia als eine besondere Krankheitsform aufzufassen, in Frage gestellt; sollte also der Abschnitt des Handbuchs nicht ganz fortfallen, so sei nur übrig geblieben, die Paranoi*frage* zu behandeln. Nicht die Paranoia als wohl gekennzeichnetes und einigermaßen umschriebenes Krankheitsbild, sondern nur die Paranoi*frage* könne heute behandelt werden.

Bergung des toten Königs

Beisetzung in der Sankt-Michaels-Hofkirche

Wie aber kam das Dokument überhaupt zustande? Woher eigentlich hatte Gudden seinen Auftrag?

Unmittelbarer Anlaß war die verfahrene Finanzlage, in die Ludwig durch seine Bauten geraten war. Im Winter 1885/86 bestand für seine Kabinettskasse eine Schuldenlast von 13 Millionen, deren Fundierung und Tilgung bei einem Jahreseinkommen von etwa 5,5 Millionen allerdings noch nicht aussichtslos schien. Aber es setzte jetzt — wohl nicht zufällig, sondern dirigiert — eine Art Kesseltreiben ein: Zivilklagen wurden erhoben, Pfändungen angedroht, die außerbayerische Presse schlug Alarm, und schließlich brachte der »Nürnberger Anzeiger« als erste bayerische Zeitung im März 1886 zwölf Artikel über die »Räte der Krone«, in denen die königliche Finanzmisere offen erörtert wurde.

Ebenfalls seit dem Frühjahr nahmen auch gewisse Verhandlungen, die seit längerem schon zwischen dem Ministerium Lutz und dem Hause Luitpold — den nach Ottos Erkrankung nächsten Erben — latent waren und auf Absetzung Ludwigs hinzielten, festere Gestalt an. Seit mindestens einem Jahr schon wurde der inzwischen fünfundsechzigjährige Luitpold in dieser Richtung bedrängt[7], doch noch im April 1886 beklagte sich Crailsheim bei dem österreichischen Gesandten über die »totale Energielosigkeit« des Prinzen. Von wem der Druck auf Luitpold ursprünglich ausging, ist in allen Einzelheiten nicht feststellbar. Doch kam es vor allem aus der militärischen Umgebung des Prinzen, namentlich von dem mit Lutz befreundeten Flügeladjutanten Oberst Freyschlag von Freyenstein, einem breitschultrigen, untersetzten Troupier mit napoleonischem Knebelbart, und von dem Zweiten Adjutanten Freiherrn von Wolfskeel, einem Freunde Holnsteins[8]. Freilich fallen ja, je mehr man sich dem Ende nähert, um so dichtere Schleier auch heute noch über das Schicksal Ludwigs II.

[7] Ferdinand von Miller, ein Freund Luitpolds, erzählt (»Süddeutsche Monatshefte«, Juli 1927), der Prinz habe ihm 1885 schon gesagt: »Man hat mir die Übernahme der Regentschaft nahegelegt. Das werde ich aber nie tun, bis nicht von allen Ärzten die Krankheit genau festgestellt ist.«

[8] Nach Antritt der Regentschaft durch Prinz Luitpold wurde Freyschlag sofort zum General befördert und in den erblichen Freiherrnstand erhoben; er starb jedoch nach wenigen Monaten. Wolfskeel wurde später, als Nachfolger Holnsteins, Oberstallmeister.

Vermuten läßt sich jedoch, daß Luitpold gleichzeitig vom Ministerium wie auch von der eigenen Familie bedrängt wurde, die um ihr Erbe bangte. Von ihm selbst, der einen still-rustikalen Lebensgenuß immer weit höher bewertete als die Fährlichkeiten des bayerischen Thrones, dürfte die Initiative kaum ausgegangen sein. Allerdings, auch dieser Wittelsbacher, ein kleiner, stämmiger Mann, dessen feine Gesichtszüge unter rötlich grauem Bart und Brauen fast verschwanden, war eine in sich gekehrte, nie ganz durchsichtige Erscheinung[9], im Grunde wohl kalt und auf Abstand bedacht. Für seine persönliche Uneigennützigkeit spricht, daß er später in den langen Jahren der Regentschaft nie daran dachte, sich der Krone zu bemächtigen, die sein dahinvegetierender Neffe Otto dem Namen nach trug. Wenn Eulenburg aber berichtet, das Haus Luitpold sei in München nicht beliebt, der Prinz wenig bekannt, da er sich meistens in der Provinz aufhalte, um zu jagen, seine Söhne aber »ziemlich hochmütige Herren ohne wahren Zusammenhang mit Gesellschaft und Volk«, so war das nicht falsch beobachtet. Auch die Beziehungen des Königs zu Luitpold und seinen drei Söhnen, Ludwig, Leopold und Arnulf[10], waren nie herzlich. Er pflegte sie »meine Orleans« zu nennen und hat nie ganz ohne Mißtrauen zu dem Wittelsbacher-Palais, das Luitpold bewohnte, hinübergespäht. Persönlich behandelte er die drei Vettern so wenig gut, daß sie naturnotwendig zu einer Opposition gegen ihn bereit sein mußten, von der kaum noch ein Schritt bis zur Konspiration war. –

So konnte nun München sich im Frühjahr 1886 zuflüstern, man sehe den Ministerpräsidenten von Lutz, eine dicke Aktenmappe im Arm, immer häufiger unter den Kastanien verschwinden, die den Vorplatz des Luitpoldpalais beschatten. Und nachdem man dort Lutz – so bezeugt einer seiner späteren Nachfolger, Hertling, wie auch Eulenburg – etwa sechsmal versprochen hatte, er werde als Ministerpräsident einer etwa künftigen Regentschaft beibehalten werden, bot er die Hand zur Entthronung Ludwigs.

[9] Einem Porträtisten, der ihm sagte, er möchte gern das Verborgene in seinem Gesicht herausbringen, soll er geantwortet haben: »Das geht keinen Menschen was an, was da drinnen ist.«

[10] Prinz Ludwig wurde unter dem Namen Ludwig III. der letzte König von Bayern, Leopold im Weltkrieg Feldmarschall und »Oberbefehlshaber Ost«; Arnulf ist schon 1907 gestorben.

Welches Interesse Lutz an ihr haben konnte, ist auf den ersten Blick schwer ersichtlich. Denn mußte nicht ein König, der die politischen Geschäfte so treiben ließ, wie Ludwig das tat, der autokratischen Natur des Ministers hoch willkommen sein? Auch waren die Gelder, die Ludwig in seinen Bauten verschwendete, ja nicht Staatsgelder und unterlagen daher, strenggenommen, gar nicht der ministeriellen Kontrolle, sondern königliche Privateinkünfte – und von wie vielen viel größeren Verschwendern der Weltgeschichte kann man das schon sagen? Ludwigs übrige Liebhabereien verletzten weder Staatsinteressen noch Verfassung. Und die Hinneigung zum eigenen Geschlecht endlich hat ja bisher noch in keinem Lande regierungsunfähig gemacht.

Die Gründe des Ministers dürften also anderswo gelegen haben: in der Sorge nämlich, das Parlament könne von ihm Rechenschaft darüber fordern, warum er nicht rechtzeitig gegen die Schuldenhäufung in der königlichen Finanzgebarung eingeschritten sei, notfalls mit einer Rücktrittsdrohung, oder warum er das nicht wenigstens jetzt noch tue. Das aber war eben das, was Lutz am wenigsten wünschte: denn bei einem Rücktrittsgesuch riskierte er ja immer, daß der König es wirklich annahm und dann vielleicht der Opposition, der verhaßten Patriotenpartei, die Tür zur Macht öffnete. Ja, es war sogar, umgekehrt, möglich, daß die Patrioten jetzt selbst dem König die Finanzsanierung anboten, unter der einen Bedingung, daß er Lutz entließe. Der Ministerpräsident sah also die Finanzmisere des Königs rasch zu einer schweren Bedrohung seiner eigenen amtlichen Existenz heranwachsen. Da indessen jene Misere und die Gefahr, die sie für ihn bedeutete, wie die Dinge nun einmal lagen, nur zugleich mit der Person des Königs selbst zu beseitigen war (und da auch der Irrglaube aller Autokraten an die eigene Unersetzlichkeit rasch alle Erinnerung daran überwand, wem Johannes Lutz seinen Aufstieg vom Dorfbuben zum mächtigsten Mann des Landes eigentlich verdankte), so war er zur Entthronung des Königs entschlossen, sobald ihn nur der Nachfolger seiner fortdauernden Ministerschaft versichert hatte.

Bismarcks Klarsicht erkannte damals schon diese Zusammenhänge aus der Entfernung, als er zu dem bayerischen Gesandten, Graf Lerchenfeld, sagte, seine Minister wollten den König »schlachten«, weil sie sich anders nicht mehr halten könnten.

Außer Lutz und Crailsheim erscheint als treibende Kraft in dem Entmündigungsverfahren wieder Holnstein. Drei oder vier Jahre zuvor hatte der gewaltige »Roßober« endlich die Gunst Ludwigs verloren; jetzt »haßte« er, so ließ Bismarck wissen, den König und bot »Material« gegen ihn herum, vor dem der Reichskanzler gleichfalls warnte[11]. Und endlich scheint auch (nach den Aufzeichnungen Eulenburgs) ein unterirdisches Zusammenwirken zwischen bayerischen Liberalen und preußischen Konservativen gegen den König bestanden zu haben, als deren Bindeglied die preußische Gesandtschaft mit dem stets komplottfreudigen Gesandten Werthern und dem übereifrigen Legationssekretär Eulenburg selbst fungierte. Tatsächlich waren auch die Wirkungsmöglichkeiten des jungen Legationssekretärs, dank seiner Freundschaft mit Herbert Bismarck, nicht ganz gering, obwohl er sie doch wohl ein wenig überschätzt, wenn er schreibt: »Ich sprach den Ministern Lutz und Crailsheim Mut zu; sie könnten sich auf die preußische Regierung verlassen« oder »Crailsheim sagte mir später, daß mein Drängen ... von großem Einfluß auf die Entwicklung der Dinge gewesen sei ...«

Allerdings, das Bayern von 1886 konnte sich eine so tiefgreifende Maßnahme wie die Absetzung des Königs nicht mehr aus eigener Souveränität, nicht mehr ohne Zustimmung Berlins gestatten. So hatte Lerchenfeld in der zweiten Maihälfte die Genehmigung Bismarcks zum Vorgehen gegen Ludwig einzuholen. Spürbar hatte der Reichskanzler innere Widerstände zu überwinden, ehe er dem Gesandten schließlich antwortete, er werde die Angelegenheit als rein bayerische betrachten und nicht in sie eingreifen. Sein Gedankengang dürfte dabei ganz realpolitisch etwa der gewesen sein[12], daß über den Gesundheitszustand des Königs nur die praktische Bewährungsprobe entscheiden könne, nicht aber das von unzuverlässigen Lakaien beschaffte Zettelmaterial, auf das Lutz sich berief, von dem Bismarck aber die denkbar geringste Meinung hatte. Für ihn kam es jetzt vielmehr darauf an, wie Ludwig

[11] Eine merkwürdige Äußerung tat in diesen Tagen der Münchener Polizeipräsident von Pechmann: das ganze königliche Haus habe sich gegen die Absetzung Ludwigs aufs heftigste gesträubt; »aber die Rösser und Oberrösser sind an allem schuld« (Richard Du Moulin Eckardt in Südd. Monatshefte 27, 689).

[12] Bismarck hat sich hierüber später mehrmals, zu Memminger (160 bis 161) und im Hause Lenbach, ausgesprochen (Böhm 675).

auf die geplante Entmündigung reagieren würde: Widersetzte er sich ihr aktiv und sachgemäß, so hätte er für Bismarck seine Regierungsfähigkeit und geistige Intaktheit erwiesen; ließ er sie aber passiv über sich ergehen, so würde er damit eine derartige Erschütterung seiner Geisteskräfte offenbart haben, daß auch die Reichsregierung ihn fallenlassen müßte. Hiermit stimmt überein, daß Bismarck dem König, schon einen Monat zuvor, eine aktive Haltung in seinen Finanznöten empfohlen hatte: Er solle sie offen vor den Kammern bekennen und von ihnen eine Regelung fordern (ein Ratschlag, von dessen weitreichenden Folgen später noch die Rede sein wird).

So aber von oben jedenfalls doppelt gedeckt, durch Bismarck und durch Luitpold, konnte Lutz zur Tat schreiten. Am 1. Juni begannen die geheimen Vernehmungen des Dienstpersonals und der Kabinettschefs; nur Dürckheim widersetzte sich ihnen, indem er dem Kriegsminister, der ihn vorlud, erklärte, falls man ihn über den König ausfragen wolle, werde er diesem unverzüglich Meldung erstatten, worauf der General sofort vom Wetter sprach.

In den gleichen Wochen indessen hatte auch der König eine ganz ungewöhnliche Aktivität entwickelt. Zunächst hatte ihn seine Finanznot zu Anleiheversuchen getrieben, die in ihren Einzelheiten bisher nicht klargeworden sind und tatsächlich wohl auch im höchsten Maße unklar, verworren und überhastet verliefen. Sie richteten sich sowohl an fremde Höfe, an Franz Joseph, an den König von Schweden, an den Sultan und an den Schah von Persien wie an Rothschild und den Fürsten Thurn und Taxis[13], doch brachten sie den König, durch Vermittlung seiner Domestiken-Clique, auch mit Agenten peinlichster Art, beispielsweise einer polizeibekannten wucherischen Hochstaplerin, Nanette Wagner, in Verbindung. Daß angesichts der Erfolglosigkeit aller dieser Bemühungen seine Wutanfälle immer häufiger und furchtbarer wurden und sich schließlich bis zu dem Auftrag steigerten, Banken zu berauben, ist durchaus denkbar. Wiederum aber: als die Königinmutter, diese tief gute Frau, ihm ihren ganzen, übrigens nicht allzu wert-

[13] Man verbreitete und glaubte sogar, der König habe sich wegen eines Darlehens an das Haus Orleans gewendet und als Gegenleistung die Neutralität Bayerns in einem künftigen deutsch-französischen Kriege angeboten, ein Gerücht, dessen Haltlosigkeit in jeder Richtung inzwischen erwiesen wurde. (Vergl. Hohenlohe, II 386, Böhm, 646.)

vollen Schmuck anbot, lehnte er mit einer zart ritterlichen Geste ab; es sei »alles schon wieder in Ordnung«.

Am 6. April hatte er sich – wie schon erwähnt – an Bismarck um Rat gewendet. Und merkwürdig: so wirr, ratlos, töricht, ja im Grunde eben geistesgestört bisher seine Aktionen verlaufen zu sein scheinen, von diesem Augenblick an gewinnnen sie eine unverkennbare beharrliche Konsequenz. Bismarck, zwar auch nicht imstande, ihm direkt zu helfen, riet ihm, an sein Parlament zu appellieren; er solle – und Ähnliches sei in der englischen Geschichte auch schon mehr als einmal geschehen – bei den Kammern »die Bewilligung der erforderlichen Summen unter offener Darlegung der Sachverhältnisse beantragen«; die zur Verzinsung fürs erste nötigen 22 500 Mark könne der Landtag unbedenklich bewilligen, ebenso die Mittel zur Beendigung der begonnenen Bauten; auf weitere Baupläne freilich, das verschwieg auch Bismarck nicht, werde wohl verzichtet werden müssen.

Ludwig befolgte diesen Rat ohne Zaudern, indem er Lutz befahl, dem Landtag möglichst rasch eine Vorlage zur Sanierung der Kabinettskasse zuzuleiten – ein Befehl, durch den aber der Minister verständlicherweise in Verlegenheit geriet. Denn gerade das, was er aus Gründen der Selbsterhaltung um jeden Preis vermeiden wollte – die Behandlung des ganzen Fragenkomplexes um den König und seine Finanzen durch den Landtag –, verlangte nun der König selbst von ihm; da habe ihm Bismarck, klagte er vor Eulenburg, »eine böse Sache angerichtet«; er wisse noch nicht, wie er da hinauskommen werde.

Bald jedoch wußte er es – indem er nämlich über den Befehl des Königs, der deutlichst Verhandlung im Landtagsplenum wünschte, einfach hinwegging und sich, im Einverständnis mit seinen Kollegen, auf ein paar unverbindliche Besprechungen mit einigen Parlamentariern beschränkte, ohne vor ihnen eine Erkrankung des Königs überhaupt zu erwähnen; alles war vielmehr so angelegt, daß »man nichts hätte bewilligen können, auch wenn man gewollt hätte«[14].

[14] Es war ein Verfahren, dessen die Minister sich späterhin nach dem Tode Ludwigs vor der Kammer noch rühmten, »weil sie eine Hilfe für verderblich gehalten« hätten. Freilich wurde ihnen darauf aus dem Hause erwidert, daß, wenn jene ihre Konferenz mit den Parlamentarieren statt eines negativen ein positives Ergebnis gehabt hätte, Ludwig II. noch am Leben und noch in der Ausübung seiner Regierungsgewalt wäre. (Vergl. Memminger 310, 312.)

Und nach diesem gewollten Mißerfolg vereinte sich das ganze Ministerium in einer Eingabe an den König: Da sich eine Sanierung mit Hilfe des Parlaments als unmöglich herausgestellt habe, bäte man um Zurücknahme des königlichen Befehls; danach erging man sich in heftig übertriebenen Schilderungen der verzweifelten Finanzlage und des drohenden schimpflichen Bankrotts, vor dem es nur eine Rettung gebe: äußerste Sparsamkeit; worauf das Schriftstück seitenlang aufführte, auf was alles der König künftig zu verzichten habe: nicht nur auf Fertigstellung der begonnenen Bauten, sondern auch auf die Separatvorstellungen, auf den Aufenthalt auf dem Lande, auf den häufigen Ortswechsel, auf seine Freigebigkeit, kurzum auf ungefähr alles, was ihm im Leben noch wertvoll schien.

Es ist ein unerfreuliches Dokument. Denn einem Manne, den man für gemeingefährlich geisteskrank hält und in wenigen Wochen entmündigen will, ein Spar- und Lebensprogramm vorzuschlagen, das nur dann einen Sinn hat, wenn es aus freiem Willen angenommen und jahrelang durchgeführt wird – es ist ein Widerspruch in sich und kann keinesfalls ehrlich gemeint gewesen sein. Tatsächlich zweifelten die Zeitgenossen auch nicht daran, daß jene Eingabe sich in Wirklichkeit gar nicht an den König richtete, sondern dem Ministerium, allerdings sehr verspätet, ein moralisches Alibi verschaffen sollte: vor der Öffentlichkeit darzutun, was für unerschrockene und prachtvolle Charaktere in diesem bayerischen Kabinett doch säßen, die sich nicht einmal gescheut hätten, ihrem eigenen Monarchen, allerdings kurz ehe sie ihn gewaltsam entthronten, noch einmal die Wahrheit zu sagen.

Der König sah in der Eingabe der Minister allerdings nur Gehorsamsverweigerung; sie waren von diesem Augenblick an für ihn erledigt; ihr Schreiben würdigte er keiner Antwort und suchte unverweilt nach Ersatz für sie. An Hesselschwerdt, der in München war, schrieb er in fliegender Eile einen in Form und Ton gehetzten und verschwommenen, inhaltlich aber ganz sachgerechten Brief: Da die Minister sich weigerten, seine Befehle auszuführen, müßten sie gehen; das neue Ministerium, an dessen Spitze er sich Ziegler denke, solle sich wegen der Sanierung der Kabinettskasse an die Kammern wenden; seien diese »verstockt«, seien sie aufzulösen; »andere her und das Volk sehr bearbeiten, schnell aber ...« Und da Ziegler, als Parteigänger des

Ministeriums und wohl auch hinreichend über das informiert, was gegen Ludwig vorbereitet wurde, ablehnte, wendete der König sich, immer noch auf dem Ratschlag Bismarcks fußend, konsequenterweise, den parteipolitischen Gegnern des Systems Lutz zu: Er ließ wieder bei Franckenstein, dem angesehensten Führer der Patrioten, sondieren, ob es ihm, an der Spitze eines neuen Kabinetts, möglich sei, die Sanierung der königlichen Finanzen vor den Kammern zu vertreten. Allerdings wußte auch Franckenstein wohl schon allzuviel von der verfahrenen Situation. Er zeigte sich, mindestens anfänglich, nicht allzu bereitwillig.

*

An akute Gefahr für seine Sicherheit dachte der König kaum und verließ sich jedenfalls darauf, daß Hesselschwerdt ihn aus München notfalls sofort warnen würde; er ahnte nicht, daß der Marstallfourier sich dort für Guddens Materialsammlung vernehmen ließ, ja, daß diese von ihm verwöhnteste Kreatur eigentlich am hemmungslosesten von allen Zeugen gegen ihn aussagte. So machte es ihm anscheinend auch nicht viel aus, daß jetzt ein allgemeiner, offenkundig inspirierter Presselärm über ihn, seine Finanzen, aber auch schon über seinen Gesundheitszustand begann[15].

Er wollte die Pfingstfeiertage, die auf den 13. und 14. Juni fielen, auf Neuschwanstein verbringen. Das Wetter freilich war unpfingstlich, düster und regnerisch. In den Kastanien am Burgtor saß tagelang krächzend ein Rabenpaar; vergeblich schoß man nach ihm.

Am 9. Juni war der König gegen zwei Uhr mittags aufgestanden, hatte den trüben Tag mit Lektüre verbracht und um Mitternacht diniert und wollte gegen ein Uhr nachts ausfahren. Er ging im Sängersaal der Burg umher und zitierte laut einige Verse – angeblich aus »Don Carlos« –, als plötzlich der Kutscher Osterholzer sich melden ließ, atemlos vor ihm niederfiel und ihn bestürmte, sich zu retten:

[15] Den Anfang machte ein scharfer Artikel der Essener »Rheinisch-Westfälischen Zeitung«. Seine Herkunft aus dem bayerischen Kabinett verriet sich ebenso durch seine genaue Informiertheit wie dadurch, daß seinetwegen keine Strafverfolgung eingeleitet wurde. Dann folgte eine ebenfalls inspirierte Artikelserie der »Münchener Neuesten Nachrichten« über die »Geschichte der Königlichen Cabinettscassa«. Und etwa vom 1. Juni an waren alle Münchener Zeitungen voll von Berichten über den kranken König.

Drunten im alten Schloß Hohenschwangau sei eine Kommission aus München eingetroffen, die Übles gegen ihn plane; auch Graf Holnstein sei dabei; als Osterholzer die Pferde für die Nachtfahrt anschirren wollte, sei der Oberstallmeister plötzlich dagewesen und habe ihm befohlen, wieder auszuspannen, und als der Kutscher sich auf den königlichen Befehl berief, grob erwidert, der König habe überhaupt nichts mehr zu befehlen, sondern nur Prinz Luitpold.

Der König scheint von der Realität der Gefahr nicht ganz überzeugt. Dennoch trifft er ruhig die der Situation angemessenen Vorsichtsmaßnahmen; er befiehlt, die Gendarmerie der Umgebung in der Burg zusammenzuziehen, ebenso die Feuerwehren, die Tore zu schließen und niemanden, wer es auch sei, einzulassen; er läßt den Grafen Dürckheim telegraphisch herbeirufen, in dem er, ganz richtig, den verläßlichsten Mann seines Königreichs erkennt, und geht dann schlafen.

Doch Osterholzer hat sich nicht getäuscht. Gegen vier Uhr, als ein kalter Tag voll Regengeriesel zu grauen beginnt, kommt eine Reihe dunkler Hofequipagen den Serpentinenweg zur Burg hinangefahren. Sie halten vor dem Tor, und ihnen entsteigen, in goldbestickter Gala, Dreimaster auf den Häuptern, der Minister von Crailsheim, die Grafen Törring und Holnstein, die zu Kuratoren des zu entmündigenden Königs ernannt sind, Legationsrat Rumpler vom Ministerium des Äußern in rotem Frack als Protokollführer, dann aber, in schlichtem Schwarz, Gudden, sein Assistent Müller und einige kräftige Irrenwärter; auch der für den König bestimmte Wagen ist schon zur Stelle, ein einfacher Landauer, doch so eingerichtet, daß man ihn nur von außen öffnen und die Füße eines etwa widerspenstigen Passagiers unter dem Sitze fesseln kann.

Crailsheim[16] trägt ein Schreiben Luitpolds bei sich, das im blühendsten Kurialstil dem »Durchlauchtigst Großmächtigsten König, Gnädigsten und geliebtesten Herrn Neffen« mitteilt, er sei an der »weiteren Ausübung der Regierungsrechte behindert«, weshalb Luitpold zur Konstituierung der Reichsverweserschaft »die Zügel der Regierung er-

[16] Lutz gab an, die Führung der Kommission, die formal und materiell ihm zugekommen wäre, für unter seiner Würde zu halten; als Ziegler ihn deswegen ansprach, erwiderte er: »Sie scheinen einen schönen Begriff von der Stellung eines Ministers zu haben.« Möglicherweise aber wollte er nur vermeiden, dem König unter die Augen zu treten.

griffen« habe; er bitte Gott, daß er Ludwig ermögliche, das Unvermeidliche mit königlicher Würde zu tragen und durch baldige Genesung die Rücknahme der Regentschaftsmaßnahmen zu ermöglichen und verbleibe »in unverbrüchlicher Treue und Anhänglichkeit an die geheiligte Person Ew. Kgl. Majestät Allerhöchst-Deren untertänigst treugehorsamster Oheim Luitpold, Prinz von Bayern«.

Doch ist Crailsheim nie dazu gekommen, dieses Schreiben zu überreichen. Denn vor dem Tor zeigen sich zwei Gendarmen zu Pferd und acht zu Fuß mit aufgepflanztem Bajonett und der kommandierende Wachtmeister, Heinz mit Namen, ruft herüber, niemand werde hier passieren. Die Galauniform höchster Staatsfunktionäre bleiben auf die schlichte Treue dieses einfachen Menschen ebenso ohne Eindruck wie die Vollmachten des Prinzen Luitpold, die Crailsheim ihm hinreichen will, auf die er sich aber weigert, auch nur einen Blick zu tun: Er brauche nichts Schriftliches; er kenne nur eine Ordre, die komme direkt vom König und laute, niemanden einzulassen.

Mitten in diese Auseinandersetzungen hinein dringt aus dem triefenden Nebel plötzlich schrilles Geschrei: Baronin Truchseß, die Frau eines ehemaligen Gesandten, eine weißhaarige alte Dame, die für harmlos irre gilt und jetzt in Hohenschwangau zur Sommerfrische ist, hat irgendwie erfahren, was hier vorgeht; in hohen Tönen beschimpft sie die Herren der Kommission – »Graf Töring, Ihre Kinder müssen sich Ihrer schämen; Minister Crailsheim, nie wieder spiele ich mit Ihnen Klavier« – und stürzt dann mit geschwungenem Regenschirm auf die Gendarmen, die verblüfft zurückweichen; und wirklich gelingt es ihr, sich unter dem Rufe »Ich lasse den König nicht den Landesverrätern« den Weg ins Schloß zu bahnen.

Vor der Kommission jedoch, die es ihr nachzutun versucht, halten die Gendarmen stand; im Hin und Her entfällt einem der Irrenwärter ein Chloroformfläschchen und verbreitet weithin ins Morgengrauen seinen Gestank. Schließlich versucht es Crailsheim damit, den Wachtmeister militärisch scharf anzuschreien, worauf dieser jedoch »Legt an!« kommandiert und die Gewehrläufe der Gendarmen sich gegen die goldbestickten Galaröcke heben.

Die Lage wird also immer aussichtsloser, zumal jetzt beim Hellerwerden von allen Seiten auch die Bauernschaft der Umgebung mit

Frauen und Kindern durch den Tannenwald den Berg hinangeklettert kommt – »wie die wilden Furien«, sagt ein Augenzeuge. Von drohenden Blicken umstarrt, muß die Kommission sich daher fröstelnd in die Mäntel hüllen und mit tropfenden Dreimastern ihre Wagen besteigen, um nach Hohenschwangau zurückzukehren.

Der König, nach kurzem Schlaf erwacht, ist gerade beim Ankleiden, als Lärm im Vorzimmer entsteht, die Tür auffliegt und die alte Baronin Truchseß im Hofknicks vor ihm niederfällt: sie wolle ihn schützen. Er hebt sie auf, sucht sie zu besänftigen: er werde sich selbst schützen können und nicht die Hilfe einer Dame dazu in Anspruch nehmen müssen. Doch nun beginnt sie zu erzählen, was sie am Burgtor erlebte, und als Ludwig die Namen der Kommissionsmitglieder vernimmt: Crailsheim, der ja immer noch sein Minister ist, und der in Ungnade gefallene Holnstein – er nennt ihn jetzt »die rote Pferde-Exzellenz« und seine Wahl zum Kurator »unfaßbar«[17] –, wächst einer seiner furchtbaren Wutanfälle in ihm heran, der ihn allmählich um alle Besinnung bringt. Wie, diese Menschen, die seine Geschöpfe sind, wagen es, den Nimbus der Majestät zu berühren, wollen die Hand an seine geheiligte Person legen? Er schreit seine Befehle hinaus: Sofort sollen sie verhaftet werden und hierher vor ihn auf die Burg gebracht.

Gegen sechs Uhr morgens sind daher die Gendarmen schon wieder drunten in Hohenschwangau und verhaften fürs erste Crailsheim, Törring, Holnstein und einen Baron Washington, der, als Vertrauensmann Luitpolds, begleitender Kavalier des Königs werden sollte, bald darauf aber auch die beiden Ärzte und die Irrenwärter. Zum zweiten Male müssen sie über die Serpentinen zur Burg hinan, von der zusammenströmenden Bevölkerung übel begrüßt; eine Bauersfrau ruft ihrem Buben zu: »Schau, wenn du einmal groß bist, kannst du sagen, daß du auch einmal Verräter gesehen hast.« Auf halbem Wege kommen ihnen Chevaulegers entgegen: Der König befehle, die Gefangenen in Ketten zu transportieren; doch da die biederen Gendarmen über Ketten nicht verfügen, bleibt der Befehl unausgeführt.

[17] Sachlich hatte er damit vollkommen recht – obwohl er noch nicht einmal wußte, daß Holnstein sich zu dieser Fahrt nach Hohenschwangau, als ob es sich um einen Vergnügungsausflug handle, mit Angelgerät versehen hatte und daß er, als die Frage erörtert wurde, wer dem König seine Entmündigung mitteilen sollte, erklärt hatte: »Ich geniere mich nicht; ich gehe geradenwegs hinein zu ihm.«

In der Burg wimmelt es jetzt von kräftigen, ländlichen Gestalten, bärtigen, bösen Gesichtern, oft den Messinghelm der Feuerwehren darüber gestülpt. Um sich in Respekt zu setzen, ruft Holnstein zur Hofküche hinauf: »Ich wünsche so bald als möglich ein Frühstück«, aber niemand kehrt sich heute an ihn. In ein paar kahlen, kaum möblierten Dienstbotenkammern wird er mit den anderen Gefangenen untergebracht. Der König, heißt es, will sie fürs erste noch nicht sehen.

Droben in dem nachgeahmten Mittelalter der Burggemächer tobt und stampft nun ein wahrhaft mittelalterlicher Monarch umher: zornfunkelnd, besinnungslos vor Wut, willens, den Treubruch seiner Funktionäre, Felonie also und nach Feudalrecht die furchtbarste Sünde, auch auf mittelalterliche Weise zu bestrafen. Einen Diener nach dem andern jagt er mit hastig hingeworfenen Befehlen die Schloßtreppe hinab: Man solle die Gefangenen bis aufs Blut peitschen, jedem ein Auge ausstechen, die Haut abziehen, sie verhungern und in »ihrem Dreck verkommen lassen«.

Niemand zwar denkt daran, solchen Befehlen zu gehorchen. Trotzdem ist die Situation nicht ungefährlich, können angesichts der immer noch wachsenden Volksmassen, die dumpf grollend Höfe und Gänge der Burg durchwogen, die Gefangenen nicht wissen, was ihnen vielleicht die nächste Minute bringt. Denn wozu alles wäre dieses damals noch so treuherzige und zutrauliche, aber leicht auch zu fanatisierende und klobige und wilde Volk imstande gewesen, wenn der König etwa auf den Gedanken gekommen wäre, sich ihm in der Märtyrerglorie des von Hochverrat Bedrohten auf der Freitreppe zu zeigen? »Ich habe zweimal infame Duelle ausgefochten«, sagte Holnstein, der gewiß nicht feige war, später, »aber lieber noch zehn solche als eine einzige Stunde in derartiger Lage.«

Gegen Mittag jedoch sinkt der Zorn des Königs in sich zusammen. In einer Ecke seines Vorzimmers hockt zwar immer noch funkeläugig die Baronin Truchseß; aber er beginnt jetzt schon, sie lächerlich zu finden. Von seinen Gefangenen spricht er nicht mehr. Er weiß wieder, daß noch keiner seiner Gewaltbefehle je ernstgenommen wurde und daß man also auch jene Staatsfunktionäre unversehrt und still entlaufen lassen wird.

Und so geschieht es auch. Während um die Mittagsstunde die Aufmerksamkeit der Volksmenge nachläßt und die Höfe sich leeren, schleicht einer der Gefangenen nach dem andern aus der Burg. Sie treffen einander drunten im Dorf, wo ein vierspänniger Jagdwagen des Marstalls die blassen und schweigsamen Herren erwartet. Er bringt sie zur nächsten Bahnstation, Peißenberg, und zwar, da sie Verfolgung durch Chevaulegers oder reitende Gendarmen fürchten, so rasch, daß sie dreiundfünfzig Kilometer in weniger als drei und einer halben Stunde zurücklegen.

Im Dorfe Hohenschwangau begegnet ihnen, mit abgehetzten Pferden, auf dem Wege zum König, Graf Dürckheim. Er erkennt sie, doch verweigert er ihnen den Gruß.

XXI
DIE LETZTEN TAGE

Durch den Rückzug der Kommission hatte der König anderthalb Tage Zeit gewonnen, durch die Ankunft Dürckheims außerdem einen energischen, zu allem bereiten, unbedingt treuen Helfer – beides viel unerwartete Gunst des Zufalls.

Aber wie Ludwig nun mit diesem Zeitgewinn und diesem Vasallen umging, wie er die Möglichkeiten, die beide ihm boten, eine nach der andern entschlußlos aus der Hand gleiten ließ –, das beweist eben doch und weit deutlicher als die fragwürdigen Dokumente des Psychiatergutachtens, wie weit die Erschütterung seines Geistes schon in die Tiefe reichte.

Zunächst zwar, als Dürckheim bei ihm eintrat, breit, sicher, strotzend in rotblonder Gesundheit, an den mächtigen Schultern die Fangschnüre des Flügeladjutanten, da brachte er auch seinem Herrn noch einmal etwas wie einen Anhauch von Sicherheit. Ludwig erzählte ihm ganz unerregt, nur leise indigniert, er sei in einiger Verlegenheit, aus der Dürckheim ihm helfen solle: nachts sei er mit der Nachricht geweckt worden, mehrere Herren seien angekommen, um ihn mit Gewalt fortzuführen; natürlich habe er sie nicht hereingelassen und später ihre Festnahme befohlen. Was beabsichtige man eigentlich mit ihm? Man könne ihn doch nicht als Wahnsinnigen behandeln? Das Ganze sei doch nur eine Geldfrage; wenn ihm jemand hier auf den Tisch ein paar Millionen lege, wolle er sehen, ob man ihn noch für wahnsinnig halten würde.

Dürckheims Antwort war die geradlinige, entschlossene und auch taktisch richtige eines Soldaten: sofort solle die Majestät anspannen lassen, mit ihm nach München fahren und sich dem Volke zeigen, sicher werde alles ihm zujubeln und von der Regentschaft keine Rede mehr sein.

Doch der König vermochte sich noch nicht zu entscheiden. Allzu verhaßt schien ihm immer noch die Stadt, in die ihn, wie er zu sagen pflegte, auch »acht weiße Elefanten« nicht mehr zu bringen vermöchten.

So möge er zunächst einmal, schlug Dürckheim daraufhin vor, durch Telegramme an Bismarck und Franz Joseph auf seine bedrohte Lage aufmerksam machen, weiterhin Franckenstein, der sich in Marienbad aufhielt, als neuen Ministerpräsidenten telegraphisch herbeirufen, ebenso auch das im unfernen Kempten garnisonierende Jägerbataillon. Diese und einige andere Telegramme gingen auch wirklich ab; vorsichtshalber aber ließ Dürckheim sie schon jenseits der Grenze, im österreichischen Reutte aufgeben.

Etwa gleichzeitig, vermutlich, entstand jetzt auf Neuschwanstein auch eine Proklamation an das bayerische Volk; ihre populär draufgängerische Formulierung läßt auf Dürckheims Autorschaft schließen, obwohl sie die Unterschrift des Königs trägt. Sie ist alles andere als ungeschickt. Prinz Luitpold, so heißt es in ihr, beabsichtige, sich widerrechtlich zum Regenten Bayerns zu erheben, während das Ministerium durch unwahre Angabe über den Gesundheitszustand des Königs das Volk getäuscht habe; tatsächlich fühle Ludwig sich »körperlich und geistig so gesund wie jeder andere Monarch«. Infolgedessen fordere er »jeden königstreuen Bayern« auf, »den Prinzen Luitpold und das Gesamt-Ministerium als Hochverräter zu bekämpfen«. Der gleiche Appell ergeht »an die gesamte deutsche Nation«, die nicht dulden werde, daß »ein deutscher Fürst durch Hochverrat verdrängt wird«. Die Geschichte dieser Proklamation ist bis heute nicht ganz geklärt. Ihre Echtheit wird bestritten und ist auch nicht schlüssig nachweisbar — wenngleich für die amtliche Lesart, das Schriftstück stamme gar nicht vom König, sondern sei eine in Basel gedruckte sozialdemokratische Mystifikation, überhaupt kein Beweis besteht. Die Verbreitung der Proklamation zu verhindern hingegen gelang der neuen Regierung sehr gut; eine einzige bayerische Zeitung, merkwürdigerweise eine am andern Ende des Landes, das »Bamberger Journal«, veröffentlichte sie am nächsten Tag und wurde daraufhin sofort beschlagnahmt.

Die Telegramme des Königs erreichten nur zum Teil ihre Adressaten; das an die Kemptener Jäger wurde abgefangen, so daß der Kommandeur der Truppe, die noch auf Ludwig vereidigt war, vor einem peinlichen Gewissenskonflikt bewahrt blieb. Franckenstein in Marienbad hingegen empfing den Appell des Königs und, an der Ehre gepackt, machte der alte Edelmann sich sofort auf den Weg, um allerdings in München zu erfahren, daß man ihn nicht weiterreisen lasse.

Auch das Telegramm an Bismarck gelangte nach Berlin und der Reichskanzler antwortete sofort. Wieder war sein Rat aktivistisch, forderte er die reale Probe, in der der König sich als solcher bewähren solle: er möge, so telegraphierte er zurück, nach München gehen, sich dem Volke zeigen und vor den Kammern persönlich für sein Recht eintreten. Es war also der gleiche Rat, den Dürckheim schon gegeben hatte, überdies aber – mit seiner unmittelbaren Wendung an das Volk, der Anrufung einer Art Gottesurteil also – den mittelalterlichen Denkformen des Königs angepaßt und endlich auch sachlich schlechthin richtig. Denn tatsächlich: hätte Ludwig es noch fertiggebracht, im dunkelgetäfelten Saal der Reichsratskammer persönlich zu erscheinen, im Schmuck des königlichen Ornats vielleicht, oder vor dem Landtag mit seiner großen bäuerlichen Mehrheit, oder etwa auf den Straßen vor dem Volke, ihm anheimstellend, ob es seinen König für wahnsinnig halte oder nicht – alle Wahrscheinlichkeit sprach dafür, daß Luitpold und Lutz im Nu hinweggefegt gewesen wären.

Doch auch jetzt noch, das Telegramm Bismarcks in der Hand, zögerte Ludwig: er habe so wenig geschlafen; er sehe so schlecht aus; es sei auch kein Extrazug bereit, so wendete er ein. Jetzt, wirklich, hatte er nichts mehr vom autokratischen Monarchen des Mittelalters an sich, der in solcher Lage gewiß keinen Augenblick gezögert hätte, die Krone grimmig und bis aufs Blut zu verteidigen. Dieser König hier, das dämmerte nun wohl auch dem getreuen Dürckheim, suchte nach Ausflüchten, nur um sich nicht entschließen zu müssen.

So gab er die Hoffnung auf, ihn, der den militärischen Weg nicht gehen wollte oder konnte, zu einer Tat mitzureißen. Aber wenigstens die körperliche Freiheit wollte er ihm noch sichern. Daher schlug er ihm vor, den dichten Nebel des trüben Tages auszunutzen und ins benachbarte Österreich zu fliehen, das ja ohnehin für ihn immer ein Teil des alten Deutschlands geblieben, nie Ausland geworden war: seine Wagen- und Schlittenfahrten hatten an den Grenzschlagbäumen nie Halt gemacht; in einzelnen abgelegenen Tiroler Berggasthäusern, in Fernstein etwa hatte er einige Zimmer dauernd gemietet und zu Rokoko-Wohnräumen seines Geschmacks ausgestattet, und stets auch hatte er darauf geachtet, daß bei seinen Bauten und Wegearbeiten Tiroler beschäftigt würden. Und umgekehrt geschah es jetzt, an diesem 10. und 11. Juni 1886, daß in Tirol die Männer sich bewaffneten, den bayerischen König in ihrer Mitte erwarteten und daß ihre Anführer zur Erkundung schon bis ins Dorf Hohenschwangau vorgedrungen waren; die Kommandantur Innsbruck rechnete jeden Augenblick mit der Meldung seines Grenzübertritts.

Aber auch vor diesem Ausweg schreckte Ludwig zurück. Auch diesen Entschluß konnte er nicht mehr fassen. Er fand immer neue Bedenken: ob man ihn denn in Österreich aufnehmen werde, woher er dort die Mittel zum Leben nehmen solle, ob es bei einer solchen Flucht nicht etwa gar zu Blutvergießen kommen könne?

Er war dabei, so berichtet Dürckheim, vollkommen ruhig, klar und logisch; zwar zeigte er sich gegen Luitpold und Gudden tief erbittert – »Kennen Sie etwas«, sagte er in bezug auf diesen, »wozu ein deutscher Universitätsprofessor sich heutzutage nicht hergibt?« Von geistiger Erkrankung im engeren Sinne aber will Dürckheim keine Spur bei ihm bemerkt haben, nur eben eine grenzenlose Entschlußunfähigkeit. »Ich schlug ihm das Einfachste und das durchaus Mögliche vor, aber er war nicht imstande, darauf einzugehen.«

So wie tags zuvor seine wüsten Gewaltbefehle gegen die gefangene Kommission den Verfall seiner Urteilsfähigkeit offenbarten, so zeigte sich jetzt die Zermürbung seines Willensapparats; die gesunde Wechselwirkung zwischen Einsicht und Entschluß war nicht mehr herzustellen. Die reale Probe, wie sie Bismarck im Sinne gehabt hatte (der ja die festeste Stütze der Monarchie in der Entschlossenheit des Monarchen sah, »lieber mit dem Degen in der Faust auf den Stufen des Throns für seine Rechte kämpfend zu fallen, als zu weichen«), diese Bewährungsprobe also hatte stattgefunden, doch mit negativem Ergebnis; Ludwig hatte in ihr versagt: er hatte sich als entschlußunfähig und damit auch in einem tieferen historischen Sinn als regierungsunfähig geworden erwiesen.

Doch es kam noch schlimmer. Inzwischen nämlich hatte man in München erfahren, daß Dürckheim sich in Neuschwanstein aufhielt und da man den Charakter des Grafen kannte und seinen Einfluß auf den König fürchtete, erhielt er alsbald aus dem Kriegsministerium den telegraphischen Befehl, zurückzukehren. Dürckheim beachtete ihn zuerst nicht. Erst als er in verschärfter Form wiederholt wurde, legte er ihn dem König vor und erbat seine Entscheidung. Offenbar erwartete er ein Machtwort des Monarchen und Obersten Kriegsherrn. Statt dessen aber bat ihn Ludwig nur inständig, er möge bei ihm bleiben; er habe ja keinen Menschen auf der Erde mehr, dem er trauen könne. So telegraphierte der Graf zurück, es sei ihm unmöglich, den König zu verlassen. Die Antwort war eine neue Rückberufung, diesmal im Namen Luitpolds, mit der Drohung, im Falle des Ungehorsams den Grafen als Hochverräter anzusehen.

Und nun, da Ludwig derart hart und unmittelbar seine Autorität der des Regenten gegenübergestellt sah, der für ihn doch nach wie vor nur ein Thronräuber war, befahl er jetzt wenigstens dem letzten Vasallen, zu bleiben, deckte er ihn mit der Fülle seiner angeborenen Königsmacht gegen jenen, der es wagte, seine Treue, die legitimste der Welt, Hochverrat zu nennen? Keineswegs. »Sie wissen ja«, sagte er sehr müde zu Dürckheim, »wie gern ich Sie bei mir behielte. Telegraphieren Sie das meinem Onkel und fragen Sie ihn an, ob er Sie mir nicht läßt.«

Ob der König sich ganz klar darüber war, was er hiermit tat: daß er dem Prinzen, den er nicht anders als »Prinz-Rebell« nannte, dennoch die Verfügungsgewalt über diesen Offizier zugestand und damit anerkannte, daß er sie bereits über das ganze Heer besaß? Es war eine lautlose, innerliche Kapitulation, dennoch die vollkommenste, die denkbar war. In diesem Augenblick spätestens mußte auch Dürckheim erkennen, daß er einem verlorenen Mann gegenübersaß, dem nicht mehr zu helfen war.

Und als dann die Antwort aus München kam – knapp und hart: »Es bleibt bei dem Befehl des Kriegsministeriums« –, da beugte Ludwig in noch tieferem Verzicht sich auch ihr; ja, er selbst vollstreckte den Befehl des Regenten, indem er zu Dürckheim sagte: »Ich sehe ein, daß Sie zurückkehren müssen, sonst ist Ihre ganze Karriere und Zukunft verloren.«

So entließ er seinen letzten Vasallen in den Machtbereich dessen, der gedroht hatte, diese Vasallentreue als Hochverrat zu ahnden; ihm lieferte er dennoch Dürckheim aus[1]. Er handelte damit als ein um die

Zukunft seiner Untergebenen besorgter Herr und gütiger Mensch, aber gewiß nicht mehr als König.

*

Im gleichen Augenblick aber wußte Ludwig wohl auch schon, was geschehen war — denn die Schärfe seiner Logik scheint ja nie ausgesetzt zu haben —, daß er nämlich jetzt sein ererbtes, ihm zugleich mit dem Leben angeborenes Amt verwirkt hatte und damit — da für den geborenen König ja Amt und Leben identisch ist — auch dieses selbst.

Denn von nun wächst in ihm unaufhaltsam und stürmisch das Verlangen nach dem Lebensende heran, verbreitet sich der Entschluß zur Selbstvernichtung wie ein weitästiger Baum durch sein ganzes Wesen. Freilich, es war ein Entschluß, der ihm ja immer schon nicht ferngelegen hatte — wie oft hatte er nicht gesagt, daß die dunklen Fluten des nahen Alpsees ihn anzögen —, jetzt aber hielt er an ihm mit äußerster, verzweifelter Zielstrebigkeit fest; alles was er jetzt noch unternahm, diente ihm. Die Spannkraft, die er zum Leben nicht mehr fand, sie war in unheimlicher Stärke plötzlich da, als es um das Sterben ging. Bereits als Dürckheim sich abmeldete, flüsterte er dem ohnedies tief Erschütterten die Bitte zu, ihm Zyankali zu besorgen.

Dann, nachdem auch dieser letzte Ritter gegangen war, wurde es immer leerer und stiller in der Königsburg. Die Lakaien, längst im Spiel der Gegner, verschwanden einer nach dem andern. Die Gendarmen am Burgtor wurden ohne viel Aufsehen abgelöst. Und seitdem drunten in den Dörfern Luitpolds Regentschaftsproklamation an den Mauern klebte, waren auch die Feuerwehren heimgekehrt.

Der König, der rasch einsehen mußte, daß er sich Gift nicht verschaffen konnte, dachte jetzt zweifellos an einen Sturz in die felsigen Ab-

[1] Dürckheim wurde schon bei seiner Ankunft auf dem Münchener Bahnhof verhaftet. Man beabsichtigte ursprünglich, ihm einen Hochverratsprozeß zu machen, vornehmlich, wie Böhm (676) berichtet, wegen seiner Mitarbeit an der Proklamation Ludwigs, in der man damals also noch nicht eine sozialdemokratische Mystifikation sah. Doch besann man sich anders, vermutlich weil man den sehr starken Anhang fürchtete, der sich alsbald für Dürckheim in dem damals noch sehr königstreuen bayerischen Offizierskorps bildete. Auch Bismarck intervenierte sofort für ihn. Dürckheim wurde nach einigen Tagen wieder freigelassen und nach Metz versetzt. Seine weitere militärische Laufbahn war glänzend; er brachte es bis zum Kommandierenden General des II. bayerischen Korps. 1912 ist er in Locarno gestorben.

gründe, die ja auf allen Seiten die Burg umstarrten. Wenn der Friseur Hoppe morgen komme, sagte er zu dem Chevauleger Alfons Weber, solle er ihm ausrichten, sein Kopf sei unten in der Pöllatschlucht zu finden. Und von Mayr verlangte er den Schlüssel zum großen Schloßturm »Luginsland«. Der Lakai freilich, nichts Gutes ahnend, erwiderte, der Schlüssel sei verlegt, er lasse ihn suchen. Doch immer wieder im Laufe des Tages und immer dringlicher erinnerte ihn Ludwig daran.

Man sah inzwischen seine hohe, breite Gestalt ruhelos die Burg durchwandern, auch die noch unfertigen Teile, wo man auf Brettern und Bohlen balancieren mußte. Lange verweilte er im Thronsaal vor der leeren Nische, immer wieder auch in der Loggia, den dunklen, schweren Kopf in die Hand gestützt, in die trübe Landschaft schauend. Offenkundig, daß er Abschied nahm von dem stummen, sehr qualvollen und doch ebenso geliebten Leben in seiner selbsterbauten Welt und seinem schönen Lande Bayern. Merkwürdig jedoch: in diesen Stunden, in denen er wissen mußte, daß gar nichts mehr zu hoffen war, in denen er wirklich Anlaß zur Verzweiflung hatte, wie nie zuvor, da kam keiner seiner sonst so leicht aufbrausenden Zornausbrüche über ihn. Jetzt wenigstens verschonte ihn der dunkle Dämon. In voller Fassung, nur das Taschentuch zuweilen an die Augen führend, durchwanderte er die romantische Burg, die wie kein anderes seiner Bauwerke ein Bild seines Wesens war.

Längst war es dunkel geworden. Durch den Tannenwald vor den Mauern ging orgeltönig der Wind. Schwere Regengüsse rauschten immer wieder über das Schloß herab, das voll erleuchtet in der Schwärze lag. Manchmal zwang Ludwig sich zum Niedersitzen, blätterte in irgendeinem Buch, warf es wieder hin, wanderte aufs neue umher und unterhielt sich dazwischen mit dem Chevauleger Weber, der den Vorzimmerdienst bei ihm hatte, dem einzigen Menschen, den er auf seinen ruhelosen Gängen noch gewahrte. Es war ein durch Stunden hingedehntes, etwas groteskes Gespräch, das er so in der totenstillen Burg, während die Nacht immer weiter vorrückte, mit dem einfachen Soldaten führte, einem übrigens recht intelligenten Burschen, der von Beruf Schriftsetzer war. Ob er an die Unsterblichkeit der Seele glaube, fragte er beispielsweise, an ein Jenseits; und als Weber bejahte, fuhr er fort, auch er glaube daran, doch auch an die Gerechtigkeit Gottes; er habe viel über den Materialismus gelesen; aber das befriedige nicht und könne ihn nicht beirren. »Es muß eine Vergeltung geben; was man mir antut, kann nicht ungestraft bleiben.« Und da der vierundzwanzigjährige Kavallerist hierauf nicht gut antworten konnte, wurde das Gespräch immer mehr zum Monolog: »Daß man mich des Thrones beraubt, könnte ich verschmerzen, aber daß man mich für irrsinnig erklärt, das überlebe ich nicht.« Und immer wieder kam dazwischen die Frage, ob der Turmschlüssel denn noch nicht gefunden sei.

Zuweilen freilich auch verschwand der König ins Speisezimmer, saß vor sich hinstarrend an dem großen Eßtisch, auf dem ein vergoldetes Füllhorn mit verdorrenden Marschall-Niel-Rosen stand — niemand hatte mehr daran gedacht, sie fortzuräumen — und trank ungewohnt viel und wahllos durcheinander, was er fand, zumeist Weißwein und Kognak; wie er vor widerwärtigen Audienzen ein paar Gläser Sekt herabzustürzen pflegte, so suchte er nun nach Mut für die noch weit schwereren Begegnungen, die ihm bevorstanden.

Dann wieder erinnerte er sich an Weber. Er rief ihn in sein Arbeitszimmer, entnahm dem Schreibtisch 1200 Mark in Goldstücken und legte sie dem Soldaten hin: »Hier hast du mein Letztes, du hast es verdient, du warst mein Getreuester. Nimm es nur, ich brauche kein Geld mehr.« Und als der Bursche zu weinen begann, schenkte er ihm auch noch eine seiner Hutagraffen, nicht ohne ihm, höchst klar und logisch, gleichzeitig eine Anweisung auf 25 000 Mark Entschädigung auszustellen, für den Fall, daß die Agraffe von der Schatzkammer, in die sie gehörte, zurückgefordert werden sollte.

»Um halb eins bin ich geboren«, sagte er kurz vor Mitternacht, »um halb eins will ich auch sterben«; dann wieder: »Meiner Mutter kann ich den Schmerz nicht ersparen, den ich ihr bereite«, und endlich: »Ich hoffe, daß Gott mir diesen Schritt gnädig verzeihen wird.«

Bald nach Mitternacht klopfte es, Mayr war wieder da und meldete, endlich sei der Turmschlüssel gefunden. Der König erhob sich, nahm den Schlüssel, durchschritt schwerfällig dröhnenden Schrittes die Korridore, trat durch die Tür, die zur Wendeltreppe und zum Turm führte und — war schon in der Falle. Dunkel gekleidete Männer, fremde Eindringlinge traten plötzlich von allen Seiten auf ihn zu. Er blieb überrascht stehen, mit seinem massigen Wuchs fast den ganzen Türrahmen füllend, und musterte sie von seiner Riesenhöhe herab: wie ein Standbild seiner selbst, in dem nur das feucht-dunkle Auge lebendig glänzte. Und auf einmal beugten sich alle diese schwarzen Rücken tief vor ihm.

Nichtsdestoweniger aber hatten zwei der Fremden es verstanden, ihn gleichzeitig gewandt und weiß behandschuht unter den Armen zu fassen. Er rang nach Luft. »Ja, was soll denn das?« stammelte er, »ja, was wollen Sie denn?« Er schwankte ein wenig, vor Verwirrung und wohl auch unter Alkoholwirkung.

So ließ er sich widerstandslos in sein Schlafzimmer führen, wo sich alsbald an jedes Fenster ein Irrenwärter postierte, während vor den König hin ein ernster, breitschultriger Graubart trat – ach, Ludwig kannte ihn nur allzu gut, da Gudden ja auch Ottos Arzt war – und erklärte: »Majestät, es ist die traurigste Aufgabe meines Lebens, die ich übernommen habe. Majestät sind von vier Irrenärzten begutachtet worden und nach deren Ausspruch hat Prinz Luitpold die Regentschaft übernommen. Ich habe den Befehl, Majestät nach Schloß Berg zu begleiten, und zwar noch diese Nacht.«

Ludwig antwortete nicht. Eine Pause entstand, die Gudden dazu benutzte, seinen Assistenten Dr. Müller und jeden der Wärter einzeln vorzustellen, wobei der Patient schließlich auch ein paar beiläufige Höflichkeitsfragen tat, in einem Tone, als erteile er belanglose Audienzen. Dabei aber sammelte er sich offenbar soweit, daß er plötzlich gegen den Arzt mit derjenigen Frage losbrechen konnte, die tatsächlich die der Situation angemessenste war: »Wie kommen Sie eigentlich dazu, mich für geisteskrank zu erklären? Sie haben mich ja vorher gar nicht untersucht.«

Bei Guddens ziemlich ungelenker Erwiderung – »Majestät, das war nicht notwendig; das Aktenmaterial ist sehr reichhaltig und geradezu erdrückend« – hielt er sich nicht weiter auf. Wie lange die Kur voraussichtlich dauern werde, fragte er. Und als Gudden von mindestens einem Jahr sprach, meinte er: »Nun, es wird wohl rascher gehen; man kann es ja machen wie mit dem Sultan; es ist ja so leicht, einen Menschen aus der Welt zu schaffen.« Worauf aber Gudden, offenbar wieder vergessend, daß er den Mann, der so redete, soeben erst für unzurechnungsfähig erklärt hatte, tief gekränkt erwiderte: »Hierauf zu antworten, verbietet mir meine Ehre.«

Im weiteren Verlauf dieses merkwürdigen nächtlichen Gesprächs beklagte Gudden sich darüber, daß der König ihn gestern habe in Ketten legen und blenden lassen wollen. Da fuhr Ludwig auf: »Das habe ich nicht gesagt« – und fügte hinzu, auch in dieser Lage also den geliebten Schiller nicht vergessend: »Denn eine edle Himmelsgabe ist das Licht der Augen . . .«

*

Um vier Uhr morgens, als es hell wurde, rasselten drei Equipagen in den Hof, die mittelste, mit den abgeschraubten Türgriffen und den Riemen an den Bänken, wie vorgestern schon, für den Transport des Königs bestimmt. Im übrigen wurde heute auf die skurril-korrekte Feierlichkeit eines Staatsaktes verzichtet: statt der Würdenträger in Gala waren nur Ärzte, Wärter und ein reichliches Aufgebot von Gendarmerieoffizieren vorhanden.

Als der König im Hof erschien, soll er, nach Augenzeugenberichten, aschfahl ausgesehen, den Kopf rückwärts geneigt getragen und etwas gewankt haben; man will gefürchtet haben, er würde Gudden, der neben ihm ging, unversehens die Freitreppe hinabstoßen. Das Einsteigen verzögerte sich, da Ludwig vorher abseits noch lange auf Mayr einredete; er ahnte immer noch nicht, daß der Lakai sofort danach melden würde, der Patient habe Gift von ihm verlangt.

Endlich setzte der dunkle Wagenzug sich in Bewegung. Der König saß allein; nur ein Stallknecht ritt nebenher, mit dem Auftrag, ihn ständig zur beobachten. Doch konnte er nichts weiter bemerken, als daß der König an der Straßenbiegung, hinter der Neuschwanstein entschwindet, die Fensterscheibe abwischte und lange zurückschaute.

Die Fahrt im Regen durch die gemächlich gehügelte Voralpenlandschaft, immer das umnebelte Hochgebirge zur Rechten, dauerte mehr als acht Stunden. Als man endlich des Starnberger Sees ansichtig wurde und am Südende des großen, wellenschlagenden Gewässers, in Seeshaupt, zum letzten Mal die Pferde wechselte, verlangte der König ein Glas Wasser. Die Posthalterin Anna Vogl brachte es ihm. Er sagte »Danke«, dreimal, nichts als das, doch in solchem Tone, daß sie in unaufhaltsames Weinen ausbrach und das Glas, aus dem der König getrunken hatte, als Reliquie in ihrem Hause aufbewahrt blieb.

Gegen Mittag rollten die Wagen durch die dämmerigen alten Einfahrtsalleen in den Schloßhof von Berg. Genau wie sonst, als ob nichts Ungewöhnliches geschehen sei, begrüßte der König den Gendarmeriewachtmeister: »Das ist schön, Sauer, daß Sie wieder hier Dienst haben.« Dann ging er, nach seiner Gewohnheit, um das Schloß herum und durch alle Räume, betrachtete alles genau und gewahrte sicher auch die fatalen Änderungen, die Grashey, Guddens Schwiegersohn, inzwischen hatte vornehmen lassen, die abgeschraubten Klinken, die in die Türen geschnittenen Gucklöcher und vielleicht auch bereits die Bohrungen in den Fensterumrahmungen, in die Gitterstäbe eingesetzt werden sollten; »ein vollständiges Narrengefängnis«, meinte später der österreichische Gesandte. Doch Ludwig tat, als sähe er nichts. »Ganz gut«, sagte er, »es ist alles in Ordnung.«

Von jetzt an überhaupt, seitdem er den vertrauten Boden von Berg unter den Füßen spürte, schien er ganz wieder Herr seiner selbst, gefaßt, gemessen, höflich, obschon es eine eisig lächelnde Höflichkeit war. Dennoch ließ sich, was kaum verständlich ist, sogar Gudden von ihr täuschen. Am späten Nachmittag, bei einer Zigarre, im Lehnstuhl, sagte er zu Grashey, er freue sich über den glücklichen Verlauf, den alles hier nehme; der König sei ja ängstlich um sein Leben besorgt; höchstens in der Aufregung denke er an Selbstmord; man müsse ihn »möglichst schonend und nobel« behandeln. Dr. Müller, der hier anscheinend tiefer sah, hatte vorher schon verwundert zu Washington gesagt, er kenne seinen Chef gar nicht mehr, der sonst seinen Kranken gegenüber so sehr vorsichtig sei und seine Assistenten immer zur Vorsicht mahne ...

So kam die Nacht zum Pfingstmontag. Immer noch hielten die Regengüsse an, konnten Gewitter, die sich über dem See getroffen hatten, nicht auseinanderfinden. Der König war zeitig schlafen gegangen, scheinbar sehr müde und in stiller Resignation; es war ihm auch weiterhin gelungen, von dem Regime, das über ihn verhängt war und unter dem er sich, objektiv gesehen, etwa wie der Zögling einer Korrektionsanstalt vorkommen mußte, äußerlich keine Notiz zu nehmen. Einzig als er statt des Bestecks stumpfe Obstmesser neben seinem Teller fand, tat er eine kurze, verblüffte Frage.

Gegen zwei Uhr aber erwachte er schon und wollte – gewohnt, die

Nacht zum Tage zu machen – aufstehen. Doch die Wärter, die ihn jetzt statt der Lakaien umgaben, hatten seine Kleider entfernt und weigerten sich, sie ihm zurückzubringen. Endlich holten sie Dr. Müller, und er erlaubte dem König wenigstens, in Nachthemd und Strümpfen im Zimmer umherzugehen.

Er tat das nun, unermüdlich, stundenlang, und wußte sicherlich nichts davon, daß unterdessen in der regennassen, donnergrollenden Nacht die Bauern an den Seeufern Feuersignale zu entfachen suchten, ohne selbst recht zu wissen, was sie damit sagen wollten. Mancherlei unbestimmte Parolen überhaupt liefen in diesen Tagen um, so etwa: Am Pfingstmontag werde König Ludwig herrlich in München seinen Einzug halten; in Hohlwegen und auf einsamen Lichtungen sammelten sich die Bauern und liefen ohne Entschluß und Ergebnis wieder auseinander. Wie die Feuer in der regnerischen Pfingstnacht, so schwelte es im ganzen Oberland jetzt von ziellosen Verabredungen und einem vagen Widerstandswillen.

Gegen Morgen ließ der König seine übliche Waschprozedur, stehend in einem großen Becken, vornehmen, freilich von den fremden Pflegern; ebenso wurde ihm der gewohnte Friseur ferngehalten. Auch der Besuch der Messe war ihm nicht erlaubt. Ein einziges bekanntes Gesicht nur noch hatte er zufällig durchs Fenster erspäht, seinen früheren Oberküchenmeister, den Stabskontrolleur Zanders. Seit vielen Jahren stand er in Ludwigs Diensten, gehörte zum engsten Gefolge und hatte ihn auch auf der letzten Reise in die Schweiz begleitet. Mit ihm sollte an diesem Tage noch der König das letzte Gespräch haben, von dem man überhaupt weiß.

Immer noch war das Wetter sehr schlecht. Der See warf hohe Wellen, und trotz des Pfingstsonntags ließ sich kein Boot erblicken. Vormittags, in einer Regenpause, machte der König mit Gudden einen Spaziergang durch den Park, einen Pfad entlang, der, von Baumwipfeln überwölbt, ständig den Windungen der schilfbestandenen Uferlinie folgt. Gendarmen ließen sich dabei in weiten Abständen sehen, zwei Irrenwärter folgten dreißig Schritt zurück.

Es muß auf diesem Spaziergang gewesen sein, daß es dem Patienten gelang, starke Sympathien bei seinem Arzte zu gewinnen, die vorher bestimmt nicht vorhanden waren – ein letzter Triumph der Selbstbeherrschung und der großen Bezauberungs- und Verstellungskunst, zu der Ludwig notfalls immer imstande war[2]. Denn seine wirklichen Gefühle Gudden gegenüber mußten die der bittersten Todfeindschaft und eindeutigen Hasses sein: oder was anders konnte ein Mensch erwarten, der sich, so faßte Ludwig es ja auf, als Werkzeug hochverräterischer Erbschleicher, mit seinem bißchen besserwisserischer Vernunft in die selbsterbaute Welt des Königs eingedrängt hatte, sich nun daranmachte, sie um und um zu stürzen und ihm dafür Lebensformen von einer grauenhaft lächerlichen Unmöglichkeit aufzwingen wollte? Als nicht ganz unwesentlich kam noch hinzu, daß Gudden, der vom Niederrhein stammte, ein unverkennbar norddeutsches, für Ludwigs Ohr aber einfach »preußisches« Idiom sprach, das ihm, den schon der Anblick einer preußischen Uniform verstimmte, den Mann vollends unerträglich machen mußte.

Als Gudden ihm jetzt mitteilte, es würden ihm, um ihn seiner Einsamkeit zu entreißen, von nun an zwei Kavaliere zum dauernden Umgang zugeteilt werden, antwortete Ludwig zwar zunächst so, wie ihm zumute war: ihm sei schon einer zuviel. Dann aber benutzte er die Gelegenheit, um Gudden wissen zu lassen, mit ihm sei es etwas anderes; mit ihm würde er gerne allein sein. Möglicherweise hat dieser Wunsch des Königs den Arzt veranlaßt, den Wärtern zuzuwinken, sie sollten zurückbleiben — eine schicksalsschwere Geste.

Jedenfalls war Gudden bei der Mittagstafel der Ärzte wieder bester Laune. Der König sei ein Kind, erklärte er; den Grund seiner Fügsamkeit glaubte er darin zu sehen, daß Ludwig sich selbst krank fühle und auf Heilung hoffe. Doch auch Grashey erklärte jetzt, nachdem er eine längere Audienz beim König gehabt hatte: »Für rettungslos halte ich den Zustand Sr. Majestät nicht.« Das allerdings schien wiederum Gudden nicht recht zu sein. »Darüber sprechen wir ein anderes Mal«, sagte er nur kurz zu seinem Schwiegersohn. Trotzdem telegraphierte er selbst bald darauf an Lutz: »Hier geht bis jetzt alles wunderbar gut.«

Ungefähr zur gleichen Nachmittagsstunde empfing der König den Stabskontrolleur Zanders, dem Gudden zuvor das Ehrenwort abge-

[2] Eine seiner Lieblingsredensarten war: »Den müssen wir einseifen.« Auch Gudden wußte darum und hat eben in diesen Tagen geäußert, einseifen lassen wolle er sich vom König schon, aber barbieren nicht.

nommen hatte, mit dem Patienten nicht über seine Gefangenschaft oder gar über eine Flucht zu sprechen.

Der König sei, so berichtete Zanders, »mit blitzenden Augen« auf ihn zugekommen, »energisch, lebhaft, wie in seinen besten Tagen, ein ganz anderer als der, den er achtundvierzig Stunden zuvor in Neuschwanstein gesehen hatte.« Er wies ihn zunächst auf die Sicherheitsvorrichtungen in seinem Zimmer hin, die Fensterriegel und die Gucklöcher in den Türen, und berichtete, welchen demütigenden Beschränkungen man ihn heute schon unterworfen habe. Dabei seien diese Vorkehrungen ganz sinnlos; ob man denn glaube, daß er sich töten wolle? Das sei lächerlich. Er wisse gar nicht, warum er sich töten sollte. Dann fragte er, ob die Gendarmen, die er im Park bemerkt hatte, geladene Gewehre hätten und etwa auf ihn schießen würden. Zanders beruhigte ihn: Es seien nur vier Gendarmen mit ungeladenen Gewehren da, und natürlich sei es ganz undenkbar, daß sie je auf die Majestät schießen könnten. Dann sagte der König, seine Gefangenschaft werde immer dauern, weil die, die ihn jetzt gefangenhielten, ja seine Rache zu fürchten hätten; schließlich werde man ihn wohl töten. Und da Zanders hierauf von der Ehrenhaftigkeit des Prinzen Luitpold zu sprechen versuchte, fuhr der König zornig auf: »Ja, das sieht man an dem, was geschehen ist; und selbst wenn er es nicht tut, werden seine Nachfolger es tun.«

Endlich drängte er seinen alten Oberküchenmeister in eine der tiefen Fensternischen, so, als wollte er ihn außerhalb des Gesichtskreises der Beobachter an der Tür noch etwas besonders Wichtiges mitteilen. Doch Zanders, der jetzt auch an sein Gudden gegebenes Ehrenwort dachte, wurde unheimlich zumute, und er bat den König, ihn zu entlassen. Noch einmal wollte Ludwig zu sprechen beginnen, aber Zanders wiederholte seine Bitte nur um so ängstlicher; »da nahm das Auge des Königs plötzlich jenen finsteren Ausdruck an, den es hatte, wenn sein Mißtrauen gegen jemanden erwachte. Er sagte nichts mehr und gab das Zeichen zur Entlassung.« Von den Millionen Bayern, die Ludwig II. beim Beginn seiner Regierung zugejubelt hatten, war dieser simple, kleine Hofangestellte, der sich nun auch vorsichtshalber lieber davonmachte, der letzte, der ihn verließ.

Seine Schilderung Ludwigs – auch sie die letzte, die wir besitzen –

zeigt den König seiner Sache sicher und der Situation gewachsen: Er rechnet auf keine Freilassung mehr, ebensowenig aber auf Flucht. Nach wie vor sieht er als einzigen Ausweg den der Selbstvernichtung. Die entwürdigenden Unerträglichkeiten seiner neuen Lage, die er zu ignorieren scheint, bemerkt er tatsächlich sehr genau; sie sind aber nur die letzten Sporenstöße des Schicksals, die ihn in seinen Entschluß noch tiefer hineintreiben, den er ohnehin in Neuschwanstein schon gefaßt hat. Daß die wenigen Gendarmen ihn an irgendeiner raschen Tat nicht zu hindern vermögen, weiß er nun auch, und um die Aufmerksamkeit seiner Umgebung vollends abzulenken, sagt er, er wisse nicht, warum er sich töten solle.

Dieser Rolle getreu, setzte er sich, nachdem Zanders gegangen war, anscheinend ganz ruhig zum Diner und aß nicht einmal wenig. Darauf beobachtete er lange durch sein Fernglas, wie in Starnberg ein Dampfer anlegte, und dann, es war zwischen sechs und sieben Uhr abends, ließ er Gudden bitten, den versprochenen zweiten Spaziergang mit ihm zu machen. Der Regen hatte vor kurzem aufgehört; doch standen schon wieder neue schwarze Wolken am Himmel.

In Mänteln und mit Regenschirmen verließen daher Arzt und Patient das Schloß. Einem der Irrenwärter, der sich, wie am Vormittag, anschließen wollte, wurde von Gudden zugeflüstert: »Es darf kein Pfleger mitgehen«; und da ja schon vormittags die Wärter zurückgewinkt worden waren, machte der Mann sich weiter keine Gedanken und verschwand. Niemals hat man erfahren, ob es sich hier um eine Kühnheit Guddens handelte – die ihn das Leben kosten sollte – oder aber um ein Mißverständnis, indem er gemeint haben könnte, der Wärter solle sich nur in größerem Abstand halten. Jedenfalls aber traten nun Ludwig und Gudden ganz allein ihren Spaziergang an.

Auf dem gleichen Weg wie am Vormittag, der immer am See entlangläuft, entschwanden sie in einer Art von Laubengang, den die alten Buchen des Parks hier bilden: Gudden, groß, breit, professoral-elegant, in höfischem Zylinder – neben ihm, um so absonderlicher wirkend, die dunkle, unförmige Riesengestalt des Königs, in einem seiner schweren, schwarzen Mäntel, am breitrandigen Romantikerhut die Brillantagraffe, ein wenig schwankend in seinen üblichen, etwas stelzenden, schwer lastenden Schritten.

Mit diesen Schritten aber entschwindet Ludwig II. auch aus der Geschichte. Alles, was man von diesem Augenblick an bis zum Ende seines Lebens von ihm noch zu wissen meint, kann nur Vermutung sein.

Die größte Wahrscheinlichkeit spricht dafür, daß der König mit seinem Arzt ruhig etwa zwanzig Minuten lang bis zum Ende des Parks gegangen ist, wo das Gitter, das ihn umschließt, in den See hineinreicht und der Uferweg, der weiterhin zum Dorfe Leoni führt, durch ein eisernes Gartentor abgeschlossen wird. Hier saßen beide vermutlich eine kurze Weile auf einer Bank.

Dann aber, als Gudden ins Schloß zurückkehren wollte, ist der König statt dessen wahrscheinlich plötzlich vom Weg heruntergelaufen neben einem Bootshaus, in dem zwei Kähne lagen, und durch Schilf und Weidengebüsch in den See gestapft. Jetzt schien ihm der Augenblick würdigen Abschlusses gekommen: dem allerletzten Endstadium wenigstens dieses ununterbrochenen steilen Abstiegs von 1864 bis 1886, vom souveränen König eines unabhängigen Staates zu einem Gefangenen, der rechtloser ist als ein Zuchthäusler (für welch letzteren es immerhin doch Beschwerdeinstanzen gibt) — nein, diesem schmählichen Schlußakt verweigerte er sich.

Gudden eilte vermutlich im ersten Schreck, Hilfe rufend, ein paar Schritte den Weg zurück; er wußte ja nicht, ob der König fliehen[3]

[3] Die Meinung, Ludwig habe schwimmend fliehen wollen, war und ist weit verbreitet. Ebenso besteht die These, daß er aus dem Bootshaus, zu dem er keinen Schlüssel besaß, vom Wasser her einen der Kähne habe herausholen wollen, um in ihm zu entkommen. Wie freilich hätte er das in einem bayerischen Binnengewässer auf langsamem Ruderboot bewerkstelligen wollen? Das Bootshaus wurde übrigens sofort nach der Katastrophe, auf Befehl von München, abgebrochen. Tatsächlich hat sich in den mehr als sechzig Jahren, die inzwischen verflossen sind, keinerlei realer Beweis für Fluchtabsichten des Königs finden lassen. In Neuschwanstein, wo eine Flucht noch leicht möglich gewesen wäre, hatte er sie entschieden abgelehnt. Jetzt in Berg, von allen Seiten bewacht, hätte er nur dann an sie denken können, wenn er Helfer oder Mitwisser außerhalb des Schloßbezirks gehabt hätte. Von ihnen aber fehlt jede wirkliche Spur. Daß Kaiserin Elisabeth ihm auf der Straße nach Leoni einen Wagen entgegengeschickt habe, ist nichts als leeres Gerücht, zumal der König diesen Wagen dann ja nicht schwimmend zu erreichen gehabt hätte, sondern dadurch, daß er nur das Gartengitter, soweit es in den See ragte, umwatete, dann aber wieder zum Ufer hinanstieg. Überhaupt läßt sich, nachdem der König sich von Dürckheim getrennt hatte, unter den als Fluchthelfern äußerlich in Betracht kommenden damaligen Persönlichkeiten keine erkennen, der man die dazu nötige innere Bereitschaft zutrauen könnte.

oder sich töten wollte. Gleichviel, als auf seine Rufe alles still blieb und er einsah, daß er ganz allein war, wußte er nur noch eins: Er durfte ohne den König nicht lebend zurückkehren.

So springt er ihm nach, packt ihn, ringt, der Zweiundsechzigjährige, im hochspritzenden Wasser mit dem zweiundvierzigjährigen Riesen, so erbittert und gewaltig, daß ihm die Hälfte des Mittelfingernagels abbricht. Doch indem auf einmal der König gleichzeitig aus Rock und Mantel schlüpft und beides in Guddens Händen läßt, entledigt er sich seiner für einige Augenblicke, um sofort tiefer ins Wasser hineinzugehen. Als es ihm bis an den Gürtel reicht, hat indessen auch Gudden ihn schon wieder eingeholt und das Handgemenge erneut sich.

Nun jedoch zeigt sich, daß er der Schwächere ist. Oder vielleicht auch, daß den König jetzt wieder die ganze besinnungslose Wut des Kranken ergreift: Wenn Gudden es durchaus nicht anders haben will, dieser widerwärtige Seelenbürokrat, dieser Pflichtenmensch, der sich wie ein Besessener an ihn hängt — gut, so soll er mit in die Selbstvernichtung. Und so packt seine rechte Hand den Arzt im Nacken, tief dringen seine Finger in den Hals, während er ihm die linke Faust an die Stirn schmettert. Dann drückt er ihn unwiderstehlich unter Wasser. Man fand Guddens Leiche bis an die Knie im Lehmboden des Wassers steckend.

Und nun, nachdem der Quälgeist endlich still geworden ist, stürmt Ludwig befreit in den See hinaus, mit weiten, eilenden Schritten — seine Fußspuren beweisen es. Lang war sein Weg nicht mehr. Dort, wo man sich zur Not sinken lassen kann, in etwas mehr als anderthalb Metern Wassertiefe schon hören die Spuren auf.

Möglich, selbstverständlicherweise, daß ihn hier ein banaler Herzschlag traf. Möglich aber auch, und schließlich doch, aus allen Voraussetzungen heraus, wahrscheinlicher, daß er hier unter Wasser die mächtigen Glieder gewaltsam zusammenkrampfte, daß er sich selbst — »de par le Roy« — den Rückweg ins Leben verbot, den zu finden ihm als gutem Schwimmer ein leichtes gewesen wäre.

Unzweifelhaft, eine übermächtige Willensanstrengung hätte dazu gehört. Und eine kaum vorstellbare Energie des Sterbens hätte dann doch noch dieses Leben verklärt und seinem Ausgang wenigstens den königlichen Glanz zurückgegeben, den es schon ganz verloren hatte.

Hier aber, in einem der wenigen Augenblicke der Geschichte, in denen eine Gewißheit nie zu erlangen sein wird, darf vielleicht einmal der Wunsch an ihre Stelle treten, der Wunsch, es möchte so gewesen sein.

ÜBER DEN AUTOR

WERNER RICHTER wurde am 1. Juli 1888 in Muskau/Oberlausitz geboren und studierte Geschichte an den Universitäten in Berlin, München, Zürich und Kiel. In Kiel promovierte er 1913 mit der Arbeit über *Das Lübeckische Vermögen im 16. und 17. Jahrhundert (1500–1630)*. Nach dem ersten Weltkrieg, an dem er aktiv teilnahm, wurde er Journalist. Er war zunächst im Auswärtigen Amt mit pressepolitischen Aufgaben betraut, 1920–25 Berichterstatter für in- und ausländische Zeitungen, und seit 1926 Redaktionsvertreter und Korrespondent des *Berliner Tageblattes* in München. 1936 emigrierte Richter mit seiner Frau Helene (1899–1968) zunächst nach Italien, dann in die Schweiz und wanderte von dort in die Vereinigten Staaten aus.

Heimkehrpläne wurden mit Zögern und zunehmendem Mißtrauen behandelt. So beantragte Richter zunächst einmal die amerikanische Staatsangehörigkeit, die ihm 1947 gewährt wurde, und die er bis zum Lebensende nicht mehr ablegte. Seine Rückkehr beschränkte er vorerst auf ein literarisches Comeback: seine Bücher erschienen in Deutschland und der Schweiz, seine Essays in deutschen und schweizerischen Zeitschriften. Seit etwa 1950 zeichnete er als ständiger Mitarbeiter über amerikanische Themen in der *Frankfurter Allgemeinen Zeitung*. Mehrfach hielt er sich auf Reisen in Europa, auch in Deutschland auf und ließ sich im Dezember 1956 endgültig in Lugano nieder. Dort starb er am 14. August 1969 kurz nach Vollendung seines 81. Lebensjahres.

(Gekürzt aus: Gisela von Einem, Der Nachlaß von Werner Richter im Deutschen Literaturarchiv, Jahrbuch der Deutschen Schillergesellschaft, XVIII/1974, Alfred Kröner Verlag, Stuttgart)

ABBILDUNGSVERZEICHNIS

97 Kaiserin Elisabeth von Österreich
Gemälde von Franz Schrotzberg (1811–1889)
Prinz Albrecht von Bayern, Schloß Berg

112 Schloß Linderhof, Ansicht von Süden
Bauzeit: 1874–1878

113 Schloß Berg am Starnberger See
Das ursprüngliche Herrenhaus wurde 1640 zum Schloß ausgebaut und 1849–1851 im Stil englischer Neugotik verändert. Ludwig II. ließ den Turm an der Nordseite als Hauptturm hinzufügen
Aquarell von August Jacob (1834–1895)

144 Gedenkblatt zur bevorstehenden Vermählung von Ludwig II. und Sophie Charlotte
Aquatinta von Arnold Meermann (1829–1908) nach einem Entwurf von Friedrich Wanderer (1840–1910)

145 Staatsminister von Pfistermeister meldet König Ludwig II. in Berg 1866 den Ausmarsch der Truppen
Sepiazeichnung von Joseph Watter (1838–1913) aus dem Jahre 1866

160 Arbeitszimmer Ludwigs II. in Schloß Herrenchiemsee
Der Grundstein zum Schloß wurde am 21. Mai 1878 gelegt. 1885 mußten die Arbeiten am unvollendeten Bau wegen finanzieller Schwierigkeiten eingestellt werden

161 Sogenannter Nymphenschlitten des Königs
Ausführung von Franz von Seitz (1817–1883) zwischen 1872 und 1880 nach einem Entwurf von Syrius Eberle (1844–1903)
München, Marstallmuseum

208 Exotische Szenerie im Wintergarten der Münchner Residenz
Kopie des Prospekts im Jagdschloß Schachen

209 oben Nächtliche Schlittenfahrt Ludwigs II. von Neuschwanstein nach Linderhof
Gemälde von R. Wenig, um 1880
München, Marstallmuseum

209 unten Spiegelgalerie im Schloß Herrenchiemsee

224 Ludwig II. als Großmeister des Hubertus-Ritterordens
Gemälde von Franz von Lenbach (1836–1904), um 1875. Öl auf Leinwand, 146×111 cm
Herrenchiemsee, Ludwig-II.-Museum

225 Bankett des Georgi-Ritterordens anläßlich der Ordensaufnahme der Prinzen Ludwig und Leopold von Bayern am 24. April 1874
An der Königstafel sitzen – von links nach rechts – Prinz Leopold, Prinz Ludwig, Prinz Luitpold (später Prinzregent), König Ludwig II. und Prinz Otto
Gouache, Friedrich Eibner (1825–1877) zugeschrieben, 107×87 cm
Herrenchiemsee, Ludwig-II.-Museum

272 Ludwig II. im Jahre 1886 (letzte Aufnahme)

273 Blaue Grotte in Schloß Linderhof

288 Bergung des toten Königs aus dem Starnberger See
Holzstich aus dem Jahre 1886

289 Beisetzung in der Sankt-Michaels-Hofkirche in München
Kolorierte Zeichnung von Ewald Thiel (geb. 1855)

Abbildungen neben S. 64, 224: Bayerische Verwaltung der Staatlichen Schlösser, Gärten und Seen, München; neben 112: Klaus Brantl, München; neben S. 208, 209 (oben und unten), 225, 273: Neumeister, München; alle übrigen: Bruckmann Bildarchiv, München.

LITERATURVERZEICHNIS

Die Literatur, die sich mit Ludwig II. beschäftigt, ist ebenso vielfältig wie ungleichwertig. Die völlige Zurückgezogenheit, in der der König namentlich die letzten Jahre seines Lebens verbrachte und die Geheimhaltung, die eine vermeintliche Staatsraison lange über die Einzelheiten seines Todes verhängte, hat zu einer überaus reichhaltigen, doch auf reiner Phantasterei beruhenden und von Sensationsbedürfnis gefärbten Legendenbildung geführt. Infolgedessen sind bis in die letzten Jahre hinein Veröffentlichungen über Ludwig II. erschienen, die von sachlichen Unrichtigkeiten derart strotzen, daß sie bei jedem Versuch, die historischen Fakten zu rekonstruieren, nur schädigend wirken können. Wenn deshalb in dem Verzeichnis der dem vorliegenden Buche zugrunde liegenden Literatur einige jener Werke fehlen, so heißt das nicht, daß von ihnen keine Kenntnis genommen, wohl aber, daß auf jede Verwendung ihres Inhalts verzichtet wurde. Wertvolle Einzelheiten hingegen wurden dem Verfasser von Herrn Professor Hermann Uhde-Bernays brieflich übermittelt.

Im Gegenständlichen beruht das vorliegende Buch vornehmlich auf folgenden Veröffentlichungen. Nur gelegentlich und beiläufig benutzte Veröffentlichungen sind, wo es für nötig gehalten wurde, in den Fußnoten des Textes angegeben.

Jacques Bainville, »Louis II de Bavière«. Paris 1927

Bismarck, »Gedanken und Erinnerungen«. Stuttgart und Berlin 1898 und 1919

Theodor Bitterauf, »Ludwig II. König von Bayern«. (Allgemeine Deutsche Biographie Bd. 55.) Leipzig 1910

J. C. Bluntschli, »Denkwürdigkeiten aus meinem Leben«. Nördlingen 1884

Gottfried von Böhm, »Ludwig II. König von Bayern«. 2. Auflage. Berlin 1924

Erich Brandenburg, »Die Verhandlungen über die Gründung des Deutschen Reichs 1870«. (Historische Vierteljahresschrift. XV.) 1912

Erich Brandenburg, »Die Reichsgründung«. Leipzig 1916

R. Braun-Artaria, »Von berühmten Zeitgenossen«. München 1918

Graf Otto von Bray-Steinburg, »Denkwürdigkeiten aus seinem Leben«. Leipzig 1901

Moritz Busch, »Tagebuchblätter«. Leipzig 1902
Philipp Fürst zu Eulenburg-Hertefeld, »Das Ende König Ludwigs II.«. Leipzig 1934
Theodor Fontane, »Der deutsche Krieg von 1866«. Berlin 1877
Eugen Franz, »König Ludwig II. von Bayern, das königliche Kabinett, das Ministerium und das bayerische Volk 1864–66«. (»Staat und Volkstum«.) Dießen vor München 1933
Julius Fröbel, »Ein Lebenslauf«. Stuttgart 1890
Otto Gerold, »Die letzten Tage König Ludwigs II.«. Zürich 1903
H. Grashey, »Nekrolog auf Bernhard von Gudden« in B. von Guddens gesammelten und hinterlassenen Abhandlungen. Wiesbaden 1889
H. St. Chamberlain, »Richard Wagner«. München 1896
E. C. Conte Corti, »Elisabeth, die seltsame Frau«. Salzburg-Leipzig 1934
E. C. Conte Corti, »Ludwig I. von Bayern«. München 1937
Carl Maria Cornelius, »Peter Cornelius, der Wort- und Tondichter«. Regensburg 1925
Rudolf von Delbrück, »Lebenserinnerungen«. Leipzig 1905
Michael Doeberl, »Bayern und Deutschland im 19. Jahrhundert«. München 1917
Michael Doeberl, »Entwicklungsgeschichte Bayerns«. München 1916–1931
Ignaz von Döllinger, »Briefe an eine junge Freundin«. Kempten 1914
Carl von Heigel, »König Ludwig II. von Bayern«. Stuttgart 1893
Fürst Chlodwig zu Hohenlohe-Schillingsfürst, »Denkwürdigkeiten«. Stuttgart und Leipzig 1907
Prinz Kraft zu Hohenlohe-Ingelfingen, General der Artillerie, »Aus meinem Leben«. Berlin 1905
Arthur Hübscher, »Neues aus den beiden Wagnerjahren«. (Süddeutsche Monatshefte XXIX.) 1932
Walther Hünerwadel, »Allgemeine Geschichte vom Wiener Kongreß bis zum Ausbruch des Weltkriegs«. Aarau und Leipzig 1933
Robert von Keudell, »Fürst und Fürstin Bismarck«. Stuttgart 1901
Luise von Kobell, »Unter den vier ersten Königen Bayerns«. München 1894
Luise von Kobell, »König Ludwig II. und Fürst Bismarck im Jahre 1870«. Leipzig 1899
Annette Kolb, »König Ludwig II. von Bayern und Richard Wagner«. Amsterdam 1947
J. Lange, »Die Paranoiafrage«. IV. Abt. des Handbuchs der Psychiatrie. Leipzig und Wien 1927
Hugo Graf Lerchenfeld-Köfering, »Erinnerungen und Denkwürdigkeiten«. Berlin 1935
Oskar von Lettow-Vorbeck, »Geschichte des Krieges von 1866 in Deutschland«. Berlin 1896

Fritz Linde, »Ich der König. Der Untergang Ludwigs II.«. Leipzig 1928
Ottokar Lorenz, »Kaiser Wilhelm und die Begründung des Reichs«. Jena 1902
»König Ludwig II. und Richard Wagner. Briefwechsel.« Herausgegeben vom Wittelsbacher-Ausgleichsfonds und von Winifred Wagner. Bearbeitet von Otto Strobel. Karlsruhe 1936
»Ludwig II. Tagebuch-Aufzeichnungen.« Herausgegeben von Edir Grein. Schaan/Liechtenstein 1925
Anton Memminger, »Der Bayernkönig Ludwig II.«. Würzburg 1919
Max Millenkovich-Morold, »Cosima Wagner«. Leipzig 1937
Freiherr von Mittnacht, »Erinnerungen an Bismarck«. Stuttgart und Berlin 1904
Freiherr von Mittnacht, »Rückblicke«. Stuttgart und Berlin 1909
Robert von Mohl, »Lebenserinnerungen«. Stuttgart und Leipzig 1902
Dr. med. Franz Carl Müller, »Die letzten Tage Ludwigs II.«. (Süddeutsche Monatshefte, XXVI.) 1929
Karl Alexander von Müller, »Bayern im Jahre 1866 und die Berufung des Fürsten Hohenlohe«. München und Berlin 1909
Karl Alexander von Müller, »Bismarck und Ludwig II. im September 1870«. (Historische Zeitschrift. Bd. III.) 1913
Karl Alexander von Müller, »Bismarck und die Königskatastrophe 1886«. (Süddeutsche Monatshefte, XXIX.) 1932
Ernest Newman, »The Life of Richard Wagner«. Band 3–4. New York 1941 bis 1946
Wilhelm Oncken, »Das Zeitalter des Kaisers Wilhelm«. Berlin 1890
H. von Poschinger, »Bismarck und die Parlamentarier«. Breslau 1895
Ernst von Possart, »Die Separat-Vorstellungen vor König Ludwig II.«. München 1901
Joseph Reinach, »Introduction« zu Ruville, »La Restauration de l'Empire Allemand«. Paris 1911
Sebastian Röckl, »Ludwig II. und Richard Wagner«. München 1913 und 1920
Julien Rovère, »La Bavière et l'Empire Allemand«. Paris 1920
Walter von Rummel, »Ludwig II. Der König und sein Kabinettschef«. München 1930
Fritz Freiherr von Rummel, »Das Ministerium Lutz und seine Gegner«. München 1935
A. von Ruville, »Bismarck, Napoleon III. und Bayern im August 1866«. (Delbrück-Festschrift.) Berlin 1908
A. von Ruville, »Bayern und die Wiederaufrichtung des Deutschen Reichs«. Berlin 1909

Th. Schieder, »Die deutsche Fortschrittspartei in Bayern und die deutsche Frage«. München 1936
Eduard Stemplinger, »Richard Wagner in München. Legende und Wirklichkeit«. München 1933
Hans Steinberger, »Ludwig II.«. Prien am Chiemsee 1906
»Denkwürdigkeiten des geheimen Regierungsrates Dr. Stieber.« Berlin 1884
Albrecht von Stosch, »Denkwürdigkeiten«. Stuttgart 1904
W. Strohmayer, »Psychiatrisch-genealogische Untersuchung der Abstammung König Ludwigs II. und Ottos I. von Bayern«. (Grenzfragen des Nerven- und Seelenlebens, XIII.) Wiesbaden 1912
Heinrich von Treitschke, »Geschichte Deutschlands im 19. Jahrhundert«. Leipzig 1879 ff.
Clara Tschudi, »König Ludwig II. von Bayern«. Leipzig
Von Verdy du Vernois, »Im großen Hauptquartier 1870–71«. Berlin 1895
Otto Freiherr von Völderndorff, »Harmlose Plaudereien eines alten Müncheners«. München 1892
Richard Wagner, »Mein Leben«. München 1911
Karl Theodor Frhr. von Washington, »Die letzten Tage des Königs Ludwig II. von Bayern«. (Berliner Illustrirte Zeitung.) 1932
Eliza Wille, geb. Slomann, »Fünfzehn Briefe Richard Wagners«. München und Berlin 1935
Georg Jacob Wolf, »König Ludwig II. und seine Welt«. München 1922
Georg Jacob Wolf, »Ein Jahrhundert München«. München 1935
Johannes Ziekursch, »Politische Geschichte des neuen deutschen Kaiserreichs«. Frankfurt am Main 1925

NAMENSVERZEICHNIS